中華古籍保護計劃

ZHONG HUA GU JI BAO HU JI HUA CHENG GUO

·成果·

民國時期文獻
保護計劃

成 果

嘉興市圖書館
民國時期傳統裝幀書籍普查登記目録

編

浙江省民國時期傳統裝幀書籍普查登記目録・嘉興

國家圖書館出版社
National Library of China Publishing House

圖書在版編目(CIP)數據

嘉興市圖書館民國時期傳統裝幀書籍普查登記目録/嘉興市圖書館編. --北京:國家圖書館出版社,2018.12

(浙江省民國時期傳統裝幀書籍普查登記目録)

ISBN 978-7-5013-6461-9

Ⅰ.①嘉… Ⅱ.①嘉… Ⅲ.①公共圖書館—圖書館目録—嘉興—民國 Ⅳ.①Z822.1

中國版本圖書館 CIP 數據核字(2018)第 129212 號

書　　名	嘉興市圖書館民國時期傳統裝幀書籍普查登記目録
著　　者	嘉興市圖書館　編
責任編輯	張珂卿

出　　版	國家圖書館出版社(100034　北京市西城區文津街 7 號) (原書目文獻出版社　北京圖書館出版社)
發　　行	010-66114536　66126153　66151313　66175620 66121706(傳真)　66126156(門市部)
E-mail	nlcpress@nlc.cn(郵購)
Website	www.nlcpress.com→投稿中心
經　　銷	新華書店
印　　裝	河北三河弘翰印務有限公司
版　　次	2018 年 12 月第 1 版　2018 年 12 月第 1 次印刷

開　　本	787×1092(毫米)　1/16
印　　張	18.75
字　　數	390 千字

書　　號	ISBN 978-7-5013-6461-9
定　　價	170.00 圓

《浙江省民國時期傳統裝幀書籍普查登記目録》

指導委員會

主　任： 褚子育

副主任： 葉　菁

委　員（按姓氏筆畫排序）：

呂振興　李儉英　金琴龍　倪　巍　徐兼明

徐　潔　陸深海　陳泉標　陳　浩　孫雍容

張純芳　張愛琴　褚樹青　樓　婷　鍾世杰

應　雄

《浙江省民國時期傳統裝幀書籍普查登記目録》

工作委員會

主　任： 褚樹青

委　員（按姓氏筆畫排序）：

王以儉　毛　旭　占　劍　沈紅梅　季彤曦

胡海榮　莊立臻　徐益波　孫旭霞　孫國茂

劉　偉　應　暉

《浙江省民國時期傳統裝幀書籍普查登記目録》

編纂委員會

主　編： 徐曉軍

副主編： 曹海花　童聖江

統校和編纂工作小組組長： 曹海花（浙江圖書館）

統校和編纂工作小組成員（按姓氏筆畫排序）：

干亦鈴（寧波市圖書館）

吕　芳（浙江圖書館）

沈秋燕（嘉興市圖書館）

秦華英（浙江圖書館）

唐　微（紹興圖書館）

陳瑾淵（温州市圖書館）

《浙江省民國時期傳統裝幀書籍普查登記目録》

序　言

近代中國社會由封建王朝向民主政體蛹變的轉型時期，傳統思維與新思潮强烈衝突，書籍也隨之進入了重大變革時期，以綫裝書爲代表的傳統裝幀書籍日漸式微，傳統裝幀與現代裝幀進入了一個并存期。社會革命的發生并不意味着文化馬上就發生根本性的變化，文化的發展是有連續性的，它不會因朝代的突然更替而發生斷層式的變化。1912 年辛亥革命勝利後，中國傳統文化的發展依然繁榮，産生了一大批高質量的傳統裝幀書籍，這部分書籍也是中國傳統文化的重要組成部分。百年來，公共圖書館等公藏單位將這部分書籍跟古籍采取一樣的存放、管理、保護方式。浙江是文化大省，文化底蘊深厚，書籍刻印歷史悠久，前賢留下的著述浩如烟海，藏書雅閣及私人藏書爲數衆多，民國期間也刻印了大量典籍，民國時期傳統裝幀書籍在各藏書單位（尤其是基層單位）所藏歷史文獻中占據了相當大的比重。這些文獻形成了浙江文獻典藏的重要特色，是浙江傳統文化的重要組成部分。爲更加全面地掌握全省歷史文獻文化遺産現狀，揭示全省各地區文化脉絡，浙江省自古籍普查伊始就將民國時期傳統裝幀書籍納入古籍普查範圍。

按照《全國古籍普查登記手册》要求，登記每部古籍的基本項目，必登項目有索書號、題名卷數、著者、版本、册數、存（缺）卷數，選登項目有分類、批校題跋、版式、裝幀形式、叢書子目、書影、破損狀况等内容。“秉持浙江精神，幹在實處、走在前列、勇立潮頭”，浙江省的古籍普查工作一直高標準、嚴要求，自始至終堅持全國古籍普查登記平臺（以下簡稱古籍普查平臺）項目全著録，堅持文字信息和書影信息雙著録，登記每部書的索書號、分類、題名卷數、著者、卷數統計、版本、版式、裝幀、裝具、序跋、刻工、批校題跋、鈐印、叢書子目、定級及書影、定損及書影等 16 大項 74 小項的信息。普查統計顯示，截至 2017 年 4 月 30 日，全省 95 家單位共藏有中國傳統裝幀書籍 337405 部 2506633 册，其中民國時期傳統裝幀書籍 117543 部 751690 册，占全部傳統裝幀書籍的三分之一。

普查登記著録工作結束後，省古籍保護中心組織普查業務骨幹統校、編纂全省的普查登記目録。全省的普查登記目録是將古籍和民國數據分開的，由省古籍保護中心統一規劃，分别出版《浙江省古籍普查登記目録》和《浙江省民國時期傳統裝幀書籍普查登記目録》。古籍數據統校完成後，於 2017 年 3 月成立由浙江圖書館、寧波市圖書館、温州市圖書館、嘉興市圖書館、紹興圖書館 5 家單位的 7 名普查業務骨幹組成的《浙江省民國時期傳統裝幀書籍普查登記目録》統校和編纂工作小組，開展民國時期傳統裝幀書籍普查數據的統校和登記目録的編纂工作。

民國時期傳統裝幀書籍普查數據統校要求和登記目録編纂工作程序與古籍相同，省古籍保護中心制定的《浙江省古籍普查登記目録編纂工作方案》《浙江省古籍普查數據統校細則》，也適用於指導全省民國時期傳統裝幀書籍普查數據的統校和登記目録的編纂。統校和編纂工作程序如下：導出古籍普查平臺上的數據，切分出民國數據，按照設定的普查編號、索書號、分類、題名卷數、著者、版本、批校題跋、册數、存（缺）卷這幾項登記目録的出版款目對表格進行整理，整理後按照題名進行排列分給各統校員進行統校，統校結束後的數據按行政區域進行彙總，交由分區負責人進行覆核，覆核結束後由省古籍保護中心一一寄給各館進行修改確認，經各館確認後由分區負責人進行最後審定。

全省參與普查的共95家單位，其中94家有民國時期傳統裝幀書籍，進入本登記目録的有93家單位，總數達11萬餘部。根據分區域出版和達到一定條數可以單獨成書的原則，全省的民國時期傳統裝幀書籍普查登記目録大致分爲以下15種：浙江圖書館，浙江省博物館，中國美術學院圖書館等四家收藏單位，杭州圖書館等十一家收藏單位，寧波市天一閣博物館，寧波市圖書館等八家收藏單位，温州市圖書館，瑞安市博物館（玉海樓）等九家收藏單位、湖州市圖書館等七家收藏單位，嘉興市圖書館，嘉善縣圖書館等八家收藏單位，紹興圖書館，紹興市上虞區圖書館等九家收藏單位，金華市博物館等九家收藏單位，衢州市博物館等四家收藏單位、舟山市圖書館等二家收藏單位、麗水市圖書館等八家收藏單位，臨海市圖書館等八家收藏單位。爲保障普查編號的唯一性、終身有效性，各館數據以原普查編號從低到高的順序進行排列。由於浙江省古籍普查範圍包括古籍、民國傳統裝幀書籍、域外漢文古籍，著録時幾種文獻交替進行，而出版時是分開的，加之古籍普查平臺系統出現的跳號情況，所以會出現普查編號不連貫的現象，特此説明。

浙江省古籍普查工作得到了各方的關心和支持。感謝各兄弟省份古籍同行的熱情幫助，感謝李致忠、張志清、吴格、陳先行、陳紅彦、陳荔京、羅琳、王清原、唱春蓮、李德生、石洪運、賈秀麗、范邦瑾等專家學者的悉心指導。

條數多，分布廣，又出於衆手，儘管工作中我們一直争取做到最好，但無論是已經著録的古籍普查平臺數據還是即將付梓的登記目録，都難免存在紕漏，希望業界同仁不吝賜教，俾臻完善。

浙江省古籍保護中心
2018年3月

《浙江省民國時期傳統裝幀書籍普查登記目録》

編纂凡例

一、收録範圍爲浙江省圖書館、博物館等公共收藏機構所藏,産生於 1912 年到 1949 年 9 月,有關傳統學術并以綫裝爲主的具有傳統裝幀形式的漢文書籍。

二、以各收藏機構爲分册依據,篇幅較小者,適當合并出版。

三、一部書籍一條款目,複本亦單獨著録。

四、著録款目包括普查登記編號、索書號、分類、題名卷數、著者、版本、批校題跋、册數、存(缺)卷等。普查登記編號的組成方式是:省級行政區劃代碼—單位代碼—古籍普查登記順序號。

五、以普查登記編號順序排序。

六、編製各館藏目録書名筆畫索引附於書後,以便檢索。

《嘉興市圖書館民國時期傳統裝幀書籍普查登記目録》

編委會

《嘉興市圖書館民國時期傳統裝幀書籍普查登記目録》

前　言

嘉興市圖書館的前身嘉郡圖書館成立於清光緒三十年(1904),是我國最早的公共圖書館之一。歷經嘉郡圖書館、嘉興公立圖書館、嘉興縣立圖書館、浙江省立嘉興圖書館、嘉興市圖書館等不同的時期,承載着嘉興歷史文化厚重積澱的嘉興市圖書館,已走過了113年的不凡歷程。經過歷代鄉賢和幾代圖書館人的努力,嘉興市圖書館古籍(含民國時期傳統裝幀書籍)達到近10萬册,其中善本古籍1萬餘册。

嘉郡圖書館的書籍以"鴛湖書院"舊藏爲基礎,加之陶葆霖、金蓉鏡等創辦人以及嘉興一府七縣的士紳、藏書家的襄贊,甚至連湖州南潯的劉承幹也慷慨相贈。當時館藏圖書數量在兩萬册左右,均爲綫裝本。1928—1930年間,又接受了前嘉興知府許瑤光遺囑捐贈的圖書12000册,另外還接受圖書館創始人之一金蓉鏡的"高士祠"藏書1364部6228册,及他的信劄、手稿等,圖書館館藏大爲充實。據1932年統計,嘉興縣立圖書館綫裝古籍有37642册。1936年圖書館舉辦"文獻展覽會"并選部分展品參加全省文獻展覽會。

中華人民共和國成立後,社會各界踴躍捐獻:孫顧贊玉捐獻"雪映廬"舊藏《檇李詩系》等善本,鄭之章捐幾百種古籍,沈梓後裔捐獻《避寇日記》《養拙軒筆記》稿本,沈慈護、勞善文捐獻沈曾植奏摺雜件,倪禹功及其子女陸續捐贈圖書文物,2015年,陸遜等捐贈其父陸昭的藏書及畫册。又先後接收精嚴寺中經弘一大師李叔同整理過的《乾隆大藏經》和竹林祝廷錫的"知非樓"藏書,佛學大師范古農藏的佛學綫裝書。還通過嘉興古舊書店收藏了一批有價值的古籍和舊書刊,逐漸達到今天的規模。

嘉郡圖書館成立初,聘請譚新嘉先生編纂館藏目録,後又經董巽觀、莊一拂、吴藕汀、陶誠益等館員的整理,編爲書本式目録,以十進位圖書分類法進行分類。已編目録在2003年後逐步録入圖書館的采編集成系統,轉爲機讀格式目録,共計10876條近7萬册,其餘兩萬餘册綫裝書已初步整理但未分類編目。

2007年1月,國務院辦公廳發布《關於進一步加强古籍保護工作的意見》,"中華古籍保護計劃"正式啓動實施。2009年,嘉興市圖書館成功入選"第二批全國重點古籍保護單位"。有17部5493册善本古籍入選第一至三批《國家珍貴古籍名録》,还有27部163册善本古籍入選第一至二批《浙江省珍貴古籍名録》。2010年,嘉興市文化廣電新聞出版局、嘉興市財政局聯合下發“嘉興市古籍普查工作方案”，正式啓動古籍普查工作。我們制訂本單位普查方案，先對未編書進行整理編目，普查順序按善本、普本、原未編書依次進行。經過6個寒來暑往，于2015年底順利完成清以前古籍及民國時期傳統裝幀書籍的普查，2016年5月完成財産核查。在全國古籍普查登記平臺録入數據12196條，共計92586册，其中民國時期傳統裝幀書籍3598條23785册。

民國時期傳統裝幀書籍是指出版於民國元年（1912）至民國三十八年（1949）中華人民共和國成立前、以中國傳統裝幀方式裝訂的書籍。以綫裝本爲主，還有少量的經折裝、毛裝本等。

館藏民國書籍中，不乏特色文獻。如金蓉鏡纂修的[民國]《秀水縣志稿》的初稿本、[萬曆]《秀水縣志》的校補本、[民國]《竹林八圩志》的稿本等地方志書，《新溪詩初鈔》《新溪文述》《檇李叢書》等郡邑總集，《最樂亭三種》《嘉興譚氏遺書》《祝氏叢書》等家集。

根據浙江省古籍保護中心的統一規劃，本省普查目録將以古籍及民國時期傳統裝幀書籍兩部分呈現。所以，繼《嘉興市圖書館古籍普查登記目録》出版後，我館繼續推出《嘉興市圖書館民國時期傳統裝幀書籍普查登記目録》。本目録收録館藏民國時期傳統裝幀書籍3598種23785册。凡民國元年（1912）至民國三十八年（1949）中華人民共和國成立之前的刻本、活字印本、套印本、鉛印本、石印本、稿抄本等皆在收録之列，民國平裝本不入此目。著録款目有普查編號、索書號、分類、題名卷數、著者、版本、批校題跋、册數、存卷等内容。爲方便讀者使用，本目録後特附書名筆畫索引。

《嘉興市圖書館民國時期傳統裝幀書籍普查登記目録》和《嘉興市圖書館古籍普查登記目録》的編製，使我們徹底摸清館藏古籍家底、各類古籍分布情況、保存狀態，積壓多年的未編書也廓清面貌，是下一步加强古籍保護、研究開發的基礎。依據本目録的統計分析，科學制訂古籍原生態保護、數字化計劃。本目録的出版，也是向社會各界展示我們的保護成果，方便讀者查詢利用館藏文獻。

本目録以全國古籍普查登記平臺數據爲基礎編製而成，歷經數年纔竣工。本書的問世，凝聚了歷代館員的智慧與心血，也飽含着全體古籍普查人員的辛勤汗水。在此，要感謝本館每一位以不同方式參與普查的同仁的付出。普查組成員有沈秋燕、周均海、丁嫻明、張莉、吴莉莉、馮瑜等，負責核查册次的是楊亞瓊、吴鴻雁、俞琳等，原古籍部主任吴美娟爲普查工作順利進行提供各種保障。沈秋燕是普查項目主持人，并負責本目録的統校、覆核、審訂工作。另外，還要感謝浙江省古籍保護中心的悉心指點，感謝嘉興市圖書館領導及上級主管部門嘉興市文化廣電新聞出版局對古籍保護與普查工作的正確領導，也要感謝業界專家與兄弟館同仁的無私幫助，感謝一直以來關心圖書館事業發展、關注地方文化研究的社會各界人士。最後，特別向2014年10月6日不幸因病逝世的原古籍部主任吳美娟女士致以深切緬懷與崇高敬意。

由於編者水準有限，加之古籍普查工作量浩大，編校時間又倉促，本目録難免有疏漏訛誤之處，敬請專家和廣大讀者批評指正。

本書編委會

2017年11月

目　　録

330000－1710－0000125　441/84　集部/總集類/郡邑之屬

新溪詩初鈔六卷　鄭之章輯　稿本　一册

330000－1710－0000168　551/29　史部/傳記類/科舉録之屬/諸貢録

泮林碩果録一卷　陸祖穀輯　民國二十六年(1937)稿本　陸祖穀題簽　一册

330000－1710－0000175　012/21　史部/目録類/總録之屬/私撰

俟廬藏書志三十四卷補遺二卷　祝廷錫編　民國二十三年至二十四年(1934－1935)稿本　董巽觀題記　三十九册

330000－1710－0000179　011/96　史部/目録類/總録之屬/私撰

金匋丞私人書目一卷　金蓉鏡撰　民國抄本　汪大鐵題記　一册

330000－1710－0000205　133/9　子部/天文曆算類/算書之屬

開方説訂二卷　勞琳撰　稿本　二册

330000－1710－0000225　110/1　類叢部/叢書類/彙編之屬

嘉業堂叢書五十七種　劉承幹輯　民國吳興劉氏嘉業堂刻本　一册　存一種

330000－1710－0000275　264/5　子部/醫家類/本草之屬/本草藥性

藥性蒙求一卷　(清)張仁錫纂輯　(清)吳炳參訂　民國二十二年(1933)單培根抄本　單培根批及題簽並跋　一册

330000－1710－0000288　132/1、132/2、132/3　子部/天文曆算類/算書之屬

澹寧齋算稿四種　王積沂撰　民國二十四年至二十五年(1935－1936)石印本　四册

330000－1710－0000298　141/8　子部/術數類/陰陽五行之屬

增訂諏吉便覽不分卷　(清)俞榮寬編　民國石印本　二册

330000－1710－0000345　223/3　新學/礦務

蘇浙皖鑛志第一編　第三區鑛務監督署編　民國三年(1914)鉛印本　一册

330000－1710－0000352　261/1　子部/醫家類/醫經之屬/内經

重廣補注黄帝内經素問二十四卷　(唐)王冰注　(宋)林億等校正　(宋)孫兆改誤　民國影印本　八册

330000－1710－0000438　692/15　子部/雜著類/雜説之屬

報恩論二卷首一卷附一卷　(清)沈善登撰　民國抄本　祝廷錫過録清了翁批　二册

330000－1710－0000526　533/23　史部/政書類/邦計之屬/賦税

秀水銀米額數一卷　金蓉鏡撰　民國抄本　一册

330000－1710－0000666　812.2/131　集部/别集類/清别集

煙霞萬古樓詩佚稿一卷　(清)王曇撰　民國八年(1919)陸祖穀抄本　陸祖穀跋　一册

330000－1710－0000774　261/7　子部/醫家類/傷寒金匱之屬/傷寒論

傷寒指掌四卷　(清)吳貞撰　民國七年(1918)上海鴻寶齋書局石印本　四册

330000－1710－0000926　923/10　史部/地理類/方志之屬/郡縣志

竹林八圩志十二卷首一卷　祝廷錫纂　稿本　三册　存十卷(首,一至六、十至十二)

330000－1710－0000930　923/24　史部/地理類/方志之屬/郡縣志

[民國]雙林鎮志三十二卷首一卷　蔡蒙纂修　民國六年(1917)上海商務印書館鉛印本　二册　存十七卷(首,一至十三、三十至三十二)

330000－1710－0000933　923/23　史部/地理類/方志之屬/郡縣志

[民國]雙林鎮志新補不分卷　蔡松輯　稿本　一册

330000－1710－0000934　923/36　史部/地理類/方志之屬/郡縣志

[嘉靖]臨山衛志四卷　(明)朱冠等采輯　(明)張訓　(明)謝鐵編　民國三年(1914)木活字印本　一册

330000－1710－0000935　923/20　史部/地理類/方志之屬/郡縣志

花溪志補遺一卷　(清)許良謨撰　**花溪備忘錄一卷**　(清)祝定國撰　**敬所筆記一卷**　(清)許敦俅撰　民國十年(1921)祝廷錫抄校本　祝廷錫題記并題簽　一册

330000－1710－0000937　923/38　史部/地理類/方志之屬/郡縣志

[民國]蟎陽志四卷　張拯滋輯　民國九年(1920)鉛印本　一册

330000－1710－0000948　208/94　類叢部/叢書類/自著之屬

香嚴庵雜稿八種　金蓉鏡撰　稿本　沈曾植題簽　二十一册

330000－1710－0000976　923/8　史部/地理類/專志之屬/寺觀

鳳山小志一卷　鄭之章撰　稿本　一册

330000－1710－0000978　923/3　史部/地理類/方志之屬/郡縣志

梅里志校勘記二卷　祝廷錫撰　稿本　祝廷錫校　一册

330000－1710－0000995　910/8　史部/地理類/總志之屬/斷代

十八省通志纂要不分卷　顧仰基編　民國七年(1918)油印本　三册

330000－1710－0001000　921/7　史部/地理類/方志之屬/通志

[民國]浙江新志二卷　姜卿雲編　民國二十五年(1936)杭州正中書局鉛印本　二册

330000－1710－0001001　921/4　史部/地理類/方志之屬/通志

浙江通志釐金門稿三卷　顧家相纂　民國八年(1919)上海聚珍倣宋印書局鉛印本　二册

330000－1710－0001003　921/9　史部/金石類/郡邑之屬/目録

江蘇金石志二十四卷待訪目二卷　繆荃孫纂　民國十六年(1927)影印本　一册　存一卷(四)

330000－1710－0001006　921/5　史部/地理類/方志之屬/通志

[民國]重修浙江通志初稿田賦三卷　浙江省通志館修　余紹宋等纂　民國三十七年(1948)鉛印本　三册

330000－1710－0001014　921/32　史部/地理類/方志之屬/通志

重修浙江通志初稿體例綱要及目錄一卷　浙江省通志館修　余紹宋　孫延釗等纂　民國三十七年(1948)鉛印本　一册

330000－1710－0001015　921/31　史部/地理類/方志之屬/郡縣志

鄉土志叢編第一集十種　燕京大學圖書館輯　民國二十六年(1937)燕京大學圖書館鉛印本　十册

330000－1710－0001018　533/26　史部/地理類/方志之屬/通志

重修浙江通志初稿田賦三卷　浙江省通志館修　余紹宋　孫延釗等纂　民國三十七年(1948)鉛印本　三册

330000－1710－0001019　531/10　史部/地理類/方志之屬/通志

浙江通志釐金門稿三卷　顧家相纂　民國八年(1919)上海聚珍倣宋印書局鉛印本　二册

330000－1710－0001020　922/5　史部/地理類/方志之屬/郡縣志

[光緒]杭州府志一百七十八卷首八卷　(清)陳璚等修　(清)王棻等纂　屈映光續修　陸懋勳續纂　齊耀珊重修　吳慶坻重纂　**杭州府志校勘記十六卷**　吳憲奎等編　民國十一年至十五年(1922－1926)鉛印本　八十册

330000－1710－0001025　922/11　史部/地理類/方志之屬/郡縣志

[乾隆]海寧州志十六卷首一卷 (清)戰效曾修 (清)高瀛洲纂 民國抄本 董巽觀題記 五冊 存十四卷(首,一至六、十至十六)

330000-1710-0001029 922/19 史部/地理類/方志之屬/郡縣志

[光緒]於潛縣志二十卷首一卷 (清)程兼善纂修 謝青翰補修 民國二年(1913)謝青翰石印本 三冊 存十八卷(首,一至十一、十五至二十)

330000-1710-0001031 922/232 史部/地理類/方志之屬/郡縣志

[民國]海寧州志稿四十一卷首一卷末一卷附志餘一卷藝文志補遺一卷 (清)李圭修 (清)許傳霈等纂 劉蔚仁續修 朱錫恩續纂 盧兆周繪圖 民國十一年(1922)鉛印本 三十二冊

330000-1710-0001032 922/13 史部/地理類/方志之屬/郡縣志

[民國]海寧州志稿四十一卷首一卷末一卷附志餘一卷藝文志補遺一卷 (清)李圭修 (清)許傳霈等纂 劉蔚仁續修 朱錫恩續纂 盧兆周繪圖 民國十一年(1922)鉛印本 九冊 存十五卷(二、五、十至十一、十五、三十至三十三、三十六至四十一)

330000-1710-0001033 922/16 史部/地理類/方志之屬/郡縣志

[嘉慶]餘杭縣志四十卷 (清)張吉安修 (清)朱文藻纂 (清)崔應榴 (清)董作棟續纂 民國八年(1919)鉛印本 八冊

330000-1710-0001040 922/31 史部/地理類/方志之屬/郡縣志

[萬曆]秀水縣志十卷 (明)李培修 (明)黃洪憲等纂 金蓉鏡校補 民國十四年(1925)金蓉鏡校補鉛印本 四冊

330000-1710-0001046 922/37 史部/地理類/方志之屬/郡縣志

校勘光緒嘉善縣志劄記一卷 孫傳樞等纂 民國八年(1919)鉛印本 二冊

330000-1710-0001059 922/53 史部/地理類/方志之屬/郡縣志

[嘉慶]德清縣續志十卷 (清)周紹濂續修 (清)張凱 (清)孔繼洙續纂 民國元年(1912)石印本 二冊

330000-1710-0001060 922/52 史部/地理類/方志之屬/郡縣志

[康熙]德清縣誌十卷 (清)侯元棐修 (清)王振孫等纂 民國元年(1912)德清縣續修縣志事務所石印本 四冊

330000-1710-0001066 922/61 史部/地理類/方志之屬/郡縣志

[民國]奉化縣補義志十卷 蔣堯裳編輯 民國元年(1912)奉化趙氏剡曲草堂木活字印本 二冊

330000-1710-0001068 922/65 史部/地理類/方志之屬/郡縣志

寶慶會稽續志八卷 (宋)張淏纂修 民國十五年(1926)周肇祥影印清嘉慶刻本 三冊

330000-1710-0001069 922/63 史部/地理類/方志之屬/郡縣志

[民國]定海縣志十六卷首一卷 陳訓正 馬瀛纂修 施皐等測繪 民國十三年(1924)旅滬同鄉會鉛印本 六冊

330000-1710-0001071 922/64 史部/地理類/方志之屬/郡縣志

嘉泰會稽志二十卷 (宋)沈作賓修 (宋)施宿等纂 民國十五年(1926)據清嘉慶十三年(1808)采鞠軒刻本影印本 九冊

330000-1710-0001072 922/71 史部/地理類/方志之屬/郡縣志

[民國]蕭山縣志稿三十三卷首一卷末一卷 彭延慶等修 楊鍾義等纂 民國二十四年(1935)鉛印本 十六冊

330000-1710-0001073 922/72 史部/地理類/方志之屬/郡縣志

[民國]蕭山縣志稿三十三卷首一卷末一卷 彭延慶等修 楊鍾義等纂 稿本 十冊 存

九卷(一至三、五至七、十、十二至十三)

330000－1710－0001079　922/33　史部/地理類/方志之屬/郡縣志

[民國]重修秀水縣志稿不分卷　金蓉鏡纂修　**附金甸丞重修秀水縣志殘稿校覈記一卷**　張天方撰　稿本　董振維書題并跋　董巽觀題款　三十五册

330000－1710－0001080　922/82　史部/地理類/方志之屬/郡縣志

光緒台州府志一百卷首一卷　(清)趙亮熙　(清)郭式昌修　王舟瑤等纂　民國十五年(1926)台州旅杭同鄉會鉛印本　六十册

330000－1710－0001081　922/79　史部/地理類/方志之屬/郡縣志

[民國]新昌縣志二十卷附新昌農事調查一卷　金城修　陳畬纂　**沃州詩存一卷**　(宋)潘音撰　**沃州文存一卷**　(宋)徐霖撰　民國八年(1919)鉛印本　十二册

330000－1710－0001091　922/91　史部/地理類/方志之屬/郡縣志

光緒金華縣志十六卷首一卷附咸同間金華殉難人姓名錄一卷　(清)鄧鍾玉等纂　民國鉛印本　六册　存十卷(三至七、九、十二至十三、十六,附咸同間金華殉難人姓名錄)

330000－1710－0001093　922/93　史部/地理類/方志之屬/郡縣志

道光東陽縣志二十七卷首一卷　(清)黨金衡修　(清)王恩注纂　民國三年(1914)東陽商務石印公司石印本　十册

330000－1710－0001097　922/98　史部/地理類/方志之屬/郡縣志

[民國]湯溪縣志二十卷首一卷　丁燮　薛達修　戴鴻熙纂　民國十五年(1926)湯谿縣修志局稿本　六册　存八卷(山川、田賦、選舉、官師、祀典、寺廟、祠觀、雜記)

330000－1710－0001100　922/102　史部/地理類/方志之屬/郡縣志

[民國]衢縣志三十卷首一卷　鄭永禧纂　民國二十五年至二十六年(1936－1937)鉛印本　杜寶光題記　二十册

330000－1710－0001102　922/104　史部/地理類/方志之屬/郡縣志

[民國]龍游縣志四十卷首一卷末一卷　余紹宋撰　民國十四年(1925)鉛印本　十六册

330000－1710－0001107　922/110　史部/地理類/方志之屬/郡縣志

[民國]建德縣志十五卷首一卷附錄二卷　夏曰璈　張良楷修　王韌纂　民國八年(1919)金華集成堂鉛印本　十一册

330000－1710－0001113　922/115　史部/地理類/方志之屬/郡縣志

[民國]壽昌縣志十卷首一卷　陳煥　潘紹傳修　陳舉愷纂　方仰賢繪圖　民國十九年(1930)金華大同印務局鉛印本　八册

330000－1710－0001119　922/124　史部/地理類/方志之屬/郡縣志

[民國]平陽縣志九十八卷首一卷　王理孚修　符璋纂　張翥等測繪　民國十四年至十五年(1925－1926)刻本　三十册

330000－1710－0001144　812.2/82、039/214　類叢部/叢書類/郡邑之屬

台州叢書後集十七種　楊晨輯　民國四年(1915)黄巖楊氏刻本　五册　存八種

330000－1710－0001148　039/118　類叢部/叢書類/郡邑之屬

台州叢書己集十二種　楊晨輯　民國八年(1919)黄巖楊氏石印本　十册

330000－1710－0001152　922/151　史部/地理類/方志之屬/郡縣志

[民國]吳縣志八十卷　曹允源等纂修　民國二十二年(1933)蘇州文新公司鉛印本　四十册

330000－1710－0001153　922/152　史部/地理類/方志之屬/郡縣志

[民國]上海縣續志三十卷首一卷末一卷　吳馨等修　姚文枬等纂　曾廷芳繪圖　民國七

年(1918)上海文廟南園志局刻本　十二冊

330000－1710－0001154　922/85　類叢部/叢書類/郡邑之屬

仙居叢書第一集十二種　李鏡渠編　民國二十四年(1935)鉛印本　四冊　存一種

330000－1710－0001210　922/220　史部/地理類/方志之屬/郡縣志

新修京山縣志草例一卷　李廉方撰　民國三十六年(1947)湖北通志館鉛印本　一冊

330000－1710－0001211　922/221　史部/地理類/方志之屬/郡縣志

象山縣志綱目說明書一卷　陳漢章撰　民國象城文華印製局石印本　一冊

330000－1710－0001213　922/225　史部/地理類/方志之屬/郡縣志

金山縣修志體例商榷書一卷　高燮撰　民國鉛印本　一冊

330000－1710－0001215　922/226　史部/地理類/方志之屬/郡縣志

[民國]川沙縣志二十四卷首一卷　方鴻鎧　陸炳麟修　黄炎培纂　俞乃文　陸修澤　茅人駿測繪　民國二十五年(1936)鉛印本　一冊　存二卷(首、一)

330000－1710－0001217　922/227　集部/總集類/郡邑之屬

慈谿人文略記一卷　民國抄本　一冊

330000－1710－0001221　922/238　史部/地理類/方志之屬/郡縣志

道光會稽縣志稾二十五卷首一卷末一卷　(清)王蓉坡　(清)沈墨莊纂　民國二十五年(1936)紹興縣修志委員會鉛印本(卷二至五、十至十三、二十至二十二原缺)　三冊　存十六卷(首,一、六至九、十四至十九、二十三至二十五,末)

330000－1710－0001222　922/236　史部/地理類/方志之屬/郡縣志

康熙會稽縣志二十八卷首一卷　(清)王元臣修　(清)董欽德　(清)金烔纂　民國二十五年(1936)紹興縣修志委員會鉛印本　四冊

330000－1710－0001223　922/239　史部/地理類/方志之屬/郡縣志

紹興縣志資料第一輯不分卷　紹興縣修志委員會輯　民國二十六年至二十八年(1937－1939)紹興縣修志委員會鉛印本　十六冊

330000－1710－0001224　922/237　史部/地理類/方志之屬/郡縣志

嘉慶山陰縣志三十卷首一卷　(清)徐元梅修　(清)朱文翰編輯　民國二十五年(1936)紹興縣修志委員會鉛印本　七冊

330000－1710－0001227　922/242　史部/地理類/方志之屬/郡縣志

蕭山鄉土志一卷　王銘恩編輯　民國十一年(1922)蕭山縣立第一高等小學鉛印本　一冊

330000－1710－0001228　922/243　史部/地理類/方志之屬/郡縣志

[民國]臨海縣志稿四十二卷首一卷　張熙鼎修　張寅重修　何奏簧纂　蔣鳳鳴　洪銳心繪　民國二十四年(1935)鉛印本　二十二冊

330000－1710－0001230　922/246　史部/地理類/方志之屬/郡縣志

中華民國分水縣志十四卷首一卷　鍾詩傑修　臧承宣纂　民國三十一年(1942)鉛印本　二冊

330000－1710－0001231　922/244　史部/地理類/方志之屬/郡縣志

[民國]遂安縣志十卷首一卷末一卷　羅柏麓　周樹美修　姚桓等纂　民國十九年(1930)鉛印本　八冊

330000－1710－0001232　922/247　史部/地理類/方志之屬/郡縣志

[民國]南田縣志三十五卷首一卷　呂耀鈐　厲家禎修　呂芝延　施仁緯纂　民國十九年(1930)鉛印本　二冊

330000－1710－0001233　922/248　史部/地理類/方志之屬/郡縣志

[民國]瑞安縣志稿不分卷　民國二十七年

(1938)瑞安縣修志委員會鉛印本　十冊

330000－1710－0001234　922/249　集部/總集類/郡邑之屬
瑞安詩徵七卷文徵十二卷　瑞安縣修志委員會編　民國三十五年(1946)瑞安縣修志委員會鉛印本　李潔題記　八冊

330000－1710－0001235　922/250　史部/地理類/方志之屬/郡縣志
[光緒]青田縣志十八卷首一卷　(清)雷銑修　(清)王棻纂　民國二十四年(1935)鉛印本　十冊

330000－1710－0001236　923/2　史部/地理類/方志之屬/郡縣志
梅里備志八卷首一卷　(清)余霖徵輯　民國十一年(1922)閱滄樓刻本　三冊

330000－1710－0001237　922/252　史部/地理類/方志之屬/郡縣志
[民國]定海縣志十六卷首一卷　陳訓正　馬瀛纂修　施皐等測繪　民國十三年(1924)旅滬同鄉會鉛印本　六冊

330000－1710－0001243　923/5　史部/地理類/專志之屬/園林
竹垞小志五卷　(清)阮元訂　(清)楊蟠等輯　民國十三年(1924)鉛印本　一冊

330000－1710－0001246　923/7　史部/地理類/方志之屬/郡縣志
新塍鎮志二十六卷首一卷　朱士楷纂輯　民國十二年(1923)平湖綺春閣鉛印本　四冊

330000－1710－0001247　923/9　史部/地理類/方志之屬/郡縣志
新塍新志二十七卷首一卷　嚴一萍撰　民國三十七年(1948)鉛印本(卷三至二十七原缺)　一冊

330000－1710－0001248　923/15　史部/地理類/方志之屬/郡縣志
[民國]濮院志三十卷　夏辛銘纂　民國十六年(1927)刻本　六冊

330000－1710－0001249　923/11　史部/地理類/方志之屬/郡縣志
竹林八圩志十二卷首一卷　祝廷錫纂　民國二十一年(1932)石印本　四冊

330000－1710－0001250　923/11－2　史部/地理類/方志之屬/郡縣志
竹林八圩志十二卷首一卷　祝廷錫纂　民國二十一年(1932)石印本　四冊

330000－1710－0001252　923/21　史部/地理類/方志之屬/郡縣志
[乾隆]烏青鎮志十二卷　(清)董世寧纂　民國七年(1918)鉛印本　二冊

330000－1710－0001253　923/22　史部/地理類/方志之屬/郡縣志
[民國]烏青鎮志四十四卷首一卷　盧學溥修　朱辛彝　張惟驤纂　民國二十五年(1936)刻藍印本　十二冊

330000－1710－0001256　923/25　類叢部/叢書類/郡邑之屬
南林叢刊正集五種次集七種　周延年編　民國二十五年(1936)、二十八年(1939)南林周氏鉛印本　二冊　存二種

330000－1710－0001258　923/27　史部/地理類/方志之屬/郡縣志
[民國]南潯志六十卷首一卷南潯擷秀錄一卷　周慶雲纂　民國八年至十一年(1919－1922)刻藍印本　十二冊　存四十七卷(南潯志五至二十四、三十五至六十,擷秀錄)

330000－1710－0001259　923/28、923/29　史部/地理類/方志之屬/郡縣志
[同治]盛湖志十四卷首一卷末一卷　(清)仲廷機纂　**盛湖志補四卷**　(清)仲虎騰續纂　民國十四年(1925)周慶雲覆刻清吳江仲氏本　八冊

330000－1710－0001265　923/41　史部/地理類/方志之屬/郡縣志
剡源鄉志二十四卷首一卷　(清)趙霈濤纂　民國五年(1916)丹山赤水洞天剡曲草堂鉛印

本　三冊　缺八卷(八至十五)

330000－1710－0001269　923/47　史部/地理類/方志之屬/郡縣志

竹林八圩志十卷首一卷　祝廷錫纂　稿本　二冊　存七卷(一至七)

330000－1710－0001270　923/48　史部/地理類/方志之屬/郡縣志

[民國]岱山鎮志二十卷首一卷　湯濬撰　沈立恭繪圖　民國十六年(1927)定海湯氏一某軒木活字印本　四冊

330000－1710－0001284　941/1　史部/地理類/山川之屬/山志

靈峰志四卷補遺一卷　周慶雲輯　民國元年(1912)周慶雲夢坡室刻本　葉舟題款　二冊

330000－1710－0001288　941/4　史部/地理類/山川之屬/山志

乍浦九山補志十二卷　(清)李確撰　民國五年(1916)刻本　二冊

330000－1710－0001289　941/5　史部/地理類/山川之屬/山志

乍浦九山補志十二卷九山遊草一卷　(清)李確撰　民國七年(1918)刻本　三冊

330000－1710－0001292　941/6　史部/地理類/山川之屬/山志

乍浦黃山志一卷　許奇光撰　民國三十七年(1948)鷗湖出版社鉛印本　一冊

330000－1710－0001294　941/11　史部/地理類/山川之屬/山志

普陀洛迦新志十二卷首一卷　許止淨述　王亨彥輯　民國二十年(1931)鉛印本　四冊

330000－1710－0001297　941/16　史部/地理類/山川之屬/山志

南雁蕩山志十三卷首一卷　周喟編　民國七年(1918)瑞安戴氏詠古齋刻本　四冊

330000－1710－0001298　941/17　史部/地理類/山川之屬/山志

南田山志十四卷首一卷　劉燿東撰　民國二十四年(1935)啓後亭鉛印本　二冊　存八卷(首,一至五、十一至十二)

330000－1710－0001301　941/20　史部/地理類/山川之屬/山志

狼五山志四卷　(明)王揚德撰　民國二十四年(1935)南通狼山廣教寺據明萬曆四十四年(1616)刻本影印本　二冊

330000－1710－0001302　941/21　史部/地理類/山川之屬/山志

九華山志八卷首一卷　釋德森編輯　許止淨鑑訂　民國二十七年(1938)蘇州弘化社鉛印本　二冊

330000－1710－0001303　941/23　史部/地理類/山川之屬/山志

清涼山志八卷首一卷　(明)釋鎮澄修　釋印光增訂　民國二十二年(1933)蘇州弘化社鉛印本　二冊

330000－1710－0001305　941/24　史部/地理類/山川之屬/山志

峨眉山志八卷首一卷　(清)蔣超纂　釋印光增訂　民國二十三年(1934)蘇州弘化社鉛印本　二冊

330000－1710－0001307　941/25　子部/宗教類/佛教之屬

世界佛學苑漢藏教理院叢書□□種　民國重慶漢藏教理院鉛印本　一冊　存一種

330000－1710－0001313　941/36　史部/地理類/專志之屬/寺觀

天童寺續志二卷首一卷　釋淨心修　釋蓮萍纂　民國九年(1920)天童寺刻本　二冊

330000－1710－0001315　941/40　史部/地理類/山川之屬/水志

東錢湖志四卷　王榮商纂　陸澍咸　戴彥編　民國五年(1916)刻本　五冊

330000－1710－0001325　941/49　史部/地理類/專志之屬/寺觀

招賢寺略記一卷附南無大慈地藏王菩薩摩訶薩地藏大士聖蹟一卷　釋如幻輯　民國九年

(1920)刻本　一册

330000－1710－0001330　941/53　史部/地理類/山川之屬/山志

盧山志副刊六種附錄圖一卷盧山歷史風景畫片册一卷盧山金石存真一卷　吳宗慈輯　民國鉛印本　十四册

330000－1710－0001332　941/57　史部/地理類/雜志之屬

洞庭東山物產攷四卷首一卷　朱琛撰　民國九年(1920)鉛印本　一册

330000－1710－0001333　941/58　史部/地理類/山川之屬/山志

靈巖山志八卷首一卷末一卷　張一留編　民國三十七年(1948)上海印公紀念會鉛印本　一册

330000－1710－0001334　941/59　史部/地理類/山川之屬/水志

鴛鴦湖小志一卷　陶元鏞輯　民國二十四年(1935)鉛印本　一册

330000－1710－0001346　943/11　史部/地理類/專志之屬/古跡

海昌勝蹟志八卷補綴一卷　管元耀輯　民國二十一年(1932)海寧管氏靜得樓刻本　祝廷錫題簽并記　四册

330000－1710－0001349　943/13　史部/地理類/專志之屬/古跡

金陵勝蹟志十卷　胡祥翰輯　民國十五年(1926)鉛印本　一册

330000－1710－0001364　943/33　史部/地理類/遊記之屬/紀勝

天目山游記一卷詩一卷和詩一卷金華北山游記一卷　錢文選撰　民國二十四年(1935)浙江正楷印書局鉛印本　一册

330000－1710－0001365　943/34　史部/地理類/遊記之屬/紀行

周子美游記一卷　周子美撰　民國十九年(1930)上海石印本　一册

330000－1710－0001366　943/35　史部/地理類/遊記之屬/紀行

游蘇紀事一卷　錢文選撰　民國二十五年(1936)鉛印本　一册

330000－1710－0001382　943/41　史部/地理類/遊記之屬

古今遊記叢鈔十六種　題莫釐涵青氏輯　民國三年(1914)涵青山房石印本　六册

330000－1710－0001385　943/59　史部/金石類/郡邑之屬

河朔古蹟志四例四卷　顧燮光撰　民國四年(1915)神州國光社石印本　一册

330000－1710－0001414　960/13　史部/地理類/輿圖之屬/郡縣

浙江省桐鄉縣全圖一卷　浙江省桐鄉縣清丈局製　民國二十年(1931)中華書局印本　七幅

330000－1710－0001416　960/11　新學/地學/地理學

中國地學會地學叢書七卷首一卷　張相文編　民國十七年(1928)鉛印本　二册

330000－1710－0001420　970/9　史部/地理類/雜志之屬

遼東文獻徵畧八卷校補一卷　金毓黻撰　民國十六年(1927)鉛印本　四册

330000－1710－0001421　970/10　史部/傳記類/總傳之屬/斷代

南吳舊話錄二十四卷補遺一卷附錄一卷　(清)李延昰口授　(清)李尚絅補撰　(清)李漢徵引釋　(清)蔣烈編　民國鉛印本　六册

330000－1710－0001430　011/14－2　史部/目録類/書志之屬/提要

四部叢刊書錄一卷　商務印書館編　民國十一年(1922)上海商務印書館鉛印本　一册

330000－1710－0001431　011/14－3　史部/目録類/書志之屬/提要

四部叢刊書錄一卷　商務印書館編　民國十

一年(1922)上海商務印書館鉛印本　海鹽縣立圖書館題記　一册

330000－1710－0001432　011/14　史部/目録類/總録之屬/彙刻

四部叢刊目錄一卷　商務印書館編　民國上海商務印書館鉛印本暨影印本　一册

330000－1710－0001433　011/15　史部/目録類/總録之屬/彙刻

叢書舉要六十卷附校誤記一卷末一卷　楊守敬編　李之鼎補編　民國三年(1914)南昌李氏宜秋館鉛印本　四十三册　缺二卷(十八至十九)

330000－1710－0001436　011/7　史部/目録類/專録之屬

清代進書表錄存一卷　錢恂撰　民國八年(1919)聚珍倣宋印書局鉛印本　一册

330000－1710－0001437　011/9　史部/目録類/專録之屬

補鈔文瀾閣四庫闕簡記錄一卷　張宗祥撰　民國十五年(1926)刻本　一册

330000－1710－0001438　011/6　史部/目録類/總録之屬/官修

故宮殿本書庫現存目三卷附錄一卷　陶湘編　民國二十二年(1933)故宮博物院圖書館鉛印本　三册

330000－1710－0001439　011/11　史部/目録類/總録之屬/官修

壬子文瀾閣所存書目五卷　錢恂編　**文瀾閣目補一卷**　章箴編　民國元年(1912)浙江圖書館刻十二年(1923)補刻本　四册

330000－1710－0001441　011/26　史部/目録類/總録之屬/史志

清閨秀藝文略五卷　單士釐編　民國十六年(1927)浙江公立圖書館鉛印本　陸祖穀題記　一册

330000－1710－0001442　011/28　史部/目録類/總録之屬/地方

溫州經籍志三十三卷首一卷外編二卷辨誤一卷　(清)孫詒讓撰　民國十年(1921)浙江公立圖書館刻本　十六册

330000－1710－0001444　011/18　史部/目録類/通論之屬/義例

漢書藝文志舉例一卷　孫德謙撰　民國七年(1918)刻綠印本　一册

330000－1710－0001452　011/41　史部/目録類/總録之屬/私撰

東海藏書樓書目五卷　徐允中藏並編　民國九年(1920)武林印書館鉛印本　四册

330000－1710－0001453　011/35　史部/目録類/總録之屬/私撰

千頃堂書目三十二卷　(清)黃虞稷撰　民國影印本　十四册　存二十八卷(一至十六、十九至三十)

330000－1710－0001454　011/50　史部/目録類/總録之屬/私撰

學稼堂殘餘書目不分卷　勞乃宣編　民國二十年(1931)抄本　一册

330000－1710－0001458　011/37、011/38　史部/目録類/總録之屬/私撰

二徐書目合刻　王存善輯　民國四年(1915)仁和王存善鉛印本　六册

330000－1710－0001459　011/52　史部/紀傳類/别史之屬

蒙兀兒史記樣本不分卷　屠寄撰　民國二十三年(1934)常州振羣印刷公司鉛印本　一册

330000－1710－0001460　011/44　史部/目録類/總録之屬/私撰

李慈銘先生批校藏書目錄一卷　(清)李慈銘藏並批校　北平圖書館編　民國鉛印本　一册

330000－1710－0001461　011/53　史部/目録類/專録之屬

中國地方志綜錄不分卷　朱士嘉撰　民國二十四年(1935)上海商務印書館石印本　三册

330000－1710－0001462　011/45　史部/目

録類/總録之屬/私撰

金氏面城樓書目四卷補遺一卷 金廣泳編 民國七年(1918)文明書局鉛印本 一册

330000-1710-0001464 011/56 史部/金石類/石之屬

毅盦叢刊□□種 黄立猷輯 民國十五年(1926)沔陽黄立猷鉛印本 二册 存一種

330000-1710-0001466 011/58 史部/目録類/總録之屬/官修

浙江公立圖書館通常類圖書目錄五卷附保存類圖書目錄補遺一卷 浙江公立圖書館編 民國十四年(1925)浙江公立圖書館鉛印本 八册

330000-1710-0001467 011/57 史部/目録類/專録之屬

中國地方志備徵目不分卷 朱士嘉編 民國二十年(1931)北平燕京大學圖書館鉛印本 一册

330000-1710-0001468 011/64 史部/目録類/總録之屬/官修

海寧縣公立圖書館書目一卷附金石保存處金石拓本目錄一卷 朱尚編 民國十二年(1923)海寧縣公立圖書館鉛印本 一册

330000-1710-0001470 011/59 史部/目録類/總録之屬/官修

浙江圖書館觀覽類書目四卷補遺一卷附錄一卷 浙江圖書館編 民國四年(1915)浙江圖書館鉛印本 四册

330000-1710-0001471 011/60 史部/目録類/總録之屬/官修

浙江圖書館觀覽類書目補編二卷 浙江圖書館編 民國四年(1915)浙江圖書館鉛印本 一册

330000-1710-0001472 011/65 史部/目録類/總録之屬/官修

寧波市立圖書館目錄不分卷 楊鐵夫編 民國二十年(1931)寧波市立圖書館鉛印本 一册

330000-1710-0001473 011/59-2 史部/目録類/總録之屬/官修

浙江圖書館觀覽類書目四卷 浙江圖書館編 民國四年(1915)浙江圖書館鉛印本 一册 存一卷(子部)

330000-1710-0001474 011/66 史部/目録類/總録之屬/官修

省立第二圖書館書目續編六卷附錄一卷 曹允源編 民國六年(1917)蘇州江蘇省立第二圖書館刻本 二册

330000-1710-0001475 011/67 史部/目録類/總録之屬/官修

江南圖書館書目六卷 江南圖書館編 民國南京江南圖書館鉛印本 八册

330000-1710-0001476 011/61 史部/目録類/總録之屬/官修

浙江圖書館觀覽類日文書目一卷 浙江圖書館編 民國四年(1915)浙江圖書館鉛印本 一册

330000-1710-0001477 011/62 史部/目録類/總録之屬/官修

浙江圖書館保存類書目四卷末一卷 浙江圖書館編 民國四年(1915)浙江圖書館鉛印本 一册

330000-1710-0001478 011/75 史部/目録類/總録之屬/官修

天津圖書館書目三十二卷末一卷 譚新嘉 韓梯雲編 民國二年(1913)天津圖書館鉛印本 八册 缺七卷(五至十一)

330000-1710-0001479 011/63 史部/目録類/總録之屬/官修

浙江公立圖書館保存類目錄四卷 浙江公立圖書館編 民國十年(1921)浙江公立圖書館石印本 二册

330000-1710-0001480 011/68 史部/目録類/總録之屬/官修

江南圖書館善本書目五卷 江南圖書館編 民國南京江南圖書館鉛印本 一册

330000－1710－0001481　011/71　史部/目録類/總録之屬/官修

浙江省立圖書館善本書目甲編四卷　毛春翔編　民國二十五年(1936)浙江省立圖書館鉛印本　一册

330000－1710－0001482　011/69　史部/目録類/總録之屬/官修

無錫縣立圖書館善本書目二卷　秦毓鈞編　民國十八年(1929)無錫縣立圖書館鉛印本　一册

330000－1710－0001483　011/76　史部/目録類/總録之屬/官修

國立清華大學圖書館新編中文書目第一期一卷第二期一卷　國立清華大學圖書館編　民國二十一年(1932)北平國立清華大學圖書館鉛印本　二册

330000－1710－0001484　011/72　史部/目録類/總録之屬/官修

常熟縣立圖書館新書目不分卷　陳文熙編　民國十八年(1929)常熟縣立圖書館油印本　二册

330000－1710－0001485　011/73　史部/目録類/總録之屬/官修

南京圖書局閱覽室檢查書目二編五卷　南京圖書局編　民國南京圖書局鉛印本　二册

330000－1710－0001487　011/74　史部/目録類/總録之屬/官修

南京圖書局書畫目一卷　南京圖書局編　民國南京圖書局鉛印本　一册

330000－1710－0001490　011/83　史部/目録類/總録之屬/私撰

通學齋書目第一期一卷第二期一卷　孫殿起編　民國二十四年至二十五年(1935－1936)北平孫殿起通學齋鉛印本　二册

330000－1710－0001492　011/97　史部/目録類/專録之屬

西泠印社金石印譜法帖藏書目一卷　西泠印社編　民國二年(1913)上海西泠印社石印本一册

330000－1710－0001493　011/98　史部/目録類/總録之屬/私撰

西泠印社書目四卷(第二十二期)　西泠印社編　民國十四年(1925)上海西泠印社鉛印本一册

330000－1710－0001494　011/81　史部/目録類/總録之屬/彙刻

江蘇省立蘇州圖書館印行所發售木刻圖書目錄一卷　江蘇省立蘇州圖書館編　民國二十四年(1935)江蘇省立蘇州圖書館鉛印本一册

330000－1710－0001495　011/99　史部/目録類/總録之屬/私撰

中國書店書目不分卷　中國書店編　民國十四年(1925)上海中國書店鉛印本　一册

330000－1710－0001496　011/104　史部/目録類/總録之屬/地方

海寧經籍志備考一卷　(清)吳騫撰　民國張光第小清儀閣抄本　二册

330000－1710－0001497　011/106　史部/目録類/總録之屬/官修

四庫目略四卷　楊立誠編　民國十八年(1929)浙江省立圖書館鉛印本　四册

330000－1710－0001498　011/103　史部/目録類/總録之屬/彙刻

影印元明善本叢書十種樣本一卷　商務印書館編　民國二十六年(1937)上海商務印書館鉛印本　一册

330000－1710－0001499　011/101　史部/目録類/專録之屬

安徽叢書第一期全書特價簡章不分卷　安徽叢書編審會編　民國安徽叢書編印處鉛印本一册

330000－1710－0001501　011/107　史部/目録類/總録之屬/官修

文瀾閣目索引一卷　楊立誠編　民國十八年(1929)浙江省立圖書館鉛印本　一册

330000－1710－0001502　011/101－2　史部/目録類/專録之屬
安徽叢書第二期全書樣本特價簡章不分卷
安徽叢書編審會編　民國安徽叢書編印處鉛印本　一册

330000－1710－0001503　011/102　史部/目録類/版本之屬/書影
影印國藏善本叢刊樣本不分卷　商務印書館編　民國二十六年(1937)上海商務印書館鉛印本暨影印本　一册

330000－1710－0001504　011/108　史部/目録類/總録之屬/私撰
鄞范氏天一閣書目内編十卷附校勘記一卷　馮貞羣編　民國二十六年至二十九年(1937－1940)寧波重修天一閣委員會鉛印本　范鹿其題記　四册

330000－1710－0001506　011/110　史部/目録類/總録之屬/官修
内閣大庫書檔舊目補七卷　國立中央研究院歷史語言研究所編　民國二十五年(1936)上海商務印書館鉛印本　一册

330000－1710－0001508　011/111　史部/目録類/總録之屬/私撰
詒莊樓書目八卷　王修藏並撰　民國十九年(1930)長興王修鉛印本　四册

330000－1710－0001509　011/122　史部/目録類/總録之屬/私撰
篆刻參考書傳本書目一卷附錄一卷　王敦化編　民國二十九年(1940)王敦化沂風堂鉛印本　一册

330000－1710－0001510　011/124　史部/目録類/書志之屬/提要
國學書目提要不分卷　上海醫學書局編　民國上海醫學書局鉛印本　一册

330000－1710－0001511　011/112　史部/目録類/總録之屬/禁燬
禁書總録二卷附錄一卷　陳乃乾校輯　民國二十一年(1932)海寧陳乃乾慎初堂鉛印本　二册

330000－1710－0001512　011/123　史部/目録類/專録之屬
印譜知見傳本書目一卷補遺一卷　王敦化編　民國二十九年(1940)山東聚文齋書店鉛印本　一册

330000－1710－0001513　011/125　史部/目録類/總録之屬/私撰
好古堂書目五卷收藏宋元板書目一卷　(清)姚際恒編　民國十八年(1929)南京中社影印本　一册

330000－1710－0001514　011/130　史部/目録類/專録之屬
叢書書目彙編不分卷補遺一卷　沈乾一編　民國十八年(1929)上海醫學書局鉛印本　四册

330000－1710－0001515　011/126　史部/目録類/專録之屬
方志考稿甲集六編　瞿宣穎撰　民國十九年(1930)北平天春書社鉛印本　三册

330000－1710－0001516　011/127　史部/目録類/總録之屬/私撰
章氏四當齋藏書目三卷書名通檢一卷　章鈺藏　顧廷龍編　民國二十七年(1938)北平燕京大學圖書館鉛印本　五册

330000－1710－0001518　011/132　史部/目録類/總録之屬/私撰
潛采堂書目四種　(清)朱彝尊撰　民國董巽觀抄本　一册

330000－1710－0001524　012/19　史部/目録類/總録之屬/氏族
海寧渤海陳氏著錄二卷續編一卷補遺一卷　(清)陳敬璋編　陳其謙　陳大綸重輯　民國二十三年(1934)鉛印本　一册

330000－1710－0001528　012/27　史部/目録類/總録之屬/私撰
書目舉要一卷　周貞亮　李之鼎編　民國九年(1920)南城李之鼎宜秋館刻本　一册

330000－1710－0001529　012/25　史部/目録類/總録之屬/私撰

書目答問補正五卷　范希曾編　民國二十四年(1935)江蘇省立國學圖書館鉛印本　二册

330000－1710－0001531　012/29　史部/目録類/專録之屬

國學用書類述不分卷　支偉成編　民國十六年(1927)上海泰東圖書局鉛印本　一册

330000－1710－0001537　012/14、814.3/35　類叢部/叢書類/彙編之屬

丁丑叢編十種　趙詒琛　王大隆輯　民國二十六年(1937)鉛印本　趙詒琛題記　二册　存三種

330000－1710－0001539　012/16　類叢部/叢書類/彙編之屬

松鄰叢書二十種　吴昌綬編　民國六年至七年(1917－1918)仁和吴氏雙照樓刻本　二册　存一種

330000－1710－0001540　012/40　史部/目録類/書志之屬/題跋

藏園羣書題記八卷　傅增湘撰　民國三十二年(1943)企麟軒鉛印本　四册

330000－1710－0001541　012/39　史部/目録類/通論之屬/掌故瑣記

書舶庸譚四卷　董康撰　民國十九年(1930)上海大東書局影印本　董康題記　三册

330000－1710－0001542　012/38　史部/目録類/版本之屬/專考

明版書經眼録二卷　王敦化撰　民國齊魯大學國學研究所鉛印本　二册

330000－1710－0001543　012/31　史部/目録類/通論之屬/掌故瑣記

書林清話十卷　葉德輝撰　民國八年(1919)葉啟崟刻本　四册

330000－1710－0001544　012/41　史部/目録類/書志之屬/提要

滂喜齋藏書記三卷　(清)潘祖蔭藏　葉昌熾撰　**滂喜齋宋元本書目一卷**　陳乃乾輯　民國十三年(1924)海寧陳氏慎初堂鉛印本　二册

330000－1710－0001545　012/42　史部/目録類/書志之屬/提要

四部寓眼録二卷　(清)周廣業撰　民國二十二年(1933)上虞羅振常蟫隱廬鉛印本　一册

330000－1710－0001546　012/44　史部/目録類/書志之屬/提要

珍書享帚録一卷　朱長圻編　民國二十五年(1936)南京朱長圻萃文書局鉛印本　一册

330000－1710－0001547　012/45　史部/目録類/書志之屬/提要

藝風藏書再續記不分卷　繆荃孫撰　民國二十九年(1940)燕京大學圖書館鉛印本　一册

330000－1710－0001548　012/43　類叢部/叢書類/彙編之屬

渭南嚴氏孝義家塾叢書十一種　嚴式誨編　民國十四年至二十年(1925－1931)渭南嚴氏刻本　一册　存一種

330000－1710－0001550　013/2　史部/目録類/通論之屬/考訂

古文舊書考四卷附訪餘録一卷　(日本)島田翰撰　民國十六年(1927)深縣王雨藻玉堂鉛印本　五册

330000－1710－0001551　012/45－2　史部/目録類/總録之屬/提要

藝風藏書再續記不分卷　繆荃孫撰　民國二十九年(1940)燕京大學圖書館鉛印本　一册

330000－1710－0001555　013/7　史部/目録類/通論之屬/義例

校讎新義十卷　杜定友撰　民國十九年(1930)上海中華書局鉛印本　二册

330000－1710－0001556　013/8　史部/目録類/版本之屬/書影

嘉業堂善本書影五卷　劉承幹輯　民國十八年(1929)吴興劉氏嘉業堂影印本　六册

330000－1710－0001557　013/11　史部/目

録類/版本之屬/書影
宋元書影四卷　民國影印本　四冊

330000－1710－0001558　013/12　史部/目録類/版本之屬/書影
故宮善本書影初編一卷　故宮博物院圖書館編　民國十八年(1929)北平故宮博物院圖書館影印本　嘯雪主人題記　一冊

330000－1710－0001562　014/12　史部/傳記類/總傳之屬/通代
校正尚友錄統編二十四卷　(清)潘遵祁編　(清)張元聲輯　民國七年(1918)上海國學圖書局石印本　十二冊

330000－1710－0001566　015/5　史部/傳記類/總傳之屬/家乘
[浙江嘉興]嘉興竹林高氏譜不分卷　高□□輯　稿本　一冊

330000－1710－0001567　015/4　史部/傳記類/總傳之屬/家乘
[浙江嘉興]歙縣羅田方氏遷禾分支重修宗譜三卷　(清)羅惟善輯　羅錫壞重修　民國二十三年(1934)嘉興羅氏鉛印本　一冊

330000－1710－0001569　015/9　史部/傳記類/總傳之屬/家乘
[浙江嘉興]金氏如心堂譜不分卷　金兆藩纂修　民國二十三年(1934)刻本　一冊

330000－1710－0001571　015/12　史部/傳記類/總傳之屬/家乘
祝氏史傳三卷補遺一卷　祝廷錫輯　民國二十四年(1935)稿本　一冊

330000－1710－0001573　015/11　史部/傳記類/總傳之屬/家乘
[浙江嘉興]吳郡陸氏竇巷支世系圖表不分卷　陸祖轂纂修　民國二十二年(1933)石印本　四冊

330000－1710－0001574　015/10　史部/傳記類/總傳之屬/家乘
[浙江桐鄉]勞氏遺經堂支譜不分卷　勞健章續修　民國十五年(1926)勞氏遺經堂石印本　勞元瑚題記　一冊

330000－1710－0001576　015/16　史部/傳記類/總傳之屬/家乘
[江蘇蘇州]汪氏譜略不分卷　汪原渠纂修　民國二十年(1931)鉛印本　一冊

330000－1710－0001578　015/18　史部/傳記類/總傳之屬/家乘
[浙江杭州]杭韓氏譜不分卷　韓□□編　稿本　三冊

330000－1710－0001579　015/19　史部/傳記類/總傳之屬/家乘
[江蘇松江]雲間珠溪陸氏譜牒十一卷　陸守先　陸純熙編纂　民國十五年(1926)雲間陸純熙石印本　一冊　存一卷(十一)

330000－1710－0001581　015/21　史部/傳記類/總傳之屬/家乘
[福建閩侯]西清王氏族譜不分卷　王孝綺增修　民國二十三年(1934)鉛印本　王孝綺　王世穎題記　一冊

330000－1710－0001582　015/22　史部/傳記類/總傳之屬/家乘
[江蘇昆山]趙氏家乘十六卷　趙詒琛　趙詒紳錄　民國七年(1918)崑山趙氏刻本　六冊

330000－1710－0001584　015/13－1　史部/傳記類/總傳之屬/家乘
[浙江海寧]海昌祝氏宗譜一卷　祝廷錫續修　稿本　一冊

330000－1710－0001588　015/28　史部/傳記類/總傳之屬/家乘
[浙江海寧]海昌鵬坡陸氏宗譜三十卷首二卷　陸鶴翔續纂　民國三年(1914)陸氏希賢祠刻本　二十四冊

330000－1710－0001594　015/33　史部/傳記類/總傳之屬/家乘
[江蘇無錫]堠山錢氏丹桂堂家譜四卷　錢基博纂修　民國三十七年(1948)丹桂堂鉛印本　一冊

330000－1710－0001595　015/32　史部/傳記類/總傳之屬/家乘

[浙江海寧]華園錢氏家乘一卷　錢德楨纂　民國二十六年(1937)鉛印本　一冊

330000－1710－0001598　015/35　史部/傳記類/總傳之屬/家乘

清皇室四譜四卷　唐邦治輯　民國十二年(1923)上海聚珍仿宋印書局鉛印本　二冊

330000－1710－0001603　015/31　史部/傳記類/總傳之屬/家乘

[浙江海寧]硤石蔣氏支譜不分卷　(清)蔣學培　(清)蔣學堅輯　蔣欽頊增輯　蔣述彭編　民國十八年(1929)鉛印本　二冊

330000－1710－0001605　015/38　史部/傳記類/總傳之屬/家乘

[浙江平湖]乍浦東陳族譜稿不分卷　陳甸纂修　民國三十七年(1948)鉛印本　一冊

330000－1710－0001610　016/5　子部/工藝類/觀賞之屬/古玩

陳原心古玉譜一卷　(清)陳原心撰　民國十三年(1924)許光照抄本　一冊

330000－1710－0001611　016/6　子部/農家農學類/園藝之屬/花卉

菖蒲譜一卷　民國十三年(1924)許光照抄本　許光照題簽并題記　一冊

330000－1710－0001612　016/7　子部/農家農學類/園藝之屬/花卉

牡丹譜一卷　(清)計楠撰　民國八年(1919)許光照抄本　一冊

330000－1710－0001613　016/8　子部/農家農學類/園藝之屬/花卉

拳石書屋月季譜一卷　施能撰　民國八年(1919)許光照抄本　許達題簽並記　一冊

330000－1710－0001614　016/10　子部/農家農學類/園藝之屬/花卉

瓨荷譜一卷　(清)楊鍾寶撰　民國九年(1920)許光照抄本　許光照題簽並記　一冊

330000－1710－0001615　016/11　子部/農家農學類/園藝之屬/花卉

九華新譜一卷　(清)吳升撰　民國九年(1920)許光照抄本　一冊

330000－1710－0001616　016/9　子部/農家農學類/園藝之屬/花卉

菊說一卷　(清)計楠撰　民國八年(1919)許光照抄本　許光照題簽并題記　一冊

330000－1710－0001617　016/12　子部/雜著類/雜品之屬

新增格古要論一卷　(明)曹昭撰　(明)王佐校增　民國十三年(1924)許光照抄本　許光照題簽並記　一冊

330000－1710－0001620　016/15　子部/農家農學類/園藝之屬/花卉

蘭蕙小史三卷附一卷　吳恩元編輯　唐駝校訂　民國十二年(1923)吳恩元、唐駝鉛印本　三冊

330000－1710－0001655　021/73　史部/傳記類/總傳之屬

室名索引不分卷　陳乃乾輯　陶毓英編　民國二十二年(1933)海寧陳乃乾共讀樓鉛印本　一冊

330000－1710－0001661　240/16　史部/地理類/水利之屬

宗孟廬行水三議一卷　盛沅撰　民國九年(1920)鉛印本　一冊

330000－1710－0001663　240/21　史部/地理類/水利之屬

治湖箴言一卷　胡雨人撰　民國鉛印本　一冊

330000－1710－0001664　240/31　史部/地理類/水利之屬

苕溪險塘說一卷　仲學輅撰　民國四年(1915)鉛印本　一冊

330000－1710－0001665　240/32　史部/政書類/邦計之屬/荒政

民國十年水災後調查報告一卷　胡雨人撰

民國十年(1921)鉛印本　一册

330000－1710－0001666　240/33　史部/地理類/水利之屬
江浙水利聯合會審查員對於太湖局水利工程計畫大綱實地調查報告不分卷　江浙水利聯合會編　民國十年(1921)鉛印本　一册

330000－1710－0001667　240/34　史部/地理類/水利之屬
泖河案牘一卷　民國鉛印本　一册

330000－1710－0001668　256/1　子部/農家農學類/園藝之屬/花卉
春暉堂花卉圖說十二卷　許衍灼撰　民國十二年(1923)上海新學會社石印本　四册

330000－1710－0001670　253/10　子部/農家農學類/蠶桑之屬
養蠶經驗編一卷　沈光遠撰　**補遺一卷**　金整圃撰　民國十三年(1924)餘杭縣蠶桑研究社鉛印本　一册

330000－1710－0001677　261/15　子部/醫家類/醫經之屬/内經
羣經見智錄三卷　惲鐵樵撰　**古醫經論一卷**　韋格六撰　民國十一年(1922)鉛印本　二册

330000－1710－0001683　261/24　子部/醫家類/醫理之屬/綜合
子華子醫道篇注一卷　(春秋)程本著　張驥注　民國二十四年(1935)成都義生堂刻本　一册

330000－1710－0001687　261/29　子部/醫家類/醫理之屬/病源病機
重刊巢氏諸病源候總論五十卷　(隋)巢元方等撰　民國七年(1918)上海千頃堂石印本　二册

330000－1710－0001691　261/33　子部/醫家類/綜合之屬/通論
御纂醫宗金鑑九十卷首一卷　(清)吳謙等撰　民國八年(1919)上海鴻寶齋石印本　十六册　缺十六卷(外科一至十六)

330000－1710－0001698　261/38　子部/醫家類/溫病之屬/瘟疫
加批時病論八卷　(清)雷豐撰　陳秉鈞批　民國二十二年(1933)上海廣益書局石印本　四册

330000－1710－0001699　261/39　子部/醫家類/醫話醫論之屬
陸氏論醫集四卷　陸彭年撰　沈本琰編纂　民國二十二年(1933)上海陸淵雷醫室鉛印本　四册

330000－1710－0001700　261/40　子部/醫家類/類編之屬
謝利恒先生全書(謝氏全書)　謝觀撰　民國二十四年(1935)澄齋醫社鉛印本　一册　存一種

330000－1710－0001701　261/41　子部/醫家類/類編之屬
徐靈胎醫書三十二種　(清)徐大椿撰　民國上海錦文堂書局石印本　二十四册

330000－1710－0001707　261/46　子部/醫家類/類編之屬
退思廬醫書四種合刻　嚴鴻志撰　民國十年(1921)寧波汲綆書莊石印本　五册

330000－1710－0001713　261/55　子部/醫家類/傷寒金匱之屬/傷寒論
註解傷寒論十卷　(漢)張機撰　(漢)王叔和輯　(金)成無己註解　民國十三年(1924)熊羅宿影印本　四册

330000－1710－0001716　261/60　子部/醫家類/醫案之屬
醫案雜證摘要三卷　(清)王西山撰　新民輯　民國抄本　三册

330000－1710－0001719　262/4　子部/醫家類/診法之屬/脈經脈訣
脈訣兼藥性一卷　何亞韓抄　民國何亞韓抄本　一册

330000－1710－0001721　263/2　子部/醫家類/醫案之屬

張氏醫案二十卷　(清)張乃修撰　吳文涵編　邵清儒註　民國十二年(1923)江陰吳氏鉛印本　六册

330000－1710－0001722　263/3　子部/醫家類/醫案之屬

診餘集一卷　(清)余景和撰　民國七年(1918)海虞寄舫鉛印本　一册

330000－1710－0001724　264/3　子部/醫家類/本草之屬/本草藥性

新本草一卷　吴縣醫鐘社編　民國二十三年(1934)鉛印本　一册

330000－1710－0001725　263/5　子部/醫家類/醫案之屬

薛生白醫案一卷　(清)薛雪撰　陸士諤編輯　民國十四年(1925)上海世界書局石印本　一册

330000－1710－0001726　263/6　子部/醫家類/醫案之屬

臨證彙集一卷　倪明主編　民國二十五年(1936)鎮海倪奎照鉛印本　一册

330000－1710－0001730　264/9　子部/醫家類/本草之屬/歷代綜合本草

本草三家合註三卷　(清)郭汝驄集註　**神農本草經百種錄一卷**　(清)徐大椿撰　民國三年(1914)上海富華圖書館石印本　二册　存二卷(本草三家合註三、神農本草經百種錄)

330000－1710－0001732　264/10　子部/醫家類/本草之屬/本草藥性

本草從新六卷　(清)吳儀洛輯　民國十一年(1922)上海啟新書局石印本　培耕題簽　六册

330000－1710－0001734　264/13　子部/醫家類/本草之屬/歷代綜合本草

本草品彙精要四十二卷　(明)徐鎮等纂修　民國二十五年(1936)上海商務印書館鉛印本　一册　存十卷(三十三至四十二)

330000－1710－0001736　265/4　子部/醫家類/外科之屬/瘋症、黴瘡

黴瘡祕錄五卷　(明)陳司成撰　民國上海會文堂書局石印本　二册

330000－1710－0001739　265/6　子部/醫家類/喉科口齒之屬/喉痧

魯氏喉科一卷　魯氏撰　何亞韓訂　民國何亞韓抄本　一册

330000－1710－0001740　265/7　子部/醫家類/外科之屬/通論

外科驗方一卷　哲卿摘錄　民國哲卿抄本　一册

330000－1710－0001741　265/8　子部/醫家類/外科之屬/外科方

外科湯頭一卷　民國何亞韓朱墨抄本　一册

330000－1710－0001749　266/5　子部/醫家類/兒科之屬/通論

葉天士幼科醫案一卷　(清)葉桂撰　陸士諤編輯　民國十三年(1924)上海世界書局石印本　一册

330000－1710－0001759　266/17　子部/醫家類/婦科之屬/產科

臨產須知一卷　周慄選　周鎮纂集　民國九年(1920)上海中華書局石印本　一册

330000－1710－0001765　267/7　子部/醫家類/内科之屬/中風

中風斠詮三卷　張壽頤纂輯　張文彦評點　民國十一年(1922)蘭谿中醫學校石印本　二册

330000－1710－0001767　267/12　子部/醫家類/綜合之屬/通論

類證治裁八卷首一卷　(清)林珮琴撰　民國四年(1915)上海千頃堂書局石印本　龔心亮題記　八册

330000－1710－0001775　268/8　子部/醫家類/方書之屬/歷代方書

孫真人備急千金要方三十卷　(唐)孫思邈撰　(清)張璐衍義　民國十九年(1930)上海中原書局石印本　六册

330000－1710－0001779　268/12　子部/醫家類/醫理之屬/病源病機

三因極一病源論粹十八卷　（宋）陳言編　吳錫璜評註　民國二十三年（1934）上海文瑞樓石印本　八冊

330000－1710－0001780　268/13　子部/醫家類/方書之屬/單方驗方

經方實驗錄第一集三卷首一卷附錄一卷　曹家達撰　姜佐景編按　民國二十六年（1937）瑞安姜佐景鉛印本　三冊

330000－1710－0001786　268/20　子部/醫家類/方書之屬/單方驗方

急救神方一卷　從善堂紹春研錄　民國嘉興振新社印刷所鉛印本　一冊

330000－1710－0001787　268/19　子部/醫家類/方書之屬/單方驗方

救急經驗良方二卷　張連芳編　民國十五年（1926）濟南張連芳鉛印本　一冊

330000－1710－0001788　268/22　子部/醫家類/方書之屬/單方驗方

治癲狗毒蛇咬傷經驗良方一卷　民國嘉興振新印刷所鉛印本　一冊

330000－1710－0001789　268/21　子部/醫家類/方書之屬/單方驗方

驗方回春一卷　民國何亞韓抄本　一冊

330000－1710－0001796　269/3　子部/醫家類/針灸之屬/通論

鍼灸甲乙經十二卷　（晉）皇甫謐撰　民國上海江左書林石印本　二冊

330000－1710－0001797　269/4　子部/醫家類/針灸之屬/通論

鍼灸大成十二卷　（明）楊繼洲撰　民國上海普新書局石印本　六冊

330000－1710－0001799　270/2　子部/醫家類/醫話醫論之屬

釋名病釋一卷　余巖撰　民國二十七年（1938）華豐印刷鑄字所鉛印本　一冊

330000－1710－0001807　310/8　經部/小學類/文字之屬/字書/訓蒙

急就篇校正一卷　王國維撰　民國九年（1920）上海廣倉學宭鉛印本　一冊

330000－1710－0001836　321/42　經部/小學類/文字之屬/說文/專著

新定說文古籀考三卷　周名煇撰　民國三十七年（1948）開明書店石印本　一冊

330000－1710－0001837　321/43　經部/小學類/文字之屬/說文/專著

說文鑰一卷前編一卷後編一卷　丁福保編　民國二十二年（1933）梁谿丁氏上海石印本　一冊

330000－1710－0001839　321/44　經部/小學類/訓詁之屬/字詁

文始九卷　章炳麟撰　民國二年（1913）浙江圖書館據章炳麟手寫稿本影印本　單丕題記　一冊

330000－1710－0001841　321/46　經部/小學類/文字之屬/說文/專著

說文古孳乳攷二卷　陶運百撰　民國二十七年（1938）鉛印本　陶運百題記　一冊

330000－1710－0001844　321/51　經部/小學類/文字之屬/說文/專著

說文古文疏證一卷　舒連景撰　民國二十六年（1937）上海商務印書館石印本　一冊

330000－1710－0001853　322/14　經部/小學類/文字之屬/字書/通論

文字學形義篇不分卷　朱宗萊撰　民國七年（1918）北京大學出版部鉛印本　一冊

330000－1710－0001858　322/22　經部/小學類/文字之屬/字書/古文

古籀蒙求一卷　朱大可纂　朱其石書　民國二十四年（1935）石印本　一冊

330000－1710－0001873　323/38　經部/小學類/訓詁之屬/方言

輶軒使者絶代語釋別國方言十三卷　（漢）揚雄撰　（晉）郭璞注　**宋本方言校勘記一卷**

王秉恩撰　民國二年(1913)華陽王秉恩刻本　二冊

330000－1710－0001883　324/6　經部/小學類/文字之屬/字書/字典

新字典十二卷拾遺一卷檢字一卷附錄一卷勘誤一卷補編一卷　陸爾奎等編纂　民國元年(1912)上海商務印書館鉛印本　一冊　缺十三卷(新字典一至十二、拾遺)

330000－1710－0001884　324/7　經部/小學類/文字之屬/字書/字典

康熙字典十二集三十六卷總目一卷檢字一卷辨似一卷等韻一卷備考一卷補遺一卷　(清)張玉書等纂修　民國二年(1913)上海錦章書局石印本　六冊

330000－1710－0001894　331/7　經部/小學類/音韻之屬/注音

讀音簡字通譜一卷　勞乃宣編　民國八年(1919)勞乃宣京師刻本　一冊

330000－1710－0001907　332/29　經部/小學類/音韻之屬/等韻

四聲切韻表一卷凡例一卷　(清)江永編　**四聲切韻表校正一卷**　(清)夏燮撰　民國十九年(1930)北平富晉書社石印本　二冊

330000－1710－0001909　332/31　經部/小學類/音韻之屬/等韻

唐寫本切韻殘卷三卷　(隋)陸法言撰　民國十年(1921)影印本　一冊

330000－1710－0001911　332/34　經部/小學類/音韻之屬/等韻

等韻一得補篇一卷　勞乃宣撰　民國二年(1913)刻本　一冊

330000－1710－0001915　332/39　經部/小學類/音韻之屬/韻書

初學檢韻袖珍二卷附佩文詩韻一卷　(清)姚文登輯　民國十三年(1924)上海掃葉山房石印本　二冊

330000－1710－0001917　333/5　集部/詩文評類/詩評之屬

詩學淵源八卷　丁儀撰　民國鉛印本　一冊　存五卷(一至五)

330000－1710－0001921　411/5　史部/史抄類

二十四史輯要六十四卷　趙華基編　民國十七年(1928)中華書局鉛印本　十八冊　存二十五卷(四十至六十四)

330000－1710－0001928　413/4　史部/紀傳類/正史之屬

漢書補注一百卷首一卷　王先謙撰　**姚惜抱先生前漢書評點一卷**　(清)姚鼐撰　(清)吳汝綸輯　民國五年(1916)上海同文圖書館石印本　四十冊

330000－1710－0001948　413/43　史部/史評類/史學之屬

史目表一卷　錢恂撰　民國元年(1912)歸安錢氏杭州刻本　一冊

330000－1710－0001960　421/1　史部/編年類/通代之屬

資治通鑑二百九十四卷　(宋)司馬光撰　(元)胡三省音注　**通鑑釋文辨誤十二卷**　(元)胡三省撰　民國六年(1917)上海商務印書館鉛印本　六十冊

330000－1710－0001961　413/59－1　史部/雜史類/通代之屬

明清史料乙編不分卷　國立中央研究院歷史語言研究所編　民國二十五年(1936)上海商務印書館鉛印本　十冊

330000－1710－0001962　413/59－2　史部/雜史類/通代之屬

明清史料丙編不分卷　國立中央研究院歷史語言研究所編　民國二十五年(1936)國立中央研究院歷史語言研究所鉛印本　十冊

330000－1710－0001964　421/4　史部/編年類/通代之屬

資治通鑑二百九十四卷　(宋)司馬光撰　(元)胡三省音注　**通鑑釋文辨誤十二卷**　(元)胡三省撰　民國八年(1919)上海商務印

書館影印本　三十一冊　存二百四卷(資治通鑑一至七、九至十、十五至十八、二十、二十二、二十八至三十四、四十三、四十五、四十七至四十八、五十四至五十六、五十八至五十九、六十二至六十八、七十一至七十三、七十六至九十四、一百六、一百十二至一百十九、一百二十一至一百二十三、一百二十八至一百三十四、一百五十一至一百八十九、二百二至二百四十二、二百五十至二百九十四)

330000－1710－0001976　421/19　史部/編年類/斷代之屬
二思堂清鑑易知錄前編四卷正編二十八卷　許國英輯　沈文浩重編　民國十二年(1923)二思堂鉛印本　六冊　缺十六卷(正編十三至二十八)

330000－1710－0001977　421/20　史部/編年類/斷代之屬
清史攬要六卷　(日本)增田貢撰　民國鉛印本　二冊

330000－1710－0001978　421/25　史部/編年類/通代之屬
胡刻資治通鑑校字記四卷附明堂圖說一卷　熊羅宿撰　民國八年(1919)豐城熊氏舊補史堂刻本　四冊

330000－1710－0001979　421/26　史部/編年類/通代之屬
胡刻通鑑正文校宋記三十卷述略一卷　章鈺撰　**附錄三卷**　(宋)胡三省注　章鈺輯　民國二十年(1931)長洲章氏四當齋刻本　六冊

330000－1710－0002023　430/40　史部/雜史類/斷代之屬
太平天國起義記一卷　(清)洪仁玕　(瑞士)韓山文撰　簡又文譯　民國二十四年(1935)燕京大學圖書館鉛印本　一冊

330000－1710－0002025　440.2/3　史部/傳記類/别傳之屬/事狀
張封翁以柏公榮哀錄一卷　民國十三年(1924)新昌張九如堂鉛印本　一冊

330000－1710－0002027　440.2/5　史部/傳記類/别傳之屬/事狀
[葛母朱太淑人]輓語彙錄一卷　陳翰輯　民國十三年(1924)鉛印本　一冊

330000－1710－0002028　440.2/4　史部/傳記類/别傳之屬/事狀
丹徒戴公壺翁[啟文]哀輓錄一卷　高雲麟等撰　民國鉛印本　一冊

330000－1710－0002029　440.2/6　史部/傳記類/别傳之屬/事狀
散溪[蔡鍾栽]哀思錄一卷　民國十年(1921)杭州武林印書館鉛印本　錢世昌題記　一冊

330000－1710－0002030　440.2/8　史部/傳記類/别傳之屬/事狀
李振唐[之鼎]大令銘挽錄一卷　民國南昌楊家廠肇記石印本　一冊

330000－1710－0002031　440.2/7　史部/傳記類/别傳之屬/事狀
計公賓文哀輓錄一卷　計壽石　計惠風輯　民國二十一年(1932)鉛印本　一冊

330000－1710－0002033　440.2/9　史部/傳記類/别傳之屬/事狀
程學昭女士哀輓錄一卷　李湛田等撰　**程學昭女士遺箸一卷**　程學昭撰　民國十一年(1922)嘉興振新社石印本　一冊

330000－1710－0002034　440.2/10　史部/傳記類/别傳之屬/事狀
張母桂太夫人哀輓錄二卷　張懿德編　民國鉛印本　一冊

330000－1710－0002036　440.2/11　史部/傳記類/别傳之屬/事狀
暄初先生[張載陽]六十壽言一卷　樊增祥等撰　**浙江省長張君家傳一卷**　樊增祥撰　**暄廬家訓一卷**　張載陽撰　民國新昌張九如堂鉛印本　一冊

330000－1710－0002038　440.2/12　史部/傳記類/别傳之屬/事狀
筆輓慈暉[沈澤春母丁氏]一卷　民國鉛印本

一冊

330000－1710－0002039　440.2/13　史部/傳記類/別傳之屬/事狀
張以柏封翁暨德配王太夫人七秩雙慶壽言一卷　張載陽輯　民國鉛印本　二冊

330000－1710－0002041　440.2/14　史部/傳記類/別傳之屬/事狀
[葛嗣浵]壽言彙輯三卷　陳翰輯　民國十六年(1927)鉛印本　一冊

330000－1710－0002042　440.2/18　史部/傳記類/別傳之屬/事狀
高節孝李太夫人哀思錄一卷　高夑輯　民國十八年(1929)、十九年(1930)上海聚珍仿宋印書局鉛印本　二冊

330000－1710－0002043　440.2/19－1　史部/傳記類/別傳之屬/墓誌
學部尚書沈公[曾植]墓志銘一卷　謝鳳孫撰並書　民國石印本　一冊

330000－1710－0002044　440.2/19－2　史部/傳記類/別傳之屬/墓誌
學部尚書沈公[曾植]墓志銘一卷　謝鳳孫撰並書　民國石印本　一冊

330000－1710－0002045　440.2/15　史部/傳記類/別傳之屬/事狀
桐鄉鄭書田先生[文同]暨德配汪夫人八旬薦福榮褒録三卷首一卷附錄一卷　鄭惟章輯　民國八年(1919)鉛印本　一冊

330000－1710－0002046　440.2/16　史部/傳記類/別傳之屬/事狀
清覃恩誥封一品夫人姚室沈夫人哀誄錄一卷　姚福同等撰　民國六年(1917)鉛印本　一冊

330000－1710－0002047　440.2/19－3　史部/傳記類/別傳之屬/墓誌
學部尚書沈公[曾植]墓志銘一卷　謝鳳孫撰並書　民國石印本　一冊

330000－1710－0002048　440.2/19－4　史部/傳記類/別傳之屬/墓誌
學部尚書沈公[曾植]墓志銘一卷　謝鳳孫撰並書　民國石印本　一冊

330000－1710－0002049　44.2/19－5　史部/傳記類/別傳之屬/墓誌
學部尚書沈公[曾植]墓志銘一卷　謝鳳孫撰並書　民國石印本　一冊

330000－1710－0002050　440.2/19－6　史部/傳記類/別傳之屬/墓誌
學部尚書沈公[曾植]墓志銘一卷　謝鳳孫撰並書　民國石印本　一冊

330000－1710－0002051　440.2/17　史部/傳記類/別傳之屬/事狀
上海姚氏資政第壽母濮太夫人挽言一卷　學古社編　民國十年(1921)鉛印本　一冊

330000－1710－0002052　440.2/22　史部/傳記類/別傳之屬/墓誌
海鹽朱節母生壙銘并題詠一卷　朱立成輯　民國朱墨石印本　一冊

330000－1710－0002053　440.2/20　史部/傳記類/別傳之屬
清故湖南提學使吳府君[慶坻]墓志銘一卷　姚詒慶撰　**吳母花夫人傳一卷**　周雲撰　民國十四年(1925)鉛印本　一冊

330000－1710－0002054　440.2/23　史部/傳記類/別傳之屬/事狀
桐鄉鄭書田先生[文同]暨德配汪夫人八旬薦福榮褒録三卷首一卷附錄一卷　鄭惟章輯　民國八年(1919)鉛印本　一冊

330000－1710－0002055　440.2/24　史部/傳記類/別傳之屬/事狀
洞庭席椒卿先生言行録初稿一卷　席裕康撰　民國七年(1918)鉛印本　一冊

330000－1710－0002056　440.2/25　史部/傳記類/別傳之屬/事狀
花夫人[吳慶坻妻]哀輓錄一卷　吳慶坻　吳士鑑述　民國七年(1918)鉛印本　一冊

330000－1710－0002072　491.1/8　史部/傳記類/總傳之屬

金石學録續補二卷附録一卷拾遺一卷　褚德彝撰　民國八年(1919)餘杭褚氏石畫樓鉛印本　一册

330000－1710－0002084　441/40　史部/傳記類/總傳之屬/斷代

清史列傳八十卷　中華書局編　民國十七年(1928)上海中華書局鉛印本　三十二册　存三十二卷(四十一至六十四、七十三至八十)

330000－1710－0002086　921/29　類叢部/叢書類/自著之屬

湖濱補讀廬叢刻五種十三卷　鍾廣生撰　民國二十年(1931)鉛印本　一册　存一種

330000－1710－0002092　441/48　史部/傳記類/總傳之屬/儒林

景陸粹編八卷首一卷末一卷　(清)許仁沐輯　民國十四年(1925)鉛印本　六册

330000－1710－0002094　441/51　史部/傳記類/總傳之屬/斷代

於越有明一代三不朽圖贊一卷　(明)張岱撰　民國七年(1918)鉛印本　一册

330000－1710－0002100　441/55　史部/傳記類/總傳之屬/仕宦

清代徵獻類編五種　嚴懋功撰　民國二十年(1931)無錫民生公司鉛印本　八册

330000－1710－0002112　441/67　史部/傳記類/總傳之屬/人表

辛亥殉難表不分卷　吴慶坻輯　民國鉛印本　一册

330000－1710－0002113　441/70　史部/傳記類/總傳之屬/郡邑

慰志彙編二卷　張嘉榮編　民國十一年(1922)盛澤張氏希范堂鉛印本　一册

330000－1710－0002119　441/73　史部/傳記類/别傳之屬/事狀

張氏[張慶天妻費氏]旌節録不分卷　張懷德輯　民國九年(1920)張懷德刻本　一册

330000－1710－0002120　441/95　史部/傳記類/别傳之屬/事狀

晴川先生[孫之騄]事略一卷　樊鎮輯　民國八年(1919)紹興樊氏鉛印本　一册

330000－1710－0002121　441/76　史部/傳記類/總傳之屬/列女

斯氏節烈合編二種　斯福求輯　民國四年(1915)鉛印本　一册

330000－1710－0002123　441/96　史部/傳記類/别傳之屬/事狀

内閣中書餘姚縣教諭徐公[恩綬]行狀一卷　湯寶榮撰　翟翥書　民國四年(1915)上海商務印書館石印本　一册

330000－1710－0002125　941/8　史部/地理類/山川之屬/山志

莫干山志十三卷　周慶雲撰　民國十五年至十六年(1926－1927)吴興周氏刻晨風廬叢刊藍印本　四册

330000－1710－0002127　812.2/273、812.2/608、811.2/216、811.2/218、811.2/200、811.2/188　類叢部/叢書類/自著之屬

晨風廬叢刊十八種　周慶雲撰　民國吴興周氏夢坡室刻本　董久之題記　九册　存六種

330000－1710－0002128　441/79　史部/傳記類/别傳之屬/事狀

金學士[福曾]國史循吏傳稿三卷　金兆蕃録　朱錦　周爰諏　駱成驤輯　民國十七年(1928)思貽堂刻本　一册

330000－1710－0002129　441/81　史部/傳記類/别傳之屬/事狀

錢武肅王功德史一卷　錢文選輯　民國二十四年(1935)錢氏鉛印本　一册

330000－1710－0002131　441/82　史部/傳記類/别傳之屬/事狀

黄膺白先生[郛]家傳一卷　沈亦雲撰　民國三十四年(1945)鉛印本　一册

330000－1710－0002132　441/85　史部/傳記類/别傳之屬/墓誌

萬季野先生[斯同]墓誌傳狀不分卷　劉坊等撰　民國二十五年(1936)寧波鈞和公司鉛印本　一冊

330000－1710－0002135　441/86　史部/地理類/專志之屬/祠墓

建修萬季野先生祠墓紀念刊一卷徵信錄一卷　建修萬季野先生祠墓事務所輯　民國二十六年(1937)寧波建修萬季野先生祠墓事務所鉛印本　一冊

330000－1710－0002136　441/101　史部/傳記類/別傳之屬/事狀

皇清誥授光祿大夫贈太子少保予謚勤肅頭品頂戴兵部尚書都察院右都御史兩廣總督顯考方之府君[陶模]行述一卷　陶葆廉　陶保霖述　**賜進士出身誥授光祿大夫贈太子少保頭品頂戴兵部尚書都察院右都御史兩廣總督顯考陶勤肅公墓志銘一卷**　(清)陳豪撰　民國鉛印本　一冊

330000－1710－0002137　411/87　史部/傳記類/別傳之屬/事狀

先考梅塘府君[李嘉]事畧一卷　夏啟瑜等撰　民國李氏抄本暨鉛印本　一冊

330000－1710－0002138　441/88　史部/傳記類/別傳之屬/事狀

贈內閣學士嚴筱舫先生[信厚]事蹟傳信錄一卷　嚴義彬輯　民國十一年(1922)慈谿嚴義彬鉛印本　一冊

330000－1710－0002141　441/102　史部/傳記類/別傳之屬/事狀

清授光祿大夫頭品頂戴日講官起居注官翰林院侍讀嘉興錢公[駿祥]行狀一卷　孫雄撰　民國石印本　一冊

330000－1710－0002145　441/109　史部/傳記類/別傳之屬/事狀

桐鄉鄭書田先生[文同]暨德配汪夫人八旬薦福榮褒録三卷首一卷附錄一卷　鄭惟章輯　民國八年(1919)鉛印本　一冊

330000－1710－0002147　441/108　史部/傳記類/別傳之屬/墓誌

學部尚書沈公[曾植]墓志銘一卷　謝鳳孫撰並書　民國石印本　一冊

330000－1710－0002148　441/90　史部/傳記類/別傳之屬/事狀

怙德錄一卷　黃任恒編　民國八年(1919)保粹堂刻本　一冊

330000－1710－0002149　441/91　史部/傳記類/總傳之屬/家乘

新陽趙氏清芬錄三卷　趙詒琛編　民國六年(1917)新陽趙詒琛義莊刻本　一冊

330000－1710－0002150　441/92　史部/傳記類/總傳之屬/家乘

趙氏清芬錄再續題辭一卷　民國十二年(1923)刻本　一冊

330000－1710－0002152　441/107　史部/傳記類/別傳之屬/事狀

海日樓[沈曾植]哀輓錄不分卷　民國十一年(1922)鉛印本　一冊

330000－1710－0002154　441/112　史部/傳記類/別傳之屬/事狀

海鹽談少琴先生[庭梧]誌銘行狀一卷附象贊筆記佚事一卷　盧學源等撰　**談鳳威先生小傳一卷**　許清澄撰　民國二十五年(1936)石印本　一冊

330000－1710－0002155　441/93　史部/傳記類/別傳之屬/事狀

吳芝瑛夫人傳略一卷遺著一卷榮哀錄一卷　惠泉編　民國二十五年(1936)無錫雙飛閣鉛印本　一冊

330000－1710－0002156　441/94　史部/傳記類/總傳之屬/家乘

獨山胡氏三世述略一卷　胡稟經　胡為和撰　民國二年(1913)滬江胡氏石印本　一冊

330000－1710－0002157　441/113　史部/傳記類/別傳之屬/年譜

陸閏生先生[宗輿]五十自述記一卷附駐日時代交涉案情　陸宗輿撰　民國十四年(1925)

北京日報朱墨鉛印本　一冊

330000－1710－0002161　441/117　史部/傳記類/別傳之屬/事狀

許靜夫行述附誥勅誌傳各家題贊一卷　許家修　許家澤撰　民國鉛印本　一冊

330000－1710－0002162　441/118　史部/傳記類/別傳之屬/事狀

楊仁山居士事畧一卷　徐文霨撰　民國六年(1917)鉛印本　一冊

330000－1710－0002163　441/119　史部/傳記類/別傳之屬/事狀

清故誥授光祿大夫經筵講官軍機大臣協辦大學士外務部尚書瞿文慎公[鴻禨]行狀一卷　余肇康撰　民國上海聚珍倣宋印書局鉛印本　一冊

330000－1710－0002164　441/120　史部/傳記類/別傳之屬/事狀

先考横山先生善餘府君[陳慶年]行述一卷　陳裕武等撰　民國鉛印本　一冊

330000－1710－0002165　441/122　新學/史志/臣民傳記

日本近世名人事略一卷　民國譯林鉛印本　一冊

330000－1710－0002166　441/125　史部/傳記類/總傳之屬/姓名

杭州兩溪奉祀歷代兩浙詞人姓氏錄一卷　民國鉛印本　一冊

330000－1710－0002169　441/126　史部/傳記類/總傳之屬/郡邑

歷代兩浙詞人小傳十六卷　周慶雲輯　民國十一年(1922)烏程周氏夢坡室刻本　金蓉鏡題記　五冊

330000－1710－0002171　441/127　史部/傳記類/總傳之屬/隱逸

嘉興高士祠諸賢傳略一卷　陶元鏞纂　民國十五年(1926)鉛印本　一冊

330000－1710－0002172　441/128　史部/傳記類/總傳之屬/隱逸

檇李高逸傳一卷　金蓉鏡等撰　民國鉛印本　祝廷錫題記並句讀批校　一冊

330000－1710－0002173　441/129、441/130　類叢部/叢書類/自著之屬

最樂亭三種　朱福清撰　民國六年至十二年(1917－1923)嘉興朱氏刻本　四冊　存二種

330000－1710－0002182　441/141　類叢部/叢書類/郡邑之屬

四明叢書一百六十七種　張壽鏞編　民國四明張氏約園刻本(安晚堂詩集卷一至五原缺)　一冊　存一種

330000－1710－0002183　441/142　史部/傳記類/別傳之屬/事狀

吴興周夢坡先生[慶雲]訃告一卷年譜一卷墓表一卷墓誌銘一卷畫史一卷　周延礽輯　民國二十三年(1934)影印本暨鉛印本　一冊　存一卷(墓表)

330000－1710－0002184　441/143　史部/傳記類/別傳之屬/墓誌

平湖陳翀若先生[翰]墓誌銘一卷　金問洙撰　胡士瑩書　民國影印本　一冊

330000－1710－0002185　441/145　史部/傳記類/別傳之屬/事狀

魏文節公[杞]事略一卷　魏頌唐輯　民國二十五年(1936)鉛印本　一冊

330000－1710－0002187　441/147　史部/傳記類/別傳之屬/事狀

王忠慤公[國維]哀挽錄一卷海外追悼錄一卷華僑哀挽錄一卷補遺一卷續補一卷　王高明等編　民國十六年(1927)鉛印本　一冊

330000－1710－0002188　441/149　史部/傳記類/總傳之屬/斷代

清史列傳八十卷　中華書局編　民國十七年(1928)上海中華書局鉛印本　八十冊

330000－1710－0002190　441/148　史部/傳記類/別傳之屬/事狀

錢玄同先生紀念集一卷　黎錦熙等撰　民國

鉛印本　一冊

330000－1710－0002191　441/153　史部/傳記類/總傳之屬/斷代

啟禎野乘一集十六卷　（清）鄒漪纂　民國二十五年（1936）故宮博物院圖書館鉛印本　四冊

330000－1710－0002192　441/151　類叢部/叢書類/家集之屬

聚德堂叢書十二種　陳伯陶輯　民國東莞陳氏刻本　五冊　存一種

330000－1710－0002203　442/7　史部/傳記類/別傳之屬/年譜

關夫子編年集注一卷　張茲編　民國十四年（1925）石印本　一冊

330000－1710－0002206　943/36、812.2/354　類叢部/叢書類/彙編之屬

茗香館叢鈔□□種　李正墀輯　民國鉛印本暨石印本　四冊　存三種

330000－1710－0002210　441/57、823.1/18、812.2/553、812.1/280　類叢部/叢書類/郡邑之屬

檇李叢書九種　金兆蕃編　民國二十年至二十五年（1931－1936）嘉興金氏刻本　十二冊　存四種

330000－1710－0002213　039/106　類叢部/叢書類/郡邑之屬

檇李叢書九種　金兆蕃編　民國二十年至二十五年（1931－1936）嘉興金氏刻本　十六冊　存五種

330000－1710－0002218　442/13　史部/傳記類

杏蔭堂彙刻三種　許浩基撰　民國十六年（1927）許氏杏蔭堂鉛印本　一冊　存一種

330000－1710－0002221　442/28　史部/傳記類/別傳之屬/年譜

金正希先生［聲］年譜一卷附錄一卷　（清）程錫類撰　民國十七年（1928）金兆蕃思貽堂刻本　一冊

330000－1710－0002222　442/27　史部/傳記類/別傳之屬/年譜

葉天寥［紹袁］年譜一卷續譜一卷別記一卷甲行日注八卷　（明）葉紹袁撰　民國南林劉氏求恕齋刻朱印本　董巽觀題記　三冊

330000－1710－0002223　012/7　類叢部/叢書類/郡邑之屬

吳興叢書六十六種　劉承幹編　民國吳興劉氏嘉業堂刻本　二十四冊　存一種

330000－1710－0002224　442/27、442/29、442/33　類叢部/叢書類/彙編之屬

嘉業堂叢書五十七種　劉承幹輯　民國吳興劉氏嘉業堂刻本　五冊　存三種

330000－1710－0002229　442/35、442/37　類叢部/叢書類/彙編之屬

又滿樓叢書十六種　趙詒琛編　民國九年至十四年（1920－1925）崑山趙氏又滿樓刻本　二冊　存二種

330000－1710－0002230　012/36　類叢部/叢書類/彙編之屬

適園叢書七十四種　張鈞衡編　民國二年至六年（1913－1917）烏程張氏刻本（唐大詔令集卷十四至二十四、八十七至九十八原缺）　二冊　存一種

330000－1710－0002236　442/31　史部/傳記類/別傳之屬/年譜

張楊園先生［履祥］年譜一卷　（清）蘇惇元纂訂重編　民國二十二年（1933）楊園學社油印本　一冊

330000－1710－0002237　442/43、442/47、442/48、442/50　類叢部/叢書類/彙編之屬

嘉業堂叢書五十七種　劉承幹輯　民國吳興劉氏嘉業堂刻本　四冊　存四種

330000－1710－0002241　442/56　史部/傳記類/別傳之屬/年譜

惜分陰軒主人［周憬］述略一卷　周憬撰　民國九年（1920）無錫周氏鉛印本　一冊

330000－1710－0002246　441/18、491.4/5、

442/46　類叢部/叢書類/彙編之屬

對樹書屋叢刻六種　趙詒琛編　民國崑山趙氏對樹書屋刻本　趙詒琛題記　三冊　存三種

330000－1710－0002247　442/53　史部/傳記類/別傳之屬/年譜

銘丹子[林丙修]歲記一卷　(清)林丙修撰　民國石印本　一冊

330000－1710－0002248　442/54　史部/傳記類/別傳之屬/年譜

皇清誥授光禄大夫毓慶宮行走吏部右侍郎先考子松府君[夏同善]年譜一卷皇清誥封一品夫人先妣屠夫人行狀一卷　(清)夏敦復纂　民國九年(1920)上海聚珍倣宋印書局鉛印本　一冊

330000－1710－0002251　442/60　史部/傳記類/別傳之屬/年譜

孫庵老人[錢基厚]自訂五十以前年譜二卷年表一卷　錢基厚撰　**潛廬自傳一卷**　錢基溥撰　民國三十二年(1943)無錫錢氏鉛印本　二冊

330000－1710－0002253　442/61　史部/傳記類/總傳之屬/家乘

廬江錢氏年譜六卷續編六卷　(清)錢儀吉撰　錢駿祥補輯　民國七年(1918)廬江錢氏鉛印本　十二冊

330000－1710－0002254　013/10　史部/目録類/版本之屬/書影

明代版本圖録初編十二卷　潘承弼　顧廷龍纂　民國三十年(1941)開明書店影印本暨鉛印本　沈文倬題記　四冊

330000－1710－0002257　442/59　史部/傳記類/別傳之屬/事狀

吳興周夢坡先生[慶雲]訃告一卷年譜一卷墓表一卷墓誌銘一卷畫史一卷　周延礽輯　民國二十三年(1934)影印本暨鉛印本　一冊　存一卷(年譜)

330000－1710－0002261　442/69、442/66　類叢部/叢書類/彙編之屬

嘉業堂叢書五十七種　劉承幹輯　民國吳興劉氏嘉業堂刻本　二冊　存二種

330000－1710－0002264　240/30　史部/地理類/水利之屬

麻溪改壩為橋始末記四卷首一卷　王念祖纂　民國八年(1919)戴社鉛印本　二冊

330000－1710－0002266　442/74　史部/傳記類/別傳之屬/年譜

萬年少先生[壽祺]年譜一卷附録一卷隰西草堂集拾遺一卷續拾一卷年譜補正一卷　羅振玉輯　民國八年(1919)上虞羅氏鉛印本　金薰題簽　一冊

330000－1710－0002267　680/23　子部/雜家類

尹文子二卷　民國中國書店鉛印本　一冊

330000－1710－0002268　680/24　子部/雜家類

慎子内篇一卷外篇一卷　(戰國)慎到撰　(明)慎懋賞解　民國二十三年(1934)海寧陳氏共讀樓影印本　一冊

330000－1710－0002271　442/72　史部/傳記類/別傳之屬/年譜

清誥授朝議大夫知府銜在任候補直隸州知州廣西富川縣知縣加三級紀録十次兼署富川縣學教諭鐘山理苗通判顯考部畇府君[王甲榮]年譜一卷　王邁常　王蘧常撰　民國十九年(1930)鉛印本　一冊

330000－1710－0002273　442/75　史部/傳記類/別傳之屬/年譜

徐俟齋先生[枋]年譜一卷附録一卷　羅振玉編　民國八年(1919)鉛印本　金薰題簽　一冊

330000－1710－0002274　442/73　史部/傳記類/別傳之屬/年譜

榆廬[夏辛銘]年譜一卷　夏辛銘撰　**續一卷**　夏祖年　夏廷正編　民國二十年(1931)鉛印本　一冊

330000－1710－0002276　442/79　史部/傳記類/別傳之屬/年譜

陳介石先生[黻宸]年譜不分卷　陳謐編　民國二十三年(1934)甌風社鉛印本　二冊

330000－1710－0002277　442/80　史部/傳記類/別傳之屬/年譜

默盦居士[王舟瑤]自定年譜一卷　王舟瑤撰　**默盦居士[王舟瑤]年譜續編一卷**　王敬禮撰　**誌銘家傳附錄一卷**　章梫等撰　民國十五年(1926)黄巖王氏鉛印本　一冊

330000－1710－0002280　442/82　類叢部/叢書類/彙編之屬

燕京大學圖書館叢書□□種　燕京大學圖書館編　民國北平燕京大學圖書館鉛印本暨影印本　一冊　存二種

330000－1710－0002281　442/83　類叢部/叢書類/自著之屬

願學齋叢刊七種　羅繼祖撰　民國二十五年(1936)上虞羅氏墨緣堂石印本　一冊　存一種

330000－1710－0002298　451/30　史部/史評類/史論之屬

明史例案九卷　劉承幹撰　民國四年(1915)吳興劉氏嘉業堂刻本　四冊

330000－1710－0002315　451/47　類叢部/叢書類/彙編之屬

嘉業堂叢書五十七種　劉承幹輯　民國吳興劉氏嘉業堂刻本　一冊　存一種

330000－1710－0002319　451/50　類叢部/叢書類/彙編之屬

又滿樓叢書十六種　趙詒琛編　民國九年至十四年(1920－1925)崑山趙氏又滿樓刻本　趙詒琛題記　一冊　存一種

330000－1710－0002321　451/61　類叢部/叢書類/自著之屬

桐鄉勞先生遺稿四種　勞乃宣撰　民國十六年(1927)桐鄉盧氏刻本　一冊　存一種

330000－1710－0002334　451/74　史部/雜史類/通代之屬

歷朝野史九卷　(明)查應光輯　**歷朝野史續編二卷**　周鍾游輯　民國上海有正書局鉛印本　一冊

330000－1710－0002335　451/78　史部/政書類/公牘檔冊之屬

甲子清室密謀復辟文證一卷附錄一卷　故宮博物院輯　民國十八年(1929)故宮博物院影印本　一冊

330000－1710－0002336　451/55、451/56、451/57、451/58、451/59　史部/政書類/邦交之屬

清季外交史料六種　(清)王彥威輯　王亮編　民國二十一年至二十四年(1932－1935)北平外交史料編纂處鉛印本　一百六十四冊　存五種

330000－1710－0002345　240/39、430/11、413/18、413/40、491.1/14、720/3、754/7、771/7、773/5、774/3、613/21、814.3/11、814.3/33、814.3/54　類叢部/叢書類/彙編之屬

嘉業堂叢書五十七種　劉承幹輯　民國吳興劉氏嘉業堂刻本　六十九冊　存二十一種

330000－1710－0002358　814.3/30　類叢部/叢書類/彙編之屬

嘉業堂叢書五十七種　劉承幹輯　民國吳興劉氏嘉業堂刻本　四冊　存一種

330000－1710－0002361　751/18　類叢部/叢書類/彙編之屬

求恕齋叢書三十一種　劉承幹編　民國吳興劉氏嘉業堂刻本　二冊　存一種

330000－1710－0002363　814.3/102、442/8、442/10、442/14、442/12、442/19、910/18、240/7、240/8、922/202、930/8、910/12、910/13、131/28、670/11、613/56、442/81、011/5、039/14、753/15、813/29、812.1/237、812.1/472、812.1/176、812.1/257　類叢部/叢書類/彙編之屬

求恕齋叢書三十一種　劉承幹編　民國吳興劉氏嘉業堂刻本　九十三冊　存二十四種

330000－1710－0002364　452/27　子部/宗教類/佛教之屬

佛學院講義□□種　民國武昌印經處鉛印本　一冊　存一種

330000－1710－0002366　460/3　類叢部/叢書類/自著之屬

壽鑫齋叢記□□種　朱彭壽撰　民國三十年(1941)鉛印本　二冊　存一種

330000－1710－0002371　470/8　史部/史評類/史論之屬

讀通鑑論十六卷附宋論十五卷　(清)王夫之撰　民國上海商務印書館鉛印本　十冊

330000－1710－0002372　131/22、131/17、430/20、552/29、710/24、720/28、720/29、754/6、613/18、812.1/37、812.1/153、812.1/154、812.1/155、812.1/272、812.1/547、812.5/15、813/12、813/24、922/44、922/45　類叢部/叢書類/郡邑之屬

吳興叢書六十六種　劉承幹編　民國吳興劉氏嘉業堂刻本　九十二冊　存二十一種

330000－1710－0002377　470/15　史部/史評類/考訂之屬

校史偶得不分卷　陳寶燐撰　民國八年(1919)鉛印本　一冊

330000－1710－0002400　491.1/6、491.4/9　史部/金石類

遯盦金石叢書十五種　吳隱編　民國十年(1921)山陰吳氏西泠印社木活字印本　三冊　存二種

330000－1710－0002405　011/119　史部/金石類

非儒非俠齋金石叢著十種　顧燮光撰　民國會稽顧氏金佳石好樓石印暨鉛印本　二冊　存一種

330000－1710－0002406　491.1/12、491.1/28、491.1/29、491.1/30、491.4/3、491.4/10　史部/金石類

非儒非俠齋金石叢著十種　顧燮光撰　民國會稽顧氏金佳石好樓石印暨鉛印本　九冊　存六種

330000－1710－0002416　491.1/18　史部/金石類/郡邑之屬/目録

江蘇金石志二十四卷待訪目二卷　民國十六年(1927)影印本　二十六冊

330000－1710－0002419　014/13　類叢部/叢書類/彙編之屬

四部備要　中華書局編　民國二十五年(1936)上海中華書局鉛印本　一冊　存一種

330000－1710－0002420　491.1/24、491.4/1、491.1/19　史部/金石類

嘉業堂金石叢書五種　劉承幹輯　民國吳興劉氏刻本　十冊　存三種

330000－1710－0002422　011/40　史部/目録類/總録之屬/官修

合眾圖書館藏書分目　合眾圖書館編　民國合眾圖書館鉛印暨石印本　一冊　存一種

330000－1710－0002445　491.1/35　史部/金石類/總志之屬

八瓊室金石補正一百三十卷目錄三卷札記四卷祛偽一卷元金石偶存一卷　(清)陸增祥撰　民國九年至十四年(1920－1925)吳興劉氏希古樓刻本　六十四冊

330000－1710－0002449　491.2/2　史部/金石類/金之屬/文字

積古齋鐘鼎彝器款識十卷　(清)阮元撰　民國上海鴻文書局石印本　五冊

330000－1710－0002450　332/25　經部/小學類/文字之屬/説文/專著

説文部首均語一卷　章炳麟撰　民國石印本　一冊

330000－1710－0002458　143/3　類叢部/叢書類/自著之屬

潤德堂叢書□□種　袁樹珊撰　民國江都袁氏潤德堂刻本　一冊　存一種

330000－1710－0002462　491.2/12　史部/

金石類

嘉業堂金石叢書五種　劉承幹輯　民國吳興劉氏刻本　八冊　存一種

330000－1710－0002467　261/14　子部/醫家類/類編之屬

藥盦醫學叢書□□種　惲鐵樵撰　民國十八年(1929)上海惲鐵樵醫寓鉛印本　十冊　存一種

330000－1710－0002469　261/12　子部/醫家類/類編之屬

上海國醫學院醫學叢書□□種　民國上海國醫學院鉛印本　七冊　存一種

330000－1710－0002473　491.2/13　史部/金石類/石之屬/通考

金石苑六卷　(清)劉喜海輯　民國影印本　六冊

330000－1710－0002474　267/16　類叢部/叢書類/彙編之屬

翠琅玕館叢書七十四種　黃任恒輯　民國五年(1916)據劉氏藏修堂叢書刊版重編本　一冊　存一種

330000－1710－0002481　491.2/15　史部/金石類/金之屬/圖像

夢坡室獲古叢編十二卷　周慶雲藏　鄒壽祺編　民國十六年(1927)上海周慶雲夢坡室影印本　十二冊

330000－1710－0002484　772/13　類叢部/叢書類/自著之屬

章氏叢書十三種　章炳麟撰　民國六年至八年(1917－1919)浙江圖書館刻本　一冊　存一種

330000－1710－0002486　491.2/16　史部/金石類/金之屬/圖像

河南通志文物志吉金編二種　孫海波編　民國影印本　二冊　存一種

330000－1710－0002488　321/50　經部/小學類/文字之屬/說文/專著

說文�不分卷　石廣權撰　民國上海商務印書館石印本　一冊

330000－1710－0002493　321/11　類叢部/叢書類/彙編之屬

續古逸叢書四十七種　張元濟等編　民國十一年(1922)至一九五七年上海商務印書館影印本　四冊　存一種

330000－1710－0002495　491.2/19　史部/金石類/金之屬/文字

歷代鐘鼎彝器欵識二十卷　(宋)薛尚功撰　民國二十三年(1934)上海鑄記書局石印本　四冊　存十六卷(一至十二、十七至二十)

330000－1710－0002496　491.3/1　類叢部/叢書類/自著之屬

亭林遺書二十二種附三種　(清)顧炎武撰　(清)席威　(清)朱記榮編　民國上海文瑞樓石印本　一冊　存一種

330000－1710－0002504　323/41　類叢部/叢書類/家集之屬

涵暉樓叢書□□種　民國潮安翁氏弢廬鉛印本　二冊　存一種

330000－1710－0002507　332/2　經部/小學類/音韻之屬/韻書

廣韻五卷　(宋)陳彭年等修　**宋本廣韻校札一卷**　(清)黎庶昌撰　民國上海涵芬樓影印本　五冊

330000－1710－0002510　491.3/7　類叢部/叢書類/彙編之屬

永慕園叢書六種　羅振玉編　民國三年(1914)上虞羅氏影印本　二冊　存一種

330000－1710－0002520　413/36　類叢部/叢書類/彙編之屬

浙江圖書館叢書三十種七十九卷　(清)丁謙撰　民國四年(1915)浙江圖書館刻本　一冊　存一種

330000－1710－0002524　011/19　類叢部/叢書類/自著之屬

孫隘堪所著書四種　孫德謙撰　民國十二年至十七年(1923－1928)元和孫氏四益宧刻本

一册　存一種

330000－1710－0002530　011/21　類叢部/叢書類/彙編之屬

適園叢書七十四種　張鈞衡編　民國二年至六年(1913－1917)烏程張氏刻本(唐大詔令集卷十四至二十四、八十七至九十八原缺)　四册　存一種

330000－1710－0002538　491.4/12　類叢部/叢書類/彙編之屬

永慕園叢書六種　羅振玉編　民國三年(1914)上虞羅氏影印本　一册　存一種

330000－1710－0002539　491.4/4　史部/金石類/石之屬/文字

天發神讖碑攷一卷　(清)吳玉搢録　(清)徐堅藏　民國影印本　董巽觀題記　一册

330000－1710－0002542　011/84　類叢部/叢書類/彙編之屬

涵芬樓祕笈五十一種　孫毓修等輯　民國五年至十五年(1916－1926)上海商務印書館影印暨鉛印本　四册　存一種

330000－1710－0002543　011/117　史部/目録類

中華圖書館協會叢書□□種　民國中華圖書館協會鉛印本　一册　存一種

330000－1710－0002544　011/133　史部/目録類/總録之屬/官修

[嘉興縣立圖書館]戊編底本一卷　陸祖穀編　稿本　莊一拂題跋　一册

330000－1710－0002547　430/19　史部/叢編

史料叢書□□種　國立中央研究院歷史語言研究所編　民國國立中央研究院歷史語言研究所鉛印本暨影印本　一册　存一種

330000－1710－0002548　430/41　類叢部/叢書類/彙編之屬

燕京大學圖書館叢書□□種　燕京大學圖書館編　民國北平燕京大學圖書館鉛印本暨影印本　一册　存一種

330000－1710－0002552　441/21　類叢部/叢書類/彙編之屬

郋園先生全書一百二十九種　葉啟倬編　民國二十四年(1935)長沙中國古書刻印社彙印本　四册　存一種

330000－1710－0002556　491.4/17　史部/金石類/總志之屬/通考

奄城訪古紀一卷　陳志良撰　**金山訪古記綱要一卷**　金祖同撰　民國二十四年(1935)秀洲學會影印本　一册

330000－1710－0002565　740/28、512.2/1、812.1/401、923/39　類叢部/叢書類/自著之屬

崇雅堂叢書十四種　楊晨撰　民國二十五年(1936)楊紹翰鉛印本　十册　存五種

330000－1710－0002567　491.4/18　史部/金石類/石之屬/通考

校碑隨筆不分卷補遺一卷偽刻一卷　方若撰　民國天津中東石印局石印本　二册

330000－1710－0002568　491.4/19　史部/金石類/石之屬/通考

校碑隨筆不分卷　方若撰　民國上海朝記書莊石印本　四册

330000－1710－0002570　491.4/13　子部/雜著類/雜考之屬

三靈解一卷　章鴻釗撰　民國八年(1919)北京法輪印刷局鉛印本　一册

330000－1710－0002571　412/47　史部/紀傳類/正史之屬

舊五代史一百五十卷目録二卷附攷證　(宋)薛居正等撰　(清)邵晉涵等輯　民國十四年(1925)吳興劉氏嘉業堂刻本　三十二册

330000－1710－0002572　491.4/20　史部/金石類/總志之屬/目録

話雨樓碑帖目録四卷　(清)王楠鑒藏　(清)王鯤編次　民國九年(1920)柳棄疾刻本　二册

330000－1710－0002576　491.4/21　史部/

金石類/金之屬/圖像
澹廬藏鏡二卷 徐鋆藏 民國二十三年(1934)崇州徐氏影印本 一冊

330000－1710－0002578 412/4 史部/紀傳類/正史之屬
史記一百三十卷 (漢)司馬遷撰 (南朝宋)裴駰集解 (唐)司馬貞索隱 (唐)張守節正義 **補史記一卷** (唐)司馬貞撰并注 民國中華圖書館影印本 二十冊

330000－1710－0002579 412/54 史部/史抄類
史記菁華錄六卷 (清)姚祖恩輯評 民國上海商務印書館鉛印本 三冊

330000－1710－0002581 491.4/22 史部/地理類/遊記之屬/紀行
吴郡西山訪古記五卷鎮揚遊記一卷 李根源撰 民國十五年(1926)上海泰東圖書局鉛印本 一冊

330000－1710－0002582 412/5、412/32、412/36、412/38 史部/紀傳類/正史之屬
二十四史附考證 民國上海涵芬樓據清乾隆武英殿刻本影印本 四十八冊 存四種

330000－1710－0002583 412/55 類叢部/叢書類/彙編之屬
四部備要 中華書局編 民國二十五年(1936)上海中華書局鉛印本 三十冊 存一種

330000－1710－0002585 491.4/24 史部/金石類
石廬金石叢刊□□種 林鈞輯 民國十八年(1929)福州西泠石廬鉛印本 一冊 存一種

330000－1710－0002589 492/1 史部/金石類/甲骨之屬/文字
甲骨集古詩聯上編一卷 簡經綸撰 民國二十六年(1937)上海商務印書館影印本 一冊

330000－1710－0002590 493/1 子部/工藝類/日用器物之屬/陶瓷
飲流齋説瓷十卷 許之衡撰 民國四年(1915)京師鉛印本 二冊

330000－1710－0002591 493/2 子部/工藝類/日用器物之屬/陶瓷
匋雅二卷 陳瀏撰 民國十二年(1923)上海古瓷研究會石印本 四冊

330000－1710－0002593 493/7 子部/工藝類/日用器物之屬/陶瓷
匋雅二卷 陳瀏撰 民國上海朝記書莊石印本 一冊 存一卷(下)

330000－1710－0002597 495/12 史部/金石類/錢幣之屬/圖像
古泉罕見拾遺一卷 稿本 一冊

330000－1710－0002598 495/10 史部/金石類/錢幣之屬/雜著
雝鳳清聲閣泉畧四卷 意青居士述 稿本 四冊

330000－1710－0002599 495/11 史部/金石類/錢幣之屬/圖像
雝鳳清聲閣古泉搨本一卷 春鷗散人摹 民國拓本 一冊

330000－1710－0002617 512.3/9 史部/政書類/儀制之屬/通禮
江蘇編訂禮制會喪禮草案二卷喪服草案五卷 姚文枬撰 民國二十一年(1932)鉛印本 一冊 存五卷(喪服草案一至五)

330000－1710－0002632 512.3/5 史部/政書類/儀制之屬/典禮
文廟續通考一卷 孫樹義輯 民國二十三年(1934)上海中華書局鉛印本 一冊

330000－1710－0002641 512.5/18 史部/政書類/律令之屬
浙江省議會暫行各種規則一卷 浙江省議會編 民國鉛印本 一冊

330000－1710－0002645 512.5/21 新學/學校
檢定小學教員章程彙刊不分卷 浙江小學教員檢定委員會編 民國六年(1917)鉛印本

一冊

330000－1710－0002656　513/3　類叢部/叢書類/彙編之屬

嘉業堂叢書五十七種　劉承幹輯　民國吳興劉氏嘉業堂刻本　六冊　存一種

330000－1710－0002664　513/11　史部/傳記類/職官録之屬/總録

[中華民國三年第二期]職員錄不分卷　民國三年(1914)印鑄局鉛印本　一冊

330000－1710－0002668　514/12　子部/儒家類/儒學之屬/禮教/鑑戒

聖祖仁皇帝庭訓格言一卷　(清)世宗胤禛撰　民國鉛印本　一冊

330000－1710－0002679　515/6　類叢部/叢書類/彙編之屬

郋園先生全書一百二十九種　葉啟倬編　民國二十四年(1935)長沙中國古書刻印社彙印本　二冊　存一種

330000－1710－0002683　515/19　史部/詔令奏議類/奏議之屬

端忠敏公奏稿十六卷　(清)端方撰　民國七年(1918)鉛印本　十六冊

330000－1710－0002685　515/20　史部/詔令奏議類/奏議之屬

陶勤肅公奏議遺稿十二卷首一卷　(清)陶模撰　民國十三年(1924)銅山陸洪濤蘭州肅老將軍公署鉛印本　十冊

330000－1710－0002688　515/22　史部/詔令奏議類/奏議之屬

二二五五疏二卷　錢恂撰　民國八年(1919)上海聚珍倣宋印書局鉛印本　二冊

330000－1710－0002692　515/28　類叢部/叢書類/自著之屬

許文肅公集四種　(清)許景澄撰　盛沅編輯　民國七年至九年(1918－1920)外交部圖書處鉛印本　四冊　存三種

330000－1710－0002694　515/27　類叢部/叢書類/自著之屬

許文肅公集四種　(清)許景澄撰　盛沅編輯　民國七年至九年(1918－1920)外交部圖書處鉛印本　六冊　存一種

330000－1710－0002715　515/50　史部/詔令奏議類/奏議之屬

徐氏庖言五卷　(明)徐光啟撰　民國二十二年(1933)上海徐家匯天主堂藏書樓鉛印本　二冊

330000－1710－0002722　515/56　集部/別集類

小沖言事三卷　黃壽袞撰　民國鉛印本　一冊　存一卷(三)

330000－1710－0002733　515/71　史部/政書類/邦計之屬

呈請浙江督省兩長規復輯里絲銷文附條陳清摺一卷　周慶雲等撰　民國十四年(1925)鉛印本　一冊

330000－1710－0002734　515/77　史部/詔令奏議類/奏議之屬

神廟留中奏疏彙要四十卷編年總目一卷　(明)董其昌撰　民國二十六年(1937)燕京大學圖書館鉛印本　十四冊

330000－1710－0002736　515/78　史部/政書類/公牘檔冊之屬

政事紀略二卷　沈錫榮撰　民國元年(1912)石印本　二冊

330000－1710－0002747　516/17　子部/雜著類/雜考之屬

國故政略注釋二卷　曲仁禮編述　民國二十五年(1936)上海明善書局鉛印本　二冊

330000－1710－0002749　516/18　新學/政治法律/政治

正續共和正解一卷　勞乃宣撰　民國鉛印本　一冊

330000－1710－0002755　516/31　新學/全體學/附心靈學

心理建設論不分卷附錄一卷　邵元沖撰　民

國鉛印本　一冊

330000－1710－0002757　516/33、516/34　類叢部/叢書類/自著之屬

木硯齋叢書□□種　童振藻撰　民國鉛印本　二冊　存二種

330000－1710－0002797　516/75　史部/政書類/邦交之屬

上海租界問題三卷　王揖唐撰　民國十五年(1926)上海商務印書館鉛印本　一冊

330000－1710－0002799　516/78　新學/議論/通論

國民淺訓一卷　梁啟超撰　民國五年(1916)上海商務印書館鉛印本　一冊

330000－1710－0002811　516/101　史部/政書類/公牘檔冊之屬

開辦上海縣苗圃公牘彙錄不分卷　民國十年(1921)鉛印本　一冊

330000－1710－0002816　516/106　史部/政書類/公牘檔冊之屬

浙江省議會第一屆第一次臨時會議決案二卷　浙江省議會編　民國二年(1913)鉛印本　一冊　存一卷(上編)

330000－1710－0002817　516/107　史部/政書類/公牘檔冊之屬

浙江省臨時議會第三屆開會議決案不分卷　浙江省臨時議會編　民國元年(1912)鉛印本　一冊

330000－1710－0002818　516/108　史部/政書類/公牘檔冊之屬

浙江省議會民國十一年第一二次臨時會議決案不分卷　浙江省議會編　民國十一年(1922)鉛印本　一冊

330000－1710－0002819　516/109　史部/政書類/公牘檔冊之屬

浙江省議會第二屆常年會議決案不分卷　浙江省議會編　民國五年(1916)鉛印本　一冊

330000－1710－0002821　516/110　史部/政書類/公牘檔冊之屬

浙江省議會第一屆常年會文牘不分卷　浙江省議會編　民國二年(1913)鉛印本　一冊

330000－1710－0002822　516/110－2　史部/政書類/公牘檔冊之屬

浙江省議會第二屆常年會文牘四卷　浙江省議會編　民國五年(1916)鉛印本　一冊

330000－1710－0002823　516/103、516/104　史部/地理類/方志之屬/郡縣志

上海市自治志圖表不分卷上海市自治志大事記三編上海市自治志公牘三編上海市自治志規則規約章程三編　楊逸編　民國四年(1915)鉛印本　八冊

330000－1710－0002828　516/113　史部/政書類/公牘檔冊之屬

浙江省議會第二屆常年會質問書不分卷　浙江省議會編　民國五年(1916)鉛印本　一冊

330000－1710－0002829　516/14　史部/政書類/公牘檔冊之屬

中華民國元年浙江省第二次臨時議會決案中編一編　浙江省臨時議會編　民國元年(1912)鉛印本　一冊

330000－1710－0002830　516/115　史部/政書類/公牘檔冊之屬

浙江省政府會議紀錄彙刊□□編　浙江省政府秘書處編　民國十七年至十九年(1928－1930)浙江省政府秘書處鉛印本　四冊　存四編(一至三、五)

330000－1710－0002831　516/116　史部/政書類/公牘檔冊之屬

浙江省議會不分卷　浙江省議會編　民國五年(1916)鉛印本　一冊

330000－1710－0002838　517/7　史部/政書類/公牘檔冊之屬

交通公報不分卷(民國十八年)　交通部交通公報處編　民國十八年(1929)交通部交通公報處鉛印本　七冊

330000－1710－0002839　517/8　史部/政書

類/公牘檔冊之屬

交通公報不分卷(民國二十年) 交通部交通公報處編 民國二十年(1931)交通部交通公報處鉛印本 四冊

330000－1710－0002841 517/9 史部/政書類/公牘檔冊之屬

交通公報不分卷(民國二十一年) 交通部交通公報處編 民國二十一年(1932)交通部交通公報處鉛印本 十冊

330000－1710－0002842 517/10 史部/政書類/公牘檔冊之屬

交通公報不分卷(民國二十二年) 交通部交通公報處編 民國二十二年(1933)交通部交通公報處鉛印本 三冊

330000－1710－0002843 517/11 史部/政書類/公牘檔冊之屬

交通公報不分卷(民國二十三年) 交通部交通公報處編 民國二十二年(1933)交通部交通公報處鉛印本 七冊

330000－1710－0002851 517/21 史部/政書類/公牘檔冊之屬

國民政府公報不分卷(民國十七年十一月至十八年七月) 國民政府文官處編 民國十七年至十八年(1928－1929)國民政府文官處印鑄局鉛印本 九冊

330000－1710－0002856 517/30 史部/目録類/專録之屬

浙江官報文牘目錄一卷 民國抄本 一冊

330000－1710－0002885 522/8、522/9 史部/政書類/律令之屬

法令全書不分卷 印鑄局編纂處編纂 民國元年至十二年(1912－1923)印鑄局鉛印本 十六冊

330000－1710－0002900 523/5 新學/政治法律/刑法

刑事訴訟法五編 安徽法政學堂編 民國安徽法政學堂鉛印本 三冊

330000－1710－0002912 524/7 史部/政書類/律令之屬/判牘

樊山判牘續編四卷 樊增祥撰 民國元年(1912)大同書局石印本 四冊

330000－1710－0002938 531/7 史部/政書類/邦計之屬

魏頌唐偶存稿二卷 魏頌唐撰 民國十六年(1927)鉛印本 一冊

330000－1710－0002942 531/8 史部/政書類/邦計之屬/營田

量沙紀畧六章 張鴻編 民國四年(1915)鉛印本 一冊

330000－1710－0002943 531/11 史部/政書類/邦計之屬/賦稅

浙江釐餉款目源流及沿革利弊一卷 民國鉛印本 一冊

330000－1710－0002947 531/17 史部/政書類/邦計之屬/賦稅

浙江財政紀略不分卷 魏頌唐編輯 民國十四年(1925)鉛印本 一冊

330000－1710－0002948 532/1 史部/政書類/邦計之屬

浙江最近財政説明書二卷 張壽鏞編 民國四年(1915)武昌鉛印本 二冊

330000－1710－0002952 532/5 史部/政書類/邦計之屬

浙江省中華民國二年度歲入預算案不分卷 民國二年(1913)鉛印本 一冊

330000－1710－0002953 532/6 史部/政書類/邦計之屬

浙江省民國八年度省地方歲出入預算書一卷 浙江省議會編 民國八年(1919)鉛印本 一冊

330000－1710－0002954 532/7 史部/政書類/邦計之屬/賦稅

嘉興縣知事造送民國十年一月至三月分縣稅特捐附捐六種清冊一卷 民國嘉興振新社鉛印本 一冊

330000－1710－0002955　532/8　史部/政書類/公牘檔冊之屬

嘉禾縣公欵公產調查清冊一卷　民國十七年(1928)嘉興振新社鉛印本　一冊

330000－1710－0002961　533/8　史部/政書類/邦計之屬/賦稅

嘉湖減賦記一卷　民國九年(1920)嘉興振新社鉛印本　一冊

330000－1710－0002963　533/9　史部/政書類/邦計之屬/賦稅

嘉興請減賦稅文牘一卷附財政廳通飭四件　張元濟等撰　民國四年(1915)嘉興振新社鉛印本　一冊

330000－1710－0002964　533/10　史部/政書類/邦計之屬/賦稅

均賦餘議坿雜稿一卷　金蓉鏡輯　民國六年(1917)鉛印本　一冊

330000－1710－0002965　533/11　史部/政書類/邦計之屬/營田

上海縣籌備清丈記不分卷　民國十三年(1924)鉛印本　一冊

330000－1710－0002969　533/15　史部/政書類/邦計之屬/賦稅

浙江賦稅源流一卷　魏頌唐編輯　民國十四年(1925)鉛印本　一冊

330000－1710－0002974　533/20　史部/政書類/邦計之屬/賦稅

太倉田賦平議二卷　蔣乃曾撰　民國五年(1916)太倉縣減賦請願團鉛印本　一冊

330000－1710－0002976　533/25　史部/政書類/邦計之屬/地政

嘉興求減浮糧書不分卷　金蓉鏡編　民國三年(1914)鉛印本　一冊

330000－1710－0002986　534/11　史部/政書類/邦計之屬/鹽法

鹽法通志一百卷首一卷　周慶雲纂　民國七年(1918)鉛印本　二十四冊

330000－1710－0002991　535/5　新學/農政/蠶務

江浙皖絲廠繭行同業錄不分卷　江浙皖絲廠繭業總公所編　民國四年(1915)江浙皖絲廠繭業總公所鉛印本　一冊

330000－1710－0002992　535/6　史部/政書類/公牘檔冊之屬

提議典當業條例法案經過報告不分卷　袁蓉安　王錫榮撰　民國八年(1919)鉛印本　一冊

330000－1710－0003004　544/2　史部/政書類/公牘檔冊之屬

滬紳抗議濬浦局與港務局行政主權函牘彙編一卷　姚文枬等撰　民國鉛印本　一冊

330000－1710－0003016　551/11　新學/學校

寰球中國學生會題名錄一卷　寰球中國學生會編　民國鉛印本　一冊

330000－1710－0003026　551/19　史部/地理類/專志之屬

國立中央大學國學圖書館小史不分卷　國立中央大學國學圖書館編　民國十七年(1928)國立中央大學國學圖書館鉛印本　一冊

330000－1710－0003027　551/21　史部/傳記類/科舉録之屬/歷科登科録

宋元科舉三錄三卷　徐乃昌輯　民國十二年(1923)南陵徐乃昌刻本　四冊

330000－1710－0003030　551/31　史部/傳記類/科舉録之屬/總録

海鹽士林錄六卷　(清)朱組莘編　朱廖元等續編　民國二十一年(1932)海鹽朱氏十三古印齋鉛印本　三冊

330000－1710－0003050　552/12　集部/總集類/課藝之屬

檇李文社課藝一卷　陸祖穀輯　民國十四年(1925)檇李文社鉛印本　張鳳題簽並記　一冊

330000－1710－0003090　561/9　新學/兵制

戰術學三卷　（日本）日本士官學校撰　（日本）細田謙藏譯述　民國南洋公學譯書院鉛印本　四冊

330000－1710－0003091　610/3　子部/叢編

六子全書　（明）顧春輯　民國三年（1914）右文社據明嘉靖十二年（1533）吳郡顧氏世德堂刻本影印本　六冊　存一種

330000－1710－0003096　610/6　子部/儒家類/儒家之屬

曾子家語六卷　（清）曾國荃輯　民國碧梧山莊影印本　六冊

330000－1710－0003097　610/19　子部/儒家類/儒家之屬

荀子集解二十卷附考證　（唐）楊倞注　王先謙集解　民國上海涵芬樓影印本　六冊

330000－1710－0003106　612/21　子部/儒家類/儒學之屬/性理

王學闡微朱學鉤玄合刊一卷　姚廷杰撰　民國鉛印本　一冊

330000－1710－0003108　612/26　子部/儒家類/儒學之屬/性理

楊園菁華錄四卷　（清）張履祥撰　（清）沈志本纂　民國二十四年（1935）楊園學社鉛印本　一冊

330000－1710－0003127　612/59　子部/儒家類/儒學之屬/性理

人格一卷　唐文治撰　民國五年（1916）工業專門學校鉛印本　一冊

330000－1710－0003128　612/60　子部/儒家類/儒學之屬/俗訓

人道須知八卷　江衡　荊少英輯　民國十九年（1930）無錫榮宗銓鉛印本　一冊

330000－1710－0003130　612/62　類叢部/叢書類/彙編之屬

留餘草堂叢書十二種　劉承幹編　民國吳興劉氏嘉業堂刻本　一冊　存一種

330000－1710－0003135　612/72　子部/儒家類/儒學之屬/俗訓

勸孝詞百章一卷　王德森撰　民國六年（1917）蘇州刻本　一冊

330000－1710－0003166　612/113　類叢部/叢書類/彙編之屬

留餘草堂叢書十二種　劉承幹編　民國吳興劉氏嘉業堂刻本　一冊　存一種

330000－1710－0003178　612/135　子部/儒家類/儒學之屬/禮教/家訓

明袁了凡四訓一卷附錄俞淨意公遇竈神記一卷　（明）袁黃撰　民國刻本　一冊

330000－1710－0003186　612/123　子部/儒家類/儒學之屬/俗訓

鐸書一卷　（明）韓霖撰　民國八年（1919）鉛印本　一冊

330000－1710－0003191　612/145　子部/雜著類/雜說之屬

讀子巵言二卷　江瑔撰　民國六年（1917）上海商務印書館鉛印本　二冊

330000－1710－0003192　612/146　經部/春秋左傳類/專著之屬

春暉樓讀左日記一卷春秋列國戰守形勢一卷　（清）張鼎撰　**張銘齋先生［鼎］年譜一卷**　盧學源編　民國二十五年（1936）盧學源鉛印本　一冊

330000－1710－0003196　612/150　類叢部/類書類/專類之屬

潛龍讀書表十二卷　陳電飛編　民國二十五年（1936）中華書局石印本　四冊

330000－1710－0003200　612/153　類叢部/叢書類/自著之屬

勱堂遺書十種　民國八年至十九年（1919－1930）會稽顧氏鉛印本　一冊　存一種

330000－1710－0003205　612/161　史部/傳記類/總傳之屬/儒林

聖學宗傳十八卷　（明）周汝登撰　民國二十年（1931）吳興劉承幹影印本　八冊

330000－1710－0003212　612/168　子部/儒家類/儒學之屬/經濟

孔教十年大事八卷　柯璜編　民國十三年(1924)宗聖會鉛印本　八冊

330000－1710－0003215　612/173　史部/傳記類/總傳之屬/儒林

台學統一百卷　(清)王棻輯　民國七年(1918)吳興劉氏嘉業堂刻本　四十冊

330000－1710－0003218　612/175　子部/儒家類/儒學之屬

餘山先生遺書十卷　(清)勞史撰　(清)桑調元　(清)沈廷芳編　**附餘山先生行狀一卷**　(清)桑調元撰　民國鉛印本　勞氏題記　二冊

330000－1710－0003232　613/14　子部/雜著類/雜說之屬

老學庵筆記十卷　(宋)陸游撰　民國八年(1919)上海商務印書館鉛印本　祝廷錫題記並過錄四庫提要　二冊

330000－1710－0003235　613/16　子部/雜著類/雜說之屬

東原錄一卷　(宋)龔鼎臣撰　民國九年(1920)上海商務印書館鉛印本　祝廷錫題記並過錄四庫提要　一冊

330000－1710－0003244　613/39　子部/雜著類/雜考之屬

求是編四卷　(清)王裕承撰　民國十五年(1926)王槐蔭堂鉛印本　四冊

330000－1710－0003245　613/40　集部/別集類

觀堂集林二十卷　王國維撰　民國烏程蔣氏密韻樓鉛印本　六冊

330000－1710－0003247　613/43　類叢部/叢書類/自著之屬

多伽羅香館叢書□□種　張采田撰　民國元年(1912)孱守齋刻本　張采田題記　四冊　存一種

330000－1710－0003248　613/44　類叢部/叢書類/自著之屬

多伽羅香館叢書□□種　張采田撰　民國元年(1912)孱守齋刻本　四冊　存一種

330000－1710－0003271　613/74　史部/目録類/通論之屬/考訂

古今僞書考一卷　(清)姚際恒撰　民國十一年(1922)上海萬國圖書公司鉛印本　一冊

330000－1710－0003272　613/75　經部/四書類/論語之屬/專著

論語正四卷　石永楙學　民國三十五年(1946)天津大公報館鉛印本　二冊

330000－1710－0003273　613/77　類叢部/叢書類/自著之屬

永豐鄉人稿四種　羅振玉撰　民國鉛印本　二冊　存一種

330000－1710－0003281　613/79　史部/目録類/通論之屬/考訂

古文舊書考四卷附訪餘錄一卷　(日本)島田翰撰　民國十六年(1927)深縣王雨藻玉堂鉛印本　一冊　存一卷(訪餘錄)

330000－1710－0003286　640/3　子部/墨家類

墨子閒詁十五卷目錄一卷附錄一卷後語二卷　(清)孫詒讓撰　民國掃葉山房石印本　八冊

330000－1710－0003300　670/20　史部/雜史類/斷代之屬

唐語林八卷附校勘記一卷　(宋)王讜撰　民國九年(1920)上海商務印書館鉛印本　四冊

330000－1710－0003306　680/19　類叢部/叢書類/彙編之屬

四部叢刊　張元濟等編　民國上海商務印書館影印本　四冊　存一種

330000－1710－0003319　691/31　子部/道家類

太上道德經講義四卷　(清)宋常星注　民國二十八年(1939)玄學會鉛印本　二冊

330000－1710－0003320　691/23　子部/宗教類/道教之屬/經文

救世寶經三卷　民國二年(1913)上海翼化堂善書坊刻本　一冊

330000－1710－0003328　691/36　子部/道家類

老莊正義合編　民國上海古書流通處據清光緒刻本影印本　六冊

330000－1710－0003330　691/37　子部/道家類

老子集解二卷　奚侗撰　民國十四年(1925)鉛印本　一冊

330000－1710－0003333　692/11　集部/別集類/清別集

一行居集八卷首一卷附一卷　(清)彭紹升撰　民國抄本　四冊

330000－1710－0003335　693/3　子部/宗教類/其他宗教之屬/基督教

天主教六卷　劉之翰撰　民國六年(1917)南昌天主堂鉛印本　一冊

330000－1710－0003339　693/7　子部/宗教類/其他宗教之屬/基督教

主制羣徵二卷附贈言一卷　(德國)湯若望撰　民國八年(1919)鉛印本　方豪題記　一冊

330000－1710－0003351　693/20　類叢部/叢書類/自著之屬

晦堂叢著□□種　陳澹然撰　民國十二年(1923)懷寧王漢超金陵刻本　凌景伊題記　二冊　存一種

330000－1710－0003355　693/24　子部/儒家類/儒學之屬/禮教/鑑戒

人道實行錄十卷　金潛撰　民國八年(1919)鉛印本　二冊

330000－1710－0003356　693/25　子部/雜著類/雜說之屬

俟後編六卷補錄一卷　(明)王敬臣撰　**仁孝先生事略附錄一卷**　(清)彭定求輯　民國十三年(1924)承業堂鉛印本　一冊

330000－1710－0003359　692/12　經部/孝經類/傳說之屬

孝經一卷　(清)沈可培述　**佛說四十二章經一卷註一卷**　(漢)迦葉摩騰　(漢)竺法蘭譯　(清)宗培釋　**佛遺教互施行勅一卷**　(唐)太宗李世民撰　**佛遺教經一卷**　(後秦)釋鳩摩羅什譯　**八大人覺經一卷**　(漢)釋安清譯　民國祝廷錫抄本　一冊

330000－1710－0003360　692/13　子部/宗教類/佛教之屬/論

大乘百法明門論一卷　(唐)釋玄奘譯　(唐)釋窺基解　**唯識三十論約意一卷觀所緣緣論會釋一卷觀所緣緣論釋記一卷**　(唐)釋玄奘譯　(明)釋明昱約意　民國抄本　一冊

330000－1710－0003364　692/14　子部/宗教類/佛教之屬/經

大方廣佛華嚴經六十卷　(晉)釋佛陀跋陀羅等譯　民國祝廷錫抄本　祝廷錫題記　一冊　存四卷(一至四)

330000－1710－0003366　693/32　子部/雜著類/雜說之屬

葵書十六卷首一卷末一卷　(清)王桂撰　民國八年(1919)鉛印本　六冊

330000－1710－0003367　692/16　子部/宗教類/佛教之屬/經

楞伽阿跋多羅寶經四卷　(南朝宋)釋求那跋陀羅譯　民國祝廷錫抄本　二冊

330000－1710－0003368　693/33　子部/儒家類/儒學之屬/經濟

歷代尊孔記一卷孔教外論一卷　程淯輯　民國二十二年(1933)上海中國道德會鉛印本　一冊

330000－1710－0003369　692/17　子部/宗教類/佛教之屬/經疏

大般若經音義一卷　民國三十二年(1943)抄本　一冊

330000－1710－0003370　692/18　子部/宗教類/佛教之屬/諸宗

淨土三經音義三卷　民國三十三年(1944)抄本　一册

330000－1710－0003374　710/4　經部/群經總義類

經學通論五卷　(清)皮錫瑞撰　民國二十二年(1933)上海商務印書館影印本　五册

330000－1710－0003380　710/12　經部/叢編

十三經讀本　唐文治輯　民國十三年(1924)吳江施肇曾醒園刻本　十二册　存一種

330000－1710－0003405　710/53　史部/目録類/書志之屬/提要

皇清經解提要二卷續編一卷附淵源錄一卷外編一卷　(清)沈豫撰　民國慎初堂影印本　一册

330000－1710－0003411　710/58　子部/儒家類/儒學之屬/蒙學

讀經範本十六卷　楊觀東撰　民國十八年(1929)雲南國學專修館石印本　四册

330000－1710－0003415　710/95　經部/四書類

論語新讀本二十卷孟子新讀本七卷孝經新讀本一卷大學新讀本一卷　唐文治撰　民國五年至七年(1916－1918)上海徐家匯工業專門學校鉛印本　十三册

330000－1710－0003416　710/70－94　經部/叢編

十三經讀本　唐文治輯　民國十三年(1924)吳江施肇曾醒園刻本　八十六册　存十四種

330000－1710－0003417　710/97　經部/群經總義類/授受源流之屬

經學歷史一卷　(清)皮錫瑞撰　民國十四年(1925)上海商務印書館影印本　一册

330000－1710－0003430　720/10　經部/易類/傳説之屬

易通十卷釋例一卷　劉次源撰　民國三十八年(1949)劉昌景鉛印屯園叢書本　劉昌景題記　三册

330000－1710－0003431　720/12　經部/易類/專著之屬

易說求源不分卷　(清)武春芳撰　民國七年(1918)財政部印刷局鉛印本　六册

330000－1710－0003439　子/佛家/2　子部/宗教類/佛教之屬/經疏

大乘密嚴經疏十卷　(唐)地婆訶羅譯　(唐)釋法藏疏　民國八年(1919)金陵刻經處刻本　四册

330000－1710－0003444　子/佛家/4　子部/宗教類/佛教之屬/諸宗

辨了不了義善説藏輪五卷　(明)釋宗喀巴造　釋法尊譯　民國二十五年(1936)刻本　二册

330000－1710－0003445　子/佛家/5　子部/宗教類/佛教之屬/經

金剛般若波羅蜜經一卷　(後秦)釋鳩摩羅什譯　民國十八年(1929)周子美石印本　一册

330000－1710－0003446　子/佛家/6　子部/宗教類/佛教之屬/經

金剛般若波羅蜜經一卷　(後秦)釋鳩摩羅什譯　民國十八年(1929)周子美石印本　一册

330000－1710－0003447　子/佛家/7　子部/宗教類/佛教之屬/經

金剛般若波羅蜜經一卷　(後秦)釋鳩摩羅什譯　民國十八年(1929)周子美石印本　一册

330000－1710－0003448　子/佛家/8　子部/宗教類/佛教之屬/經

金剛般若波羅蜜經一卷　(後秦)釋鳩摩羅什譯　(清)翁方綱書　民國十九年(1930)上海有正書局石印本　一册

330000－1710－0003449　720/30　經部/易類/專著之屬

周易明義四卷序要二卷　彭俞撰　民國油印本　五册

330000－1710－0003450　子/佛家/9　史部/傳記類/總傳之屬/釋道

八十八祖傳贊五卷　(明)釋德清述　(明)高

乘埏補　民國二年(1913)常州天寧寺刻本　二冊

330000－1710－0003453　字/佛家/10　史部/傳記類/別傳之屬/事狀
大慈恩寺三藏法師傳十卷　(唐)釋惠立撰　(唐)釋彥悰箋　民國十二年(1923)支那內學院刻本　三冊

330000－1710－0003454　子/佛家/11　子部/宗教類/佛教之屬/經
妙法蓮華經七卷尊勝等靈異神咒二十道一卷　(後秦)釋鳩摩羅什譯　民國十二年(1923)海寧姚煜據秀州惠雲院藏宋刻本影印本　四冊

330000－1710－0003456　子/佛家/11－2　子部/宗教類/佛教之屬/諸宗
無量壽如來修觀行供養儀軌一卷　(唐)釋不空譯　民國十一年(1922)北京刻經處刻朱印本　一冊

330000－1710－0003458　子/佛家/13　子部/宗教類/佛教之屬/論疏
瑜伽師地論記一百卷　(唐)釋遁倫集撰　民國十一年(1922)金陵刻經處刻本　三十冊

330000－1710－0003459　720/36　經部/易類/專著之屬
卦氣集解一卷　黃元炳撰　民國醫學書局鉛印本　一冊

330000－1710－0003464　子/佛家/15　子部/宗教類/佛教之屬/論
寶藏論一卷　(晉)釋僧肇著　民國抄本　一冊

330000－1710－0003474　子/佛家/19　類叢部/叢書類/自著之屬
楊仁山居士遺著十三種　(清)楊文會撰　民國八年(1919)金陵刻經處刻本　一冊　存一種

330000－1710－0003477　子/佛家/21　子部/宗教類/佛教之屬/經疏
佛說無量壽經箋注一卷　丁福保箋注　(三國魏)釋康僧鎧譯　民國十三年(1924)上海醫學書局鉛印本　二冊

330000－1710－0003479　字/佛家/22　子部/宗教類/佛教之屬/論疏
成唯識論述記義演一百卷　(唐)釋如理集　民國十八年(1929)支那內學院刻本　二冊　存六卷(七十三至七十八)

330000－1710－0003480　子/佛家/23　子部/宗教類/佛教之屬/經疏
大方廣佛華嚴經疏鈔會本十卷　(唐)釋澄觀撰　民國三十二年(1943)鉛印本　二冊　存五卷(三至五、九至十)

330000－1710－0003493　730/34　經部/書類/專著之屬
尚書研究講義□□卷　顧頡剛撰　民國石印本暨鉛印本　春暉題記　二冊　存五卷(丙種一至五)

330000－1710－0003495　730/35　經部/書類/專著之屬
雙劍誃尚書新證四卷　于省吾撰　民國二十三年(1934)石印本　二冊

330000－1710－0003499　子/佛家/29　子部/宗教類/佛教之屬/經疏
大方廣圓覺修多羅了義經集註二卷　(宋)釋元粹撰　民國十三年(1924)杭州刻經處刻本　二冊

330000－1710－0003504　子/佛家/33　子部/宗教類/佛教之屬/論疏
大乘起信論冠科讀本一卷　張元成輯　民國鉛印本　一冊

330000－1710－0003506　子/佛家/34　子部/宗教類/佛教之屬/論疏
大乘起信論冠科讀本一卷　張元成輯　民國鉛印本　一冊

330000－1710－0003508　子/佛家/35　子部/宗教類/佛教之屬/論疏
大乘起信論冠科讀本一卷　張元成輯　民國鉛印本　一冊

330000－1710－0003509　子/佛家/36　子部/宗教類/佛教之屬/論疏
大乘起信論冠科讀本一卷　張元成輯　民國鉛印本　一冊

330000－1710－0003510　子/佛家/37　子部/宗教類/佛教之屬/論疏
大乘起信論冠科讀本一卷　張元成輯　民國鉛印本　一冊

330000－1710－0003511　子/佛家/38　子部/宗教類/佛教之屬/論疏
大乘起信論冠科讀本一卷　張元成輯　民國鉛印本　一冊

330000－1710－0003514　子/佛家/39　子部/宗教類/佛教之屬/經
大般若波羅蜜多經一百四十六卷　（唐）釋玄奘譯　民國十八年（1929）鉛印本　二十五冊

330000－1710－0003516　740/13　類叢部/叢書類/彙編之屬
求恕齋叢書三十一種　劉承幹編　民國吳興劉氏嘉業堂刻本　二冊　存一種

330000－1710－0003521　740/22　經部/詩類/傳說之屬
詩經集傳八卷　（宋）朱熹撰　民國二十二年（1933）掃葉山房石印本　四冊

330000－1710－0003522　子/佛家/42　子部/宗教類/佛教之屬/經疏
大般涅槃經疏三德指歸一百卷　（晉）釋曇無讖譯　（南朝宋）釋慧嚴　（南朝宋）釋慧觀　（南朝宋）謝靈運治　（隋）釋灌頂撰疏　（唐）釋湛然再治　（宋）釋智圓述記　民國十四年（1925）揚州宛虹橋眾香庵刻本　三冊　存九卷（三十至三十八）

330000－1710－0003524　740/23　經部/詩類/專著之屬
詩義標準一百十四卷首一卷　（清）王錫光撰　民國元年（1912）虛受堂刻本　三十冊

330000－1710－0003526　子/佛家/43　子部/宗教類/佛教之屬
釋迦譜十卷　（南朝梁）釋僧祐撰　民國二十九年（1940）上海佛學書局石印本　一冊

330000－1710－0003528　子/佛家/44　子部/宗教類/佛教之屬
釋迦譜十卷　（南朝梁）釋僧祐撰　民國二十九年（1940）上海佛學書局石印本　一冊

330000－1710－0003534　子/佛家/47　子部/宗教類/佛教之屬
遠什大乘要義問答三卷　（晉）釋慧遠問　（後秦）釋鳩摩羅什答　民國十九年（1930）中國佛教歷史博物館刻本　一冊

330000－1710－0003536　740/35　類叢部/叢書類/自著之屬
崔東壁遺書前編十九種附一種　（清）崔述撰　民國十三年（1924）上海古書流通處據清道光陳氏刻本影印本　一冊　存一種

330000－1710－0003539　子/佛家/48　子部/宗教類/佛教之屬/諸宗
禮念彌陀道場懺法十卷　（元）王子成輯　民國九年（1920）北京刻經處刻本　三冊

330000－1710－0003543　子/佛家/49　子部/宗教類/佛教之屬
菩提道次第畧論六卷　（元）釋宗喀巴造　釋大勇譯　釋法尊譯補　民國三十一年（1942）刻本　二冊

330000－1710－0003546　子/佛家/51　子部/宗教類/佛教之屬/論疏
成唯識論述記義演一百卷　（唐）釋如理集　民國十八年（1929）支那內學院刻本　十二冊　存三十三卷（二十一至三十五、四十九至六十六）

330000－1710－0003547　子/佛家/52　子部/宗教類/佛教之屬/論疏
大乘起信論義記講義四卷附錄一卷　（日本）織田得能撰　黃士復譯　民國十年（1921）上海商務印書館鉛印本　四冊

330000－1710－0003550　子/佛家/53　子部/宗教類/佛教之屬/經咒

法相因果觀一卷附錄一卷　陳維庚著　民國三十二年(1943)鉛印本　一冊

330000－1710－0003554　子/佛家/54　子部/宗教類/佛教之屬
印度佛教史略不分卷　呂澂撰　民國十四年(1925)上海商務印書館鉛印本　一冊

330000－1710－0003558　子/佛家/55　子部/儒家類/儒家之屬
國教問題一卷　(清)孫榮枝撰　民國六年(1917)寧波宏久印製局鉛印本　一冊

330000－1710－0003559　子/佛家/56　子部/宗教類/佛教之屬/經疏
佛說阿彌陀經要解一卷　(後秦)釋鳩摩羅什譯　(明)釋智旭撰　民國九年(1920)北京刻經處刻本　一冊

330000－1710－0003560　子/佛家/57　子部/宗教類/佛教之屬/論
阿毗達磨發智論二十卷　(印度)迦多衍尼子造　(唐)釋玄奘譯　民國刻本　一冊　存三卷(一至三)

330000－1710－0003563　子/佛家/58　子部/宗教類/佛教之屬/經
解深密經五卷　(唐)釋玄奘譯　民國十一年(1922)石印本　一冊

330000－1710－0003567　子/佛家/59　子部/宗教類/佛教之屬/經
解深密經五卷　(唐)釋玄奘譯　民國十一年(1922)石印本　一冊

330000－1710－0003580　子/佛家/63　子部/宗教類/佛教之屬/經
日本森林書店刊燉煌出土佛經三種　(日本)鈴木貞太郎編　民國二十三年(1934)鉛印本　四冊

330000－1710－0003582　子/佛家/65　子部/宗教類/佛教之屬/經
金光明最勝王經十卷附藏文漢文日文英文陀羅尼四種四卷　(唐)釋義浄譯　民國十四年(1925)杭州金光明法會鉛印本　一冊　存六卷(一至六)

330000－1710－0003583　子/佛家/66　史部/地理類/山川之屬/山志
普陀洛迦新志十二卷首一卷　許止淨述　王亨彥輯　民國二十年(1931)鉛印本　一冊　存五卷(八至十二)

330000－1710－0003587　子/佛家/68　子部/宗教類/佛教之屬/論
阿毗達磨集異门足論二十卷　(唐)釋玄奘譯　(印度)舍利子說　民國刻本　四冊

330000－1710－0003590　子/佛家/69　子部/宗教類/佛教之屬/經
佛說五大施經一卷　(宋)釋施護等譯　**佛說戒香經一卷**　(宋)釋法賢譯　**佛說木槵子經一卷**　民國十一年(1922)石印本　一冊

330000－1710－0003599　子/佛家/74　集部/別集類/宋別集
擬寒山詩一卷　(宋)釋懷深述　民國十九年(1930)竹里祝廷錫刻本　一冊

330000－1710－0003602　子/佛家/75　集部/別集類/宋別集
擬寒山詩一卷　(宋)釋懷深述　民國十九年(1930)竹里祝廷錫刻本　一冊

330000－1710－0003606　754/16　經部/儀禮類/傳說之屬
禮經大義一卷　曹元弼撰　民國鉛印本　一冊

330000－1710－0003615　子/佛家/79　子部/宗教類/佛教之屬/論疏
大乘阿毗達磨雜集論述記三十卷　(唐)釋窺基撰　民國八年(1919)金陵刻經處刻本　五冊　存十一卷(一至十一)

330000－1710－0003616　子/佛家/80　子部/宗教類/佛教之屬/經
菩薩處胎經八卷　(後秦)釋竺佛念譯　民國六年(1917)金陵刻經處刻本　二冊

330000－1710－0003620　子/佛家/82　子

部/宗教類/佛教之屬/諸宗

大乘法苑義林章記二十一卷 （唐）釋窺基撰 （唐）釋智決記 民國五年(1916)金陵刻經處刻本 七冊

330000－1710－0003621 子/佛家/83 子部/宗教類/佛教之屬/經疏

楞伽阿跋多羅寶經宗通三十卷附一卷 （明）曾鳳儀撰 民國六年(1917)金陵刻經處刻本 八冊

330000－1710－0003622 子/佛家/84 子部/宗教類/佛教之屬/論

阿毗達磨發智論二十卷 （印度）迦多衍尼子造 （唐）釋玄奘譯 民國九年(1920)金陵刻經處刻本 五冊 存十七卷(四至二十)

330000－1710－0003626 子/佛家/86 子部/宗教類/佛教之屬/諸宗

淨土五經六卷 釋印光輯 **大方廣佛華嚴經淨行品一卷** （唐）釋實叉難陀譯 **大佛頂首楞嚴經卷第六四種決定清淨明誨一卷** 民國二十六年(1937)蘇州弘化社鉛印本 一冊

330000－1710－0003636 子/佛家/90 子部/宗教類/佛教之屬

佛學小辭典不分卷 孫祖烈編纂 民國二十一年(1932)上海醫學書局鉛印本 一冊

330000－1710－0003639 771/24 類叢部/叢書類/郡邑之屬

檇李叢書九種 金兆蕃編 民國二十年至二十五年(1931－1936)嘉興金氏刻本 一冊 存一種

330000－1710－0003640 子/佛家/93 子部/宗教類/佛教之屬/經疏

仁王護國般若波羅蜜多經疏七卷附疏科文一卷 （唐）釋良賁述 民國九年(1920)北京刻經處刻本 四冊 存五卷(一至四、科文)

330000－1710－0003642 子/佛家/94 子部/宗教類/佛教之屬/論

妙法連華經合論二十卷 （後秦）釋鳩摩羅什譯經 （宋）釋慧洪造論 （宋）張商英撰附論 民國三年(1914)金陵刻經處刻本 五冊

330000－1710－0003647 子/佛家/97 子部/宗教類/佛教之屬/經疏

大方廣佛華嚴經疏鈔會本二百二十卷總科一卷 （唐）釋實叉難陀譯 （唐）釋澄觀撰述 民國南京刻經處刻本 十七冊 存五十八卷(一至五十八)

330000－1710－0003648 772/4 經部/春秋左傳類/傳説之屬

春秋左傳五十卷附綱目一卷提要一卷 （晉）杜預 （宋）林堯叟註釋 （唐）陸德明音義 **春秋列國圖説一卷** （宋）蘇軾撰 民國商務印書館石印本 三冊

330000－1710－0003652 771/30 經部/春秋總義類/專著之屬

春秋中國夷狄辨三卷 徐勤撰 民國上海大同譯書局石印本 一冊

330000－1710－0003658 子/佛家/99 子部/宗教類/佛教之屬

佛教初學叢書□□種 佛學研究會編 民國佛學研究會鉛印本 一冊 存一種

330000－1710－0003659 子/佛家/100 子部/宗教類/佛教之屬

佛教初學叢書□□種 佛學研究會編 民國佛學研究會鉛印本 一冊 存一種

330000－1710－0003660 子/佛家/101 子部/宗教類/佛教之屬

佛教初學叢書□□種 佛學研究會編 民國佛學研究會鉛印本 一冊 存一種

330000－1710－0003662 子/佛家/102 子部/宗教類/佛教之屬/經

地藏菩薩本願經三卷 （唐）釋實叉難陀譯 **地藏菩薩像靈驗記一卷** （宋）釋常謹集錄 民國二十一年(1932)刻本 一冊

330000－1710－0003664 772/16 經部/春秋左傳類/傳説之屬

劉炫規杜持平六卷 （清）邵瑛撰 民國四年(1915)邵啓賢贛南鉛印本 一冊

330000－1710－0003665　子/佛家/104　子部/宗教類/佛教之屬/經

佛說月上女經二卷　(隋)釋闍那崛多譯　民國二十二年(1933)潮陽郭氏雙百鹿齋刻本　一册

330000－1710－0003666　子/佛家/105　子部/宗教類/佛教之屬/經

大方廣如來不思議境界經一卷　(唐)釋實叉難陀譯　**文殊師利所說般若波羅蜜經一卷**　(南朝梁)釋僧伽婆羅譯　**文殊師利所說般若波羅蜜經一卷**　(南朝梁)釋僧伽婆羅譯　民國二十三年(1934)刻本　一册

330000－1710－0003667　子/佛家/103　子部/宗教類/佛教之屬/經

佛說十善業道經一卷　(唐)釋實叉難陀譯　**釋迦世尊成道記略一卷**　海屍道人編　**十善業道經節要一卷見聞錄一卷**　(明)釋智旭撰　民國二十四年(1935)潮陽郭氏雙百鹿齋刻藍印本　一册

330000－1710－0003668　772/17　經部/春秋左傳類/專著之屬

春暉樓讀左日記一卷春秋列國戰守形勢一卷　(清)張鼎撰　**張銘齋先生[鼎]年譜一卷**　盧學源編　民國二十五年(1936)盧學源鉛印本　一册

330000－1710－0003676　子/佛家/110　子部/宗教類/佛教之屬/經

楞嚴正脈疏摘科會經不分卷　張圓成撰　民國十年(1921)上海商務印書館鉛印本　一册

330000－1710－0003681　子/佛家/112　子部/宗教類/佛教之屬/論

十地經論十二卷　(印度)天親菩薩造　(北魏)釋菩提流支等譯　民國六年(1917)金陵刻經處刻本　四册

330000－1710－0003691　780/1　類叢部/叢書類/郡邑之屬

吳興叢書六十六種　劉承幹編　民國吳興劉氏嘉業堂刻本　二册　存一種

330000－1710－0003694　780/4　類叢部/叢書類/彙編之屬

四部叢刊　張元濟等編　民國上海商務印書館影印本　二册　存一種

330000－1710－0003697　子/佛家/117　子部/宗教類/佛教之屬/諸宗

蓮華生大師應化史略一卷　諾那呼圖克圖逞列匠磋譯義　王淨圓筆受　民國二十三年(1934)杭州鉛印本　一册

330000－1710－0003700　子/佛家/120　史部/傳記類/別傳之屬/事狀

無生居士[胡堅]入道行畧一卷　常護撰　民國文寶書局影印本　一册

330000－1710－0003703　780/16　經部/四書類/孟子之屬/傳說

孟子文法讀本七卷　高步瀛集解　吳闓生評點　民國二十年(1931)北京直隸書局、北京佩文齋鉛印本　四册

330000－1710－0003705　780/9　經部/四書類/論語之屬/傳說

論語足徵記二卷　崔適撰　民國十年(1921)國立北京大學出版部鉛印本　一册

330000－1710－0003710　780/15　經部/四書類/總義之屬/傳說

四書纂疏二十六卷札記一卷　(宋)趙順孫撰　民國十四年(1925)聖風書苑據清康熙通志堂經解本影印本　二册　存一種

330000－1710－0003715　780/22　經部/四書類/孟子之屬/文字音義

孟子字義疏證三卷附錄一卷　(清)戴震撰　民國十三年(1924)刻本　二册

330000－1710－0003716　子/佛家/126　子部/宗教類/佛教之屬/經

金剛般若波羅蜜經一卷　(後秦)釋鳩摩羅什譯　民國十二年(1923)刻本　一册

330000－1710－0003718　子/佛家/128　子部/宗教類/佛教之屬/經

心經七譯本一卷　北京刻經處輯　民國北京

刻經處刻本　一册

330000－1710－0003727　子/佛家/130　子部/宗教類/佛教之屬/總録

法相學一卷　王恩洋撰　民國三十六年(1947)東方文教研究院鉛印本　一册

330000－1710－0003728　子/佛家/131　子部/宗教類/佛教之屬/經

佛説彌勒石佛尊經一卷彌勒下生經一卷　民國元年(1912)刻本　一册

330000－1710－0003730　子/佛家/132　子部/宗教類/佛教之屬/經疏

大藏法要類編一卷　(唐)道世法師撰　佛學書局編輯處重訂　民國十九年(1930)上海佛學書局刻本　一册

330000－1710－0003731　子/佛家/133　子部/宗教類/佛教之屬/經疏

心經文句一卷　(明)宋濂撰　**心經注解一卷**　(清)朱珪撰　**持誦觀世音心經併聖號靈感録一卷**　民國鉛印本　一册

330000－1710－0003732　子/佛家/134　子部/宗教類/佛教之屬/經疏

金剛般若波羅密經新疏一卷　(後秦)釋鳩摩羅什譯　釋諦閑述　民國十六年(1927)香港國光書局鉛印本　一册

330000－1710－0003735　子/佛家/136　子部/宗教類/佛教之屬

初機淨業指南一卷　黄慶瀾撰　民國十七年(1928)長沙安福劉植桂堂刻本　一册

330000－1710－0003741　780/43　經部/四書類/大學之屬/傳説

大學述義一卷附錄一卷　徐紹楨撰　民國十七年(1928)上海商務印書館鉛印本　一册

330000－1710－0003743　780/45　經部/四書類/總義之屬/傳説

四書纂疏二十六卷札記一卷　(宋)趙順孫撰　民國十四年(1925)聖風書苑據清康熙通志堂經解本影印本　一册　存一種

330000－1710－0003749　子/佛家/137　子部/宗教類/佛教之屬/經咒

梵咒音義錄一卷　范古農撰　民國二十六年(1937)石印本　一册

330000－1710－0003752　子/佛家/138　子部/藝術類/書畫之屬/法帖

小楷心經十四種一卷　民國十九年(1930)上海商務印書館影印本　慈道人題記　一册

330000－1710－0003756　子/佛家/140　子部/宗教類/佛教之屬/經咒

大悲呪章句三釋一卷　民國鉛印本　一册

330000－1710－0003758　子/佛家/141　子部/宗教類/佛教之屬/諸宗

菩提道次第直講十卷　(元)釋宗喀巴大師造　釋大勇講　智湛居士筆錄　**菩提道次第直講附一卷**　釋大勇譯　**菩提道次第攝要一卷**　民國鉛印本　談學題記　三册

330000－1710－0003765　子/佛家/143　子部/宗教類/佛教之屬

佛法論註一卷　香山上人撰　無生禪客註　**般若波羅密多心經註譯一卷**　香山逸士註　民國二十五年(1936)鉛印本　一册

330000－1710－0003767　子/佛家/144　子部/宗教類/佛教之屬/諸宗

禪淨言行錄一卷　釋果願靈照鈔　民國十七年(1928)鉛印本　一册

330000－1710－0003768　子/佛家/145　子部/宗教類/佛教之屬/論

阿毗達磨俱舍論敘二卷　民國十三年(1924)支那内學院刻本　一册

330000－1710－0003769　子/佛家/146　子部/宗教類/佛教之屬/經

佛説一切如來金剛壽命陀羅尼經一卷　(唐)釋金剛智　(唐)釋智藏譯　**金剛壽命陀羅尼經一卷金剛壽命陀羅尼經法一卷**　(唐)釋不空譯　**金剛壽命陀羅尼念誦法一卷**　(唐)釋金剛智　(唐)釋不空譯　民國十二年(1923)北京刻經處刻本　一册

330000－1710－0003771　子/佛家/148　子部/宗教類/佛教之屬/經
大莊嚴法門經二卷　（隋）釋那連提耶舍譯　**佛說月上女經一卷**　（隋）釋闍那崛多譯　民國五年（1916）刻本　一冊

330000－1710－0003774　子/佛家/150　子部/宗教類/佛教之屬/經
佛說造塔功德經一卷　（唐）釋地婆訶羅言日照譯　**右繞佛塔功德經一卷**　（唐）釋實叉難陀等譯　**佛說不增不減經一卷**　（北魏）釋菩提流支譯　**佛說金剛三昧本性清淨不壞不滅經一卷**　**佛說妙色王因緣經一卷**　（唐）釋義淨譯　民國刻本　一冊

330000－1710－0003776　子/佛家/151　子部/宗教類/佛教之屬/律
菩薩戒本記一卷菩薩戒羯磨記一卷　（唐）釋遁倫撰　**菩薩戒本宗要一卷**　（唐）釋太賢撰　民國八年（1919）金陵刻經處刻本　一冊

330000－1710－0003777　子/佛家/152　子部/宗教類/佛教之屬
禪門日課不分卷　民國六年（1917）刻本　一冊

330000－1710－0003778　子/佛家/153　子部/宗教類/佛教之屬/經
金剛般若波羅蜜經一卷　民國刻本　一冊

330000－1710－0003779　子/佛家/154　子部/宗教類/佛教之屬/經
金光明最勝王經十卷附藏文漢文日文英文陀羅尼四種四卷　（唐）釋義淨譯　民國十四年（1925）杭州金光明法會鉛印本　一冊　存六卷（一至六）

330000－1710－0003785　子/佛家/156　子部/宗教類/佛教之屬/諸宗
勸修淨土切要一卷　（清）釋真益願撰　民國八年（1919）金陵刻經處刻本　一冊

330000－1710－0003786　子/佛家/157　子部/宗教類/佛教之屬/諸宗
勸修淨土切要一卷　（清）釋真益願撰　民國刻本　一冊

330000－1710－0003789　子/佛家/159　子部/雜著類/雜說之屬
案証真言一卷　段正元撰　民國北平道德學社印刷所鉛印本　一冊

330000－1710－0003793　子/佛家/162　子部/宗教類/佛教之屬/經
佛說阿彌陀經一卷　（後秦）釋鳩摩羅什譯　民國十七年（1928）上海功德林佛經流通處刻本　一冊

330000－1710－0003794　子/佛家/163　子部/宗教類/佛教之屬/經
佛說阿彌陀經一卷　（後秦）釋鳩摩羅什譯　民國十七年（1928）上海功德林佛經流通處刻本　一冊

330000－1710－0003801　子/佛家/168　子部/宗教類/佛教之屬/諸宗
淨土生無生論講義一卷附錄一卷　（明）釋傳燈撰　季新益述　民國二十二年（1933）鉛印本　二冊

330000－1710－0003803　子/佛家/169　子部/雜著類/雜編之屬
安士全書四種　（清）周夢顏撰　民國十一年（1922）上海佛學推行社鉛印本　四冊

330000－1710－0003804　子/佛家/170　子部/宗教類/道教之屬
太上感應篇註講證案彙編四卷首一卷　釋印光鑒定　民國十二年（1923）上海中華書局鉛印本　一冊　存三卷（一至三）

330000－1710－0003808　子/佛家/171　子部/宗教類/佛教之屬
歷史感應統紀四卷首一卷　許止淨編纂　民國十八年（1929）鉛印本　二冊　存二卷（一至二）

330000－1710－0003809　子/佛家/172　子部/宗教類/佛教之屬
觀世音菩薩本迹感應頌四卷首一卷　許止淨述　**金剛經功德頌一卷**　許止淨述　劉契淨

注　民國十五年(1926)鉛印本　二冊

330000－1710－0003818　子/佛家/175　子部/宗教類/佛教之屬

世界明燈一卷　汪觀定輯　民國十一年(1922)鉛印本　一冊

330000－1710－0003819　子/佛家/176　子部/宗教類/佛教之屬/諸宗

相宗綱要不分卷　梅光羲編　民國十年(1921)上海商務印書館鉛印本　一冊

330000－1710－0003823　子/佛家/180　子部/宗教類/道教之屬

太上感應篇註講證案彙編四卷首一卷　釋印光鑒定　民國十七年(1928)上海中華書局印刷所鉛印本　二冊

330000－1710－0003824　子/佛家/181　子部/宗教類/佛教之屬/諸宗

始終心要義疏一卷　釋靜修撰　民國二十六年(1937)良華印刷所鉛印本　一冊

330000－1710－0003834　子/佛家/185　子部/宗教類/佛教之屬/經疏

佛說仁王護國般若波羅密經疏五卷　(後秦)釋鳩摩羅什譯　(隋)釋智顗說　(隋)釋灌頂記　民國十一年(1922)刻本　四冊　存四卷(一至三、五)

330000－1710－0003836　子/佛家/187　子部/宗教類/佛教之屬/經

地藏菩薩本願經三卷附地藏菩薩靈感錄一卷　(唐)釋實叉難陀譯　民國十八年(1929)石印本　一冊

330000－1710－0003842　字/佛家/188　子部/宗教類/佛教之屬/經疏

觀經疏鈔演義二卷　釋諦閑演義　民國十七年(1928)石印本　一冊

330000－1710－0003843　子/佛家/189　子部/宗教類/佛教之屬/諸宗

皇懺隨聞錄十卷　釋諦閑講　釋寶靜輯　民國十四年(1925)鉛印本　一冊　存四卷(三至六)

330000－1710－0003844　子/佛家/190　子部/宗教類/佛教之屬/諸宗

始終心要義疏一卷　釋靜修撰　民國二十一年(1932)寧波梅墟鎮萬華印局鉛印本　一冊

330000－1710－0003845　子/佛家/191　子部/儒家類/儒學之屬/禮教/家訓

明袁了凡四訓一卷附錄俞淨意公遇竈神記一卷　(明)袁黃撰　民國十一年(1922)刻本　一冊

330000－1710－0003849　子/佛家/193　子部/宗教類/佛教之屬/經

金剛般若波羅蜜經一卷　(後秦)釋鳩摩羅什譯　民國二十二年(1933)上海佛學書局鉛印本　一冊

330000－1710－0003852　811.1/61　集部/總集類/選集之屬/通代

新體廣註古文觀止十二卷　(清)吳乘權　(清)吳大職輯　黃築巖　劉再蘇註釋　民國八年(1919)石印本　四冊　存八卷(一至八)

330000－1710－0003853　811.1/62　集部/總集類/選集之屬/通代

古文觀止十二卷　(清)吳乘權　(清)吳大職輯　民國上海商務印書館鉛印本　六冊

330000－1710－0003855　子/佛家/194　子部/宗教類/佛教之屬

釋迦如來成道記註解一卷　(唐)王勃撰　(宋)釋慧悟註　民國九年(1920)鉛印本　一冊

330000－1710－0003857　子/佛家/195　子部/宗教類/道教之屬/衆術

顯感利冥錄一卷　民國七年(1918)振新印刷所鉛印本　一冊

330000－1710－0003858　子/佛家/196　子部/宗教類/道教之屬/衆術

顯感利冥錄一卷　民國七年(1918)振新印刷所鉛印本　一冊

330000－1710－0003859　子/佛家/197　子部/宗教類/佛教之屬

普勸僧俗發菩提心文一卷　(唐)裴休撰　民國上海道德書局鉛印本　一冊

330000－1710－0003860　子/佛家/198　子部/宗教類/佛教之屬/經咒

日誦經咒簡易科儀不分卷　民國鉛印本　一冊

330000－1710－0003861　子/佛家/199　子部/宗教類/佛教之屬/經咒

法華三昧寶懺一卷　(隋)釋智顗撰　釋今覺刪訂　民國二十三年(1934)寧波刻本　一冊

330000－1710－0003862　子/佛家/200　子部/宗教類/佛教之屬/諸家

勸修淨土芻言一卷　淨業學人撰　民國鉛印本　一冊

330000－1710－0003863　子/佛家/201　子部/宗教類/佛教之屬/經

佛遺教經一卷　(後秦)釋鳩摩羅什譯　民國上海佛學書局鉛印本　一冊

330000－1710－0003864　子/佛家/202　子部/宗教類/佛教之屬/經

大方廣圓覺修多羅了義經二卷　(唐)釋佛陀多羅譯　民國上海佛學書局鉛印本　一冊

330000－1710－0003867　子/佛家/203　子部/宗教類/佛教之屬

素食主義一卷　民國上海醫學書局鉛印本　一冊

330000－1710－0003868　811.1/67　集部/別集類/唐五代別集

韓文評註讀本二卷　(唐)韓愈撰　王懋評註　民國九年(1920)上海國學研究會石印本　二冊

330000－1710－0003869　811.1/68　集部/總集類/選集之屬/斷代

唐文評註讀本二卷　王文濡評選　張廷華等註釋　民國八年(1919)上海文明書局鉛印本　二冊

330000－1710－0003870　811.1/69　集部/總集類/選集之屬/通代

歷代詩文評註讀本　王文濡編　民國上海文明書局鉛印本　四冊　存一種

330000－1710－0003871　子/佛家/204　子部/宗教類/佛教之屬/論

三論玄要一卷　(隋)釋吉藏撰　釋太虛編　民國鉛印本　一冊

330000－1710－0003883　子/佛家/213　子部/宗教類/佛教之屬/經

般若波羅蜜多心經一卷附感應圖說一卷　(唐)釋玄奘譯　民國十年(1921)石印本　一冊

330000－1710－0003884　811.1/76　類叢部/叢書類/郡邑之屬

貴池先哲遺書二十三種　劉世珩輯　民國九年(1920)貴池劉氏唐石簃刻本　十冊　存一種

330000－1710－0003886　811.1/79　集部/總集類/選集之屬/斷代

現代十大家文鈔　進步書局編　民國四年(1915)文明書局、中華書局石印本　二十冊

330000－1710－0003887　子/佛家/214　子部/宗教類/佛教之屬/經

般若波羅蜜多心經一卷附感應圖說一卷　(唐)釋玄奘譯　民國十年(1921)石印本　一冊

330000－1710－0003888　811.1/80　集部/總集類/彙編之屬

當代八家文鈔　胡君復編　民國五年(1916)上海商務印書館鉛印本　九冊　存三種

330000－1710－0003891　子/佛家/216　子部/宗教類/佛教之屬/經咒

彌陀寶懺一卷　民國鉛印本　一冊

330000－1710－0003892　子/佛家/217　子部/宗教類/道教之屬

匡時正鵠正編四卷補遺一卷　彭希涑撰　民國七年(1918)石印本　一冊

330000－1710－0003893　子/佛家/218　子部/宗教類/佛教之屬

地藏大士聖蹟一卷　民國刻本　一冊

330000－1710－0003895　子/佛家/220　子部/宗教類/佛教之屬/諸宗

三論宗綱要一卷　(日本)前田慧雲撰　朱元善譯　民國十四年(1925)上海商務印書館鉛印本　一冊

330000－1710－0003897　子/佛家/222　子部/宗教類/佛教之屬/總録

赤石道人語錄一卷　民國鉛印本　一冊

330000－1710－0003900　子/佛家/223　子部/宗教類/佛教之屬

二課合解會本十二卷　民國二年(1913)石印本　三冊

330000－1710－0003901　子/佛家/224　子部/宗教類/道教之屬/戒律

文昌帝君陰騭文註證不分卷　(清)潘成雲輯　民國十四年(1925)佛學推行社鉛印本　一冊

330000－1710－0003902　子/佛家/225　子部/宗教類/佛教之屬

往生極樂錄一卷　丑先難編輯　民國長沙坡子街善書流通處刻本　一冊

330000－1710－0003903　子/佛家/226　子部/宗教類/佛教之屬

重訂二課合解七卷首一卷　釋興慈述　民國十八年(1929)鉛印本　二冊

330000－1710－0003907　子/佛家/228　子部/宗教類/道教之屬/戒律

文昌帝君陰騭文註證不分卷　(清)潘成雲輯　民國十四年(1925)佛學推行社鉛印本　一冊

330000－1710－0003908　子/佛家/229　子部/宗教類/佛教之屬/經疏

南無阿彌陀佛解一卷三歸依解一卷五學處解一卷　范古農撰　民國刻本　一冊

330000－1710－0003912　子/佛家/232　子部/宗教類/佛教之屬/經咒

佛說齋經科注一卷　(三國吳)釋支謙譯　(明)釋智旭注　民國八年(1919)北京刻經處刻本　一冊

330000－1710－0003920　子/佛家/235　子部/宗教類/佛教之屬

楊仁山先生禮拜入觀法一卷　陳汝湜口述　徐文霨筆受　民國石印本　一冊

330000－1710－0003922　811.1/94　類叢部/叢書類/自著之屬

晨風廬叢刊十八種　周慶雲撰　民國吳興周氏夢坡室刻本　六冊　存一種

330000－1710－0003923　子/佛家/236　子部/宗教類/佛教之屬

楊仁山先生禮拜入觀法一卷　陳汝湜口述　徐文霨筆受　民國石印本　一冊

330000－1710－0003924　子/佛家/237　子部/宗教類/佛教之屬

楊仁山先生禮拜入觀法一卷　陳汝湜口述　徐文霨筆受　民國鉛印本　一冊

330000－1710－0003926　子/佛家/238　子部/宗教類/佛教之屬

楊仁山先生禮拜入觀法一卷　陳汝湜口述　徐文霨筆受　民國鉛印本　一冊

330000－1710－0003927　子/佛家/239　子部/宗教類/佛教之屬

楊仁山先生禮拜入觀法一卷　陳汝湜口述　徐文霨筆受　民國鉛印本　一冊

330000－1710－0003928　子/佛家/240　子部/宗教類/佛教之屬

楊仁山先生禮拜入觀法一卷　陳汝湜口述　徐文霨筆受　民國鉛印本　一冊

330000－1710－0003929　子/佛家/241　子部/宗教類/佛教之屬

楊仁山先生禮拜入觀法一卷　陳汝湜口述　徐文霨筆受　民國鉛印本　一冊

330000－1710－0003930　子/佛家/242　子部/宗教類/佛教之屬

楊仁山先生禮拜入觀法一卷　陳汝湜口述　徐文霨筆受　民國鉛印本　一册

330000－1710－0003931　子/佛家/243　子部/宗教類/佛教之屬

楊仁山先生禮拜入觀法一卷　陳汝湜口述　徐文霨筆受　民國鉛印本　一册

330000－1710－0003932　子/佛家/244　子部/宗教類/佛教之屬

楊仁山先生禮拜入觀法一卷　陳汝湜口述　徐文霨筆受　民國鉛印本　一册

330000－1710－0003933　子/佛家/245　子部/宗教類/佛教之屬

楊仁山先生禮拜入觀法一卷　陳汝湜口述　徐文霨筆受　民國鉛印本　一册

330000－1710－0003934　子/佛家/246　子部/宗教類/佛教之屬

楊仁山先生禮拜入觀法一卷　陳汝湜口述　徐文霨筆受　民國鉛印本　一册

330000－1710－0003935　811.1/98　集部/總集類/郡邑之屬

當湖詩文逸二十二卷　（清）張憲和編　民國十八年（1929）平湖縣署刻本　八册

330000－1710－0003937　子/佛家/247　子部/宗教類/道教之屬/衆術

顯感利冥録一卷　民國七年（1918）中合印書公司鉛印本　一册

330000－1710－0003938　子/佛家/248　子部/宗教類/道教之屬/衆術

顯感利冥録一卷　民國七年（1918）中合印書公司鉛印本　一册

330000－1710－0003939　子/佛家/249　子部/宗教類/道教之屬/衆術

顯感利冥録一卷　民國七年（1918）中合印書公司鉛印本　一册

330000－1710－0003940　子/佛家/250　子部/宗教類/佛教之屬

勸戒殺放生文四篇　黄慶瀾撰　民國二十七年（1938）上海國光印書局鉛印本　一册

330000－1710－0003942　子/佛家/251　子部/雜著類/雜説之屬

慧命經一卷　（清）柳華陽撰並註　（清）一陽參訂　民國十八年（1929）北京天華館鉛印本　一册

330000－1710－0003943　811.1/100　集部/總集類/氏族之屬

海昌祝氏世守集□□卷　（清）祝祚興撰　民國祝氏知非樓抄本　二册　存三卷（九至十、二十）

330000－1710－0003944　811.1/96　類叢部/叢書類/自著之屬

最樂亭三種　朱福清撰　民國六年至十二年（1917－1923）嘉興朱氏刻本　五册

330000－1710－0003945　子/佛家/252　子部/宗教類/佛教之屬

學佛淺説一卷　王博謙輯　民國十六年（1927）鉛印本　一册

330000－1710－0003946　子/佛家/253　子部/宗教類/佛教之屬/諸宗

始終心要義疏一卷　釋靜修撰　民國二十一年（1932）寧波梅墟鎮萬華印局鉛印本　一册

330000－1710－0003951　子/佛家/255　子部/宗教類/佛教之屬/經

地藏菩薩本願經三卷　（唐）釋實叉難陀譯　民國上海佛學書局鉛印本　一册

330000－1710－0003955　子/佛家/257　子部/宗教類/佛教之屬/經

佛説高王觀世音經一卷　民國十八年（1929）石印本　一册

330000－1710－0003956　子/佛家/258　子部/宗教類/佛教之屬

佛學講演録一卷　陳維庚講演　張汝澤等記録　民國石印本　一册

330000－1710－0003957　子/佛家/259　子部/宗教類/佛教之屬/經

佛說孛經一卷　(三國吳)釋支謙譯　民國十四年(1925)浙江彙商印刷公司鉛印本　一册

330000－1710－0003958　子/佛家/260　子部/宗教類/佛教之屬

素食主義一卷　民國上海醫學書局鉛印本　一册

330000－1710－0003959　子/佛家/261　子部/宗教類/佛教之屬

佛學院課誦一卷　**菩薩戒本一卷**　(天竺)彌勒菩薩説　(唐)釋玄奘譯　民國鉛印本　一册

330000－1710－0003960　811.1/103　集部/别集類

肯堂遺稿一卷　查璛撰　**旭初遺稿一卷**　金大昇撰　民國十四年(1925)鉛印本　陸祖穀題記　一册

330000－1710－0003962　子/佛家/262　子部/宗教類/佛教之屬/論

百論二卷　(後秦)釋鳩摩羅什譯　民國鉛印本　一册

330000－1710－0003965　811.1/101　集部/總集類/郡邑之屬

新溪文述八卷首一卷　鄭之章輯　民國十九年(1930)新塍通俗圖書館鉛印本　二册

330000－1710－0003967　811.1/102　類叢部/叢書類/彙編之屬

桂影軒叢刊五種　談文灯輯　民國十一年(1922)海鹽談氏鉛印本　一册　存四種

330000－1710－0003970　811.2/6　集部/總集類/選集之屬/通代

十八家詩鈔二十八卷首一卷　(清)曾國藩輯　民國四年(1915)鉛印本　八册　存十三卷(一至十、十七至十九)

330000－1710－0003972　子/佛家/264　子部/宗教類/佛教之屬/經疏

圓覺經略疏科判一卷　民國杭州興業印書局鉛印本　一册

330000－1710－0003973　811.2/7　集部/總集類/選集之屬/通代

十八家詩鈔選不分卷　民國安徽高等學堂鉛印本　一册

330000－1710－0003974　子/佛家/265　子部/宗教類/佛教之屬

壽康寶鑑一卷　釋印光增訂　民國十六年(1927)浙江印刷公司鉛印本　一册

330000－1710－0003975　子/佛家/266　子部/宗教類/佛教之屬/經疏

佛說阿彌陀經要解一卷　(後秦)釋鳩摩羅什譯　(明)釋智旭撰　民國十四年(1925)影印本　一册

330000－1710－0003976　子/佛家/267　子部/儒家類/儒學之屬/禮教/鑑戒

人道大義録不分卷　夏震武撰　民國十五年(1926)鉛印本　一册

330000－1710－0003977　子/佛家/268　子部/儒家類/儒學之屬/性理

中道一卷　唐大圓　唐季申輯　民國二十年(1931)鉛印本　一册

330000－1710－0003978　子/佛家/269　子部/宗教類/佛教之屬/經

大方廣圓覺修多羅了義經二卷　(唐)釋佛陀多羅譯　**地藏菩薩本愿經三卷**　(唐)釋實叉難陀譯　民國二十年(1931)上海佛學書局鉛印本　一册

330000－1710－0003983　子/佛家/272　子部/宗教類/佛教之屬/經

金光明最勝王經十卷附藏文漢文日文英文陀羅尼四種四卷　(唐)釋義浄譯　民國十四年(1925)杭州金光明法會鉛印本　一册　存四卷(七至十)

330000－1710－0003985　子/佛家/273　子部/宗教類/佛教之屬/諸宗

大乘入道次第章一卷　(唐)釋智周撰　民國九年(1920)北京刻經處刻本　一册

330000－1710－0003987　子/佛家/274　子部/宗教類/佛教之屬/諸宗
大乘入道次第章一卷　(唐)釋智周撰　民國九年(1920)北京刻經處刻本　一册

330000－1710－0003990　子/佛家/276　子部/宗教類/佛教之屬
觀世音菩薩本迹感應頌四卷首一卷　許止淨述　**金剛經功德頌一卷**　許止淨述　劉契淨注　民國十五年(1926)鉛印本　二册

330000－1710－0003999　子/佛家/277　子部/宗教類/佛教之屬/諸宗
印光法師文鈔四卷首一卷　釋聖量撰　民國十八年(1929)鉛印本　四册

330000－1710－0004000　811.2/34　類叢部/叢書類/彙編之屬
四部叢刊　張元濟等編　民國上海商務印書館影印本　十六册　存一種

330000－1710－0004001　子/佛家/278　子部/宗教類/佛教之屬/諸宗
印光法師文鈔七卷附錄一卷　釋聖量撰　民國十三年(1924)鉛印本　四册

330000－1710－0004002　子/佛家/279　子部/宗教類/佛教之屬/經咒
密呪圓因往生集一卷　(西夏)釋智廣　(西夏)釋慧真編集　(西夏)釋金剛幢譯定　民國五年(1916)金陵刻經處刻本　一册

330000－1710－0004004　子/佛家/280　子部/宗教類/佛教之屬/經
地藏菩薩本願經三卷　(唐)釋實叉難陀譯　民國十五年(1926)上海佛經流通處刻本　一册

330000－1710－0004006　811.2/42　集部/總集類/郡邑之屬
永嘉詩人祠堂叢刻十四種　冒廣生輯　民國四年(1915)如皋冒氏刻本　二册　存四種

330000－1710－0004017　811.2/50　集部/總集類/選集之屬/斷代
明詩綜姓氏韻編一卷　祝廷錫編　民國二十二年(1933)祝廷錫抄本　一册

330000－1710－0004020　811.2/54　集部/總集類/選集之屬/斷代
明末四百家遺民詩十六卷　(清)卓爾堪選輯　**近青堂詩一卷**　(清)卓爾堪著　民國有正書局石印本　八册

330000－1710－0004022　子/佛家/288　子部/宗教類/佛教之屬/經疏
佛說阿彌陀經通贊疏三卷　(唐)釋窺基撰　民國四年(1915)金陵刻經處刻本　一册

330000－1710－0004026　子/佛家/292　子部/宗教類/佛教之屬/論
因明正理門論述記三卷　(唐)釋神泰撰　民國十二年(1923)支那內學院刻本　一册

330000－1710－0004027　子/佛家/293　子部/宗教類/佛教之屬/律
律二十二明了論一卷　(印度)佛陀多羅多造　(南朝陳)釋真諦譯　民國十一年(1922)金陵刻經處刻本　一册

330000－1710－0004028　子/佛家/294　子部/宗教類/佛教之屬/論
方便心論一卷　(北魏)釋吉迦夜　(北魏)釋曇曜譯　**如實論一卷**　(南朝陳)釋真諦譯　**迴諍論一卷**　(印度)龍樹菩薩造　(北魏)釋毗目智仙　(北魏)釋瞿曇流支譯　民國十九年至二十年(1930－1931)支那內學院刻本　一册

330000－1710－0004029　子/佛家/295　子部/宗教類/佛教之屬/論
校補唯識大意二卷　(日本)釋良遍撰　(日本)釋青巒校補　梅光羲校訂　洪欣然譯文　民國二十一年(1932)鉛印本　一册

330000－1710－0004032　子/佛家/296　子部/儒家類/儒學之屬/禮教/家訓
精本了凡四訓一卷附錄一卷　(明)袁黃撰　歇浦學人集注　民國十一年(1922)上海中華書局鉛印本　一册

330000－1710－0004038　子/佛家/300　子

部/宗教類/佛教之屬/經

妙法蓮華經觀世音菩薩普門品一卷 (後秦)釋鳩摩羅什譯 民國上海佛學書局刻本 一冊

330000－1710－0004043 子/佛家/302 子部/宗教類/佛教之屬/經咒

金光明最勝王經頌咒錄一卷 民國十五年(1926)刻本 一冊

330000－1710－0004044 811.2/73 集部/總集類/選集之屬/通代

五百家香艷詩十卷 雷瑨輯 民國三年(1914)上海掃葉山房石印本 六冊

330000－1710－0004045 811.2/74 集部/總集類/選集之屬/斷代

近代詩鈔不分卷 陳衍輯 民國十二年(1923)上海商務印書館鉛印本 二十三冊

330000－1710－0004046 子/佛家/303 子部/宗教類/佛教之屬/經咒

金光明最勝王經頌咒錄一卷 民國十五年(1926)刻本 一冊

330000－1710－0004048 子/佛家/305 子部/宗教類/佛教之屬/諸宗

信願念佛決定往生淺說一卷 童蓮國述 民國鉛印本 一冊

330000－1710－0004050 子/佛家/306 子部/宗教類/佛教之屬/經

佛說十善業道經一卷八關齋相解一卷 吳倩薌撰 民國鉛印本 一冊

330000－1710－0004054 子/佛家/307 子部/宗教類/佛教之屬/經疏

大方廣佛華嚴經入不思議解脱境界普賢行一卷 (唐)釋般若譯 民國二十五年(1936)鉛印本 一冊

330000－1710－0004062 子/佛家/312 子部/宗教類/佛教之屬

地藏大士聖蹟一卷 民國佛學研究會鉛印本 一冊

330000－1710－0004063 子/佛家/313 子部/宗教類/佛教之屬

南無大慈地藏王菩薩摩訶薩地藏大士聖蹟一卷 民國刻本 一冊

330000－1710－0004065 811.2/88 集部/總集類/郡邑之屬

潯溪詩徵四十卷補遺一卷詞徵二卷 周慶雲輯 民國六年(1917)夢坡室刻本 二十冊

330000－1710－0004066 子/佛家/314 子部/宗教類/佛教之屬

南無大慈地藏王菩薩摩訶薩地藏大士聖蹟一卷 民國刻本 一冊

330000－1710－0004067 子/佛家/315 子部/宗教類/佛教之屬/論

法相諸論敘合刊一卷 歐陽漸輯 民國十年(1921)金陵刻經處刻本 一冊

330000－1710－0004068 811.2/89 集部/總集類/郡邑之屬

姚江詩錄八卷 謝寶書編 民國二十年(1931)中華書局鉛印本 六冊

330000－1710－0004073 子/佛家/319 子部/宗教類/佛教之屬/經

佛說如幻三摩地無量印法門經二卷 (宋)施護等譯 民國二十五年(1936)影印本 一冊

330000－1710－0004074 811.2/97 集部/總集類/郡邑之屬

竹里詩採訪一卷 王日極錄 民國十年(1921)抄本 一冊

330000－1710－0004080 811.2/101 集部/總集類/郡邑之屬

濮川詩鈔三十四種四十四卷 (清)陳光裕(清)沈堯咨輯 民國二十一年(1932)石印本 十二冊

330000－1710－0004081 子/佛家/320 子部/宗教類/佛教之屬/經

金光明最勝王經十卷附藏文漢文日文英文陀羅尼四種四卷 (唐)釋義淨譯 民國十四年(1925)杭州金光明法會鉛印本 二冊

330000－1710－0004082　811.2/125　集部/總集類/氏族之屬

郁氏三世吟稿三種三卷　郁屏翰　郁葆青　郁元英撰　民國十七年(1928)上海郁氏鉛印本　一册　存一種

330000－1710－0004083　子/佛家/322　子部/宗教類/佛教之屬/論

大乘掌珍論二卷　(唐)釋玄奘譯　民國九年(1920)金陵刻經處刻本　一册

330000－1710－0004084　子/佛家/323　子部/宗教類/佛教之屬/論

成唯識寳生論五卷　(唐)釋義浄譯　民國六年(1917)刻本　一册

330000－1710－0004092　811.2/106　集部/總集類/郡邑之屬

七家詩綜　柯志頤輯　民國十三年(1924)鉛印本　一册

330000－1710－0004093　子/佛家/328　子部/宗教類/佛教之屬/經疏

金剛般若經疏論纂要二卷科文一卷　(唐)釋宗密述　民國十一年(1922)北京刻經處刻本　一册

330000－1710－0004095　811.2/107　集部/總集類/郡邑之屬

武原先哲遺著初編十種　談文灴輯　民國十年(1921)海鹽談氏鉛印本　二册

330000－1710－0004098　811.2/110　集部/總集類/氏族之屬

畢燕衎堂四世詩存四卷　(清)畢灝等撰　畢冶金編　民國二十二年(1933)上海宏大善書局石印本　一册

330000－1710－0004099　子/佛家/330　子部/宗教類/佛教之屬/總録

法門隨録四卷　(明)王汝南撰　民國油印本　一册

330000－1710－0004101　811.2/112　集部/總集類/氏族之屬

問松里鄭氏詩存一卷　鄭之章輯　民國抄本　二册

330000－1710－0004103　811.2/113　集部/總集類/氏族之屬

問松里鄭氏詩存一卷　鄭之章輯　民國十二年(1923)鉛印本　一册

330000－1710－0004104　811.2/114　集部/總集類/郡邑之屬

新溪詩匯第一集　嚴振乾編　民國二十七年(1938)新塍文獻流通處鉛印本　一册

330000－1710－0004105　811.2/115　集部/總集類/郡邑之屬

新溪詩初鈔六卷　(清)李元繡　(清)沈莘士輯　**新溪詩續鈔十卷**　(清)許楨輯　**新溪詩三鈔六卷**　(清)朱士楷輯　鄭綸章補輯　民國十五年(1926)鉛印本　六册

330000－1710－0004106　811.2/116　集部/別集類/清別集

團桂樓剩稿一卷　(清)陳金鑑撰　**醉月軒吟草二卷**　(清)陸慧撰　民國十五年(1926)陳其謙鉛印本　一册

330000－1710－0004114　子/佛家/333　子部/宗教類/佛教之屬/經

大般涅槃經三十六卷首一卷大般涅槃經後分二卷　(北涼)釋雲無讖譯　(南朝宋)釋慧嚴等治　民國十五年(1926)刻本　十册

330000－1710－0004115　子/佛家/334　子部/宗教類/佛教之屬

佛教初學叢書□□種　佛學研究會編　民國佛學研究會鉛印本　一册　存一種

330000－1710－0004116　子/佛家/335　子部/宗教類/佛教之屬

佛教初學叢書□□種　佛學研究會編　民國佛學研究會鉛印本　一册　存一種

330000－1710－0004117　子/佛家/336　子部/宗教類/佛教之屬/論疏

十二門論疏四卷序疏一卷　(唐)釋吉藏撰　民國四年(1915)金陵刻經處刻七年(1918)補刻本　一册　存二卷(三至四)

330000－1710－0004119　子/佛家/337　子部/宗教類/佛教之屬

觀世音菩薩感應靈課一卷　民國石印本　一冊

330000－1710－0004121　子/佛家/339　子部/宗教類/佛教之屬/經

藥師瑠璃光如來本願功德經一卷附錄一卷　(唐)釋玄奘譯　何子培輯　民國二十三年(1934)上海佛學書局鉛印本　一冊

330000－1710－0004122　811.2/126　集部/總集類/氏族之屬

秦氏三府君集　秦毓鈞輯　民國十八年(1929)味經堂木活字印本　三冊

330000－1710－0004123　811.2/127　集部/總集類/氏族之屬

盛澤張氏遺稿錄存四種附聯語一卷　張嘉榮輯　民國九年(1920)盛澤張氏希范堂鉛印本　一冊

330000－1710－0004128　811.2/132　集部/總集類/氏族之屬

食舊德堂家集七種　(清)錢寶琛輯　民國五年(1916)聽邠館刻本　一冊

330000－1710－0004130　811.2/133　集部/總集類/氏族之屬

昭文邵氏聯珠集五種　(清)邵震亨輯　民國上海聚珍倣宋印書局鉛印本　一冊

330000－1710－0004131　子/佛家/340　子部/宗教類/佛教之屬/諸宗

印光法師文鈔二卷附錄一卷　釋聖量撰　民國十年(1921)刻本　一冊　存一卷(一)

330000－1710－0004133　子/佛家/342　子部/宗教類/佛教之屬

南無大慈地藏王菩薩摩訶薩地藏大士聖蹟一卷　民國刻本　一冊

330000－1710－0004134　子/佛家/343　史部/政書類/公牘檔冊之屬

金陵刻經處戊午年報告書一卷　民國七年(1918)刻本　一冊

330000－1710－0004135　子/佛家/344　子部/宗教類/佛教之屬

支那内學院不分卷　民國鉛印本　一冊

330000－1710－0004138　子/佛家/347　子部/宗教類/佛教之屬/經疏

大方廣佛華嚴經入不思議解脱境界普賢行願品文殊普賢章四卷　(唐)釋般若譯　民國二十二年(1933)刻本　一冊

330000－1710－0004149　字/佛家/349　子部/宗教類/佛教之屬/經

佛説十善業道經一卷　(唐)釋實叉難陀譯　**釋迦世尊成道記略一卷**　海屍道人編　**十善業道經節要一卷見聞錄一卷**　(明)釋智旭撰　民國二十一年(1932)鉛印本　一冊

330000－1710－0004150　字/佛家/350　子部/宗教類/佛教之屬/經疏

佛説四十二章經新疏一卷　季聖一述　民國二十五年(1936)鉛印本　一冊

330000－1710－0004152　子/佛家/352　子部/宗教類/佛教之屬/律

菩薩戒本記一卷菩薩戒羯磨記一卷　(唐)釋遁倫撰　**菩薩戒本宗要一卷**　(唐)釋太賢撰　民國八年(1919)金陵刻經處刻本　一冊

330000－1710－0004154　子/佛家/354　子部/宗教類/佛教之屬/論疏

佛説觀無量壽佛經略論一卷　(清)楊文會略論　(南朝宋)釋畺良耶舍譯　民國刻本　一冊

330000－1710－0004156　子/佛家/356　子部/宗教類/佛教之屬

十宗略説一卷　(清)楊文會撰　民國八年(1919)金陵刻經處刻本　一冊

330000－1710－0004157　子/佛家/357　子部/宗教類/佛教之屬/諸宗

淨土津要六種　民國鉛印本　二冊

330000－1710－0004160　子/佛家/358　子部/宗教類/佛教之屬/諸宗

華嚴原人論合解二卷　(唐)釋宗密論　(元)

釋圓覺解　(明)楊嘉祚删合　民國上海有正書局鉛印本　一册

330000－1710－0004163　811.2/150　集部/總集類/題詠之屬

桐江釣臺集十二卷首一卷　嚴懋功輯　民國十五年(1926)無錫嚴氏鉛印本　四册

330000－1710－0004164　811.2/151　集部/總集類/題詠之屬

桐江釣臺續集二卷首一卷　嚴懋功輯　民國二十三年(1934)無錫嚴氏鉛印本　一册

330000－1710－0004166　子/佛家/360　子部/宗教類/佛教之屬

佛學撮要一卷　丁福保編纂　梅光羲節録　民國九年(1920)鉛印本　一册

330000－1710－0004168　子/佛家/361　史部/傳記類/别傳之屬/年譜

憨山老人年譜自敘實錄疏二卷首一卷　釋福善錄　釋福微述　民國二十三年(1934)佛學書局鉛印本　一册

330000－1710－0004169　子/佛家/362　子部/宗教類/佛教之屬/諸宗

淨土生無生論註一卷　(明)釋傳燈撰　(明)釋正寂註　民國十三年(1924)杭州刻經處刻本　一册

330000－1710－0004174　子/佛家/366　子部/宗教類/佛教之屬/經咒

日誦經咒簡易科儀不分卷　民國鉛印本　一册

330000－1710－0004184　子/佛家/369　子部/藝術類/書畫之屬/畫録

秘殿珠林二十四卷　(清)張照等輯　民國上海有正書局石印本　八册

330000－1710－0004186　子/佛家/370　子部/宗教類/佛教之屬

初機淨業指南一卷　黄慶瀾撰　民國十一年(1922)上海佛經流通處鉛印本　一册

330000－1710－0004189　子/佛家/371　子部/宗教類/佛教之屬

初機淨業指南一卷　黄慶瀾撰　民國十一年(1922)上海佛經流通處鉛印本　一册

330000－1710－0004190　子/佛家/372　子部/宗教類/佛教之屬

初機淨業指南一卷　黄慶瀾撰　民國十一年(1922)上海佛經流通處鉛印本　一册

330000－1710－0004192　子/佛家/373　子部/宗教類/佛教之屬

初機淨業指南一卷　黄慶瀾撰　民國十一年(1922)上海佛經流通處鉛印本　一册

330000－1710－0004193　子/佛家/374　子部/宗教類/佛教之屬

初機淨業指南一卷　黄慶瀾撰　民國十一年(1922)上海佛經流通處鉛印本　一册

330000－1710－0004194　子/佛家/375　子部/宗教類/佛教之屬

初機淨業指南一卷　黄慶瀾撰　民國十一年(1922)上海佛經流通處鉛印本　一册

330000－1710－0004195　子/佛家/376　子部/宗教類/佛教之屬

初機淨業指南一卷　黄慶瀾撰　民國十一年(1922)上海佛經流通處鉛印本　一册

330000－1710－0004196　子/佛家/377　子部/宗教類/佛教之屬

初機淨業指南一卷　黄慶瀾撰　民國十一年(1922)上海佛經流通處鉛印本　一册

330000－1710－0004197　子/佛家/378　子部/宗教類/佛教之屬

初機淨業指南一卷　黄慶瀾撰　民國十一年(1922)上海佛經流通處鉛印本　一册

330000－1710－0004198　子/佛家/379　子部/宗教類/佛教之屬

初機淨業指南一卷　黄慶瀾撰　民國十一年(1922)上海佛經流通處鉛印本　一册

330000－1710－0004199　子/佛家/380　子部/宗教類/佛教之屬

初機淨業指南一卷　黃慶瀾撰　民國十一年(1922)上海佛經流通處鉛印本　一冊

330000－1710－0004200　子/佛家/381　子部/宗教類/佛教之屬

初機淨業指南一卷　黃慶瀾撰　民國十一年(1922)上海佛經流通處鉛印本　一冊

330000－1710－0004201　子/佛家/382　子部/宗教類/佛教之屬

初機淨業指南一卷　黃慶瀾撰　民國十一年(1922)上海佛經流通處鉛印本　一冊

330000－1710－0004203　子/佛家/383　子部/宗教類/佛教之屬

初機淨業指南一卷　黃慶瀾撰　民國十一年(1922)上海佛經流通處鉛印本　一冊

330000－1710－0004204　子/佛家/384　子部/宗教類/佛教之屬

初機淨業指南一卷　黃慶瀾撰　民國十一年(1922)上海佛經流通處鉛印本　一冊

330000－1710－0004205　子/佛家/385　子部/宗教類/佛教之屬

初機淨業指南一卷　黃慶瀾撰　民國十一年(1922)上海佛經流通處鉛印本　一冊

330000－1710－0004206　子/佛家/386　子部/宗教類/佛教之屬/經疏

大方廣佛華嚴經疏鈔會本八十卷　(唐)釋澄觀撰　**大方廣佛華嚴經疏鈔會本略科十卷　大方廣佛華嚴經普賢行願品別行疏鈔會本略科一卷**　民國三十三年(1944)華嚴疏鈔編印會鉛印本　二十六冊　缺二十一卷(二十五至三十六、三十九至四十、七十四至八十)

330000－1710－0004210　子/佛家/389　子部/宗教類/佛教之屬

觀所緣緣論淺說一卷八識規矩頌淺說一卷　民國鉛印本　一冊

330000－1710－0004211　子/佛家/390　子部/宗教類/佛教之屬

觀所緣緣論淺說一卷八識規矩頌淺說一卷　民國鉛印本　一冊

330000－1710－0004212　子/佛家/391　子部/宗教類/佛教之屬/論疏

成唯識論學記八卷　(唐)釋太賢輯　民國鉛印本　一冊　存二卷(七至八)

330000－1710－0004213　子/佛家/392　子部/宗教類/佛教之屬/律

八識規矩頌講義附略釋百法一卷　釋諦閑撰　民國鉛印本　一冊

330000－1710－0004215　子/佛家/394　子部/宗教類/佛教之屬/經咒

慈悲三昧水懺申義疏三卷　釋諦閑述　民國十五年(1926)鉛印本　一冊　存二卷(二至三)

330000－1710－0004222　子/佛家/395　子部/宗教類/佛教之屬

戒殺放生文一卷　(明)釋袾宏撰　**戒殺四十八問一卷**　(清)周思仁撰　**答放生或問一卷**　范古農撰　民國十一年(1922)有正書局石印暨鉛印本　一冊

330000－1710－0004224　子/佛家/397　子部/宗教類/佛教之屬

蓮池大師戒殺放生彙錄一卷　(明)釋袾宏撰　民國十二年(1923)南京放生會刻本　一冊

330000－1710－0004225　子/佛家/398　子部/宗教類/佛教之屬

名賢戒殺詩一卷　余霖輯　民國石印本　一冊

330000－1710－0004226　子/佛家/399　子部/宗教類/佛教之屬/諸宗

心燈錄六卷　(清)湛愚老人撰　民國二十三年(1934)上海佛學書局鉛印本　二冊

330000－1710－0004230　811.2/187　集部/總集類/題詠之屬

偕老圖題詠一卷　(清)沈守謙輯　民國四年(1915)石印本　一冊

330000－1710－0004237　811.2/191　集部/總集類/題詠之屬

紅薇感舊記題詠集四卷補一卷　傅熊湘輯

民國八年(1919)鉛印本　一册

330000－1710－0004238　子/佛家/404　子部/宗教類/佛教之屬/經疏

金剛般若波羅密經新疏一卷　(後秦)釋鳩摩羅什譯　釋諦閑述　民國十六年(1927)香港國光書局鉛印本　一册

330000－1710－0004239　811.2/192　集部/總集類/題詠之屬

南通孫氏念護堂題詠集四卷　孫雄編　民國二十一年(1932)孫氏鉛印本　一册

330000－1710－0004240　子/佛家/405　子部/宗教類/佛教之屬

報恩論二卷首一卷附一卷　(清)沈善登撰　民國鉛印本　一册

330000－1710－0004241　811.2/193　集部/總集類/題詠之屬

嘉興莊安山先生遺照題詠一卷　莊鍾驥等輯　民國鉛印本　一册

330000－1710－0004242　子/佛家/406　子部/宗教類/佛教之屬

溈山警策一卷　民國十二年(1923)杭州刻經處刻本　一册

330000－1710－0004243　811.2/194　集部/總集類/題詠之屬

松聲琴韻集不分卷　方濟川輯　民國三十八年(1949)鉛印本　一册

330000－1710－0004244　民叢3　類叢部/叢書類/彙編之屬

四庫全書珍本初集二百三十種　中央圖書館籌備處輯　民國二十三年至二十四年(1934－1935)上海商務印書館據文淵閣本影印本　一千九百十三册　存二百十七種

330000－1710－0004246　民叢1　類叢部/叢書類/彙編之屬

四部叢刊　張元濟等編　民國八年(1919)上海商務印書館影印本　一千九百九十九册　存二百九十六種

330000－1710－0004247　811.2/196　集部/總集類/酬唱之屬

同聲集二卷附錄一卷自集一卷　徐致青輯　民國八年(1919)同安石印本　二册

330000－1710－0004248　民叢4　類叢部/叢書類/彙編之屬

四部叢刊續編七十七種　張元濟等編　民國二十三年(1934)上海商務印書館影印本　五十七册　存十一種

330000－1710－0004249　民叢5　類叢部/叢書類/彙編之屬

四部叢刊三編七十一種　張元濟等編　民國二十四年至二十五年(1935－1936)上海商務印書館影印本　十六册　存三種

330000－1710－0004250　民叢復2　類叢部/叢書類/彙編之屬

四庫全書珍本初集二百三十種　中央圖書館籌備處輯　民國二十三年至二十四年(1934－1935)上海商務印書館據文淵閣本影印本　一百六十七册　存一種

330000－1710－0004251　民叢復1　類叢部/叢書類/彙編之屬

四部叢刊　張元濟等編　民國八年(1919)上海商務印書館影印本　三十六册　存一種

330000－1710－0004252　811.2/197　集部/總集類/酬唱之屬

同音集一卷　柯志頤輯　民國十九年(1930)平湖綺春閣書莊鉛印本　一册

330000－1710－0004253　民叢2　類叢部/叢書類/彙編之屬

四部備要　中華書局編　民國二十五年(1936)上海中華書局鉛印本　二千一百二十五册　存三百十六種

330000－1710－0004255　子/佛家/407　子部/宗教類/佛教之屬

溈山大圓禪師警策一卷　民國十二年(1923)杭州刻經處刻本　一册

330000－1710－0004261　子/佛家/413　子

部/宗教類/佛教之屬/經

佛說阿彌陀經一卷 (後秦)釋鳩摩羅什譯 民國十九年(1930)鉛印本 一冊

330000－1710－0004263 子/佛家/415 子部/宗教類/佛教之屬/論

念佛三昧寶王論以五重玄義釋題一卷 釋諦閑述 民國鉛印本 一冊

330000－1710－0004264 子/佛家/416 子部/雜著類/雜說之屬

惜字功罪禍福果報錄一卷 徐謙白輯 民國石印本 一冊

330000－1710－0004265 子/佛家/417 子部/宗教類/佛教之屬

觀所緣緣論淺說一卷八識規矩頌淺說一卷 民國鉛印本 一冊

330000－1710－0004266 子/佛家/418 子部/宗教類/佛教之屬

觀所緣緣論淺說一卷八識規矩頌淺說一卷 民國鉛印本 一冊

330000－1710－0004267 子/佛家/419 子部/宗教類/佛教之屬/論

顯揚聖教論頌一卷六門教授習定論一卷 (唐)釋玄奘譯 民國三十二年(1943)支那學院刻本 一冊

330000－1710－0004268 子/佛家/420 子部/宗教類/佛教之屬/經

清淨毗尼方廣經一卷決定毗尼經一卷 民國三十四年(1945)刻本 一冊

330000－1710－0004270 子/佛家/422 子部/宗教類/佛教之屬

誡酒肉慈慧法門一卷 (宋)釋慈雲錄 民國十二年(1923)杭州刻經處刻本 一冊

330000－1710－0004271 子/佛家/423 子部/宗教類/佛教之屬/論

解脫道論分別定慧品一卷 (南朝梁)釋伽婆羅譯 民國三十三年(1944)刻本 一冊

330000－1710－0004272 子/佛家/424 子部/宗教類/佛教之屬/經

般若波羅蜜多心經一卷 (唐)釋玄奘譯 民國刻本 一冊

330000－1710－0004273 子/佛家/425 子部/宗教類/佛教之屬

楊仁山先生禮拜入觀法一卷 陳汝湜口述 徐文霨筆受 民國鉛印本 一冊

330000－1710－0004274 子/佛家/426 子部/宗教類/道教之屬/戒律

文昌帝君陰騭文註證不分卷 (清)潘成雲輯 民國十四年(1925)佛學推行社鉛印本 一冊

330000－1710－0004275 811.2/221 類叢部/叢書類/彙編之屬

自青榭叢書 卓定謀輯 民國鉛印本 一冊 存一種

330000－1710－0004277 811.2/199 集部/總集類/郡邑之屬

胥社文選一卷詩選一卷詞選一卷附錄一卷 胥社編 民國十五年(1926)鉛印本 一冊

330000－1710－0004278 811.2/201 集部/總集類/郡邑之屬

進社文錄一卷詩錄一卷詞錄一卷題名錄一卷 進社編輯 民國七年(1918)進社鉛印本 一冊

330000－1710－0004279 811.2/202 集部/總集類/郡邑之屬

姚江同聲詩社三編 松坡居士輯 民國十三年(1924)鉛印本 一冊

330000－1710－0004281 子/佛家/430 子部/宗教類/佛教之屬

戒殺放生文一卷 (明)釋袾宏撰 **戒殺四十八問一卷** (清)周思仁撰 **答放生或問一卷** 范古農撰 民國十一年(1922)有正書局石印暨鉛印本 一冊

330000－1710－0004285 子/佛家/432 子部/雜著類/雜編之屬

安士全書四種 (清)周夢顏撰 民國十八年

(1929)上海佛學推行社鉛印本　四冊

330000－1710－0004286　子/佛家/433　子部/雜著類/雜編之屬

安士全書四種　(清)周夢顔撰　民國七年(1918)刻本　三冊　存一種

330000－1710－0004289　子/佛家/435　子部/宗教類/佛教之屬/論疏

成唯識論學記八卷　(唐)釋太賢輯　民國鉛印本　三冊　存六卷(一至六)

330000－1710－0004293　811.2/219　集部/總集類/酬唱之屬

其惇集二卷　周慶雲等撰　民國三年(1914)周氏夢坡室刻本　一冊

330000－1710－0004294　811.2/220　集部/總集類/酬唱之屬

笙磬同音集初集一卷二集一卷　程宗伊等撰　民國八年(1919)鉛印本　一冊

330000－1710－0004295　子/佛家/427　子部/宗教類/佛教之屬

戒殺放生文一卷　(明)釋袾宏撰　**戒殺四十八問一卷**　(清)周思仁撰　民國十年(1921)刻本　一冊

330000－1710－0004296　811.2/222　集部/總集類/酬唱之屬

海角潮音集不分卷　王善欽等撰　民國二十四年(1935)上海商務印書館鉛印本　一冊

330000－1710－0004297　811.2/223　集部/總集類/酬唱之屬

廉黃四五述懷唱和集一卷　廉建中　黃慕修撰　民國鉛印本　一冊

330000－1710－0004298　811.2/224　集部/總集類/選集之屬/斷代

三子遊草不分卷　高變等撰　民國四年(1915)鉛印本　一冊

330000－1710－0004299　811.2/225　集部/總集類/酬唱之屬

兩京同游草一卷　高變等撰　民國上海聚珍倣宋印書局鉛印本　一冊

330000－1710－0004300　811.2/226　集部/總集類/題詠之屬

西湖紀游詩一卷　馮煦等撰　陳曾壽輯　民國石印本　一冊

330000－1710－0004301　子/佛家/436　子部/宗教類/道教之屬

太上感應篇註講證案彙編四卷首一卷　釋印光鑒定　民國十七年(1928)上海中華書局印刷所鉛印本　二冊

330000－1710－0004302　811.2/227　集部/總集類/選集之屬/斷代

京錫游草不分卷　胡韞玉　傅熊湘　高變撰　民國八年(1919)鉛印本　一冊

330000－1710－0004303　子/佛家/437　子部/宗教類/佛教之屬/經疏

徑中徑又徑徵義三卷首一卷　(清)張師誠輯　(清)徐槐廷義　民國十年(1921)刻本　一冊

330000－1710－0004306　子/佛家/438　子部/宗教類/佛教之屬/經

中本起經二卷　(五代)釋曇果譯　**佛說興起行經二卷**　(五代)康孟詳譯　民國六年(1917)金陵刻經處刻本　一冊

330000－1710－0004307　子/佛家/439　子部/宗教類/佛教之屬

瑜伽真寶品三卷　(唐)釋遁倫撰　民國金陵刻經處刻本　三冊

330000－1710－0004308　子/佛家/440　子部/宗教類/佛教之屬/論疏

辯中邊論述記六卷　(唐)釋窺基撰　民國刻本　一冊　存二卷(一至二)

330000－1710－0004309　子/佛家/441　子部/宗教類/佛教之屬/諸宗

楞嚴答問一卷　(清)淨挺撰　民國十二年(1923)杭州刻經處刻本　一冊

330000－1710－0004313　子/佛家/443　子

部/宗教類/道教之屬/方法

救時金丹四卷　唐光先纂修　梁志賢編輯　民國五年(1916)鹽城義新壇鉛印本　一冊

330000－1710－0004316　子/佛家/445　子部/宗教類/佛教之屬

世界明燈一卷　汪觀定輯　民國十一年(1922)鉛印本　一冊

330000－1710－0004317　子/佛家/446　子部/儒家類/儒學之屬/性理

中道一卷　唐大圓　唐季申編輯　民國二十年(1931)鉛印本　一冊

330000－1710－0004318　子/佛家/447　子部/宗教類/佛教之屬

觀世音菩薩本迹感應頌四卷首一卷　許止淨述　**金剛經功德頌一卷**　許止淨述　劉契淨注　民國十五年(1926)鉛印本　二冊

330000－1710－0004319　子/佛家/448　子部/宗教類/佛教之屬

觀世音菩薩本迹感應頌四卷首一卷　許止淨述　**金剛經功德頌一卷**　許止淨述　劉契淨注　民國十五年(1926)鉛印本　一冊　缺三卷(首、一至二)

330000－1710－0004320　811.2/232　集部/別集類/唐五代別集

寒山詩一卷　(唐)釋寒山撰　**豐干拾得詩一卷**　(唐)釋豐干　(唐)釋拾得撰　**慈受擬寒山詩一卷**　(唐)釋慈受撰　民國抄本　祝廷錫過錄指月錄傳　一冊

330000－1710－0004321　子/佛家/449　子部/宗教類/佛教之屬/諸宗

淨土五經六卷　釋印光輯　民國二十二年(1933)蘇州弘化社鉛印本　一冊

330000－1710－0004322　子/佛家/450　子部/宗教類/佛教之屬/諸宗

淨土五經六卷　釋印光輯　**大方廣佛華嚴經淨行品一卷**　(唐)釋實叉難陀譯　**大佛頂首楞嚴經卷第六四種決定清淨明誨一卷**　民國二十六年(1937)蘇州弘化社鉛印本　一冊

330000－1710－0004323　子/佛家/451　子部/宗教類/佛教之屬/諸宗

淨土五經六卷　釋印光輯　**大方廣佛華嚴經淨行品一卷**　(唐)釋實叉難陀譯　**大佛頂首楞嚴經卷第六四種決定清淨明誨一卷**　民國二十六年(1937)蘇州弘化社鉛印本　一冊

330000－1710－0004324　子/佛家/452　子部/宗教類/佛教之屬/諸宗

淨土五經六卷　釋印光輯　**大方廣佛華嚴經淨行品一卷**　(唐)釋實叉難陀譯　**大佛頂首楞嚴經卷第六四種決定清淨明誨一卷**　民國二十六年(1937)蘇州弘化社鉛印本　一冊

330000－1710－0004325　子/佛家/453　子部/宗教類/佛教之屬/諸宗

淨土五經六卷　釋印光輯　**大方廣佛華嚴經淨行品一卷**　(唐)釋實叉難陀譯　**大佛頂首楞嚴經卷第六四種決定清淨明誨一卷**　民國二十六年(1937)蘇州弘化社鉛印本　一冊

330000－1710－0004326　子/佛家/454　子部/宗教類/佛教之屬/諸宗

淨土五經六卷　釋印光輯　**大方廣佛華嚴經淨行品一卷**　(唐)釋實叉難陀譯　**大佛頂首楞嚴經卷第六四種決定清淨明誨一卷**　民國二十六年(1937)蘇州弘化社鉛印本　一冊

330000－1710－0004327　子/佛家/455　子部/宗教類/佛教之屬/諸宗

淨土五經六卷　釋印光輯　**大方廣佛華嚴經淨行品一卷**　(唐)釋實叉難陀譯　**大佛頂首楞嚴經卷第六四種決定清淨明誨一卷**　民國二十六年(1937)蘇州弘化社鉛印本　一冊

330000－1710－0004328　子/佛家/456　子部/宗教類/佛教之屬/諸宗

淨土五經六卷　釋印光輯　**大方廣佛華嚴經淨行品一卷**　(唐)釋實叉難陀譯　**大佛頂首楞嚴經卷第六四種決定清淨明誨一卷**　民國二十六年(1937)蘇州弘化社鉛印本　一冊

330000－1710－0004329　子/佛家/457　子部/宗教類/佛教之屬/諸宗

淨土五經六卷　釋印光輯　**大方廣佛華嚴經**

淨行品一卷　(唐)釋實叉難陀譯　**大佛頂首楞嚴經卷第六四種決定清淨明誨一卷**　民國二十六年(1937)蘇州弘化社鉛印本　一冊

330000－1710－0004331　子/佛家/458　子部/宗教類/佛教之屬/諸宗
淨土五經六卷　釋印光輯　**大方廣佛華嚴經淨行品一卷**　(唐)釋實叉難陀譯　**大佛頂首楞嚴經卷第六四種決定清淨明誨一卷**　民國二十五年(1936)蘇州弘化社鉛印本　一冊

330000－1710－0004332　子/佛家/459　子部/宗教類/佛教之屬/諸宗
淨土五經六卷　釋印光輯　**大方廣佛華嚴經淨行品一卷**　(唐)釋實叉難陀譯　**大佛頂首楞嚴經卷第六四種決定清淨明誨一卷**　民國二十五年(1936)蘇州弘化社鉛印本　一冊

330000－1710－0004333　子/佛家/460　史部/地理類/山川之屬/山志
普陀洛迦新志十二卷首一卷　許止淨述　王亨彥輯　民國二十五年(1936)鉛印本　二冊

330000－1710－0004339　811.2/240　集部/總集類/題詠之屬
書吟玉編一卷　錢衡同輯　民國八年(1919)錢保徵嘉興振新印刷所鉛印本　一冊

330000－1710－0004340　811.2/214　集部/總集類/酬唱之屬
百日酬唱錄二卷　林襟宇編　民國三年(1914)永嘉林氏刻本　一冊

330000－1710－0004342　811.2/215　集部/總集類/酬唱之屬
蔭葛廬主人珠臺九老會唱和詩一卷　錢世鐘輯　民國六年(1917)刻本　一冊

330000－1710－0004345　子/佛家/464　子部/宗教類/佛教之屬/經
那先比丘經二卷　民國六年(1917)金陵刻經處刻本　一冊

330000－1710－0004346　811.2/217　集部/總集類/酬唱之屬
珠廔倡咊集一卷　柯培鼎編　民國七年(1918)鉛印本　一冊

330000－1710－0004348　子/佛家/467　子部/宗教類/佛教之屬/論疏
大乘百法明門論本事分中略錄名數開宗義記四卷　(唐)釋曇曠撰　民國九年(1920)金陵刻經處刻本　一冊

330000－1710－0004349　811.2/241　集部/總集類/酬唱之屬
來臺集一卷　汪文溥編　民國九年(1920)鉛印本一冊

330000－1710－0004350　子/佛家/468　子部/宗教類/佛教之屬
游心安樂道一卷　(唐)釋元曉撰　民國金陵刻經處刻本　一冊

330000－1710－0004351　811.2/242　子部/宗教類/佛教之屬
名賢戒殺詩一卷　余霖輯　民國石印本　一冊

330000－1710－0004352　811.2/243　集部/總集類/彙編之屬
詩史閣叢刊甲集六卷　孫雄輯　民國十六年(1927)鉛印本　二冊

330000－1710－0004353　811.2/244　史部/傳記類/別傳之屬/事狀
炊萸子七十壽言一卷　耿道沖輯　民國十七年(1928)耿道沖鉛印本　一冊

330000－1710－0004354　811.2/245　集部/總集類/酬唱之屬
蕉園三十徵詩彙刊一卷　張汝釗輯　民國二十二年(1933)張汝釗鉛印本　一冊

330000－1710－0004355　811.2/246　集部/別集類/清別集
可怡齋賸稿一卷吟稿一卷　(清)黃鏡渠撰　民國二十三年(1934)鉛印本　一冊

330000－1710－0004356　811.2/247　集部/別集類/清別集
北萊遺詩三卷　(清)釋廣信撰　**天寥遺稿三**

卷　(清)釋空明撰　民國二十四年(1935)釋德均煨芋草堂鉛印本　一冊

330000－1710－0004357　子/佛家/469　子部/宗教類/佛教之屬/經疏

藥師琉璃光如來本願功德經古迹記二卷　(唐)釋太賢撰　民國十一年(1922)金陵刻經處刻本　一冊

330000－1710－0004359　811.2/248　集部/總集類/酬唱之屬

稀齡贈言三卷　錢綏槃輯　民國三年(1914)海上寄廬刻本　一冊

330000－1710－0004360　子/佛家/471　子部/宗教類/佛教之屬/經疏

大佛頂如來密因修證了義諸菩薩萬行首楞嚴經截流二卷　釋傳如撰　民國十二年(1923)杭州刻經處刻本　一冊

330000－1710－0004361　811.2/249　集部/總集類/選集之屬/斷代

雁後合鈔五卷　詹勵吾輯　民國三十六年(1947)鉛印本　一冊

330000－1710－0004362　子/佛家/472　子部/宗教類/佛教之屬/論

辯中邊論三卷　(唐)釋玄奘譯　民國六年(1917)金陵刻經處刻本　一冊

330000－1710－0004364　子/佛家/473　子部/宗教類/佛教之屬/經

佛藏經四卷　(後秦)釋鳩摩羅什譯　民國五年(1916)金陵刻經處刻本　一冊

330000－1710－0004365　子/佛家/474　子部/宗教類/佛教之屬/經疏

華嚴七字經題法界觀三十門頌註三卷　(宋)本嵩述　(宋)釋琮湛集解　民國九年(1920)金陵刻經處刻本　一冊

330000－1710－0004366　811.2/254　集部/總集類/選集之屬/斷代

清閨秀正始再續集初編四卷　單士釐輯　民國歸安錢氏鉛印本　六冊

330000－1710－0004368　811.2/256　集部/總集類/氏族之屬

袁氏閨鈔一卷　袁之球輯　民國七年(1918)鉛印本　一冊

330000－1710－0004370　811.2/258　類叢部/叢書類/自著之屬

隨園全集三十九種　(清)袁枚撰　民國十九年(1930)國學書局鉛印本　十冊　存十五種

330000－1710－0004371　子/佛家/475　子部/宗教類/佛教之屬/諸宗

宗鏡綱要二卷　沈惟賢編輯　民國二十四年(1935)青島佛學會鉛印本　一冊

330000－1710－0004373　子/佛家/477　子部/宗教類/佛教之屬/諸宗

無畏三藏受戒懺悔文及禪門要法一卷　(唐)釋善無畏說　**治禪病祕要法二卷**　(南朝宋)釋沮渠京聲譯　**禪法要解二卷**　(後秦)釋鳩摩羅什等譯　民國九年至十年(1920－1921)金陵刻經處刻本　一冊

330000－1710－0004375　811.2/259　集部/別集類

蛻塵軒詩存二卷詩餘附存二卷聊復軒詩存一卷詩餘附存一卷　施贊唐撰　**吳興家粹輯存一卷**　施贊唐輯　民國八年(1919)木活字印本　四冊

330000－1710－0004380　811.2/262　集部/總集類/氏族之屬

檇李莊氏詩存不分卷　莊鍾驥編　民國三十五年(1946)復寫本　鄒氏題簽　一冊

330000－1710－0004385　811.2/267　集部/總集類/選集之屬/斷代

註釋唐詩三百首六卷　(清)蘅塘退士(孫洙)編　民國商務印書館鉛印本　二冊

330000－1710－0004386　811.2/268　集部/總集類/選集之屬/通代

古詩評註讀本三卷附教授法一卷　王文濡評選　民國五年(1916)上海進步書局鉛印本　二冊

330000－1710－0004392　子/佛家/484　子部/宗教類/佛教之屬/諸宗

角虎集六卷　(清)釋濟能纂輯　民國八年(1919)金陵刻經處刻本　二冊

330000－1710－0004393　子/佛家/485　子部/宗教類/佛教之屬/經疏

妙法蓮華經指掌疏觀音普門品行一卷　(清)釋通理撰　民國八年(1919)北京刻經處刻本　一冊

330000－1710－0004394　子/佛家/486　子部/宗教類/佛教之屬/經疏

圓覺親聞記二卷　釋諦閑講演　釋妙煦　釋顯琛　釋顯覺手録　民國鉛印本　二冊

330000－1710－0004401　811.2/280　集部/總集類/酬唱之屬

儒林盛事集一卷　張熾昌編　民國十五年(1926)石印本　一冊

330000－1710－0004402　子/佛家/490　子部/宗教類/佛教之屬/經疏

楞伽經句義通說要旨四卷　(明)陸西星撰　民國七年(1918)金陵刻經處刻本　一冊

330000－1710－0004404　811.2/282　集部/總集類/題詠之屬

竹洲淚點圖題詠一卷　吴瑞汾輯　民國鉛印本　一冊

330000－1710－0004409　子/佛家/491　子部/宗教類/佛教之屬/論疏

無量壽經優婆提舍願生偈註二卷　(北魏)釋菩提流支譯論　(北魏)釋曇鸞註解　**讃阿彌陀佛偈一卷略論安樂淨土義一卷**　(北魏)釋曇鸞撰　民國十一年(1922)北京刻經處刻本　二冊

330000－1710－0004411　子/佛家/492　子部/宗教類/佛教之屬/經

二課合解七卷首一卷　釋興慈撰　民國十年(1921)揚州藏經院刻本　三冊

330000－1710－0004413　子/佛家/493　子部/宗教類/佛教之屬/經疏

彌陀畧解圓中鈔二卷　(明)釋大佑解　(明)釋傳燈鈔　民國二年(1913)揚州藏經院刻本　二冊

330000－1710－0004417　811.2/290　集部/總集類/題詠之屬

春帆入蜀圖題詠詩一卷詞一卷附録二卷　戴震聲輯　民國十九年(1930)戴氏鉛印本　一冊

330000－1710－0004419　811.2/291　集部/總集類/選集之屬/斷代

聖宋九僧詩一卷　(宋)陳起輯　**補遺一卷**　(清)毛扆輯　**疇隱廬詩存一卷**　丁福保撰　民國二十二年(1933)上海醫學書局鉛印本　一冊

330000－1710－0004420　子/佛家/496　子部/宗教類/佛教之屬/經

達摩多羅禪經四卷　(晉)釋佛陀跋陀羅譯　民國十年(1921)金陵刻經處刻本　一冊

330000－1710－0004421　811.2/292　集部/總集類/郡邑之屬

海門吟社初編六卷　海門吟社編　民國五年(1916)海門吟社鉛印本　鶴庵題識　一冊

330000－1710－0004422　811.2/293　集部/總集類/選集之屬/斷代

鳴社社作選刊一卷　鳴社編　民國鉛印本　陸天放題記　一冊

330000－1710－0004426　811.2/298　集部/總集類/選集之屬/通代

高僧山居詩一卷　懺庵居士編輯　民國二十三年(1934)上海商務印書館鉛印本　一冊

330000－1710－0004427　811.2/299　集部/總集類/選集之屬/通代

八代詩精華録箋註四卷　丁福保編　民國十九年(1930)上海醫學書局鉛印本　二冊

330000－1710－0004428　811.2/300　類叢部/叢書類/彙編之屬

四部叢刊　張元濟等編　民國上海商務印書館影印本　十六冊　存一種

330000－1710－0004430　子/佛家/498　史部/傳記類/日記之屬

正元日記一卷（清光緒四年二月十五日至民國三年十月十八日）　段正元撰　民國北京道德學社鉛印本　一册

330000－1710－0004431　子/佛家/499　子部/宗教類/佛教之屬/經

佛説孛經一卷　（三國吳）釋支謙譯　民國十四年（1925）浙江彙商印刷公司鉛印本　一册

330000－1710－0004432　子/佛家/500　子部/宗教類/佛教之屬/經

妙臂菩薩所問經四卷　（宋）釋法天譯　民國六年（1917）金陵刻經處刻本　一册

330000－1710－0004434　子/佛家/502　子部/宗教類/佛教之屬/經

那先比丘經二卷　民國六年（1917）金陵刻經處刻本　一册

330000－1710－0004435　子/佛家/503　子部/宗教類/佛教之屬/論

大佛頂如來密因修證了義諸菩薩萬行首楞嚴經合論十卷　（唐）釋般刺密帝譯　（唐）釋彌伽釋迦譯語　（唐）房融筆受　（宋）釋德洪造論　（宋）釋正受釐論入經并删補　民國六年（1917）金陵刻經處刻本　四册　存八卷（一至八）

330000－1710－0004436　子/佛家/504　子部/宗教類/佛教之屬/論

四諦論四卷　（印度）婆藪跋摩造　（南朝陳）釋真諦譯　民國刻本　一册

330000－1710－0004439　811.2/310　集部/總集類/郡邑之屬

廬江詩雋二卷　陳詩輯　民國鉛印本　一册

330000－1710－0004440　子/佛家/506　子部/宗教類/佛教之屬

略述法相義三卷　（日本）釋聞證輯　民國四年（1915）金陵刻經處刻本　一册

330000－1710－0004441　子/佛家/507　子部/宗教類/佛教之屬/論

成唯識論別鈔六卷　（唐）釋窺基撰　民國九年（1920）金陵刻經處刻本　二册

330000－1710－0004442　子/佛家/508　子部/宗教類/佛教之屬/諸宗

皇懺隨聞錄十卷　釋諦閑講　釋寶靜輯　民國十六年（1927）鉛印本　二册　存六卷（一至二、七至十）

330000－1710－0004443　811.2/301　集部/曲類/散曲之屬

金陵二名家樂府四卷　盧前輯　民國南京通志館影印本　一册

330000－1710－0004444　子/佛家/509　子部/宗教類/佛教之屬/經

解深密經五卷　（唐）釋玄奘譯　民國十一年（1922）石印本　一册

330000－1710－0004446　811.2/302　集部/總集類/酬唱之屬

蠅塵酬唱集八卷補遺一卷　孫雄編　民國十三年（1924）鉛印本　一册　存四卷（一至四）

330000－1710－0004447　811.2/303　集部/總集類/酬唱之屬

江上題襟集一卷　嚴廷楨輯　民國八年（1919）石印本　蔣作藩題款　一册

330000－1710－0004448　子/佛家/511　子部/宗教類/佛教之屬

八識規矩頌貫珠解一卷附法相表解一卷　（印度）釋幻修撰　民國十一年（1922）杭州佛學研究會鉛印本　一册

330000－1710－0004450　子/佛家/512　子部/宗教類/佛教之屬

佛教問答一卷答放生或問一卷釋尊紀略一卷　海屍道人編纂　民國佛學研究會鉛印本　一册

330000－1710－0004451　811.2/305　集部/總集類/酬唱之屬

雲廬唱和集一卷　任士熊輯　民國二十年（1931）鉛印本　一册

330000－1710－0004452　子/佛家/513　子部/宗教類/佛教之屬

八識規矩頌貫珠解一卷附法相表解一卷　(印度)釋幻修撰　民國十一年(1922)杭州佛學研究會鉛印本　一冊

330000－1710－0004453　子/佛家/514　子部/宗教類/佛教之屬

佛教問答一卷佛教問答選錄一卷　海屍道人編纂　民國十年(1921)上海商務印書館鉛印本　一冊

330000－1710－0004454　子/佛家/515　子部/宗教類/佛教之屬

戒殺放生答客問一卷　民國十七年(1928)鉛印本　一冊

330000－1710－0004456　811.2/306　集部/總集類/酬唱之屬

噓寒集一卷　吳進賢輯　民國二十五年(1936)鉛印本　一冊

330000－1710－0004459　811.2/307　集部/總集類/郡邑之屬

滬瀆同聲續集不分卷　郁葆青輯　陳詩選　民國二十四年(1935)鉛印本　一冊

330000－1710－0004460　子/佛家/518　子部/宗教類/佛教之屬

蓮花座一卷附錄一卷　楊樹枝編　民國十九年(1930)鉛印本　一冊

330000－1710－0004461　811.2/308　集部/總集類/酬唱之屬

鳴社二十年話舊集一卷附錄一卷　郁葆青輯　民國鉛印本　一冊

330000－1710－0004463　子/佛家/519　子部/宗教類/佛教之屬

佛學撮要一卷　丁福保編纂　梅光羲節錄　民國九年(1920)鉛印本　一冊

330000－1710－0004465　子/佛家/521　子部/宗教類/佛教之屬/經

般若波羅蜜多心經一卷　(唐)釋玄奘譯　民國鉛印本　一冊

330000－1710－0004466　811.2/309　史部/地理類/遊記之屬/紀勝

黃山紀游集六卷附錄一卷　孫玉聲等撰　民國二十五年(1936)鉛印本　一冊

330000－1710－0004467　811.2/311　集部/別集類

魏晉六朝五代雜詠一卷　劉鍾麒撰　民國八年(1919)石印本　一冊

330000－1710－0004468　民叢復3　類叢部/叢書類/彙編之屬

四部叢刊　張元濟等編　民國八年(1919)上海商務印書館影印本　九百三十六冊　存一百五種

330000－1710－0004470　子/佛家/522　子部/宗教類/佛教之屬/論

唯識研究序一卷　王季同撰　民國鉛印本　一冊

330000－1710－0004471　811.2/313　集部/總集類/郡邑之屬

吳江詩錄初編四卷二編二十二卷　陳去病纂輯　民國十六年(1927)鉛印本　一冊　缺十八卷(二編五至二十二)

330000－1710－0004472　子/佛家/533　子部/宗教類/佛教之屬

妙法蓮華經觀世音普門品講義一卷　釋諦閑撰　民國二十年(1931)上海佛學書局鉛印本　一冊

330000－1710－0004473　子/佛家/534　子部/宗教類/佛教之屬/經

妙法蓮華經觀世音菩薩普門品一卷　(後秦)釋鳩摩羅什譯　民國上海佛學書局刻本　一冊

330000－1710－0004475　子/佛家/536　子部/宗教類/佛教之屬

佛學是人人所必需的學問一卷　黃健六撰　民國十六年(1927)止觀學社鉛印本　一冊

330000－1710－0004476　子/佛家/537　子部/宗教類/佛教之屬

永嘉禪師證道歌一卷大愚法師解脱歌一卷同安察祖十懸談一卷　民國鉛印本　一冊

330000－1710－0004479　子/佛家/540　子部/宗教類/佛教之屬/諸宗

隨自意三昧一卷　(南朝陳)釋慧思撰　民國七年(1918)北京刻經處刻本　一冊

330000－1710－0004480　811.2/315　集部/總集類/酬唱之屬

甌江驪唱集三卷　汪瑩編　民國十年(1921)鉛印本　一冊

330000－1710－0004483　民叢復4　類叢部/叢書類/彙編之屬

四部叢刊　張元濟等編　民國八年(1919)上海商務印書館影印本　二十一冊　存五種

330000－1710－0004484　民叢復5　類叢部/叢書類/彙編之屬

四部備要　中華書局編　民國二十五年(1936)上海中華書局鉛印本　四百四冊　存一種

330000－1710－0004485　民叢復6　類叢部/叢書類/彙編之屬

四部備要　中華書局編　民國二十五年(1936)上海中華書局鉛印本　七十九冊　存一種

330000－1710－0004486　民叢復7　類叢部/叢書類/彙編之屬

四庫全書珍本初集二百三十種　中央圖書館籌備處輯　民國二十三年至二十四年(1934－1935)上海商務印書館據文淵閣本影印本　八百十八冊　存一百九種

330000－1710－0004487　811.2/316　集部/總集類/彙編之屬

詩詞雜俎十二種　(明)毛晉輯　民國上海醫學書局據明毛氏汲古閣刻本影印本　七冊

330000－1710－0004488　038/1　類叢部/叢書類/彙編之屬

古今逸史五十五種二百二十七卷　(明)吴琯輯　民國二十六年(1937)上海商務印書館據明刻本影印本　五十六冊

330000－1710－0004490　811.2/318　集部/總集類/氏族之屬

語溪徐氏三世遺詩一卷　徐益藩輯　民國二十九年(1940)鉛印本　一冊

330000－1710－0004491　038/2　類叢部/叢書類/彙編之屬

景印元明善本叢書十種　商務印書館編　民國二十六年至二十九年(1937－1940)上海商務印書館影印本　十二冊　存一種

330000－1710－0004495　子/佛家/523　子部/宗教類/佛教之屬

佛傳一卷　高觀如編輯　民國二十五年(1936)佛學書局鉛印本　一冊

330000－1710－0004496　子/佛家/524　子部/宗教類/佛教之屬

歧路指歸一卷　戰德克撰　民國二十五年(1936)鉛印本　一冊

330000－1710－0004497　子/佛家/525　子部/宗教類/佛教之屬/諸宗

俱舍宗大意一卷　(日本)藤唯信撰　民國鉛印本　一冊

330000－1710－0004498　子/佛家/526　子部/宗教類/道教之屬

感應篇直講一卷　民國三十六年(1947)鉛印本　一冊

330000－1710－0004501　子/佛家/527　子部/宗教類/佛教之屬

學佛淺説一卷助覺管見一卷初機學佛摘要一卷　王博謙輯　民國十九年(1930)鉛印本　一冊

330000－1710－0004502　子/佛家/528　子部/宗教類/佛教之屬

歷史感應統説五卷　許止淨編　民國十九年(1930)鉛印本　二冊

330000－1710－0004503　子/佛家/529　子部/宗教類/佛教之屬/經疏

般若波羅密多心經白話淺解一卷　（唐）釋玄奘譯　駱印雄解　民國三十八年(1949)鉛印本　一冊

330000－1710－0004504　子/佛家/530　子部/宗教類/佛教之屬
釋門法戒錄一卷　郭慧濬編　民國二十六年(1937)蘇州弘化社鉛印本　一冊

330000－1710－0004507　038/9　類叢部/叢書類/家集之屬
錫山尤氏叢刊甲集六種　尤桐輯　民國二十四年(1935)鉛印本　一冊　存三種

330000－1710－0004508　子/佛家/531　子部/宗教類/佛教之屬/經疏
地藏菩薩本願經科註三卷　（唐）釋實叉難陀譯　民國二十五年(1936)鉛印本　二冊

330000－1710－0004509　子/佛家/532　子部/宗教類/佛教之屬
佛學救劫編三卷附佛法導論一卷　許止浄纂輯　民國二十三年(1934)鉛印本　二冊

330000－1710－0004510　子/佛家/543　子部/宗教類/佛教之屬
佛學救劫編三卷附佛法導論一卷　許止浄纂輯　民國二十三年(1934)鉛印本　二冊

330000－1710－0004511　子/佛家/544　史部/傳記類/別傳之屬/年譜
憨山老人年譜自敘實錄疏二卷首一卷　釋福善錄　釋福徵述　民國二十三年(1934)佛學書局鉛印本　一冊

330000－1710－0004512　子/佛家/545　子部/宗教類/佛教之屬
歷史感應統紀四卷首一卷　許止淨編纂　民國十八年(1929)鉛印本　一冊　缺二卷(三至四)

330000－1710－0004514　子/佛家/546　子部/宗教類/佛教之屬/論疏
無量壽經優婆提舍願生偈註一卷　（印度）婆藪槃頭菩薩造　（北魏）釋菩提流支譯論　（北魏）釋曇鸞註解　范古農述　民國二十三年(1934)鉛印本　一冊

330000－1710－0004518　子/佛家/547　子部/宗教類/佛教之屬/論疏
無量壽經優婆提舍願生偈註一卷　（印度）婆藪槃頭菩薩造　（北魏）釋菩提流支譯論　（北魏）釋曇鸞註解　范古農述　民國二十三年(1934)鉛印本　一冊

330000－1710－0004519　子/佛家/548　子部/宗教類/佛教之屬/論疏
無量壽經優婆提舍願生偈註一卷　（印度）婆藪槃頭菩薩造　（北魏）釋菩提流支譯論　（北魏）釋曇鸞註解　范古農述　民國二十三年(1934)鉛印本　一冊

330000－1710－0004520　子/佛家/549　子部/儒家類/儒學之屬/禮教/家訓
袁了凡先生四訓一卷　（明）袁黃撰　民國二十五年(1936)鉛印本　一冊

330000－1710－0004521　子/佛家/550　子部/宗教類/佛教之屬/諸宗
印光法師文鈔續編二卷　釋聖量撰　民國二十九年(1940)鉛印本　二冊

330000－1710－0004522　811.4/A7　類叢部/叢書類/彙編之屬
又滿樓叢書十六種　趙詒琛編　民國九年至十四年(1920－1925)崑山趙氏又滿樓刻本　一冊　存四種

330000－1710－0004525　子/佛家/552　子部/宗教類/佛教之屬/經
佛說大乘莊嚴寶王經四卷　（宋）釋天息災譯　民國六年(1917)金陵刻經處刻本　一冊

330000－1710－0004526　子/佛家/553　子部/宗教類/佛教之屬/經
大寶廣博樓閣善住秘密陀羅尼經三卷　（唐）釋不空譯　民國九年(1920)金陵刻經處刻本　一冊

330000－1710－0004527　子/佛家/554　子部/宗教類/佛教之屬/經
蘇婆呼童子請問經四卷　（唐）釋輸波迦羅譯

民國十年(1921)金陵刻經處刻本　一冊

330000－1710－0004532　子/佛家/557　子部/宗教類/佛教之屬

法華三昧懺儀一卷　(隋)釋智顗撰　**法華三昧行事運想輔助義一卷**　(唐)釋湛然撰　**修懺要旨一卷禮法華經義式一卷**　(宋)釋知禮撰　民國八年(1919)北京刻經處刻本　一冊

330000－1710－0004534　子/佛家/559　子部/宗教類/佛教之屬/論

中論會譯一卷　(後秦)釋鳩摩羅什等譯　民國三年(1914)鉛印本　一冊

330000－1710－0004536　子/佛家/561　子部/宗教類/佛教之屬/經疏

藥師經疏鈔擇要三卷科文一卷　(清)伯亭老人疏鈔　(清)普霈擇要　民國六年(1917)刻本　三冊

330000－1710－0004537　子/佛家/562　子部/宗教類/佛教之屬/經

大乘大集地藏十輪經十卷　(唐)釋玄奘譯　民國三年(1914)金陵刻經處刻本　三冊

330000－1710－0004538　子/佛家/563　史部/傳記類/總傳之屬/釋道

清世宗御製三十二祖傳讚不分卷　(清)世宗胤禛撰　民國七年(1918)揚州藏經院刻本　一冊

330000－1710－0004542　039/2　類叢部/叢書類/彙編之屬

漢魏叢書九十六種　(清)王謨輯　民國六年(1917)上海育文書局石印本　三十二冊

330000－1710－0004545　子/佛家/564　子部/宗教類/佛教之屬/論疏

成唯識論述記義演一百卷　(唐)釋如理集　民國十八年(1929)支那内學院刻本　一冊　存四卷(一至四)

330000－1710－0004547　811.4/A15　集部/詞類/類編之屬

六十家詞集　劉毓盤輯　民國鉛印本　一冊　存九種

330000－1710－0004552　811.4/A21　集部/詞類/類編之屬

滄江樂府七種　錢溯耆編　民國五年(1916)錢氏聽邠室刻本　二冊

330000－1710－0004553　子/佛家/567　子部/宗教類/佛教之屬/經疏

楞嚴經灌頂疏十卷科文一卷序釋一卷圓譚二卷　(清)釋續法撰　民國九年(1920)刻十一年(1922)魯心齋印本　二十二冊　缺三卷(六、七上、十)

330000－1710－0004557　811.4/A24　集部/詞類/類編之屬

東海鰥生詞鈔一卷　(清)查潤身撰　**養性讀書齋詩存一卷**　(清)黃國瑚撰　**繭室遺詩一卷**　(清)徐振常撰　**指馬樓詞鈔一卷**　(清)朱冠瀛撰　**環綠軒選詞一卷**　(清)沈德麟撰　**瓦鳴集一卷**　(清)朱笏廷撰　(清)談文灯輯　民國鉛印本　一冊

330000－1710－0004559　811.4/A25　集部/詞類/別集之屬

鞠通樂府三卷　(清)沈自晉撰　**瘦吟樓詞一卷**　沈時棟撰　民國十七年(1928)吳江敦厚堂鉛印本　一冊

330000－1710－0004561　子/佛家/569　子部/宗教類/佛教之屬/論

雜寶藏論十卷　(北魏)釋吉迦夜　(北魏)釋曇曜譯　民國十年(1921)金陵刻經處刻本　三冊

330000－1710－0004562　子/佛家/570　子部/宗教類/佛教之屬/經疏

說無垢稱經疏二十二卷　(唐)釋窺基撰　民國七年(1918)金陵刻經處刻本　一冊　存四卷(十六至十九)

330000－1710－0004563　子/佛家/571　子部/宗教類/佛教之屬

弘法大師雜著八種　(日本)釋空海撰　民國十年(1921)、十一年(1922)北京刻經處刻本　一冊

330000－1710－0004564　811.4/A26　集部/總集類/郡邑之屬

潯溪詩徵四十卷補遺一卷詞徵二卷　周慶雲輯　民國六年(1917)夢坡室刻本　一册　存二卷(詞徵一至二)

330000－1710－0004567　子/佛家/572　子部/宗教類/佛教之屬/論

佛地經論七卷　(唐)釋玄奘譯　民國五年(1916)金陵刻經處刻本　二册

330000－1710－0004568　811.4/A29　類叢部/叢書類/彙編之屬

潛泉叢鈔□□種　吴隱輯　民國西泠印社刻本暨石印本　二册　存一種

330000－1710－0004569　子/佛家/573　子部/宗教類/佛教之屬/論

大乘阿毗達磨集論八卷　(唐)釋玄奘譯　民國九年(1920)金陵刻經處刻本　二册

330000－1710－0004570　子/佛家/574　子部/宗教類/佛教之屬/經疏

金剛般若經贊述四卷　(唐)釋窺基撰　民國六年(1917)金陵刻經處刻本　二册

330000－1710－0004574　子/佛家/575　子部/宗教類/佛教之屬/經疏

金剛般若略義一卷　(元)釋明本述　民國十二年(1923)天津刻經處刻本　一册

330000－1710－0004575　子/佛家/576　子部/宗教類/佛教之屬/經

法句經二卷法句經要釋一卷　(三國吴)釋維祇難等譯　民國三十四年(1945)支那内學院刻本　一册

330000－1710－0004577　811.4/A35　集部/詞類/類編之屬

詞學全書四種　(清)查培繼輯　民國木石居石印本　六册

330000－1710－0004578　子/佛家/577　子部/宗教類/佛教之屬/論疏

唯識三十論要釋一卷　(唐)□□撰　民國二十三年(1934)刻本　一册

330000－1710－0004579　子/佛家/578　子部/宗教類/佛教之屬/論

陳那四論七卷　(唐)釋義浄譯　民國二十一年(1932)支那内學院刻本　一册

330000－1710－0004580　子/佛家/579　子部/宗教類/佛教之屬/論

三無性論二卷　(南朝陳)釋真諦譯　民國二十一年(1932)刻本　一册

330000－1710－0004581　子/佛家/580　子部/宗教類/佛教之屬/經

根本説一切有部戒經一卷　(唐)釋義淨譯　民國二十年(1931)支那内學院刻本　一册

330000－1710－0004582　子/佛家/581　子部/宗教類/佛教之屬/論

註成唯識論十七卷　(唐)□□□撰　民國二十三年(1934)支那學院刻本(卷一至十六原缺)　一册

330000－1710－0004583　子/佛家/582　子部/宗教類/佛教之屬/經

分别緣起初勝法門經一卷　(唐)釋玄奘譯　民國八年(1919)金陵刻經處刻本　一册

330000－1710－0004584　811.4/A37　集部/詞類/詞韻之屬

詞學初桄八卷　吴莽漢輯　民國九年(1920)上海朝記書莊鉛印本　二册　存二卷(六至七)

330000－1710－0004585　子/佛家/583　子部/宗教類/佛教之屬/論

佛母般若波羅蜜多圓集要義釋論四卷　(印度)三寶尊菩薩造　(宋)釋施護等譯　民國二十年(1931)支那學院刻本　一册

330000－1710－0004586　子/佛家/584　子部/宗教類/佛教之屬/經

寶積經瑜伽釋一卷　(唐)釋玄奘譯　民國三十年(1941)刻本　一册

330000－1710－0004587　子/佛家/585　子部/宗教類/佛教之屬/經

解深密經五卷　(唐)釋玄奘譯　民國三十四

年(1945)刻本　一册　存一卷(三)

330000－1710－0004588　811.4/A36　集部/詞類/詞話之屬

學詞百法一卷　劉坡公編　民國二十四年(1935)上海世界書局鉛印本　一册

330000－1710－0004589　811.4/A39　集部/詞類/詞譜之屬

增廣攷正白香詞譜四卷附考正詞韻一卷　(清)舒夢蘭編纂　顧憲融攷正　民國十五年(1926)上海中原書局石印本　五册

330000－1710－0004591　811.4/A40　集部/詞類/詞譜之屬

白香詞譜箋四卷　(清)舒夢蘭輯　(清)謝朝徵箋　民國石印本　四册

330000－1710－0004592　811.4/A41　集部/詞類/詞譜之屬

攷正白香詞譜三卷附錄一卷　陳小蝶編　民國七年(1918)春草軒鉛印本暨石印本　四册　缺一卷(增訂晚翠軒詞韻)

330000－1710－0004593　子/佛家/586　子部/宗教類/佛教之屬/諸宗

印光法師文鈔四卷附錄一卷　釋聖量撰　民國十二年(1923)刻本　三册　存三卷(二至四)

330000－1710－0004596　子/佛家/588　子部/宗教類/佛教之屬/經疏

説無垢稱經疏二十二卷　(唐)釋窺基撰　民國七年(1918)金陵刻經處刻本　一册　存三卷(二十至二十二)

330000－1710－0004597　子/佛家/589　子部/宗教類/佛教之屬

廣弘明集四十卷　(唐)釋道宣輯　民國元年(1912)常州天寧寺刻本　三册　存十二卷(一至十二)

330000－1710－0004600　子/佛家/591　子部/宗教類/佛教之屬/經

金光明最勝王經十卷附藏文漢文日文英文陀羅尼四種四卷　(唐)釋義浄譯　民國十四年(1925)杭州金光明法會鉛印本　二册

330000－1710－0004603　子/佛家/594　子部/宗教類/佛教之屬

聲明畧一卷　吕澂撰　民國十二年(1923)支那内學院鉛印本　一册

330000－1710－0004604　子/佛家/595　子部/宗教類/佛教之屬/論

唯識通論一卷　王恩洋撰　民國鉛印本　一册

330000－1710－0004606　子/佛家/596　子部/宗教類/佛教之屬

佛學概論初輯一卷附錄一卷　王恩洋稿　民國十八年(1929)支那内學院鉛印本　一册

330000－1710－0004611　811.4/B3　集部/曲類/散曲之屬

散曲叢刊十五種　任訥輯　民國二十年(1931)上海中華書局鉛印本　二十六册

330000－1710－0004619　811.4/B12　集部/曲類/曲韻曲譜曲律之屬

六也曲譜五十六卷　(清)殷溎深撰　民國十八年(1929)上海校經山房、成記書局石印本　二十四册

330000－1710－0004622　子/佛家/600　子部/宗教類/佛教之屬/論

成實論二十卷　(後秦)釋鳩摩羅什譯　民國五年(1916)金陵刻經處刻本　六册

330000－1710－0004624　子/佛家/601　子部/宗教類/佛教之屬/經疏

大方廣佛華嚴經疏鈔會本八十卷　(唐)釋澄觀撰　**大方廣佛華嚴經入不思議解脱境界普賢行願品别行疏鈔會本四卷**　(唐)釋澄觀疏　(唐)釋宗密鈔　**大方廣佛華嚴經疏鈔會本略科十卷**　**大方廣佛華嚴經普賢行願品别行疏鈔會本略科一卷**　民國三十三年(1944)華嚴疏鈔編印會鉛印本　三十八册　缺五卷(華嚴經疏鈔會本三至五、九至十)

330000－1710－0004625　811.4/B1　集部/曲類/曲選之屬

元曲别裁集二卷　盧前編　民國十七年(1928)上海開明書店鉛印本　一冊

330000－1710－0004628　811.4/B20　集部/戲劇類/傳奇之屬

陳眉公批評琵琶記四卷　(元)高明撰　(明)陳繼儒評　民國六年(1917)上海掃葉山房石印本　四冊

330000－1710－0004629　811.4/B21　集部/戲劇類/傳奇之屬

玉茗堂南柯記二卷四十四齣　(明)湯顯祖撰　民國七年(1918)掃葉山房石印本　二冊

330000－1710－0004630　811.4/B22、8114.4/B23、811.4/B24　集部/戲劇類/總集之屬/傳奇

玉生香傳奇四種曲　民國八年(1919)碧梧山莊石印本　四冊

330000－1710－0004632　811.4/A42　集部/詞類/詞話之屬

樂府指迷箋釋一卷附錄一卷　(宋)沈義父撰　蔡嵩雲箋釋　民國三十七年(1948)上海中華書局鉛印本　一冊

330000－1710－0004635　811.4/B27　類叢部/叢書類/自著之屬

船山遺書六十六種附一種　(清)王夫之撰　民國警鐘報社鉛印本　一冊　存一種

330000－1710－0004637　子/佛家/603　子部/宗教類/佛教之屬/論疏

大乘阿毘達磨雜集論述記三十卷　(唐)釋窺基撰　民國八年(1919)金陵刻經處刻本　二冊　存五卷(十二至十六)

330000－1710－0004639　子/佛家/604　子部/宗教類/佛教之屬/論疏

成唯識論述記義演一百卷　(唐)釋如理集　民國十八年(1929)支那內學院刻本　一冊　存五卷(七十九至八十三)

330000－1710－0004640　子/佛家/605　類叢部/叢書類/自著之屬

楊仁山居士遺著十三種　(清)楊文會撰　民國八年(1919)金陵刻經處刻本　八冊　存九種

330000－1710－0004641　子/佛家/606　子部/宗教類/佛教之屬/經疏

大般涅槃經疏三德指歸一百卷　(晉)釋曇無讖譯　(南朝宋)釋慧嚴等治　(隋)章安頂法師(釋灌頂)疏　(唐)釋湛然再治　(宋)釋智圓述記　民國十四年(1925)揚州宛虹橋眾香庵刻本　八冊　存二十四卷(六至二十九)

330000－1710－0004645　子/佛家/608　子部/宗教類/佛教之屬/經疏

楞嚴經灌頂疏十卷科文一卷序釋一卷圓譚二卷　(清)釋續法撰　民國九年(1920)刻十一年(1922)魯心齋印本　三冊　存二卷(六、七上)

330000－1710－0004652　子/佛家/613　子部/宗教類/佛教之屬/經疏

金剛般若波羅蜜經直解四卷　(清)釋續法述　民國十二年(1923)刻本　四冊

330000－1710－0004658　子/佛家/618　子部/宗教類/佛教之屬/論疏

釋摩訶衍論十卷　(印度)馬鳴菩薩撰　(南朝陳)釋真諦譯　(印度)龍樹菩薩釋　(晉)釋筏提摩多譯　民國金陵刻經處刻本　二冊　存六卷(五至十)

330000－1710－0004660　子/佛家/620　子部/宗教類/佛教之屬

廣弘明集四十卷　(唐)釋道宣輯　民國元年(1912)常州天寧寺刻本　四冊　存十六卷(二十五至四十)

330000－1710－0004663　子/佛家/621　子部/宗教類/佛教之屬/論疏

成唯識論學記八卷　(唐)釋太賢輯　民國鉛印本　二冊　存四卷(五至八)

330000－1710－0004664　子/佛家/622　子部/宗教類/佛教之屬/論

金七十論三卷　(南朝陳)釋真諦譯　**廣釋菩提心論四卷**　(印度)蓮華戒菩薩造　(宋)釋

施護譯　民國五年(1916)常州天寧寺刻本　一冊

330000－1710－0004665　子/佛家/623　子部/宗教類/佛教之屬/經疏

佛說金剛般若波羅密經義疏六卷　(後秦)釋鳩摩羅什譯　(隋)釋吉藏撰疏　民國六年(1917)金陵刻經處刻本　一冊　存三卷(一至三)

330000－1710－0004666　子/佛家/624　子部/宗教類/佛教之屬/經疏

佛說仁王護國般若波羅蜜經疏八卷　(隋)釋吉藏撰　民國北京刻經處刻本　一冊　存三卷(六至八)

330000－1710－0004669　子/佛家/627　子部/宗教類/佛教之屬/經

大乘理趣六波羅蜜多經十卷　(唐)釋般若譯　民國十一年(1922)金陵刻經處刻本　二冊　存七卷(四至十)

330000－1710－0004672　子/佛家/630　子部/宗教類/佛教之屬/論疏

辯中邊論述記六卷　(唐)釋窺基撰　民國元年(1912)江西刻經處刻本　一冊　存二卷(五至六)

330000－1710－0004673　子/佛家/638　子部/宗教類/佛教之屬/經疏

楞伽疏訣六卷　歐陽漸學　民國十四年(1925)支那内學院刻本　二冊

330000－1710－0004676　039/150　類叢部/類書類/通類之屬

欽定古今圖書集成一萬卷目錄四十卷　(清)蔣廷錫　(清)陳夢雷等輯　**古今圖書集成考證二十四卷**　民國二十三年(1934)中華書局影印本　五百七十五冊　存七千八十三卷(乾象典一至一百,歲功典一至一百十六,曆法典一至十、二十一至八十六、一百至一百十三,庶徵典十四至六十四、七十九至一百八十八,坤輿典一至一百四十,職方典十一至四百六十六、四百八十一至六百九十九、七百十五至七百八十六、八百一至八百三十九、八百八十五至八百八十九、一千五十三至一千一百十四、一千一百二十五至一千二百三十二、一千二百五十九至一千三百九、一千三百二十一至一千三百八十二、一千三百九十九至一千四百二十二、一千四百三十五至一千五百四十四,山川典一至七十九、九十三至一百九十五、二百九至三百二十,邊裔典一至一百四十,皇極典一百五十八至三百,宫闈典一至一百四十,官常典一至五百四十、五百五十四至六百四十七、六百六十二至六百八十五、六百九十七至八百,家範典一至一百十六,交誼典一至八十二、九十七至一百二十,氏族典十四至二十六、四十一至八十、一百八至二百二、二百十六至三百七十二、四百十三至六百四十,人事典一至二十一、三十三至七十八、九十至一百一,閨媛典七十六至八十五、一百二十七至一百三十八、二百七十七至三百十四、三百二十七至三百四十二,神異典四十二至五十二、二百八十二至二百九十三,禽蟲典一至一百九十二,草木典一至三百二十,經籍典一至五十八、八十一至九十二、一百十九至一百三十二、一百五十至二百三十六、二百五十三至三百三十九、三百六十七至四百三十、四百五十七至四百七十,學行典十三至五十七、七十至一百五十五、一百九十六至二百七、二百二十至二百四十六、二百七十三至三百,文學典一至二百六十,字學典一至七十二,選舉典一至一百三十六,銓衡典一至一百二十,食貨典一至三百三十六,禮儀典一至三百四十八,戎政典一至三百,祥刑典一至一百八十;目錄一至四十;考證七至二十四)

330000－1710－0004677　子/佛家/632　子部/宗教類/佛教之屬/經疏

般若波羅蜜多心經喻釋一卷　陳維庚口述　王一儂筆記　民國刻本　一冊

330000－1710－0004678　子/佛家/633　子部/宗教類/佛教之屬/經疏

佛遺教經解一卷附卍齋隨筆一卷　陳文鼎撰解　民國十二年(1923)鉛印本　一冊

330000－1710－0004680　039/150－2　類叢

部/類書類/通類之屬

欽定古今圖書集成一萬卷目錄四十卷　(清)蔣廷錫　(清)陳夢雷等撰　**古今圖書集成樣本一卷**　中華書局輯　民國二十三年(1934)中華書局影印本　六冊　存七十五卷(博物彙編禽蟲典六十至一百二十二、草木典五十六至六十六,古今圖書集成樣本)

330000－1710－0004681　子/佛家/635　子部/宗教類/佛教之屬

竹密流水續集一卷　陳維庚撰　民國三十四年(1945)鉛印本　一冊

330000－1710－0004684　子/佛家/637　子部/宗教類/佛教之屬

南海寄歸內法傳四卷　(唐)釋義淨撰　民國十四年(1925)支那內學院刻本　二冊

330000－1710－0004689　子/佛家/642　子部/宗教類/佛教之屬/諸宗

淨土輯要三卷附錄一卷　潘慧純　邵慧圓輯述　民國十八年(1929)鉛印本　一冊

330000－1710－0004690　子/佛家/643　子部/宗教類/佛教之屬/經

大佛心經一卷　民國十九年(1930)刻本　一冊

330000－1710－0004691　子/佛家/644　子部/宗教類/佛教之屬/經疏

大方廣佛華嚴經入不思議解脫境界普賢行願品一卷　(唐)釋般若譯　民國鉛印本　一冊

330000－1710－0004692　子/佛家/645　子部/宗教類/佛教之屬/經疏

大方廣佛華嚴經入不思議解脫境界普賢行願品一卷　(唐)釋般若譯　民國鉛印本　一冊

330000－1710－0004698　子/佛家/649　子部/宗教類/佛教之屬/諸宗

幻庵文集六卷　范古農撰　民國三十六年(1947)上海大法輪書局、上海佛學書局鉛印本　二冊　存四卷(三至六)

330000－1710－0004700　811.4/43　集部/曲類/散曲之屬

陶情樂府四卷拾遺一卷　(明)楊慎撰　**楊夫人曲三卷**　(明)黃峨撰　民國二十三年(1934)上海商務印書館石印本　一冊

330000－1710－0004701　811.4/44　集部/曲類/曲選之屬

精選繪圖崑曲大全四集　民國世界書局石印本　四冊

330000－1710－0004703　811.4/B45　集部/曲類/曲韻曲譜曲律之屬

道和曲譜荊釵記不分卷　道和俱樂部編著　民國十一年(1922)上海天一書局石印本　四冊

330000－1710－0004705　子/佛家/651　子部/宗教類/佛教之屬/律

在家律要廣集十三卷　(清)陳熙願廣集　民國八年(1919)金陵刻經處刻本　四冊

330000－1710－0004706　子/佛家/652　子部/宗教類/佛教之屬/論疏

成唯識論述記義演一百卷　(唐)釋如理集　民國十八年(1929)支那內學院刻本　十五冊　存四十七卷(三十六至四十八、六十七至一百)

330000－1710－0004716　子/佛家/656　子部/宗教類/佛教之屬/諸宗

密教綱要四卷　(日本)釋權田雷斧撰　王弘願譯　民國八年(1919)潮安刻經處刻本　二冊

330000－1710－0004725　811.5/14　經部/小學類/訓詁之屬/方言

屈宋方言攷一卷　李翹撰　民國十四年(1925)芬熏館刻朱印本　一冊

330000－1710－0004728　子/佛家/661　子部/宗教類/佛教之屬/論疏

攝大乘論釋十卷　(印度)世親菩薩撰　(唐)釋玄奘譯　民國五年(1916)金陵刻經處刻本　四冊

330000－1710－0004729　子/佛家/662　史部/傳記類/總傳之屬/釋道

新續高僧傳四集六十五卷首一卷 喻謙編輯 民國十二年(1923)北洋印刷局鉛印本 十六冊

330000－1710－0004737 811.6/10 集部/總集類/選集之屬/通代
六朝文絜四卷 (清)許槤輯並評 民國七年(1918)上海中華書局據清道光五年(1825)海昌許氏享金寶石齋刻本影印本 二冊

330000－1710－0004738 子/佛家/665 子部/宗教類/佛教之屬
菩提道次第略論六卷 (元)釋宗喀巴造 釋大勇譯 釋法尊譯補 民國三十一年(1942)刻本 二冊

330000－1710－0004741 811.6/11 集部/總集類/選集之屬/通代
六朝文絜箋注十二卷 (清)許槤輯並評 (清)黎經誥箋注 民國十五年(1926)上海掃葉山房石印本 四冊

330000－1710－0004742 子/佛家/668 子部/宗教類/佛教之屬/論
究竟一乘寶性論六卷 (北魏)釋勒那摩提譯 民國八年(1919)金陵刻經處刻本 二冊

330000－1710－0004744 子/佛家/669 子部/宗教類/佛教之屬
瑜伽師地論科判第三冊不分卷 民國六年(1917)金陵刻經處刻本 一冊

330000－1710－0004745 811.6/12 集部/總集類/選集之屬/通代
詳註六朝文絜八卷 吳承烜註釋 民國六年(1917)上海國華書局鉛印本 汪大鐵題記 四冊

330000－1710－0004747 子/佛家/670 子部/宗教類/佛教之屬/論
法勝阿毗曇心論六卷 (天竺)優波扇多 (天竺)釋那连提耶舍譯 **勝宗十句義論一卷** (印度)勝者慧月造 (唐)釋玄奘譯 民國七年(1918)湖北陶福山刻本 一冊 缺三卷(一至三)

330000－1710－0004749 子/佛家/672 子部/宗教類/佛教之屬/經
大方廣佛華嚴經一卷 (唐)釋般若譯 民國十七年(1928)鉛印本 一冊

330000－1710－0004750 子/佛家/673 子部/宗教類/佛教之屬/經
大方廣佛華嚴經一卷 (唐)釋般若譯 民國十七年(1928)鉛印本 一冊

330000－1710－0004753 子/佛家/675 子部/宗教類/佛教之屬/經疏
大方廣佛華嚴經入不思議解脱境界普賢行願品第四十卷疏節錄一卷 (唐)釋般若譯 (唐)釋澄觀義 **文殊師利發願經一卷** (印度)佛陀跋陀羅譯 **普賢菩薩行願讚一卷** (唐)釋不空譯 民國十年至十一年(1921－1922)北京刻經處刻本 一冊

330000－1710－0004755 子/佛家/676 子部/宗教類/佛教之屬/經疏
普賢行願品别行疏鈔擷一卷附摘華嚴纂靈紀一卷 釋幻修編 民國九年(1920)鉛印本 一冊

330000－1710－0004756 子/佛家/677 子部/宗教類/佛教之屬/經疏
普賢行願品别行疏鈔擷一卷附摘華嚴纂靈紀一卷 釋幻修編 民國十二年(1923)杭州刻經處刻本 一冊

330000－1710－0004757 子/佛家/678 子部/宗教類/佛教之屬/經疏
普賢行願品别行疏鈔擷一卷附摘華嚴纂靈紀一卷 釋幻修編 民國十二年(1923)杭州刻經處刻本 一冊

330000－1710－0004760 子/佛家/680 子部/宗教類/佛教之屬/論疏
辨了不了義論釋難五卷 僧海大師造 法尊法師譯 民國二十五年(1936)刻本 二冊

330000－1710－0004765 812.1/2 類叢部/叢書類/自著之屬
諸葛武侯全集五種二十卷 (三國蜀)諸葛亮

撰 （清）張澍輯 民國七年（1918）江左書林石印本 八冊

330000－1710－0004768 子/佛家/681 子部/宗教類/佛教之屬/諸宗

勸修淨土切要一卷 （清）釋真益願撰 民國八年（1919）金陵刻經處刻本 一冊

330000－1710－0004776 812.1/12 集部/別集類/唐五代別集

羅昭諫集八卷 （唐）羅隱撰 民國二年（1913）常熟俞氏南郭艸堂刻本 二冊

330000－1710－0004779 子/佛家/686 子部/宗教類/佛教之屬/論疏

成唯識論述記義演一百卷 （唐）釋如理集 民國十八年（1929）支那內學院刻本 四冊 存十六卷（五至二十）

330000－1710－0004780 812.1/17 類叢部/叢書類/自著之屬

樊諫議集七家注六種 （唐）樊宗師撰 （清）樊鎮輯 民國十三年（1924）紹興樊氏緜絳書屋刻本 三冊

330000－1710－0004784 812.1/18 集部/別集類/唐五代別集

樊紹述集注二卷 （唐）樊宗師撰 （清）孫之騄輯 民國五年（1916）樊氏刻本 二冊

330000－1710－0004787 子/佛家/691 子部/宗教類/佛教之屬/論疏

大乘阿毗達磨雜集論述記三十卷 （唐）釋窺基撰 民國八年（1919）金陵刻經處刻本 五冊 存十四卷（十七至三十）

330000－1710－0004789 812.1/27 類叢部/叢書類/彙編之屬

嘉業堂叢書五十七種 劉承幹輯 民國吳興劉氏嘉業堂刻本 十冊 存一種

330000－1710－0004792 子/佛家/694 子部/宗教類/佛教之屬/經疏

大方廣佛華嚴經入不思議解脱境界普賢行願品第四十卷疏節錄一卷 （唐）釋般若譯 （唐）釋澄觀義 **文殊師利發願經一卷** （印度）佛陀跋陀羅譯 **普賢菩薩行願讚一卷** （唐）釋不空譯 民國十年至十一年（1921－1922）北京刻經處刻本 一冊

330000－1710－0004795 子/佛家/697 子部/宗教類/佛教之屬/經疏

金剛般若經贊述四卷 （唐）釋窺基撰 民國六年（1917）金陵刻經處刻本 二冊

330000－1710－0004796 子/佛家/698 子部/宗教類/佛教之屬/經

六經同本六卷 民國八年（1919）北京刻經處刻朱印本 一冊

330000－1710－0004797 812.1/19 集部/總集類/選集之屬/通代

樊諫議集附錄甲集一卷補遺一卷乙集一卷補遺一卷 （唐）樊宗師撰 （清）樊鎮輯 民國十年（1921）紹興樊氏緜絳書屋鉛印本 一冊

330000－1710－0004798 子/佛家/699 子部/宗教類/佛教之屬/律

四分律比丘戒相表記不分卷 釋曇昉輯 民國十三年（1924）石印本 一冊

330000－1710－0004799 812.1/29 集部/別集類/宋別集

四明文獻集五卷 （宋）王應麟撰 （明）鄭真輯 **深寧先生文鈔摭餘編三卷** （宋）王應麟撰 （清）葉熊輯 **深寧先生[王應麟]年譜一卷** （清）錢大昕編 **王深寧先生[應麟]年譜一卷** （清）陳僅撰 （清）張恕編 **王深寧先生[應麟]年譜一卷** （清）張大昌輯 民國五年（1916）仁和王存善鉛印本 四冊

330000－1710－0004800 812.1/19－2 集部/別集類/唐五代別集

樊諫議集附錄乙集一卷補遺一卷 （唐）樊宗師撰 （清）樊鎮輯 民國十年（1921）紹興樊氏緜絳書屋鉛印本 一冊

330000－1710－0004801 8121./21 集部/別集類/唐五代別集

唐樊紹述遺文一卷附錄一卷 （唐）樊宗師撰 （清）張庚輯注 民國十四年（1925）山陰樊

氏緜絳書屋刻本　一册

330000－1710－0004803　812.1/22、812.1/23　集部/别集類/唐五代别集

樊諫議集七家註六種　（唐）樊宗師撰　（清）樊鎮輯　民國紹興樊氏緜絳書屋刻本　二册　存二種

330000－1710－0004804　812.1/24　史部/地理類/專志之屬/園林

絳守居園池記注一卷　（唐）樊宗師撰　（明）趙師尹注　（清）樊鎮輯　民國八年（1919）紹興樊氏緜絳書屋刻本　一册

330000－1710－0004805　812.1/39　集部/總集類/郡邑之屬

永嘉詩人祠堂叢刻十四種　冒廣生輯　民國四年（1915）如皋冒氏刻本　二册　存一種

330000－1710－0004806　812.1/5　集部/别集類/唐五代别集

李太白文集三十六卷　（唐）李白撰　（清）王琦輯注　民國三年（1914）掃葉山房石印本　二十三册

330000－1710－0004808　子/佛家/700　子部/宗教類/佛教之屬

華嚴經内章門等親孔目八卷　（唐）釋智儼集　民國十年（1921）金陵刻經處刻本　三册

330000－1710－0004814　子/佛家/702　子部/宗教類/佛教之屬/經疏

佛説仁王護國般若波羅密經疏五卷　（後秦）釋鳩摩羅什譯　（隋）釋智顗説　（隋）釋灌頂記　民國十一年（1922）刻本　三册

330000－1710－0004817　子/佛家/705　子部/宗教類/佛教之屬/經疏

佛説八大人覺經疏一卷　（清）釋續法集　民國十二年（1923）杭州刻經處刻本　一册

330000－1710－0004828　子/佛家/709　子部/宗教類/佛教之屬/經

在家必讀内典不分卷　歐陽漸編　民國二十七年（1938）支那内學院刻本　二册

330000－1710－0004833　子/佛家/710　子部/宗教類/佛教之屬/經疏

大般涅槃經疏三德指歸一百卷　（晉）釋曇無讖譯　（南朝宋）釋慧嚴等治　（隋）章安頂法師（釋灌頂）疏　（唐）釋湛然再治　（宋）釋智圓述記　民國十四年（1925）揚州宛虹橋衆香庵刻本　二十一册　存六十二卷（三十九至一百）

330000－1710－0004834　子/佛家/711　子部/宗教類/佛教之屬

梁皇懺隨聞録十卷首一卷　釋諦閑講　釋寶静輯　民國十四年（1925）中央刻經院鉛印本　四册

330000－1710－0004836　子/佛家/713　子部/宗教類/佛教之屬

覺後編十四卷首一卷　（清）王夔立輯　民國十九年（1930）鉛印本　二册

330000－1710－0004837　子/佛家/714　子部/宗教類/佛教之屬

覺後編十四卷首一卷　（清）王夔立輯　民國十九年（1930）鉛印本　一册　存九卷（六至十四）

330000－1710－0004838　子/佛家/715　子部/雜著類/雜説之屬

正信録二卷首一卷　（清）羅聘撰　民國二十年（1931）鉛印本　一册

330000－1710－0004840　子/佛家/716　子部/宗教類/佛教之屬/經疏

般若波羅蜜多心經新疏一卷白話淺説一卷　季聖一撰　民國二十一年（1932）鉛印本　一册

330000－1710－0004841　子/佛家/717　子部/宗教類/佛教之屬/經疏

般若波羅蜜多心經新疏一卷白話淺説一卷　季聖一撰　民國二十一年（1932）鉛印本　一册

330000－1710－0004842　子/佛家/718　子部/宗教類/佛教之屬/經疏

般若波羅蜜多心經新疏一卷白話淺説一卷 季聖一撰　民國二十一年(1932)鉛印本　一冊

330000－1710－0004844　子/佛家/719　史部/傳記類/別傳之屬/年譜
憨山老人年譜自敘實錄疏二卷首一卷　釋福善錄　釋福微述　民國二十三年(1934)佛學書局鉛印本　一冊

330000－1710－0004845　子/佛家/720　史部/傳記類/別傳之屬/年譜
憨山老人年譜自敘實錄疏二卷首一卷　釋福善錄　釋福微述　民國二十三年(1934)佛學書局鉛印本　一冊

330000－1710－0004846　子/佛家/721　史部/傳記類/別傳之屬/年譜
憨山老人年譜自敘實錄疏二卷首一卷　釋福善錄　釋福微述　民國二十三年(1934)佛學書局鉛印本　一冊

330000－1710－0004847　子/佛家/722　史部/傳記類/別傳之屬/年譜
憨山老人年譜自敘實錄疏二卷首一卷　釋福善錄　釋福微述　民國二十三年(1934)佛學書局鉛印本　一冊

330000－1710－0004848　子/佛家/723　史部/傳記類/別傳之屬/年譜
憨山老人年譜自敘實錄疏二卷首一卷　釋福善錄　釋福微述　民國二十三年(1934)佛學書局鉛印本　一冊

330000－1710－0004850　子/佛家/724　史部/傳記類/別傳之屬/年譜
憨山老人年譜自敘實錄疏二卷首一卷　釋福善錄　釋福微述　民國二十三年(1934)佛學書局鉛印本　一冊

330000－1710－0004851　子/佛家/725　史部/傳記類/別傳之屬/年譜
憨山老人年譜自敘實錄疏二卷首一卷　釋福善錄　釋福微述　民國二十三年(1934)佛學書局鉛印本　一冊

330000－1710－0004852　子/佛家/726　史部/傳記類/別傳之屬/年譜
憨山老人年譜自敘實錄疏二卷首一卷　釋福善錄　釋福微述　民國二十三年(1934)佛學書局鉛印本　一冊

330000－1710－0004853　子/佛家/727　子部/宗教類/佛教之屬/論疏
無量壽經優婆提舍願生偈註一卷　(天竺)婆藪槃頭菩薩造　(北魏)釋菩提流支譯論　(北魏)釋曇鸞註解　范古農述　民國二十三年(1934)鉛印本　一冊

330000－1710－0004854　子/佛家/728　子部/宗教類/佛教之屬/論疏
無量壽經優婆提舍願生偈註一卷　(天竺)婆藪槃頭菩薩造　(北魏)釋菩提流支譯論　(北魏)釋曇鸞註解　范古農述　民國二十三年(1934)鉛印本　一冊

330000－1710－0004855　子/佛家/729　子部/宗教類/佛教之屬/論疏
無量壽經優婆提舍願生偈註一卷　(天竺)婆藪槃頭菩薩造　(北魏)釋菩提流支譯論　(北魏)釋曇鸞註解　范古農述　民國二十三年(1934)鉛印本　一冊

330000－1710－0004856　子/佛家/730　子部/宗教類/佛教之屬/論疏
無量壽經優婆提舍願生偈註一卷　(天竺)婆藪槃頭菩薩造　(北魏)釋菩提流支譯論　(北魏)釋曇鸞註解　范古農述　民國二十三年(1934)鉛印本　一冊

330000－1710－0004857　子/佛家/731　子部/宗教類/佛教之屬/論疏
無量壽經優婆提舍願生偈註一卷　(天竺)婆藪槃頭菩薩造　(北魏)釋菩提流支譯論　(北魏)釋曇鸞註解　范古農述　民國二十三年(1934)鉛印本　一冊

330000－1710－0004858　子/佛家/732　子部/宗教類/佛教之屬/論疏
無量壽經優婆提舍願生偈註一卷　(天竺)婆藪槃頭菩薩造　(北魏)釋菩提流支譯論

（北魏）釋曇鸞註解　范古農述　民國二十三年（1934）鉛印本　一冊

330000－1710－0004859　子/佛家/733　子部/宗教類/佛教之屬/論疏
無量壽經優婆提舍願生偈註一卷　（天竺）婆藪槃頭菩薩造　（北魏）釋菩提流支譯論　（北魏）釋曇鸞註解　范古農述　民國二十三年（1934）鉛印本　一冊

330000－1710－0004860　子/佛家/734　子部/宗教類/佛教之屬/論疏
無量壽經優婆提舍願生偈註一卷　（天竺）婆藪槃頭菩薩造　（北魏）釋菩提流支譯論　（北魏）釋曇鸞註解　范古農述　民國二十三年（1934）鉛印本　一冊

330000－1710－0004861　子/佛家/735　子部/宗教類/佛教之屬/論疏
無量壽經優婆提舍願生偈註一卷　（天竺）婆藪槃頭菩薩造　（北魏）釋菩提流支譯論　（北魏）釋曇鸞註解　范古農述　民國二十三年（1934）鉛印本　一冊

330000－1710－0004862　子/佛家/736　子部/宗教類/佛教之屬/論疏
無量壽經優婆提舍願生偈註一卷　（天竺）婆藪槃頭菩薩造　（北魏）釋菩提流支譯論　（北魏）釋曇鸞註解　范古農述　民國二十三年（1934）鉛印本　一冊

330000－1710－0004863　子/佛家/737　子部/宗教類/佛教之屬/論疏
無量壽經優婆提舍願生偈註一卷　（天竺）婆藪槃頭菩薩造　（北魏）釋菩提流支譯論　（北魏）釋曇鸞註解　范古農述　民國二十三年（1934）鉛印本　一冊

330000－1710－0004864　子/佛家/738　子部/宗教類/佛教之屬/論疏
無量壽經優婆提舍願生偈註一卷　（天竺）婆藪槃頭菩薩造　（北魏）釋菩提流支譯論　（北魏）釋曇鸞註解　范古農述　民國二十三年（1934）鉛印本　一冊

330000－1710－0004867　子/佛家/739　子部/宗教類/佛教之屬/論疏
無量壽經優婆提舍願生偈註一卷　（天竺）婆藪槃頭菩薩造　（北魏）釋菩提流支譯論　（北魏）釋曇鸞註解　范古農述　民國二十三年（1934）鉛印本　一冊

330000－1710－0004868　子/佛家/740　子部/宗教類/佛教之屬/論疏
無量壽經優婆提舍願生偈註一卷　（天竺）婆藪槃頭菩薩造　（北魏）釋菩提流支譯論　（北魏）釋曇鸞註解　范古農述　民國二十三年（1934）鉛印本　一冊

330000－1710－0004872　子/佛家/742　子部/宗教類/佛教之屬/經疏
大般涅槃經疏三德指歸一百卷　（晉）釋曇無讖譯　（南朝宋）釋慧嚴等治　（隋）章安頂法師（釋灌頂）疏　（唐）釋湛然再治　（宋）釋智圓述記　民國十四年（1925）揚州宛虹橋眾香庵刻本　二冊　存五卷（一至五）

330000－1710－0004873　子/佛家/743　子部/宗教類/佛教之屬/經疏
大般涅槃經玄義發源機要六卷　（宋）釋智圓撰　民國三年（1914）刻本　二冊

330000－1710－0004874　子/佛家/744　子部/宗教類/佛教之屬/論
佛地經論七卷　（唐）釋玄奘譯　民國五年（1916）金陵刻經處刻本　二冊

330000－1710－0004876　子/佛家/745　子部/宗教類/佛教之屬/論
中論述義四卷　（印度）龍樹菩薩造　（印度）青目菩薩釋　（後秦）釋鳩摩羅什譯　（唐）釋吉藏疏　釋善因述　民國十四年（1925）刻本　四冊

330000－1710－0004879　子/佛家/747　子部/宗教類/佛教之屬/論疏
中觀論疏二十六卷　（唐）釋吉藏撰　民國三年（1914）金陵刻經處刻本　十二冊

330000－1710－0004883　子/佛家/749　子

部/宗教類/佛教之屬/經疏

金光明最勝王經疏二十六卷　(唐)釋義浄譯　(唐)釋慧沼疏　民國六年(1917)金陵刻經處刻本　一冊　存二卷(二十二至二十三)

330000－1710－0004885　子/佛家/751　子部/宗教類/佛教之屬

等不等觀雜錄八卷　(清)楊文會撰　民國刻本　四冊

330000－1710－0004890　子/佛家/752　子部/宗教類/佛教之屬

集古今佛道論衡實錄四卷　(唐)釋道宣撰　**續集古今佛道論衡實錄一卷**　(唐)釋智昇撰　民國十年(1921)金陵刻經處刻本　二冊

330000－1710－0004894　812.1/60　集部/別集類/宋別集

橫浦先生文集二十卷　(宋)張九成撰　(宋)朗曄編　**無垢先生橫浦心傳錄三卷橫浦日新一卷**　(宋)于恕編　**施先生孟子發題一卷**　(宋)施操德撰　**橫浦先生家傳一卷**　(宋)張榕撰　民國十四年(1925)海鹽張氏據明萬曆刻本影印本　金蓉鏡題記　八冊

330000－1710－0004898　812.1/77　類叢部/叢書類/彙編之屬

知不足齋叢書一百九十五種　(清)鮑廷博輯　(清)鮑士恭續輯　民國十年(1921)上海古書流通處據清鮑氏刻本影印本　三冊　存一種

330000－1710－0004899　812.1/71　類叢部/叢書類/郡邑之屬

豫章叢書六十種附一種　胡思敬編　民國四年至九年(1915－1920)南昌豫章叢書編刻局刻本　五冊　存一種

330000－1710－0004900　子/佛家/756　子部/宗教類/佛教之屬

中論科判一卷　民國四年(1915)金陵刻經處刻本　一冊

330000－1710－0004905　子/佛家/760　子部/宗教類/佛教之屬/論疏

成唯識論料簡四卷　(唐)釋窺基撰　民國五年(1916)金陵刻經處刻本　二冊

330000－1710－0004906　子/佛家/761　子部/宗教類/佛教之屬/論疏

攝大乘論釋十卷　(印度)世親菩薩撰　(唐)釋玄奘譯　民國五年(1916)金陵刻經處刻本　三冊

330000－1710－0004918　子/佛家/767　子部/宗教類/佛教之屬/論

性善惡論六卷　(明)釋傳燈撰　民國十二年至十三年(1923－1924)杭州刻經處刻本　三冊

330000－1710－0004919　子/佛家/768　子部/宗教類/佛教之屬/論疏

十二門論疏四卷序疏一卷　(唐)釋吉藏撰　民國四年(1915)金陵刻經處刻七年(1918)補刻本　三冊

330000－1710－0004921　子/佛家/770　子部/宗教類/佛教之屬

佛學中學課本古文四卷　民國金陵刻經處刻本　四冊

330000－1710－0004931　子/佛家/775　子部/宗教類/佛教之屬/諸宗

大乘止觀法門宗圓記十二卷　(宋)釋了然撰　民國石印本　十二冊

330000－1710－0004934　039/38　集部/總集類/彙編之屬

宋人集　李之鼎輯　民國南城李氏宜秋館刻本　金蓉鏡批　六十四冊　存六十種

330000－1710－0004945　子/佛家/776　子部/宗教類/佛教之屬/大藏

藏要第一輯□□種　歐陽漸輯　民國二十四年(1935)支那内學院鉛印本　二十一冊　存二十六種

330000－1710－0004947　039/45　類叢部/叢書類/彙編之屬

拜經樓叢書三十種　(清)吳騫輯　民國十一年(1922)上海博古齋影印本　四十八冊

330000－1710－0004950　子/佛家/777　子部/宗教類/佛教之屬/大藏

藏要第一輯□□種　歐陽漸輯　民國十八年(1929)支那内學院鉛印本　二册　存一種

330000－1710－0004952　812.1/103　集部/别集類/明别集

重刻成化本遜志齋集三十卷拾遺十卷續拾遺一卷附録一卷　(明)方孝孺撰　民國十七年(1928)刻本　十八册

330000－1710－0004961　812.1/110　類叢部/叢書類/自著之屬

舜水遺書四種附録一卷　(明)朱之瑜撰　民國二年(1913)山陰湯壽潛鉛印本　十二册

330000－1710－0004963　812.1/113　類叢部/叢書類/彙編之屬

嘉業堂叢書五十九種　劉承幹編　民國吳興劉氏嘉業堂刻本　五册　存一種

330000－1710－0004968　812.1/111　類叢部/叢書類/家集之屬

玉山朱氏遺書□□種　(清)諸可寶輯　民國十六年(1927)玉山書院刻本　一册　存一種

330000－1710－0004977　812.1/127　集部/别集類/明别集

重訂祝子遺書六卷首一卷末一卷　(明)祝淵撰　祝廷錫編　民國六年(1917)知非樓刻本　金蓉鏡題記　二册

330000－1710－0004981　812.1/134　集部/别集類/明别集

陶元暉中丞遺集二卷首一卷附録一卷跋一卷　(明)陶朗先撰　民國九年(1920)上海聚珍倣宋印書局鉛印本　二册

330000－1710－0004982　812.1/135　集部/别集類/明别集

陶元暉中丞遺集續編一卷附録一卷　(明)陶朗先撰　民國二十年(1931)影印暨鉛印本　一册

330000－1710－0004997　812.1/159　類叢部/叢書類/自著之屬

梨洲遺著彙刊(梨洲遺箸彙刊)二十七種續補三種　(清)黄宗羲撰　薛鳳昌編次　民國四年(1915)上海時中書局鉛印本(南雷文定三集卷三原缺)　十九册

330000－1710－0005013　039/52　類叢部/叢書類/彙編之屬

翠琅玕館叢書五十一種　黄任恒輯　民國五年(1916)據劉氏藏修堂叢書刊版重編本　十六册　存二十一種

330000－1710－0005025　812.1/174　集部/别集類/清别集

丁中翰遺集二卷補遺一卷　(清)丁泰撰　柯志頤輯　民國九年(1920)鉛印本　一册

330000－1710－0005030　039/60　類叢部/叢書類/彙編之屬

茗香館叢鈔□□種　李正墀輯　民國鉛印本暨石印本　四册　存三種

330000－1710－0005046　子/佛家/795　子部/宗教類/佛教之屬/經

佛説月上女經二卷　(隋)釋闍那崛多譯　民國二十二年(1933)潮陽郭氏雙百鹿齋刻本　一册

330000－1710－0005047　子/佛家/796　子部/宗教類/佛教之屬/經咒

觀世音菩薩經咒集刊十種附一種　鄭喜明輯　民國二年(1913)潮陽郭氏雙百鹿齋刻本　一册

330000－1710－0005048　子/佛家/797　子部/宗教類/道教之屬

太上感應篇集傳四卷　(清)惠棟箋　(清)俞樾纘義　(清)姚學塽注　民國十九年(1930)潮陽郭氏雙百鹿齋刻本　四册

330000－1710－0005049　子/佛家/798　子部/宗教類/佛教之屬/諸宗

天樂鳴空集三卷　(明)鮑宗肇撰　民國二十年(1931)潮陽郭氏雙百鹿齋刻本　二册

330000－1710－0005050　子/佛家/799　子部/宗教類/佛教之屬/諸宗

天樂嗚空集三卷　(明)鮑宗肇撰　民國二十年(1931)潮陽郭氏雙百鹿齋刻本　二册

330000－1710－0005051　子/佛家/800　子部/宗教類/道教之屬

關聖帝君明聖經誦本一卷附明聖經靈驗一卷傳略一卷　郭泰棣編　民國十九年(1930)潮陽郭氏輔仁堂刻本　一册

330000－1710－0005055　子/佛家/801　子部/宗教類/道教之屬

關聖帝君明聖經誦本一卷附明聖經靈驗一卷傳略一卷　郭泰棣編　民國十九年(1930)潮陽郭氏輔仁堂刻本　一册

330000－1710－0005056　子/佛家/802　子部/宗教類/道教之屬

關聖帝君明聖經誦本一卷附明聖經靈驗一卷傳略一卷　郭泰棣編　**蒙養三種三卷**　章炳麟重訂　江謙增訂　民國十九年(1930)、二十二年(1933)潮陽郭氏輔仁堂刻本　一册

330000－1710－0005057　子/佛家/803　子部/宗教類/佛教之屬/經疏

佛説阿彌陀經要解一卷　(後秦)釋鳩摩羅什譯　(明)釋智旭撰　**蕅益大師傳一卷**　(清)彭紹升撰　民國二十二年(1933)潮陽郭氏雙百鹿齋刻本　一册

330000－1710－0005058　812.1/196　集部/別集類

默盦集十卷　王舟瑤撰　民國二年(1913)上海國光書局鉛印本　三册

330000－1710－0005059　812.1/197　集部/別集類/清別集

柔橋文鈔十六卷　(清)王棻撰　民國三年(1914)上海國光書局鉛印本　八册

330000－1710－0005060　子/佛家/804　子部/宗教類/佛教之屬

明科釋氏源流二卷　民國二十四年(1935)影印本　一册　存一卷(下)

330000－1710－0005061　812.1/198　集部/別集類

冬花遺集五卷　王家桂　陳鋭輯　民國九年(1920)鉛印本　一册

330000－1710－0005062　812.1/199　集部/別集類

珠巖齋文初編九卷　王宇高撰　民國二十五年(1936)鉛印本　一册　存五卷(一至五)

330000－1710－0005063　039/65　類叢部/叢書類/家集之屬

諸暨馮氏叢刻五種四十四卷　馮振音編　民國六年(1917)鉛印本　十册

330000－1710－0005064　039/66　類叢部/叢書類/彙編之屬

適園叢書七十四種　張鈞衡編　民國二年至六年(1913－1917)烏程張氏刻本(唐大詔令集卷十四至二十四、八十七至九十八原缺)　一百八十四册　存六十七種

330000－1710－0005066　812.1/202　集部/別集類/清別集

小倦遊閣文稿二卷　(清)包世臣撰　民國六年(1917)華陽王氏菊飲軒鉛印本　一册

330000－1710－0005068　子/佛家/805　子部/宗教類/佛教之屬/大藏

普慧大藏經□□種　民國三十三年(1944)鉛印本　一册　存十四種

330000－1710－0005069　子/佛家/806　子部/宗教類/佛教之屬/大藏

普慧大藏經□□種　民國三十三年(1944)鉛印本　一册　存十四種

330000－1710－0005070　子/佛家/807　子部/宗教類/佛教之屬/大藏

普慧大藏經□□種　民國三十三年(1944)鉛印本　三册　存一種

330000－1710－0005071　子/佛家/808　子部/宗教類/佛教之屬/大藏

普慧大藏經□□種　民國三十三年(1944)鉛印本　三册　存一種

330000－1710－0005072　子/佛家/809　子

部/宗教類/佛教之屬/大藏

普慧大藏經□□種 民國三十三年(1944)鉛印本 五册 存一種

330000－1710－0005077 039/67 類叢部/叢書類/彙編之屬

適園叢書七十四種 張鈞衡編 民國二年至六年(1913－1917)烏程張氏刻本(唐大詔令集卷十四至二十四、八十七至九十八原缺) 三册 存一種

330000－1710－0005096 039/71 集部/總集類/氏族之屬

海鹽張氏涉園叢刻續編六種 張元濟輯 民國十七年(1928)海鹽張氏鉛印本 八册

330000－1710－0005100 039/72 集部/詞類/詞話之屬

詞林紀事二十二卷 (清)張宗橚撰 **樂府指迷一卷** (宋)張炎撰 **詞旨一卷** (宋)陸韶撰 **詞韻考畧一卷** (清)許昂霄撰 民國十五年(1926)海鹽張氏據清道光十五年(1835)刻本影印本 金蓉鏡題記 十册

330000－1710－0005101 812.1/219 集部/別集類/清別集

朱衎廬先生遺稿八卷補編一卷朱衎廬舊藏鈔本書目一卷 (清)朱昌燕撰 張宗祥編 民國鉛印本 二册

330000－1710－0005102 子/佛家/820 子部/宗教類/佛教之屬/論疏

十二門論疏四卷序疏一卷 (唐)釋吉藏撰 民國四年(1915)金陵刻經處刻七年(1918)補刻本 三册

330000－1710－0005103 812.1/220 集部/別集類/清別集

朱衎廬先生遺稿續編二卷補遺一卷附拜竹龕楹聯偶存一卷 (清)朱昌燕撰 張兆鏞輯 民國二十三年(1934)孫氏望雲廬鉛印本 一册

330000－1710－0005104 812.1/222 集部/別集類/清別集

蕉聲館文集八卷首一卷詩集二十卷詩補遺四卷詩續補一卷 (清)朱為弼撰 朱景邁輯 民國五年至八年(1916－1919)朱景邁東湖草堂刻本 十册

330000－1710－0005105 039/73 集部/總集類/氏族之屬

錫山榮氏繩武樓叢刊十種 榮棣輝輯 民國二十二年(1933)鉛印本 六册

330000－1710－0005106 子/佛家/821 子部/宗教類/佛教之屬/經

妙臂菩薩所問經四卷 (宋)釋法天譯 民國六年(1917)金陵刻經處刻本 一册

330000－1710－0005108 子/佛家/822 子部/宗教類/佛教之屬/經

菩薩處胎經八卷 (後秦)釋竺佛念譯 民國六年(1917)金陵刻經處刻本 二册

330000－1710－0005109 子/佛家/823 子部/宗教類/佛教之屬/論

入中論六卷 (印度)月稱論師造 (印度)法尊法師譯 民國三十一年(1942)刻本 二册

330000－1710－0005110 子/佛家/824 子部/宗教類/佛教之屬/論

大乘廣百論釋論十卷 (唐)釋玄奘 (印度)護法菩薩 (印度)聖天菩薩譯 民國六年(1917)金陵刻經處刻本 二册 存三卷(一至三)

330000－1710－0005112 812.1/223 集部/別集類/清別集

常慊慊齋文集二卷 (清)朱之榛撰 民國九年(1920)平湖朱氏東湖草堂刻十五年(1926)印本 二册

330000－1710－0005118 子/佛家/830 子部/宗教類/佛教之屬

廣弘明集四十卷 (唐)釋道宣輯 民國元年(1912)常州天寧寺刻本 七册 缺十二卷(一至十二)

330000－1710－0005120 子/佛家/832 子部/宗教類/佛教之屬/論疏

現觀莊嚴論畧釋四卷　法尊法師釋　民國二十六年(1937)刻本　二冊

330000－1710－0005122　子/佛家/834　子部/宗教類/佛教之屬/經疏

金光明最勝王經疏二十六卷　(唐)釋義净譯　(唐)釋慧沼疏　民國六年(1917)金陵刻經處刻本　八冊　存二十一卷(一至二十一)

330000－1710－0005123　039/77　類叢部/叢書類/自著之屬

船山遺書六十六種附一種　(清)王夫之撰　民國二十二年(1933)上海太平洋書店鉛印本(永曆實錄卷十六原缺)　八十冊

330000－1710－0005124　子/佛家/835　子部/宗教類/佛教之屬/大藏

藏要第一輯□□種　歐陽漸輯　民國十九年(1930)支那内學院鉛印本　二冊　存六種

330000－1710－0005125　子/佛家/836　子部/宗教類/佛教之屬/大藏

藏要第二輯□□種　歐陽漸輯　民國二十四年(1935)支那内學院鉛印本　三冊　存一種

330000－1710－0005132　子/佛家/843　子部/宗教類/佛教之屬/論

大乘廣百論釋論十卷　(唐)釋玄奘等譯　民國六年(1917)金陵刻經處刻本　三冊　存七卷(四至十)

330000－1710－0005169　子/佛家/865　子部/宗教類/佛教之屬

中國佛教會會員錄一卷　民國二十五年(1936)鉛印本　一冊

330000－1710－0005170　子/佛家/866　子部/宗教類/佛教之屬

中國佛教會一卷　民國鉛印本　一冊

330000－1710－0005171　子/佛家/867　子部/宗教類/佛教之屬/諸宗

幻庵文集六卷　范古農撰　民國三十六年(1947)上海大法輪書局、上海佛學書局鉛印本　三冊

330000－1710－0005172　子/佛家/868　子部/宗教類/佛教之屬/諸宗

幻庵文集六卷　范古農撰　民國三十六年(1947)上海大法輪書局、上海佛學書局鉛印本　三冊

330000－1710－0005174　子/佛家/870　子部/宗教類/佛教之屬/經

大佛頂如來密因修證了義諸菩薩萬行首楞嚴經十卷　(唐)釋般剌密帝譯　(唐)釋彌伽釋迦譯語　(唐)房融筆授　民國七年(1918)刻本　二冊　存六卷(一至六)

330000－1710－0005175　子/佛家/871　子部/藝術類/書畫之屬/法帖

沈思斎居士手書阿彌陀經要解一卷　沈惟賢書　民國十四年(1925)影印本　一冊

330000－1710－0005178　子/佛家/874　子部/宗教類/佛教之屬/經

大阿羅漢難提蜜多羅所說法住記一卷　(唐)釋玄奘譯　民國六年(1917)金陵刻經處刻本　一冊

330000－1710－0005179　子/佛家/875　子部/宗教類/佛教之屬/諸宗

淨土意語一卷净土十問一卷　釋德安撰　民國二十三年(1934)鉛印本　一冊

330000－1710－0005184　子/佛家/879　子部/宗教類/佛教之屬

誡酒肉慈慧法門一卷　(宋)釋慈雲錄　民國十二年(1923)杭州刻經處刻本　一冊

330000－1710－0005185　子/佛家/880　子部/宗教類/佛教之屬

誡酒肉慈慧法門一卷　(宋)釋慈雲錄　民國十二年(1923)杭州刻經處刻本　一冊

330000－1710－0005186　子/佛家/881　子部/宗教類/佛教之屬/經疏

大藏法要類編一卷　(唐)道世法師撰　佛學書局編輯處重訂　民國十九年(1930)上海佛學書局刻本　一冊

330000－1710－0005187　子/佛家/882　子

部/宗教類/佛教之屬/經疏

楞嚴說通十卷 (清)劉道開撰 民國十一年(1922)上海中華書局鉛印本 四冊

330000－1710－0005188 子/佛家/883 子部/宗教類/佛教之屬/總録

赤石道人語錄一卷 民國鉛印本 一冊

330000－1710－0005189 子/佛家/884 子部/宗教類/佛教之屬/經咒

慈悲三昧水懺申義疏三卷 釋諦閑述 民國十五年(1926)鉛印本 二冊

330000－1710－0005190 子/佛家/885 子部/宗教類/佛教之屬

杭州大方伯戒殺放生會第一期徵信錄一卷 民國鉛印本 一冊

330000－1710－0005191 811.2/96 集部/總集類/郡邑之屬

竹里詩萃續編八卷 祝廷錫等編 民國十一年(1922)刻本 二冊

330000－1710－0005217 子/佛家/898 子部/宗教類/佛教之屬

法華三昧寶懺一卷 (隋)釋智顗撰 釋今覺刪訂 民國二十三年(1934)寧波刻本 一冊

330000－1710－0005221 子/佛家/902 子部/宗教類/佛教之屬/諸宗

心燈錄六卷 (清)湛愚老人撰 **筠州黃蘗山斷際禪師傳心法要一卷** (唐)裴休輯 民國三十六年(1947)香港永發印務有限公司鉛印本 一冊

330000－1710－0005225 812.1/239 集部/别集類

漪香山館文集不分卷 吳曾祺撰 民國二年(1913)上海商務印書館鉛印本 一冊

330000－1710－0005230 812.1/240 集部/總集類/彙編之屬

寒隱社叢書□□種 寒隱社編 民國元年(1912)上海寒隱社鉛印本 一冊 存一種

330000－1710－0005234 812.1/244 集部/别集類

貞孝先生遺墨五卷附小種字林柱銘偶存一卷 吳受福撰 民國二十二年(1933)檇李郭氏刻藍印本 三冊

330000－1710－0005236 子/佛家/910 子部/宗教類/佛教之屬

梵網經盧舍那佛說菩薩十重四十八輕戒一卷 (後秦)釋鳩摩羅什譯 **半月誦菩薩戒儀式注一卷** (明)釋弘贊注 民國十一年(1922)刻本 一冊

330000－1710－0005237 812.1/243 集部/别集類

貞孝先生遺墨五卷附小種字林柱銘偶存一卷 吳受福撰 民國二十二年(1933)陸仲襄抄本 董巽觀題記 三冊

330000－1710－0005244 子/佛家/916 集部/詞類/别集之屬

並蒂雙鳧詞一卷 劉匯清撰 民國二十四年(1935)鉛印本 一冊

330000－1710－0005245 子/佛家/917 史部/傳記類/總傳之屬/釋道

國清高僧傳一卷附寒山子詩一卷 釋蘊光編 民國二十五年(1936)鉛印本 一冊

330000－1710－0005246 子/佛家/918 子部/宗教類/佛教之屬/諸宗

淨土津要六種 民國鉛印本 二冊

330000－1710－0005247 子/佛家/919 史部/目録類/專録之屬

預定大方廣佛華嚴經一卷預定大般涅槃經一卷 佛學書局編 民國佛學書局鉛印本 一冊

330000－1710－0005249 子/佛家/920 子部/宗教類/佛教之屬

世界佛教居士林施材會第一届徵信錄不分卷 民國十九年(1930)鉛印本 一冊

330000－1710－0005250 子/佛家/921 子部/宗教類/佛教之屬

影印宋版藏經會章程不分卷 民國影印本

一冊

330000－1710－0005251　子/佛家/922　子部/雜著類/雜説之屬

德化主義二卷　唐大圓撰　民國二十一年(1932)鉛印本　一冊

330000－1710－0005262　子/佛家/923　子部/宗教類/佛教之屬

初機淨業指南一卷勸戒殺放生白話文一卷　黄慶瀾撰　民國十一年(1922)上海佛經流通處鉛印本　一冊

330000－1710－0005264　子/佛家/924　子部/醫家類/婦科之屬/產科

達生編一卷附録一卷　(清)亟齋居士撰　民國十七年(1928)國光書局鉛印本　一冊

330000－1710－0005266　子/佛家/925　子部/宗教類/佛教之屬

覺後編十四卷首一卷　(清)王夔立輯　民國十九年(1930)鉛印本　二冊

330000－1710－0005269　子/佛家/926　子部/宗教類/佛教之屬

地藏菩薩本迹録一卷地藏菩薩靈感録一卷　李圓凈撰　民國十八年(1929)刻本　一冊

330000－1710－0005270　子/佛家/927　子部/宗教類/佛教之屬/經疏

大佛頂首楞嚴經大勢至菩薩念佛圓通章一卷　民國石印本　一冊

330000－1710－0005271　子/佛家/928　子部/宗教類/佛教之屬/經疏

大佛頂首楞嚴經大勢至菩薩念佛圓通章一卷　民國石印本　一冊

330000－1710－0005275　子/佛家/929　子部/宗教類/佛教之屬/經

佛説十善業道經一卷　(唐)釋實叉難陀譯　**釋迦世尊成道記略一卷**　海屍道人編　**十善業道經節要一卷見聞録一卷**　(明)釋智旭撰　民國二十一年(1932)鉛印本　一冊

330000－1710－0005276　子/佛家/930　子部/宗教類/道教之屬

太上感應篇直講一卷　釋印光編　**太上感應篇靈異紀一卷**　鈞叔豪編　民國二十一年(1932)鉛印本　一冊

330000－1710－0005279　039/94－1　類叢部/叢書類/自著之屬

章氏叢書十三種　章炳麟撰　民國六年至八年(1917－1919)浙江圖書館刻本　二十三冊

330000－1710－0005280　子/佛家/932　子部/宗教類/佛教之屬

學佛淺説一卷助覺管見一卷初機學佛摘要一卷　王博謙輯　民國二十一年(1932)鉛印本　一冊

330000－1710－0005281　子/佛家/933　子部/宗教類/佛教之屬/諸宗

增評龍舒淨土文十卷首一卷　(宋)王日休譔　(清)逸名氏評　民國十四年(1925)鉛印本　一冊

330000－1710－0005282　子/佛家/934　子部/宗教類/佛教之屬/諸宗

增評龍舒淨土文十卷首一卷　(宋)王日休譔　(清)逸名氏評　民國十四年(1925)鉛印本　一冊

330000－1710－0005285　子/佛家/936　子部/宗教類/佛教之屬

地藏大士聖蹟一卷　民國佛學研究會鉛印本　一冊

330000－1710－0005287　子/佛家/937　子部/宗教類/佛教之屬/論

六門教授習定論一卷　(唐)釋玄奘譯　(印度)世親菩薩譯　**止觀門論七十七頌一卷**　(唐)義凈譯　民國七年(1918)金陵刻經處刻本　一冊

330000－1710－0005288　812.1/271　類叢部/叢書類/自著之屬

十經齋遺集五種附一種　(清)沈濤撰　民國二十五年(1936)建德周氏刻藍印本　二冊

330000－1710－0005289　子/佛家/938　子

部/宗教類/佛教之屬/經

六經同本六卷 民國八年(1919)北京刻經處刻本 一冊

330000－1710－0005291 039/95 類叢部/叢書類/自著之屬

章氏遺書七種外編十種 (清)章學誠撰 民國十一年(1922)吳興劉氏嘉業堂刻本 三十四冊

330000－1710－0005292 039/94－2 類叢部/叢書類/自著之屬

章氏叢書十三種 章炳麟撰 民國六年至八年(1917－1919)浙江圖書館刻本 一冊 存一種

330000－1710－0005294 812.1/281 集部/別集類

刪亭文集二卷續集二卷 周同愈撰 民國二十四年(1935)無錫周氏鉛印本 一冊

330000－1710－0005296 812.1/284 集部/別集類/清別集

小石城山房文集二卷 (清)邵淵耀撰 民國八年(1919)邵松年蘭雪齋鉛印本 二冊

330000－1710－0005297 039/96 類叢部/叢書類/自著之屬

蘇齋叢書十八種 (清)翁方綱撰 民國十三年(1924)上海博古齋影印本 三十六冊 存十九種

330000－1710－0005304 子/佛家/943 子部/宗教類/佛教之屬

觀所緣緣論講要一卷 釋持松述 民國鉛印本 一冊

330000－1710－0005309 039/99 類叢部/叢書類/彙編之屬

松鄰叢書二十種 吳昌綬編 民國六年至七年(1917－1918)仁和吳氏雙照樓刻本 十二冊

330000－1710－0005314 子/佛家/945 子部/宗教類/佛教之屬/經

大方廣佛華嚴經一卷 (唐)釋實叉難陀譯

大佛頂如來密因修證了義諸菩薩萬行首楞嚴經一卷 (唐)釋般剌密帝譯 民國刻本 一冊

330000－1710－0005315 812.1/287 集部/別集類

畏廬文集一卷 林紓撰 民國二年(1913)上海商務印書館鉛印本 一冊

330000－1710－0005316 039/100 類叢部/叢書類/家集之屬

天蘇閣叢刊十五種 徐新六輯 民國三年(1914)、十二年(1923)杭縣徐氏鉛印本 六冊 存十種

330000－1710－0005317 812.1/286 類叢部/叢書類/郡邑之屬

赤城遺書彙刊十六種 金嗣獻輯 民國四年(1915)太平金氏木活字印本 二冊 存二種

330000－1710－0005318 039/98 類叢部/叢書類/自著之屬

崇雅堂叢書十四種 楊晨撰 民國二十五年(1936)黃巖楊紹翰鉛印本 四冊 存八種

330000－1710－0005320 812.1/293 集部/別集類

潛廬近稿一卷 金蓉鏡撰 民國鉛印本 一冊

330000－1710－0005321 子/佛家/948 子部/宗教類/佛教之屬/經

妙法蓮華經觀世音菩薩普門品一卷 (後秦)釋鳩摩羅什譯 民國十七年(1928)上海功德林佛經流通處鉛印本 一冊

330000－1710－0005324 子/佛家/950 子部/宗教類/佛教之屬/經

妙法蓮華經觀世音菩薩普門品一卷 (後秦)釋鳩摩羅什譯 民國上海佛學書局刻本 一冊

330000－1710－0005325 039/102 經部/易類

易藏叢書六種 杭辛齋撰 民國十一年(1922)上海研幾學社鉛印本 八冊

330000－1710－0005326　子/佛家/951　子部/宗教類/佛教之屬

勸發菩提心文一卷　(唐)裴休撰　民國刻本　一冊

330000－1710－0005328　子/佛家/952　子部/宗教類/佛教之屬

勸發菩提心文一卷　(唐)裴休撰　民國刻本　一冊

330000－1710－0005329　039/101　類叢部/叢書類/彙編之屬

心園叢刻一集五種　徐珂輯　民國十四年(1925)杭縣徐氏鉛印本　二冊

330000－1710－0005330　子/佛家/953　子部/宗教類/佛教之屬

大幸福一卷　釋蓮航輯　王庭槐校　民國鉛印本　一冊

330000－1710－0005336　812.1/302　集部/別集類/清別集

僑園詩文集不分卷　(清)姚麟撰　民國二十五年(1936)鉛印本　一冊

330000－1710－0005339　子/佛家/954　子部/宗教類/佛教之屬

勸禮法身佛文一卷　民國十五年(1926)安慶新民書局刻本　一冊

330000－1710－0005343　子/佛家/955　子部/宗教類/佛教之屬/經

妙法蓮華經觀世音菩薩普門品一卷　(後秦)釋鳩摩羅什譯　民國刻本　一冊

330000－1710－0005344　子/佛家/956　子部/宗教類/佛教之屬

釋迦如來成道記註解一卷　(唐)王勃撰　(宋)釋慧悟註　民國九年(1920)鉛印本　一冊

330000－1710－0005346　子/佛家/958　子部/宗教類/佛教之屬

普勸發心印造經像文一卷　民國十一年(1922)鉛印本　一冊

330000－1710－0005349　子/佛家/959　子部/宗教類/佛教之屬/諸宗

西藏格西多杰覺拔尊者開示錄一卷　民國二十年(1931)刻本　一冊

330000－1710－0005350　子/佛家/960　子部/宗教類/佛教之屬

募刻佛教全藏疏一卷　民國八年(1919)刻本　一冊

330000－1710－0005351　子/佛家/961　子部/宗教類/佛教之屬

佛學小大辭典樣本不分卷　丁福保撰　民國八年(1919)上海醫學書局鉛印本　一冊

330000－1710－0005356　812.1/318　類叢部/叢書類/彙編之屬

求恕齋叢書三十一種　劉承幹編　民國吳興劉氏嘉業堂刻本　七冊　存一種

330000－1710－0005357　812.1/322　集部/別集類

飲冰室全集四十八卷　梁啓超撰　民國五年(1916)上海中華書局鉛印本　四十七冊　缺一卷(一)

330000－1710－0005358　812.1/319　集部/別集類

東齋文鈔二卷詩鈔一卷　孫光庭撰　民國十三年(1924)曲石精廬李氏吳門刻本　趙學南題記　三冊

330000－1710－0005359　812.1/323　集部/別集類

乙丑重編飲冰室文集八十卷　梁啟超撰　民國十五年(1926)中華書局鉛印本　七十冊

330000－1710－0005361　016/14、922/162　類叢部/叢書類/家集之屬

嘉興譚氏遺書九種　譚新嘉編　民國元年至二十五年(1912－1936)嘉興譚氏承啟堂刻藍印本　三冊　存二種

330000－1710－0005364　039/107　類叢部/叢書類/家集之屬

嘉興譚氏遺書九種　譚新嘉編　民國元年至

二十五年(1912－1936)嘉興譚氏承啟堂刻藍印本　十二冊

330000－1710－0005366　812.1/325　集部/別集類

見齋文稿一卷受川公牘一卷見齋詩稿一卷　秦錫圭撰　民國十六年(1927)鉛印本　三冊

330000－1710－0005367　子/佛家/962　子部/宗教類/佛教之屬/經

妙法蓮華經觀世音菩薩普門品一卷　(後秦)釋鳩摩羅什譯　民國九年(1920)刻本　一冊

330000－1710－0005372　子/佛家/964　子部/宗教類/佛教之屬/經

妙法蓮華經觀世音菩薩普門品一卷　(後秦)釋鳩摩羅什譯　民國刻本　一冊

330000－1710－0005379　子/佛家/967　子部/宗教類/佛教之屬/經

妙法蓮華經觀世音菩薩普門品一卷　(後秦)釋鳩摩羅什譯　民國上海佛學書局刻本　一冊

330000－1710－0005380　子/佛家/968　子部/宗教類/佛教之屬

十宗略說一卷　(清)楊文會撰　民國八年(1919)金陵刻經處刻本　一冊

330000－1710－0005382　子/佛家/970　子部/宗教類/佛教之屬

杭州大方伯戒殺放生會徵信錄一卷　民國杭州興業印書局鉛印本　一冊

330000－1710－0005385　子/佛家/972　子部/宗教類/佛教之屬/論疏

成唯識論研究次第一卷　歐陽漸說　民國十三年(1924)刻本　一冊

330000－1710－0005395　812.1/347　集部/別集類/清別集

石壇山房全集十卷　(清)陳得善撰　民國二十三年(1934)陳慶麒鉛印本　六冊

330000－1710－0005396　812.1/348　集部/別集類/清別集

綠滿廬文集一卷春宵偶話一卷綠滿廬詩集一卷　(清)陳之翰撰　民國鉛印本　一冊

330000－1710－0005398　子/佛家/975　子部/宗教類/佛教之屬

大乘教義不分卷　靖如居士述　民國九年(1920)上海佛學通明社鉛印本　一冊

330000－1710－0005402　039/111　類叢部/叢書類/郡邑之屬

虞山叢刻十一種　丁祖蔭編　民國常熟丁氏刻本　十冊　存八種

330000－1710－0005408　812.1/351　集部/別集類/清別集

蘭薰舘遺稿四卷　(清)陶玉珂撰　民國七年(1918)上海聚珍倣宋書局鉛印本　二冊

330000－1710－0005409　039/115　類叢部/叢書類/郡邑之屬

南林叢刊正集五種次集七種　周延年編　民國二十五年(1936)、二十八年(1939)南林周氏鉛印本　三冊　存正集五種

330000－1710－0005410　812.1/346　集部/別集類/清別集

爾室文鈔二卷補編一卷　(清)陳敬璋撰　民國十七年(1928)海寧陳大綸鉛印本　一冊

330000－1710－0005412　子/佛家/983　子部/宗教類/佛教之屬

菩薩戒問辯一卷　民國刻本　一冊

330000－1710－0005414　子/佛家/985　子部/宗教類/佛教之屬/經疏

金剛經會解了義二卷附心經解一卷　(後秦)釋鳩摩羅什譯　(清)徐昌治纂　民國八年(1919)海鹽豐山徐氏刻本　一冊

330000－1710－0005416　812.1/349　集部/別集類

天嬰室叢稿第一輯九卷　陳訓正撰　民國十四年(1925)鉛印本　四冊

330000－1710－0005417　子/佛家/986　子部/宗教類/佛教之屬/經

金剛般若波羅蜜經一卷　（後秦）釋鳩摩羅什譯　民國十二年(1923)刻本　一册

330000－1710－0005427　812.1/358－359　集部/別集類/清別集

小倉山房詩集三十七卷補遺二卷文集三十五卷外集八卷　（清）袁枚撰　民國二年(1913)上海中華圖書館鉛印本　十二册　缺二十三卷(文集一至三、十五至十八、二十八至三十五,外集一至八)

330000－1710－0005436　子/佛家/991　子部/宗教類/佛教之屬/經疏

佛説仁王護國般若波羅密經疏五卷　（後秦）釋鳩摩羅什譯　（隋）釋智顗說　（隋）釋灌頂記　民國十一年(1922)刻本　五册

330000－1710－0005442　子/佛家/993　子部/宗教類/道教之屬/戒律

文昌帝君陰騭文註證不分卷　（清）潘成雲輯　民國十二年(1923)佛學推行社鉛印本　一册

330000－1710－0005443　子/佛家/994　子部/宗教類/佛教之屬/經疏

金剛般若波羅密經新疏一卷　（後秦）釋鳩摩羅什譯　釋諦閑述　民國十六年(1927)香港國光書局鉛印本　一册

330000－1710－0005447　子/佛家/996　子部/宗教類/佛教之屬/經咒

慈悲三昧水懺申義疏三卷　釋諦閑述　民國十五年(1926)鉛印本　二册

330000－1710－0005450　子/佛家/998　子部/宗教類/佛教之屬/諸宗

印光法師嘉言錄不分卷　李圓淨編　民國十八年(1929)上海大中書局鉛印本　一册

330000－1710－0005452　子/佛家/999　子部/宗教類/佛教之屬/諸宗

印光法師嘉言錄不分卷　李圓淨編　民國十八年(1929)上海大中書局鉛印本　一册

330000－1710－0005453　子/佛家/1000　子部/宗教類/佛教之屬/諸宗

天台教觀選錄八卷　（隋）釋智顗撰　釋諦閑選　民國九年(1920)揚州藏經院刻本　五册

330000－1710－0005456　812.1/383　集部/別集類

海漚集二卷　張汝釗撰　民國二十三年(1934)四明印局鉛印本　一册

330000－1710－0005464　039/113　類叢部/叢書類/彙編之屬

求恕齋叢書三十一種　劉承幹編　民國吳興劉氏嘉業堂刻本　金蓉鏡題記並評　四十册　存一種

330000－1710－0005466　812.1/389　集部/別集類

復庵先生集十卷附錄一卷　許玨撰　陶世鳳纂　民國十五年(1926)無錫許氏鉛印本　二册

330000－1710－0005467　812.1/390　集部/別集類/清別集

古歙許靜夫先生遺集二卷　（清）許炳勳撰　民國鉛印本　一册

330000－1710－0005468　812.1/393　集部/別集類/清別集

章實齋文鈔一卷　（清）章學誠撰　民國六年(1917)菊飲軒鉛印本　一册

330000－1710－0005470　812.1/394　集部/別集類

章太炎文鈔五卷　章炳麟撰　民國三年(1914)上海中華圖書館石印本　五册

330000－1710－0005471　子/佛家/1004　史部/傳記類/別傳之屬/墓誌

學部尚書沈公[曾植]墓志銘一卷　謝鳳孫撰並書　民國石印本　一册

330000－1710－0005474　子/佛家/1005　史部/政書類/公牘檔册之屬

嘉善縣官立戒煙居章程一卷　民國刻本　一册

330000－1710－0005477　子/佛家/1008　史

部/政書類/公牘檔冊之屬

嘉興新豐鎮妙峯橋工程徵信錄不分卷 民國二十二年(1933)嘉興振新社印刷鉛印本 一冊

330000－1710－0005484 子/佛家/1009 史部/政書類/公牘檔冊之屬

嘉興新豐鎮妙峯橋工程徵信錄不分卷 民國二十二年(1933)嘉興振新社印刷鉛印本 一冊

330000－1710－0005485 子/佛家/1010 子部/宗教類/佛教之屬/律

沙彌律儀要畧述義二卷 (清)釋書玉撰 民國刻本 二冊

330000－1710－0005489 子/佛家/1012 子部/宗教類/佛教之屬

蓮宗必讀一卷 民國八年(1919)抄本 一冊

330000－1710－0005498 812.1/411 集部/別集類/清別集

一行居集八卷首一卷附一卷 (清)彭紹升撰 民國十年(1921)金陵刻經處刻本 四冊

330000－1710－0005500 子/佛家/1014 集部/小說類/長篇之屬

繡像七續濟公傳四卷四十回 民國二年(1913)上海鍊石書局石印本 一冊

330000－1710－0005501 子/佛家/1015 子部/宗教類/佛教之屬

藏文讀本初稿不分卷 陳銘樞 法尊法師撰 民國二十九年(1940)刻本 八冊

330000－1710－0005511 普0000002 集部/總集類/彙編之屬

名家選定詩文讀本□□種 文明書局編 民國二十年(1931)上海文明書局鉛印本 一冊 存一種

330000－1710－0005512 普0000001 集部/別集類/唐五代別集

音註杜少陵詩四卷 (唐)杜甫撰 (清)沈歸愚選 張廷貴音注 民國二十年(1931)上海文明書局鉛印本 一冊

330000－1710－0005514 普0000003 集部/別集類/唐五代別集

教科適用杜詩精華一卷 中華書局編 民國二十年(1931)上海中華書局鉛印本 一冊

330000－1710－0005517 普0000004 集部/別集類/宋別集

蘇詩精華一卷 (宋)蘇軾撰 中華書局編 民國中華書局鉛印本 一冊

330000－1710－0005519 普0005 集部/別集類/唐五代別集

杜詩詳註三十一卷首一卷 (清)仇兆鰲輯註 民國四年(1915)上海掃葉山房石印本 十二冊 存十二卷(首,一、四、七、十一至十五、十八至十九、二十五)

330000－1710－0005520 812.1/424 類叢部/叢書類/自著之屬

桐鄉勞先生遺稿四種 勞乃宣撰 民國十六年(1927)桐鄉盧氏刻本 五冊 存三種

330000－1710－0005524 812.1/432 集部/別集類

流霞書屋遺集四卷首一卷 鄒銓撰 民國二年(1913)上海國光書局鉛印本 一冊

330000－1710－0005525 812.1/434 集部/別集類/清別集

明秋館選課一卷古今體詩存一卷詞賸一卷附曲兩齣 (清)裘凌仙撰 民國三年(1914)鉛印本 二冊

330000－1710－0005529 812.1/436 集部/別集類/清別集

補拙草堂詩稿三卷文稿一卷 (清)褚成允撰 民國九年(1920)上海聚珍仿宋印書局鉛印本 二冊

330000－1710－0005530 普0000006 子部/兵家類/武術技巧之屬

手臂錄四卷 (清)吳殳撰 民國七年(1918)刻本 一冊

330000－1710－0005531 812.1/437 集部/別集類

遐庵彙稿第一輯三卷　葉恭綽撰　民國十九年(1930)鉛印本　四冊

330000－1710－0005533　普0000008　子部/儒家類/儒學之屬/蒙學

蒙師箴言不分卷　方瀏生撰　民國鉛印本　一冊

330000－1710－0005534　普0000009　新學/理學/理學

東西洋倫理學史不分卷　民國商務印書館刻本　一冊

330000－1710－0005540　812.1/442　集部/別集類/清別集

琴鶴山房遺稿八卷　(清)趙銘撰　金兆蕃輯　民國十一年(1922)金兆蕃刻本　二冊

330000－1710－0005542　812.1/443　集部/別集類/清別集

琴鶴山房殘稿二卷　(清)趙銘撰　金兆蕃輯　民國元年(1912)金兆蕃鉛印本　一冊

330000－1710－0005547　812.1/446　類叢部/叢書類/自著之屬

散溪遺書八種　蔡克猷撰　民國十年(1921)劉邦元等鉛印本　四冊

330000－1710－0005549　812.1/447　集部/總集類/氏族之屬

錫山榮氏繩武樓叢刊十種　榮棣輝輯　民國二十二年(1933)鉛印本　一冊　存一種

330000－1710－0005562　039/147　史部/叢編

鄂故叢書二種　湖北通志館輯　民國三十六年(1947)湖北通志館鉛印本　三冊

330000－1710－0005565　普00019　子部/藝術類/遊藝之屬/聯語

西湖聯話初編不分卷　楊祚昌輯　民國十七年(1928)杭州文元堂鉛印本　一冊

330000－1710－0005568　普0000020　經部/小學類/文字之屬/字書/字典

康熙字典十二集三十六卷總目一卷檢字一卷辨似一卷等韻一卷備考一卷補遺一卷　(清)張玉書等纂修　民國上海天寶書局石印本　六冊

330000－1710－0005570　812.1/455　集部/別集類/清別集

遵義鄭徵君遺著二十一卷　(清)鄭珍撰　坿屈廬詩稿四卷　(清)鄭同知撰　民國三年至四年(1914－1915)陳夔龍花近樓刻本　八冊

330000－1710－0005572　普0000022　史部/目録類/專録之屬

參加倫敦中國藝術國際展覽會出品目錄四卷　倫敦中國藝術國際展覽會籌備委員會編　民國二十四年(1935)鉛印本　一冊

330000－1710－0005576　039/125　子部/藝術類

美術叢書初集二集三集二百三十種　鄧實輯　民國上海神州國光社鉛印本　四十四冊　存九十一種

330000－1710－0005578　812.1/478　集部/別集類

誦芬堂文稿初編一卷續編一卷　錢文選撰　民國十九年(1930)鉛印本　二冊

330000－1710－0005583　普0000028　子部/雜著類/雜考之屬

古書校讀法一卷　胡韞玉編　民國十四年(1925)安吳胡氏鉛印本　一冊

330000－1710－0005586　812.1/470　集部/別集類/清別集

古紅梅閣集八卷　(清)劉履芬撰　民國十五年(1926)鉛印本　一冊

330000－1710－0005602　普00034　集部/別集類/明別集

楊忠愍公獄中寄鄭端簡公書題跋一卷　(明)楊繼盛撰　民國杭州興業印書局鉛印本　一冊

330000－1710－0005610　普0000042　子部/宗教類/佛教之屬

壽康寶鑑一卷　釋印光增訂　民國十八年

(1929)浙江印刷公司鉛印本　一冊

330000－1710－0005629　812.1/504　集部/別集類

寫憂臆稿一卷　嚴昌堉撰　民國十八年(1929)鉛印本　一冊

330000－1710－0005645　812.1/502　類叢部/叢書類/自著之屬

譚瀏陽全集六種附續編一卷　(清)譚嗣同撰　民國六年(1917)上海文明書局鉛印本　六冊

330000－1710－0005647　812.1/515　集部/別集類/清別集

素心簃集四卷詩集二卷補遺一卷　(清)顧蓮撰　高燮輯　民國二年(1913)金山高氏寒隱草堂刻八年(1919)補刻本　四冊

330000－1710－0005650　812.1/516　類叢部/叢書類/自著之屬

勴堂遺書八種　民國八年至十九年(1919－1930)會稽顧氏鉛印本　二冊　存一種

330000－1710－0005652　812.1/517　集部/別集類/清別集

立懦齋外集殘稿一卷　(清)顧壽楨撰　民國十六年(1927)科學儀器館影印本　一冊

330000－1710－0005659　812.1/523　集部/別集類

夢石未定稿二卷　談文灴撰　民國二十五年(1936)鉛印本　一冊

330000－1710－0005667　普0000061　子部/醫家類/傷寒金匱之屬/傷寒論

傷寒來蘇集六卷　(清)柯琴撰　民國上海文瑞樓石印本　三冊　存三卷(傷寒論註一至三)

330000－1710－0005668　812.1/525　集部/別集類/清別集

文木山房集四卷　(清)吳敬梓撰　**春華小草一卷靚粧詞鈔一卷**　(清)吳烺撰　**吳敬梓年譜一卷**　胡適撰　民國二十年(1931)上海亞東圖書館鉛印本　二冊

330000－1710－0005669　普0000062　子部/醫家類/方書之屬/單方驗方

長沙方歌括六卷首一卷　(清)陳念祖撰　(清)陳蔚注　民國石印本　一冊

330000－1710－0005672　普0000065　子部/醫家類/類編之屬

南雅堂醫書外集二十七種　民國石印本　一冊　存五種

330000－1710－0005677　812.1/514　集部/別集類

非儒非俠齋文集三卷　顧燮光撰　民國七年(1918)石印本　二冊

330000－1710－0005681　812.1/534　集部/別集類

貞孝先生遺墨五卷附小種字林杜銘偶存一卷　吳受福撰　民國二十二年(1933)檇李郭氏刻本　三冊

330000－1710－0005682　039/132　類叢部/叢書類/彙編之屬

古學彙刊第一集三十四種第二集二十七種　鄧實等編　民國元年至三年(1912－1914)上海國粹學報社鉛印本　十六冊　存第一集三十四種

330000－1710－0005683　812.1/537　集部/別集類/清別集

蘭薰舘遺稿四卷　(清)陶玉珂撰　民國六年(1917)油印本　二冊

330000－1710－0005684　812.1/540　集部/別集類

陳烈士勒生遺集五卷　陳子範撰　民國六年(1917)鉛印本　一冊

330000－1710－0005687　812.1/535　集部/別集類/明別集

重訂祝子遺書六卷首一卷末一卷　(明)祝淵撰　祝廷錫編　民國六年(1917)知非樓刻本　二冊

330000－1710－0005696　812.1/548－1　集部/別集類

天上人間二卷　王蘊常撰　莊一拂輯　民國鉛印本　一册

330000－1710－0005698　812.1/556　集部/別集類/清別集
張蕃菴先生九錄錄十卷首一卷補遺一卷　(清)張謇撰　(清)顧公毅編　民國三十六年(1947)南通翰墨林印書局鉛印本　四册

330000－1710－0005700　812.1/548－2　集部/別集類
天上人間二卷　王蘊常撰　莊一拂輯　民國鉛印本　一册

330000－1710－0005701　812.1/561　集部/別集類/清別集
蛻廬遺著初集一卷　(清)張廷華撰　民國二十二年(1933)鉛印本　一册

330000－1710－0005705　812.1/563　類叢部/叢書類/郡邑之屬
四明叢書一百六十七種　張壽鏞編　民國四明張氏約園刻本(安晚堂詩集卷一至五原缺)　十册　存一種

330000－1710－0005709　普0000071　集部/別集類/清別集
浮碧山館駢文二卷　(清)馮可鏞撰　民國六年(1917)寧波鈞和公司鉛印本　一册

330000－1710－0005714　812.1/559　集部/別集類/清別集
陶樓文鈔十四卷　(清)黄彭年撰　民國十二年(1923)章鈺等刻朱印本　六册

330000－1710－0005717　812.1/560　集部/別集類
厚莊詩文續集文六卷文外二卷詩四卷　劉紹寬撰　民國二十六年(1937)鉛印本　六册

330000－1710－0005723　812.1/573　集部/別集類
畏廬三集一卷　林紓撰　民國十三年(1924)上海商務印書館鉛印本　一册

330000－1710－0005727　普0000078　子部/藝術類/書畫之屬/法帖
星录書詞一卷　童式規書　民國影印本　一册

330000－1710－0005732　812.1/576　集部/別集類
芥軒詩文稿一卷　周冕群撰　民國二十五年(1936)鉛印本　一册

330000－1710－0005733　普0000077　子部/藝術類/書畫之屬/法帖
一心書詞一卷　童式規書　民國二十五年(1936)吳門石雨夫影印本　一册

330000－1710－0005735　812.1/575　類叢部/叢書類/家集之屬
顧氏家集十種　顧燮光編　民國十八年(1929)會稽顧氏金佳石好樓鉛印暨石印本　一册　存一種

330000－1710－0005737　普0000081　史部/傳記類/別傳之屬/事狀
錢母蒯太淑人傳一卷　陸潤庠書　民國影印本　一册

330000－1710－0005741　812.1/584　類叢部/叢書類/自著之屬
太一遺書七種續刊五種　甯調元撰　民國四年(1915)鉛印本　三册　存十種

330000－1710－0005743　812.1/585　集部/別集類/清別集
三山老人不是集一卷　(清)浦起龍撰　民國二十五年(1936)燕京大學圖書館鉛印本　一册

330000－1710－0005744　039/138　史部/地理類
浙江圖書館叢書三十種七十九卷　(清)丁謙撰　民國四年(1915)浙江圖書館刻本　十六册

330000－1710－0005745　812.1/586　集部/別集類/清別集
蓬廬文鈔八卷　(清)周廣業撰　民國二十九年(1940)燕京大學圖書館鉛印本　四册

330000－1710－0005750　812.1/583　集部/別集類/清別集

瓶廬詩鈔四卷詞鈔一卷文鈔一卷　(清)翁同龢撰　翁永孫輯　民國元年(1912)常熟開文社鉛印本　二册

330000－1710－0005753　812.1/593　集部/別集類/明別集

呂文懿公全集十二卷　(明)呂原撰　民國抄祝廷錫校本　二册　存二卷(五至六)

330000－1710－0005754　039/139　類叢部/叢書類/彙編之屬

涵芬樓祕笈五十一種　孫毓修等輯　民國五年至十五年(1916－1926)上海商務印書館影印暨鉛印本　二十九册　存二十種

330000－1710－0005757　812.1/587　集部/別集類/清別集

蓼陔堂文集十卷　(清)黄承吉撰　民國二十八年(1939)燕京大學圖書館鉛印本　四册

330000－1710－0005758　812.1/589　類叢部/叢書類/自著之屬

杏廬遺集　(清)諸福坤撰　民國十一年(1922)刻本　二册　存一種

330000－1710－0005762　普0000088　新學/地學/地理學

普通地理學一卷　周先振譯　民國刻本　一册

330000－1710－0005764　812.1/591　集部/別集類

北山樓文一卷文補一卷　吴保初撰　民國據清淮南𨙸巳氏刻舊學本影印本　一册

330000－1710－0005767　039/140　類叢部/叢書類/彙編之屬

別下齋叢書二十七種　(清)蔣光煦編　民國十二年(1923)上海商務印書館據清蔣氏刻本影印本　二十册

330000－1710－0005768　812.2/16　集部/別集類/唐五代別集

杜工部草堂詩箋四十卷外集一卷　(宋)蔡夢弼會箋　民國八年(1919)上海文瑞樓據宋麻沙本影印本　六册　存二十一卷(一至二十一)

330000－1710－0005769　812.2/14　集部/別集類/唐五代別集

杜詩詳註二十五卷首一卷附編二卷　(清)仇兆鰲輯註　民國十年(1921)掃葉山房石印本　二十八册

330000－1710－0005770　812.2/21　集部/別集類/唐五代別集

杜詩註解節鈔一卷　(清)顧淳慶輯注　民國十六年(1927)上海科學儀器館影印本　一册

330000－1710－0005772　812.2/30　集部/別集類/唐五代別集

李義山詩集十六卷　(唐)李商隱撰　(清)姚培謙箋　民國七年(1918)中華書局據清乾隆松桂讀書堂刻本影印本　四册

330000－1710－0005781　039/141　類叢部/叢書類/輯佚之屬

佚存叢書六帙十七種　(日本)林衡編　民國十三年(1924)上海商務印書館據日本寬政至文化刻本影印本　三十册

330000－1710－0005785　812.2/53　集部/別集類/宋別集

箋注劍南詩鈔六卷　(宋)陸游撰　(清)楊大鶴選　(清)許貞幹校　(清)雷瑨註釋　民國十四年(1925)上海掃葉山房石印本　十二册

330000－1710－0005787　812.2/57　集部/別集類/宋別集

朱淑真斷腸詩集十卷補遺一卷後集七卷斷腸詞一卷　(宋)朱淑真撰　(宋)鄭元佐注　民國中華圖書館石印本　二册

330000－1710－0005790　039/142　類叢部/叢書類/彙編之屬

涉聞梓舊二十五種　(清)蔣光煦輯　民國十三年(1924)上海商務印書館影印清海昌蔣氏刻本(陳後山集校卷一原缺)　二十册

330000－1710－0005794　812.2/45　集部/

別集類/宋別集
白石道人詩集二卷集外詩一卷詩説一卷 (宋)姜夔撰 **附録一卷附録補遺一卷** 民國有正書局石印本 一册

330000－1710－0005795 普0000093 史部/詔令奏議類/奏議之屬
陶勤肅公奏議遺稿十二卷首一卷 (清)陶模撰 民國十三年(1924)銅山陸洪濤蘭州肅老將軍公署鉛印本 十册

330000－1710－0005796 普0000094 史部/詔令奏議類/奏議之屬
陶勤肅公奏議遺稿十二卷首一卷 (清)陶模撰 民國十三年(1924)銅山陸洪濤蘭州肅老將軍公署鉛印本 十册

330000－1710－0005797 普0000095 史部/詔令奏議類/奏議之屬
陶勤肅公奏議遺稿十二卷首一卷 (清)陶模撰 民國十三年(1924)銅山陸洪濤蘭州肅老將軍公署鉛印本 五册 缺六卷(三、八至十二)

330000－1710－0005806 普0000097 集部/別集類/唐五代別集
樊川詩集四卷外集一卷別集一卷 (唐)杜牧撰 (清)馮集梧注 民國上海掃葉山房石印本 三册 缺一卷(一)

330000－1710－0005808 812.2/76 集部/別集類/宋別集
擬寒山詩一卷 (宋)釋懷深述 民國十九年(1930)竹里祝廷錫刻本 一册

330000－1710－0005813 普0000100 集部/別集類/明別集
陶元暉中丞遺集二卷首一卷附録一卷跋一卷 (明)陶朗先撰 民國九年(1920)上海聚珍倣宋印書局鉛印本 一册 缺一卷(上)

330000－1710－0005814 普0000101 史部/傳記類/總傳之屬/家乘
[江蘇昆山]初刻遷崑李氏家譜不分卷 李傳元撰 民國刻本 一册

330000－1710－0005816 812.2/88 類叢部/叢書類/彙編之屬
又滿樓叢書十六種 趙詒琛編 民國九年至十四年(1920－1925)崑山趙氏又滿樓刻本 趙詒琛題記 一册 存一種

330000－1710－0005821 812.2/97 集部/別集類/明別集
玄蓋副草二十卷目録二卷 (明)吴稼竳撰 民國五年(1916)吴氏雍睦堂影印本 六册

330000－1710－0005823 812.2/99 類叢部/叢書類/郡邑之屬
台州叢書後集十七種 楊晨輯 民國四年(1915)黄巖楊氏刻本 一册 存三種

330000－1710－0005829 039/144 類叢部/叢書類/自著之屬
徐氏全書三十七種 徐昂撰 民國三十三年(1944)至一九五四年南通翰墨林書局鉛印本 十三册

330000－1710－0005832 812.2/107 集部/別集類
右任詩存六卷 于右任撰 民國三十七年(1948)上海大東書局鉛印本 一册

330000－1710－0005833 812.2/108 集部/別集類/清別集
西漚待商稿二卷 (清)丁彭年撰 民國五年(1916)滬江刻本 一册

330000－1710－0005834 812.2/109 類叢部/叢書類/家集之屬
武林丁氏家集十三種 丁立誠 丁立中撰 民國錢塘丁氏嘉惠堂鉛印本 六册 存六種

330000－1710－0005843 812.2/110 類叢部/叢書類/家集之屬
武林丁氏家集十三種 丁立誠 丁立中撰 民國錢塘丁氏嘉惠堂鉛印本 四册 存一種

330000－1710－0005851 812.2/95 史部/地理類/遊記之屬/紀勝
九山遊草一卷 (清)李確撰 民國六年(1917)滬江刻本 一册

330000－1710－0005852　812.2/118　集部/別集類/清別集

帶經堂集七種九十二卷　(清)王士禛撰　(清)程哲編　民國十年(1921)上海錦文堂石印本　十六冊　存五種

330000－1710－0005853　812.2/125　集部/別集類

完巢賸稿一卷　王旭莊撰　民國十年(1921)上海聚珍倣宋印書局鉛印本　一冊

330000－1710－0005854　812.2/132　集部/別集類/清別集

羇羽集一卷　(清)王又曾撰　民國抄本　一冊

330000－1710－0005855　812.2/126　集部/別集類

天台遊草一卷　王善欽撰　民國二十三年(1934)鉛印本　一冊

330000－1710－0005856　812.2/127　集部/別集類

天台游草一卷　王舟瑤撰　民國路橋文林齋石印本　王舟瑤題記　一冊

330000－1710－0005865　812.2/141　集部/別集類/清別集

問奇閣詩殘稿二卷　(清)史詮撰　祝廷錫輯錄　民國十六年(1927)祝廷錫抄本　一冊

330000－1710－0005884　039/156　集部/總集類/彙編之屬

南社叢刻□□種　南社編輯　民國鉛印本　八冊　存七種

330000－1710－0005905　812.2/160　集部/別集類/清別集

紅藤館詩三卷附舊德錄一卷　(清)朱善祥撰　民國九年(1920)刻本　一冊

330000－1710－0005907　普0000123　史部/傳記類/總傳之屬/家乘

[浙江嘉興]吳郡陸氏竇巷支世系圖表不分卷　陸祖穀纂修　民國二十二年(1933)石印本　三冊

330000－1710－0005910　812.2/169　集部/別集類/清別集

榆蔭山房吟草四卷　(清)朱丙壽撰　民國十一年(1922)鉛印本　三冊

330000－1710－0005914　812.2/170、812.2/171　集部/總集類/氏族之屬

徵遠堂遺稿四種六卷　民國九年(1920)華亭朱氏鉛印本　一冊　存二種

330000－1710－0005923　039/159　類叢部/叢書類/郡邑之屬

安徽叢書二十五種　安徽叢書編審會輯　民國二十一年至二十五年(1932－1936)影印本　二冊　存一種

330000－1710－0005925　182.2/185　集部/別集類

無雙譜七律詩一卷　汝仁龍撰　民國十一年(1922)鉛印本　一冊

330000－1710－0005931　039/162　集部/總集類/郡邑之屬

永嘉詩人祠堂叢刻十四種　冒廣生輯　民國四年(1915)如皋冒氏刻二十年(1931)敬鄉樓補刻本　八冊

330000－1710－0005934　普0000129　子部/醫家類/類編之屬

醫藥叢書十一種　裘慶元輯　民國五年至十年(1916－1921)紹興醫藥學報社刻本　一冊　存一種

330000－1710－0005938　普0000130　集部/別集類

道園詩稿六卷　許葆翰撰　民國二十二年(1933)鉛印本　二冊

330000－1710－0005940　812.2/198　類叢部/叢書類/郡邑之屬

吳興叢書六十六種　劉承幹編　民國吳興劉氏嘉業堂刻本　一冊　存一種

330000－1710－0005941　182.2/199　集部/別集類

悔餘生詩五卷　吳慶坻撰　民國十五年

(1926)鉛印本　二冊

330000－1710－0005942　182.2/200　集部/別集類
斡珠仙館詩存七卷陶陶集一卷詞附一卷　吳慶燾撰　民國十五年(1926)鉛印本　二冊

330000－1710－0005944　812.2/207　集部/別集類
悼紅詞一卷劍奩吟艸一卷　吳仁撰　民國二十五年(1936)鉛印本　一冊

330000－1710－0005947　812.2/208　集部/別集類
朱媚川女史遺墨題辭一卷續編一卷　吳仁輯　民國二十五年(1936)鉛印本　一冊

330000－1710－0005954　普0000133　史部/地理類/方志之屬/郡縣志
[民國]濮院志三十卷　夏辛銘纂　民國十六年(1927)刻本　一冊　存八卷(一至八)

330000－1710－0005955　普0000134　集部/別集類/清別集
榆蔭山房吟草四卷　(清)朱丙壽撰　民國十一年(1922)鉛印本　三冊

330000－1710－0005962　812.2/215　集部/別集類
濤園詩集四卷　沈瑜慶撰　民國九年(1920)李宣龔鉛印本　二冊

330000－1710－0005975　普0000141　集部/別集類/明別集
重訂祝子遺書六卷首一卷末一卷　(明)祝淵撰　祝廷錫編　民國六年(1917)知非樓刻本　一冊　存四卷(首、一至三)

330000－1710－0005978　812.2/225　集部/別集類
天台詩集一卷　沈靜撰　民國油印本　一冊

330000－1710－0005980　812.2/226　史部/地理類/雜志之屬
盛湖竹枝詞二卷雜錄一卷　沈雲撰　民國七年(1918)鉛印本　一冊

330000－1710－0005989　普0000145　史部/地理類/方志之屬/郡縣志
竹林八圩志十二卷首一卷　祝廷錫纂　民國二十一年(1932)石印本　三冊　缺三卷(十至十二)

330000－1710－0005991　039/165－2　類叢部/叢書類/自著之屬
琴志樓叢書□□種　易順鼎撰　民國鉛印本　一冊　存一種

330000－1710－0005997　039/161　類叢部/叢書類/彙編之屬
漢魏叢書三十八種　(明)程榮輯　民國十四年(1925)上海商務印書館據明萬曆程氏刻本影印本　四十冊

330000－1710－0006011　812.2/250　集部/別集類
丙辰五月奉懷滬上諸友絕句二十七首一卷　李詳撰　民國鉛印本　一冊

330000－1710－0006013　812.2/259　集部/別集類
始奏集一卷　李家煌撰　民國十七年(1928)鉛印本　一冊

330000－1710－0006014　812.2/260　集部/別集類
宜秋館詩前編四卷後編二卷詞一卷　李之鼎撰　民國宜秋館刻本　二冊

330000－1710－0006019　039/172　集部/總集類/選集之屬/斷代
國學叢選十八集　高燮等編　民國國學商兌會鉛印本　九冊　存十集(二至六、八至十二)

330000－1710－0006020　812.2/251　類叢部/叢書類/彙編之屬
松鄰叢書二十種　吳昌綬編　民國六年至七年(1917－1918)仁和吳氏雙照樓刻本　一冊　存一種

330000－1710－0006022　039/166　集部/總集類/選集之屬/斷代

國學叢選十八集　高燮等編　民國國學商兑會鉛印本　二册　存四集(一至二、十五至十六)

330000-1710-0006029　812.2/267　集部/別集類/清別集

金粟山樓詩集五卷　(清)邵淵耀撰　**弢菴詩存一卷**　(清)邵震亨撰　民國三年(1914)邵松年蘭雪齋鉛印本　一册　存四卷(三至六)

330000-1710-0006043　812.2/280　集部/別集類/清別集

福雅堂詩鈔十六卷　(清)林鶴年撰　民國五年(1916)福建廈門怡園鉛印本　四册

330000-1710-0006044　812.2/275　集部/別集類

汾南漁俠游草三卷　周斌撰　民國五年(1916)鉛印本　一册

330000-1710-0006045　普000160　史部/傳記類/別傳之屬/事狀

高太宜人等不分卷　民國抄本　一册

330000-1710-0006046　普0000161　史部/政書類/邦計之屬/賦税

浙江賦税源流一卷　魏頌唐編輯　民國十四年(1925)鉛印本　一册

330000-1710-0006047　812.2/276　集部/別集類

柳溪竹枝詞一卷續柳溪竹枝詞一卷　周斌撰　民國四年(1915)鉛印本　一册

330000-1710-0006048　普0000165　類叢部/叢書類/自著之屬

最樂亭三種　朱福清撰　民國六年至十二年(1917-1923)嘉興朱氏刻本　一册　存一種

330000-1710-0006049　039/170　類叢部/叢書類/彙編之屬

四部精華一百二十五種　陸翔選輯　民國上海世界書局石印本　三十一册

330000-1710-0006050　812.2/281　集部/別集類

北雲集一卷　林志鈞撰　陳陶心注　民國十一年(1922)鉛印本　一册

330000-1710-0006056　普0000163　類叢部/叢書類/自著之屬

許文肅公集四種　(清)許景澄撰　盛沅編輯　民國七年至九年(1918-1920)外交部圖書處鉛印本　二册　存二種

330000-1710-0006058　普0000166　史部/傳記類/總傳之屬/郡邑

鴛湖求舊錄四卷　朱福清輯　民國八年(1919)刻本　一册　存二卷(三至四)

330000-1710-0006068　812.2/288　集部/別集類

自娱吟草四卷　金廷桂撰　民國四年(1915)木活字印本　一册

330000-1710-0006075　812.2/296　集部/別集類

滮湖遺老集四卷續集四卷　金蓉鏡撰　民國十七年至二十年(1928-1931)刻本　三册

330000-1710-0006078　812.2/298　集部/別集類

安樂鄉人詩四卷藥夢詞二卷　金兆蕃撰　民國二十年(1931)刻本　一册

330000-1710-0006079　普000172　史部/傳記類/別傳之屬/事狀

沈金亭先生像贊及哀啓不分卷　民國上海惠衆印書館鉛印本　一册

330000-1710-0006080　039/174　類叢部/叢書類/彙編之屬

景印元明善本叢書十種　商務印書館編　民國二十六年至二十九年(1937-1940)上海商務印書館影印本　四十册　存一種

330000-1710-0006085　812.2/316　史部/地理類/雜志之屬

蘆川竹枝詞一卷　柯志頤　柯培鼎撰　民國六年(1917)鉛印本　一册

330000-1710-0006086　812.2/315　集部/

別集類/清別集
瑤潭詩賸三卷詩餘一卷　(清)胡正基撰　民國十四年(1925)鉛印本　一冊

330000－1710－0006087　812.2/317　集部/別集類/清別集
榕遊草一卷　柯培鼎撰　民國鉛印本　一冊

330000－1710－0006091　812.2/304　集部/別集類/清別集
姚仲威詩藁一卷　(清)姚宗舜撰　民國祝廷錫抄本　一冊

330000－1710－0006093　812.2/320　集部/別集類/清別集
二田齋讀畫絕句不分卷　(清)計光炘撰　民國十一年(1922)嘉興振新社石印本　一冊

330000－1710－0006103　普0000179　史部/金石類
百一廬金石叢書十種　陳乃乾輯　民國十年(1921)海寧陳氏影印本　一冊　存一種

330000－1710－0006106　812.2/330　集部/別集類/清別集
思子篇一卷　(清)倪震埏撰　民國倪禹功抄本　一冊

330000－1710－0006109　812.2/331　集部/別集類/清別集
有不為齋存稿一卷　(清)倪鎔著　倪慶藻錄　民國七年(1918)抄本　一冊

330000－1710－0006111　812.2/335　集部/別集類/清別集
菊隱廬詩錄二卷　(清)唐恭安撰　民國十三年(1924)瓶花齋鉛印本　一冊

330000－1710－0006112　812.2/336　集部/別集類
庸謹堂詩鈔二卷　唐詠裳撰　民國十七年(1928)鉛印本　一冊

330000－1710－0006116　普0000182　集部/別集類/宋別集
山谷詩集注內集二十卷外集十七卷別集二卷　(宋)黃庭堅撰　(宋)任淵　(宋)史容　(宋)史季溫注　民國四年(1915)上海著易堂據清光緒二十一年至二十五年(1895－1899)刻宣統二年(1910)印本影印本　十六冊

330000－1710－0006118　普0000183　集部/詩文評類/詩評之屬
中詩外形律詳說六篇附錄從毛詩到楚辭一篇　劉大白撰　民國三十二年(1943)中國聯合出版公司鉛印本　六冊

330000－1710－0006120　普0000184　集部/總集類/題詠之屬
三洗髓室題畫詩選第一集不分卷　沈叔羊編　民國二十年(1931)鉛印本　一冊

330000－1710－0006121　普0000185　經部/小學類/文字之屬/字書/古文
鐘鼎字源五卷　(清)汪立名撰　民國二十年(1931)上海掃葉山房石印本　一冊

330000－1710－0006122　普0000186　集部/詩文評類/詩評之屬
平等閣詩話二卷　狄葆賢撰　民國六年(1917)上海有正書局鉛印本　二冊

330000－1710－0006123　普0000187　經部/小學類/文字之屬/字書/訓蒙
文字蒙求四卷　(清)王筠撰　民國上海文瑞樓石印本　二冊

330000－1710－0006124　普0000188　集部/總集類/選集之屬/通代
評選古詩源四卷　(清)沈德潛輯　民國六年(1917)會文堂書局石印本　四冊

330000－1710－0006126　039/177　類叢部/叢書類/彙編之屬
仰視千七百二十九鶴齋叢書四集三十一種　(清)趙之謙編　民國十八年(1929)紹興墨潤堂書苑據清光緒六年(1880)會稽趙氏刻本影印本　二十四冊

330000－1710－0006130　普0000189　集部/總集類/彙編之屬
正始社叢刻第一集三種三卷　正始社輯　民

國八年(1919)鉛印本　二册

330000－1710－0006132　普0000191　集部/詞類/别集之屬

陽春集箋一卷　(五代)馮延己撰　陳作楫箋　**陽春集校記一卷**　陳作楫撰　民國二十二年(1933)上海南京書店鉛印本　一册

330000－1710－0006134　普0000193　集部/别集類/唐五代别集

柳河東詩集二卷　(唐)柳宗元撰　民國八年(1919)掃葉山房石印本　四册

330000－1710－0006137　普0000194　集部/别集類/清别集

望溪先生文集十八卷集外文十卷集外文補遺二卷　(清)方苞撰　**方望溪先生[苞]年譜一卷附録一卷**　(清)蘇惇元輯　民國上海中華圖書館石印本　七册　缺八卷(五至九、集外文一至三)

330000－1710－0006139　普0000195　集部/别集類/清别集

瓣薑先生自書詩稿三卷　(清)瓣薑精舍主人撰并書　民國石印本　一册

330000－1710－0006142　812.2/348　集部/别集類/清别集

風月廬詩稿一卷　(清)徐焕謨撰　民國五年(1916)桐鄉徐氏愛日館刻本　一册

330000－1710－0006144　039/179　類叢部/叢書類/郡邑之屬

括蒼叢書第一集八種　劉燿東編　民國二十七年(1938)鉛印本(滑疑集詩卷二原缺)　十六册

330000－1710－0006146　812.2/349　集部/别集類

甌栝紀遊草一卷　徐燮撰　民國八年(1919)鉛印本　虞虞山題記　一册

330000－1710－0006147　812.2/350　集部/别集類/清别集

涵齋遺稿一卷附遺文一卷　(清)徐仁鑄撰　民國上海聚珍倣宋印書局鉛印本　一册

330000－1710－0006149　812.2/351　集部/别集類

竹間唫榭集十卷　徐行恭撰　民國十八年(1929)杭州刻本　四册

330000－1710－0006153　039/180　類叢部/叢書類/郡邑之屬

括蒼叢書第二集十二種　劉燿東編　民國三十七年(1948)鉛印本　十四册

330000－1710－0006155　普0000200　經部/春秋左傳類/傳説之屬

春秋左傳五十卷　(晉)杜預　(宋)林堯叟註釋　(唐)陸德明音義　民國元年(1912)埽葉山房石印本　十二册

330000－1710－0006157　普0000201　史部/金石類/石之屬/通考

校碑隨筆六卷　方若撰　民國十二年(1923)華璋書局石印本　五册

330000－1710－0006158　普0000202　史部/傳記類/别傳之屬/事狀

孫烈士竹丹遺事一卷　柳棄疾等輯　民國六年(1917)鉛印本　一册

330000－1710－0006161　普0000204　子部/雜著類/雜説之屬

淮南鴻烈集解二十一卷　(漢)劉安撰　(漢)高誘注　民國上海掃葉山房石印本　三册　存十四卷(八至二十一)

330000－1710－0006164　812.2/360　集部/别集類/清别集

瓶廬詩補遺一卷校異一卷詞一卷　(清)翁同龢撰　張蘭思輯　民國十年(1921)上海聚珍倣宋印書局鉛印本　一册

330000－1710－0006167　普0000206　子部/藝術類/書畫之屬/畫録

虚齋名畫續録四卷補遺一卷　龐元濟撰　民國十三年(1924)吴興龐氏刻十四年(1925)補刻本　二册　缺二卷(續録一、三)

330000－1710－0006168　普0000207　子部/藝術類/篆刻之屬/印譜

二金蝀堂印譜不分卷　(清)趙之謙篆　民國西泠印社鈐拓本　二册

330000－1710－0006174　039/181　類叢部/叢書類/彙編之屬

國立北平圖書館善本叢書第一集十二種　謝國楨輯　民國二十五年(1936)上海商務印書館影印本　七十册

330000－1710－0006179　普 0000211　史部/傳記類/別傳之屬/事狀

玉岑[謝玉岑]詞人悼感錄一卷　陸丹林編　民國二十四年(1935)謝夢鯉鉛印本　一册

330000－1710－0006194　039/186　子部/小説家類

顧氏文房小説四十種五十八卷　(明)顧元慶輯　民國十四年(1925)上海商務印書館據明刻本影印本　十册

330000－1710－0006201　812.2/384　集部/別集類

松濤齋詩稿一卷　陶崇信撰　民國十四年(1925)嘉興綺春閣鉛印本　一册

330000－1710－0006202　812.2/385　集部/別集類

陶簃詩存初輯一卷　陶元鏞撰　民國二十年(1931)鉛印本　一册

330000－1710－0006207　039/183　類叢部/叢書類/彙編之屬

甌風雜誌彙刊□□種　甌風社編　民國鉛印本　十一册　存三十八種

330000－1710－0006211　812.2/398　集部/別集類

秋扇集二卷　釋蘊光撰　民國二十五年(1936)一笑廬鉛印本　一册

330000－1710－0006215　812.2/402　集部/別集類/清別集

檢齋詩集三卷　(清)陳經禮撰　民國十九年(1930)鉛印本　一册

330000－1710－0006216　812.2/403　集部/別集類

青蓮花館詩存一卷　陳康壽撰　**附錄一卷**　陳康瑞輯　民國九年(1920)青蓮花館鉛印本　一册

330000－1710－0006217　812.2/408　集部/別集類/清別集

惺蕎焚餘稾一卷　(清)陳敬璋撰　民國十七年(1928)陳大綸鉛印本　一册

330000－1710－0006221　812.2/410　集部/別集類

適廬詩存一卷附三國宫詞一卷　陳翰撰　民國十九年(1930)鉛印本　一册

330000－1710－0006222　普 0000217　集部/別集類/唐五代別集

錦囊集四卷外集一卷　(唐)李賀撰　民國十二年(1923)秀水金氏刻本　二册

330000－1710－0006225　普 0000219　集部/別集類

題梅百詠一卷續一卷　高振霄撰　民國二十四年(1935)朱孔陽影印本　二册

330000－1710－0006228　812.2/416　集部/別集類

韣戲齋詩編年集八卷避寇集一卷芳杜詞賸一卷　馬浮撰　**韣戲齋詩前集二卷**　馬浮撰　張立民　楊蔭林輯　民國二十九年(1940)、三十六年(1947)刻本　六册

330000－1710－0006235　普 0000223　集部/總集類/選集之屬/斷代

今體詩鈔注畧宋詩三卷序例小傳一卷　趙彥傳撰　民國十八年(1929)補讀齋刻本　一册

330000－1710－0006236　普 0000224　子部/醫家類/方書之屬/單方驗方

奇方畢錄不分卷　濮秋坪摘錄　民國抄本　一册

330000－1710－0006237　普 0000225　集部/詞類/別集之屬

靈鶼蒲桃鏡館詞一卷　(清)譚恩闓撰　民國十九年(1930)鉛印本　一册

330000－1710－0006240　039/185　子部/小說家類

宋人小說二十八種　涵芬樓編　民國上海商務印書館鉛印本　四十一册

330000－1710－0006254　普0000229　史部/傳記類/别傳之屬/事狀

錢武肅王功德史一卷　錢文選輯　民國二十四年(1935)錢氏鉛印本　一册

330000－1710－0006256　812.2/434　集部/總集類/氏族之屬

海鹽張氏涉園叢刻續編六種　張元濟輯　民國十七年(1928)海鹽張氏鉛印本　一册　存一種

330000－1710－0006258　普0000231　子部/儒家類/儒學之屬/經濟

歷代尊孔記一卷孔教外論一卷　程淯輯　民國二十二年(1933)上海中國道德會鉛印本　一册

330000－1710－0006262　812.2/436　集部/别集類/清别集

博議樓遺詩不分卷　(清)張乃淳撰　民國十年(1921)盛澤張氏希范堂鉛印本　一册

330000－1710－0006267　039/189　類叢部/叢書類/彙編之屬

涵芬樓祕笈五十一種　孫毓修等輯　民國五年至十五年(1916－1926)上海商務印書館影印暨鉛印本　五册　存三種

330000－1710－0006270　812.2/438　集部/别集類

白石山房詩鈔三卷補遺一卷　張宗江撰　民國八年(1919)鉛印本　陶家騆題記　一册

330000－1710－0006272　812.2/439　集部/别集類

綠天簃詩集一卷詞集一卷　張汝釗撰　民國十四年(1925)鉛印本　一册

330000－1710－0006274　812.2/440　集部/别集類/清别集

北戍草一卷附龍江紀事一卷　(清)張光藻撰　民國十九年(1930)廣德錢文選鉛印本　一册

330000－1710－0006275　812.2/404　集部/别集類

畸園第三次手定詩稿十七種三十二卷　陳遹聲撰　民國十一年(1922)影印本　二十三册

330000－1710－0006277　039/191　集部/總集類/選集之屬/斷代

希社叢編不分卷　希社編　民國二年至八年(1913－1919)鉛印本　一册　存第五册

330000－1710－0006283　812.2/446　子部/藝術類/書畫之屬/法帖

康南海先生自寫開歲忽六十篇詩不分卷　康有為撰　民國石印本　一册

330000－1710－0006284　普0000241　集部/别集類/清别集

霓仙遺稿一卷　(清)葉同春撰　民國十一年(1922)石印本　一册

330000－1710－0006285　039/193　類叢部/叢書類/自著之屬

佳夢軒叢著十一種　(清)奕賡撰　民國二十四年(1935)北平燕京大學圖書館鉛印本　十册

330000－1710－0006287　普0000242　集部/詞類/别集之屬

曼陀羅寱詞一卷　沈曾植撰　民國十四年(1925)上海商務印書館鉛印本　一册

330000－1710－0006288　普0000243　史部/傳記類/日記之屬

日記之模範不分卷　(清)李慈銘撰　余慕之選　民國二十二年(1933)影印本　一册

330000－1710－0006289　812.2/448　集部/别集類/清别集

幸草亭詩鈔二卷　(清)楊文瑩撰　民國八年(1919)錢塘楊氏勖采堂鉛印本　楊見心題記　二册

330000－1710－0006291　812.2/449　集部/

別集類/清別集

怡堂詩鈔一卷棠夢詞一卷　（清）楊世謙撰

寶雙璠璵齋詩鈔一卷晚陰詞一卷　（清）楊霖撰　民國十年（1921）鉛印本　一冊

330000－1710－0006292　039/194　類叢部/叢書類/郡邑之屬

南林叢刊正集五種次集七種　周延年編　民國二十五年（1936）、二十八年（1939）南林周氏鉛印本　二冊　存次集七種

330000－1710－0006297　812.2/458　集部/別集類

蝶兒詩夢二卷春好團焦倚聲一卷　莊一拂撰　民國二十二年（1933）鉛印本　一冊

330000－1710－0006303　039/195　子部/雜著類/雜說之屬

梵天廬叢録三十七卷　柴萼撰　民國十五年（1926）上海中華書局石印本　十八冊

330000－1710－0006309　普000246　類叢部/叢書類/郡邑之屬

貴池先哲遺書二十三種　劉世珩輯　民國九年（1920）貴池劉氏唐石簃刻本　十冊　存一種

330000－1710－0006310　812.2/469　集部/別集類

歸來吟二卷　勞乃寬　勞乃宣撰　民國刻本　一冊

330000－1710－0006313　812.2/471　集部/別集類/清別集

望雲草堂詩集二卷　（清）賈勛撰　民國三年（1914）鉛印本　一冊

330000－1710－0006315　812.2/463　集部/別集類

碧梧軒詩草一卷　許桐撰　民國十六年（1927）鉛印本　一冊

330000－1710－0006316　039/197　史部/目録類/書志之屬/題跋

瓜圃叢刊敘錄一卷續編一卷　金梁輯　民國十二年（1923）、十七年（1928）鉛印本　二冊

330000－1710－0006317　812.2/464　集部/別集類

丙子集一卷　許新民撰　民國二十五年（1936）鉛印本　一冊

330000－1710－0006321　812.2/474　集部/別集類

達廬詩錄四卷　馮善徵撰　民國十六年（1927）鉛印本　一冊

330000－1710－0006322　812.2/475　集部/別集類

回風堂詩六卷前錄二卷　馮幵撰　民國蕭山朱氏別宥齋刻一九六〇年油印修補本　朱鼎煦題記　二冊

330000－1710－0006323　812.2/478　集部/別集類/清別集

亦有秋齋詩鈔二卷　（清）鈕福疇撰　民國七年（1918）烏程鈕氏鉛印本　一冊

330000－1710－0006326　普0000248　史部/目録類/總録之屬/禁燬

清代禁燬書目四種索引四卷　民國二十年（1931）杭州抱經堂書局鉛印本　四冊

330000－1710－0006328　普0000249　史部/目録類/總録之屬/私撰

上海文瑞樓書目二卷　（清）浦鑑庭編　民國十一年（1922）上海文瑞樓書莊石印本　一冊

330000－1710－0006330　普0000250　子部/醫家類/診法之屬/脈經脈訣

四言脈訣一卷附舌胎賦一卷諸藥別名彙録一卷　民國抄本　一冊

330000－1710－0006333　812.2/487　集部/別集類

黃式敘求正詩稿不分卷　（清）黃式敘撰　民國十四年（1925）鉛印本　一冊

330000－1710－0006335　812.2/488　集部/別集類

兢生遺稿一卷　黃乾瑋撰　民國十一年（1922）鉛印本　一冊

330000－1710－0006340　普0000256　史部/目録類/總録之屬/私撰

粹芬閣珍藏善本書目一卷　沈知方編　民國二十三年(1934)上海世界書局鉛印本　一冊

330000－1710－0006346　812.2/492　類叢部/叢書類/彙編之屬

又滿樓叢書十六種　趙詒琛編　民國九年至十四年(1920－1925)崑山趙氏又滿樓刻本　一冊　存一種

330000－1710－0006348　812.2/490　集部/別集類/清別集

魯叟詩存三卷　(清)黄嗣東撰　民國元年(1912)刻本　三冊

330000－1710－0006358　普0000263　史部/金石類/總志之屬/目録

金石書録目十卷附方志中金石志目一卷金石叢書目一卷　容媛輯　民國二十五年(1936)上海商務印書館鉛印本　一冊

330000－1710－0006359　812.2/496　類叢部/叢書類/彙編之屬

郋園先生全書一百二十九種　葉啓倬編　民國二十四年(1935)長沙中國古書刻印社彙印本　一冊　存一種

330000－1710－0006360　812.2/498　集部/別集類

世徽樓詩稿四卷　葉楚傖撰　民國三十五年(1946)上海正中書局鉛印本　一冊

330000－1710－0006361　普0000265　史部/地理類/方志之屬/郡縣志

[民國]重輯張堰志十二卷首一卷末一卷　姚裕廉　范炳垣纂修　民國九年(1920)金山姚氏松韵草堂鉛印本　一冊　存八卷(六至十二、末)

330000－1710－0006364　普0000267　史部/金石類/總志之屬/目録

金石書録目十卷附方志中金石志目一卷金石叢書目一卷　容媛輯　民國二十五年(1936)上海商務印書館鉛印本　一冊

330000－1710－0006365　普0000264　史部/目録類/總録之屬/私撰

書目舉要一卷　周貞亮　李之鼎編　民國九年(1920)南城李之鼎宜秋館刻本　一冊

330000－1710－0006366　812.2/500　集部/別集類/清別集

玩花軒吟草二卷詩餘一卷　(清)褚成烈撰　民國十年(1921)鉛印本　一冊

330000－1710－0006370　812.2/503　集部/別集類

復益草堂詩存一卷　褚成鈺撰　民國二十四年(1935)鉛印本　一冊

330000－1710－0006377　812.2/507　集部/別集類/清別集

洞泉詩鈔一卷　(清)榮漣撰　榮棣輝輯　**榮洞泉詩鈔附錄一卷**　嚴懋功輯　民國二十二年(1933)繩武樓鉛印本　一冊

330000－1710－0006379　812.2/510　集部/別集類/清別集

玉麈山房詩集四卷　(清)蔡燮昌撰　民國八年(1919)鉛印本　一冊

330000－1710－0006381　普0000269　集部/曲類/曲韻曲譜曲律之屬

遏雲閣曲譜初集不分卷　(清)王錫純輯　(清)李秀雲拍正　民國上海著易堂書局鉛印本　十二冊

330000－1710－0006383　普0000270　類叢部/叢書類/彙編之屬

四部備要　中華書局編　民國二十五年(1936)上海中華書局鉛印本　十冊　存一種

330000－1710－0006385　普0000271　史部/傳記類/總傳之屬/技藝

墨林今話十八卷　(清)蔣寶齡撰　**續編一卷**　(清)蔣茝生撰　民國十四年(1925)上海中華書局鉛印本　六冊

330000－1710－0006389　普0000272　子部/宗教類/佛教之屬

佛學大辭典不分卷通檢一卷疇隱居士自訂年

譜一卷　丁福保撰　民國十年(1921)上海醫學書局鉛印本　十六册

330000－1710－0006395　普0000274　子部/農家農學類/園藝之屬/瓜果
果樹栽培全書□□卷　民國石印本　一册　存一卷(上)

330000－1710－0006399　普0000276　史部/傳記類/日記之屬
越縵堂日記補不分卷(清咸豐四年三月十四日至同治二年三月三十日)　(清)李慈銘撰　民國二十五年(1936)上海商務印書館影印本　十三册

330000－1710－0006406　普000278　子部/道家類
老子道德經箋注一卷　丁福保撰　**老子道德經書目攷一卷**　周雲青撰　民國十六年(1927)上海醫學書局鉛印本　一册

330000－1710－0006407　普0000279　子部/道家類
老子道德經二卷　(三國魏)王弼注　嚴復評點　民國二十年(1931)上海商務印書館鉛印本　一册

330000－1710－0006408　普0000280　子部/醫家類/診法之屬/其他診法
雜症歌訣一卷　民國抄本　一册

330000－1710－0006413　812.2/551　集部/別集類/清別集
定廬集四卷　(清)錢儀吉撰　民國四年(1915)刻本　一册

330000－1710－0006420　普000282　史部/傳記類/總傳之屬/文苑
本朝名家詩鈔小傳四卷　(清)鄭方坤撰　民國十八年(1929)上海掃葉山房石印本　四册

330000－1710－0006421　812.2/537　集部/別集類
瑟園詩錄四卷詞錄一卷　劉富槐撰　劉方煒編　民國十五年(1926)刻本　一册　存三卷(三至四、詞錄)

330000－1710－0006422　普000283　集部/別集類/明別集
張蒼水集二卷附錄一卷　(明)張煌言撰　民國鉛印本　二册

330000－1710－0006423　812.2/538　集部/別集類/清別集
覆瓿草二卷　(清)劉其清撰　民國五年(1916)葛嗣浵申江刻本　一册

330000－1710－0006429　812.2/555　集部/別集類/清別集
檇李錢小范詩存一卷　(清)錢鴻基撰　民國二十九年(1940)鉛印本　錢□人、錢孫□題記　一册

330000－1710－0006431　812.2/558　集部/別集類/清別集
培園詩集一卷　(清)錢本誠撰　(清)彭啟豐輯　民國四年(1915)聽邠館刻本　一册

330000－1710－0006434　普000286　集部/別集類/清別集
評月樓遺詩二卷末一卷　(清)陳三陛撰　民國元年(1912)刻本　一册

330000－1710－0006435　普000288　子部/雜著類/雜纂之屬
增廣智囊補二十八卷　(明)馮夢龍輯　民國進步書局石印本　八册

330000－1710－0006440　812.2/559　集部/別集類/清別集
名山詩集十三卷名山詞二卷海上詞四卷　錢振鍠撰　民國木活字印本　四册

330000－1710－0006441　普000290　子部/雜著類/雜說之屬
蒿庵閒話二卷　(清)張爾岐撰　民國上海文明書局石印本　一册

330000－1710－0006442　普000291　子部/小說家類/異聞之屬
島居隨錄二卷　(清)盧若騰撰　民國上海文明書局石印本　一册

330000－1710－0006443　普000292　子部/雜著類/雜說之屬

郎潛紀聞十四卷　(清)陳康祺撰　民國上海文明書局石印本　三册

330000－1710－0006444　普000293　子部/叢編

清代筆記叢刊四十一種　文明書局編　民國上海文明書局石印本　六册　存一種

330000－1710－0006447　812.2/561　集部/別集類/清別集

稚川詩存六卷詩餘一卷　(清)闞洪撰　民國祝廷錫抄本　祝廷錫題記　一册

330000－1710－0006452　039/187　類叢部/叢書類/家集之屬

祝氏叢書一百五十六種　祝廷錫輯　民國祝廷錫稿本暨抄本　三十一册

330000－1710－0006455　普000295　集部/總集類/酬唱之屬

其㝅集二卷　周慶雲等撰　民國三年(1914)周氏夢坡室刻本　一册

330000－1710－0006456　普000296　類叢部/叢書類/自著之屬

晨風廬叢刊十八種　周慶雲撰　民國吳興周氏夢坡室刻本　一册　存一種

330000－1710－0006460　812.2/568　集部/別集類

天嘯樓集五卷　饒鍔撰　民國二十三年(1934)鉛印本　一册

330000－1710－0006462　812.2/570　集部/別集類

瞿文慎公詩選遺墨不分卷　瞿鴻禨撰　瞿宣樸　瞿宣治　瞿宣穎編　民國八年(1919)長沙瞿氏超覽樓石印本　四册

330000－1710－0006470　普000298　集部/別集類/清別集

春酒堂文集一卷　(清)周容撰　民國五年(1916)國學扶輪社鉛印本　一册

330000－1710－0006486　普000306　史部/傳記類/別傳之屬/年譜

韌叟[勞乃宣]自訂年譜一卷　勞乃宣撰　民國十一年(1922)鉛印本　一册

330000－1710－0006487　812.2/589　集部/別集類

聽鸝吟館求是草一卷　龔寶廉撰　民國二十二年(1933)鉛印本　一册

330000－1710－0006492　普000308　類叢部/叢書類/自著之屬

學鐸社叢書五種　楊踐形撰　易學研究會編　民國十四年(1925)世界書局鉛印本　四册

330000－1710－0006505　普0000313　集部/別集類/清別集

話雨樓遺詩一卷　(清)徐濤撰　**附錄一卷**　(清)郭麐撰　民國六年(1917)柳棄疾鉛印本　一册

330000－1710－0006507　812.2/607　集部/別集類

借澆集一卷題辭一卷　吳懷清撰　民國三年(1914)上海國光書局鉛印本　一册

330000－1710－0006510　普0000314　集部/別集類

素癡老人遺集一卷　郁屏翰撰　民國八年(1919)鉛印本　一册

330000－1710－0006513　普0000316　集部/別集類/清別集

校訂定盦全集十卷　(清)龔自珍撰　**定盦[龔自珍]年譜藁本一卷**　(清)黃守恒撰　民國九年(1920)上海掃葉山房石印本　六册

330000－1710－0006515　普0000317　子部/道家類

莊子十卷　(晉)郭象注　(唐)陸德明音義　民國上海文瑞樓石印本　四册

330000－1710－0006516　普0000318　集部/楚辭類

楚辭十七卷　(漢)劉向集　(漢)王逸章句　(宋)洪興祖補注　民國八年(1919)上海文瑞

樓石印本　四冊

330000－1710－0006518　812.2/612　集部/別集類
己未游草一卷　默盦居士（王舟瑶）撰　民國石印本　王舟瑶題記　一冊

330000－1710－0006520　812.2/613　集部/別集類
沃洲散人漫吟二卷　俞濬鑑撰　民國十九年（1930）鉛印本　二冊

330000－1710－0006522　812.2/614　史部/叢編
滿清野史□□種　□□輯　民國成都昌福公司鉛印本　一冊　存一種

330000－1710－0006524　普0000320　集部/總集類/選集之屬/通代
宋元明文評註讀本不分卷　王文濡編　金熙汪勁扶註　民國十一年（1922）中華書局鉛印本　二冊

330000－1710－0006528　812.2/619　類叢部/叢書類/彙編之屬
又滿樓叢書十六種　趙詒琛編　民國九年至十四年（1920－1925）崑山趙氏又滿樓刻本　一冊　存一種

330000－1710－0006529　812.2/620　類叢部/叢書類/自著之屬
勴堂遺書八種　顧家相撰　民國八年至十九年（1919－1930）會稽顧氏鉛印本　一冊　存一種

330000－1710－0006548　普0000326　子部/藝術類/書畫之屬/法帖
舊拓鄧太尉祠碑一卷　民國十九年（1930）上海中華書局影印本　一冊

330000－1710－0006549　812.2/623　類叢部/叢書類/彙編之屬
嘉業堂叢書五十九種　劉承幹編　民國吳興劉氏嘉業堂刻本　一冊　存一種

330000－1710－0006550　普0000327　集部/別集類
訒菴詩鈔一卷　彭敦毅撰　民國十二年（1923）鉛印本　一冊

330000－1710－0006551　普000328　集部/別集類
松隣書札不分卷附詩詞　吳昌綬撰　張祖廉輯　民國十四年（1925）影印本　二冊

330000－1710－0006553　812.2/645　集部/別集類
息園詠物一卷聯珠吟一卷　項乃登撰　民國八年（1919）鉛印本　一冊

330000－1710－0006557　812.2/624　集部/別集類/清別集
秋蟪吟館詩鈔七卷　（清）金和撰　民國五年（1916）上元金氏刻本　一冊　存一卷（一）

330000－1710－0006567　812.2/651　集部/別集類
夷門草一卷　黃壽袞撰　民國二年（1913）越鐸印刷局鉛印本　一冊

330000－1710－0006568　812.2/652　集部/別集類
聯珠吟一卷　項乃登撰　民國八年（1919）鉛印本　一冊

330000－1710－0006569　812.2/641　集部/別集類
十髮盦全集□□種　程頌萬撰　民國影印本　一冊　存一種

330000－1710－0006573　812.2/653　集部/別集類
非儒非俠齋文集三卷聯語偶存初集一卷詩集一卷詩續集一卷　顧燮光撰　**福豔樓遺詩一卷**　陸珊撰　民國七年（1918）石印本　一冊　存一卷（詩續集）

330000－1710－0006575　812.2/654　集部/別集類/唐五代別集
唐女郎魚玄機詩一卷　（唐）魚玄機撰　民國中華書局鉛印本　一冊

330000－1710－0006577　812.2/656　集部/別集類/清別集

越縵堂集十卷　(清)李慈銘撰　民國二十八年(1939)中華書局鉛印本　二冊

330000－1710－0006579　812.2/655　集部/別集類

鐵網珊瑚歌一卷　歸曾禧撰　民國十年(1921)鉛印本　一冊

330000－1710－0006586　普0000332　史部/地理類/水利之屬

浙江省第一區水利議事會不分卷　民國二十一年至二十二年(1932－1933)油印本　九冊

330000－1710－0006587　普0000334　經部/四書類/孟子之屬/傳說

孟子文評不分卷　(清)趙承謨評點　民國十四年(1925)上海交通圖書館石印本　四冊

330000－1710－0006593　812.2/682　集部/別集類

松泉游草六卷　趙鶴清撰　民國二十一年(1932)鉛印本　一冊　存三卷(一至三)

330000－1710－0006594　812.2/683　集部/別集類

潮音草舍詩存一卷　釋太虛撰　釋了空編　民國二十七年(1938)鉛印本　一冊

330000－1710－0006603　812.2/675　集部/別集類/清別集

茗香館遺草一卷　(清)祝幼珊撰　民國十八年(1929)祝履中影印暨鉛印本　一冊

330000－1710－0006605　812.2/672　集部/別集類/清別集

華蕊樓遺稿一卷　(清)徐熙珍撰　民國五年(1916)烏程周氏夢坡室刻本　一冊

330000－1710－0006610　812.2/673　集部/別集類/清別集

芙蓉庵燹餘草一卷　(清)蒲華撰　民國十五年(1926)上海聚珍仿宋印書局鉛印本　一冊

330000－1710－0006613　812.2/674　集部/別集類/清別集

越縵堂詩續集十卷　(清)李慈銘撰　由雲龍編　民國二十二年(1933)上海商務印書館鉛印本　一冊

330000－1710－0006618　普0000339　集部/總集類/尺牘之屬

古今尺牘大觀上編不分卷　姚漢章　張相纂輯　民國上海中華書局鉛印本　十二冊

330000－1710－0006619　812.2/685　類叢部/叢書類/自著之屬

經頤淵金石詩書畫合集三種　經亨頤撰　民國二十五年(1936)上海中華書局影印暨鉛印本　一冊

330000－1710－0006624　812.2/695　集部/別集類/清別集

浮雲集十二卷　(清)陳之遴撰　民國二十二年(1933)南林張乃熊鉛印本　二冊

330000－1710－0006627　普0000343　集部/別集類/清別集

寒翠閣詩稿一卷　(清)吳培撰　民國硤石藝新印刷所鉛印本　一冊

330000－1710－0006631　812.2/689　集部/詞類/別集之屬

淮海居士長短句三卷　(宋)秦觀撰　民國十九年(1930)北平故宮博物院圖書館影印本　一冊

330000－1710－0006639　812.2/696　集部/別集類

寐叟乙卯稿一卷　沈曾植撰　民國六年(1917)四益宧寫刻本　一冊

330000－1710－0006640　812.2/697　集部/別集類

陶簃辛壬吟草一卷　陶元鏞撰　民國鉛印本　一冊

330000－1710－0006641　812.2/698　集部/別集類

含嘉室詩集八卷　吳士鑑撰　民國鉛印本　二冊

330000－1710－0006642　812.2/699　集部/別集類/清別集
絜齋老人遺稿一卷　（清）吳寶恕撰　民國十三年(1924)鉛印本　得月人主人題記　一冊

330000－1710－0006643　812.2/702　集部/別集類
觀復堂詩集八卷　蔡寶善撰　民國鉛印本　一冊　存四卷(一至四)

330000－1710－0006644　812.2/703　集部/別集類
石倉詩集四卷　曹緣皋撰　民國十七年(1928)石倉山館鉛印本　二冊

330000－1710－0006646　812.2/704　集部/別集類
長公吟草四卷詞鈔一卷　沈昌眉撰　民國二十年(1931)鉛印本　一冊　存二卷(一至二)

330000－1710－0006648　812.2/705　集部/別集類
止廬詩存一卷附文一卷　吳昌祺撰　民國二十二年(1933)鉛印本　吳競存題記　一冊

330000－1710－0006649　812.2/706　集部/別集類/清別集
春綠山房詩集六卷　（清）黃彬琳撰　民國二十一年(1932)鉛印本　二冊

330000－1710－0006651　812.2/707　類叢部/叢書類/彙編之屬
墨巢叢刻□□種　李宣龔輯　民國鉛印本　許大雷題記　一冊　存一種

330000－1710－0006652　812.2/700　集部/別集類
畏廬詩存二卷　林紓撰　民國二十三年(1934)上海商務印書館鉛印本　一冊

330000－1710－0006653　812.2/708　集部/別集類
無恙初稿不分卷　楊無恙撰　民國十九年(1930)常熟開文社鉛印本　一冊

330000－1710－0006654　812.2/701　集部/別集類
簫心劍氣樓詩存一卷詩餘附存一卷　孫肇圻撰　民國鉛印本　一冊

330000－1710－0006655　812.2/709　集部/別集類
南歸集一卷　張翥撰　民國十三年(1924)鉛印本　一冊

330000－1710－0006656　812.2/710　集部/別集類
蓼園詩鈔五卷　柯劭忞撰　廉泉編　**校勘記一卷**　廉泉撰　民國十三年(1924)上海中華書局鉛印本　許大盧題記　一冊

330000－1710－0006657　812.2/714　集部/別集類
八指頭陀詩集十卷續集八卷裸文一卷　釋敬安撰　民國八年(1919)北京法源寺刻本　五冊

330000－1710－0006658　812.2/715　集部/別集類
南湖集四卷補遺一卷　廉泉撰　孫道毅編　民國十三年(1924)上海中華書局鉛印本　二冊

330000－1710－0006659　812.2/711　集部/別集類/清別集
可山詩集四卷附集三卷　（清）錢鎔撰　民國十七年(1928)鉛印本　一冊　缺二卷(附集二至三)

330000－1710－0006660　812.2/712　集部/別集類
鉤心集詩草一卷　陳之錡撰　民國二十四年(1935)上海中華書局鉛印本　一冊

330000－1710－0006661　812.2/716　集部/別集類/唐五代別集
韓翰林集三卷香奩集三卷補遺一卷　（唐）韓偓撰　（清）吳汝綸評注　民國十一年(1922)武強賀氏刻本　劍青、許大盧題記　一冊

330000－1710－0006663　普0000346　子部/儒家類/儒學之屬/蒙學

國文經緯貫通大義八卷　唐文治講授　民國十四年(1925)無錫西溪唐公館、無錫國學專修館鉛印本　四册

330000－1710－0006665　812.2/717　集部/別集類

瘉壄堂詩集二卷　嚴復撰　民國十五年(1926)鉛印本　嚴家理、許大盧題記　一册

330000－1710－0006666　812.2/718　集部/別集類

滇游草一卷　凌惕安著　民國二十七年(1938)商務印書館鉛印本　一册

330000－1710－0006667　812.2/719　集部/別集類

梅影軒遺稿四卷　潘世元撰　民國二十三年(1934)高天棲鉛印本　一册

330000－1710－0006668　812.2/720　集部/別集類

栩園叢稿初編五卷二編四卷文稿一卷　陳栩撰　周之盛輯　民國十九年(1930)上海著易堂印書局鉛印本　一册　存三卷(栩園詩賸、天風樓詩賸、香雪樓詞)

330000－1710－0006669　812.2/721　集部/總集類/選集之屬/通代

高僧山居詩一卷　懺庵居士編輯　民國二十三年(1934)上海商務印書館鉛印本　一册

330000－1710－0006672　812.2/722　集部/別集類

翦愁吟草一卷　莊一拂撰　民國鉛印本　一册

330000－1710－0006674　812.2/723　集部/別集類

漱石山莊詩稿不分卷　王雲臺撰　民國三十七年(1948)王氏鉛印本　一册

330000－1710－0006683　812.2/724　集部/別集類/清別集

廣雅堂詩集四卷　(清)張之洞撰　民國二十四年(1935)鉛印本　許大盧題記　二册

330000－1710－0006684　812.2/725　集部/別集類

困齋學詠錄一卷　吳式彬撰　民國十六年(1927)鉛印本　一册

330000－1710－0006685　812.2/728　集部/別集類/清別集

人境廬詩草箋注十一卷補遺一卷　(清)黃遵憲撰　錢萼孫箋注　**嘉應黃先生[遵憲]墓誌銘一卷**　梁啓超撰　**黃公度先生[遵憲]年譜一卷**　錢萼孫撰　**詩話二卷**　錢萼孫輯　民國二十五年(1936)上海商務印書館鉛印本　玉旦題記　三册

330000－1710－0006687　812.2/733　集部/別集類/清別集

文道希先生遺詩一卷　(清)文廷式撰　葉恭綽輯　民國十八年(1929)鉛印本　一册

330000－1710－0006688　812.2/729　集部/別集類/清別集

清邃堂遺詩六卷　(清)顏宗儀撰　民國三十二年(1943)上海涵芬樓據海鹽顏氏大海明月樓寫本影印本　二册

330000－1710－0006692　812.2/731　集部/別集類

賓虹詩草三卷補遺一卷　黃賓虹撰　民國二十二年(1933)石印本　一册

330000－1710－0006697　812.2/732　史部/史評類/詠史之屬

桂堂清故宮詩一百首一卷　周大烈撰　民國鉛印本　一册

330000－1710－0006698　普0000358　集部/曲類/彈詞之屬

繪圖筆生花十六卷三十二回　(清)邱心如撰　民國石印本　十五册

330000－1710－0006700　812.2/744　集部/別集類/清別集

來鷺草堂隨筆一卷　(清)吳滔撰　民國西泠印社木活字印本　一册

330000－1710－0006701　812.2/734　集部/

別集類

浩歌堂詩鈔十卷 陳去病撰 **巢南先生五十壽言一卷** 柳棄疾 余其鏘輯 民國十四年(1925)鉛印本 二册

330000－1710－0006702 812.2/735 集部/別集類

白屋遺詩七種 劉大白著 民國二十四年(1935)開明書店鉛印本 一册

330000－1710－0006703 普0000359 集部/別集類/清別集

梅村詩集箋注十八卷 (清)吳偉業撰 (清)吳翌鳳箋注 民國中華圖書館石印本 八册

330000－1710－0006706 812.2/737 集部/別集類

秋明集詩三卷詞一卷 沈尹默撰 民國十八年(1929)北京書局鉛印本 二册

330000－1710－0006709 普000362 集部/別集類

集詞牌三十韻不分卷 藤花書屋主人稿 民國四年(1915)半山蕘野草抄本 一册

330000－1710－0006717 普0000368 集部/詞類/別集之屬

龍洲詞一卷 (宋)劉過撰 民國十三年(1924)蟫隱廬鉛印本 一册

330000－1710－0006718 普0000369 類叢部/叢書類/家集之屬

周氏家集三種四卷 周自齊輯 民國十年(1921)上海聚珍倣宋印書局鉛印本 二册

330000－1710－0006719 普0000370 類叢部/叢書類/家集之屬

周氏家集三種四卷 周自齊輯 民國十年(1921)上海聚珍倣宋印書局鉛印本 二册

330000－1710－0006721 812.2/748 集部/別集類/清別集

潛廬劫餘吟一卷 (清)龔樹緯撰 民國二十二年(1933)鉛印本 一册

330000－1710－0006723 812.2/750 類叢部/叢書類/彙編之屬

靜園叢書十種 沈光瑩編 民國七年(1918)聚珍倣宋印書局鉛印本(籀史卷下原缺) 朱其石題記 一册 存一種

330000－1710－0006724 812.2/751 集部/別集類/清別集

依舊草堂遺稿二卷 (清)費丹旭撰 (清)汪鉽編 民國十八年(1929)鉛印本 一册

330000－1710－0006725 812.2/749 史部/地理類/雜志之屬

州東雜詠一卷 陶元鏞撰 民國十七年(1928)鉛印本 一册

330000－1710－0006726 812.2/752 集部/別集類/清別集

香樹齋詩集精華錄不分卷 (清)錢陳群撰 民國十六年(1927)錢振聲抄本 九册

330000－1710－0006733 普0000372 集部/別集類

審安齋詩集三卷 陳濤撰 民國十年(1921)上海中華書局鉛印本 一册

330000－1710－0006737 812.4/16 集部/詞類/別集之屬

蒿盦詞賸一卷 馮煦撰 民國刻本 一册

330000－1710－0006739 812.4/17 集部/詞類/別集之屬

慮尊詞一卷然脂詞一卷 陳夔撰 民國十一年(1922)鉛印本 一册

330000－1710－0006758 812.4/21 集部/詞類/別集之屬

彊邨語業二卷 朱祖謀撰 民國十三年(1924)歸安朱氏託鵑樓刻本 一册

330000－1710－0006760 812.4/26 集部/詞類/別集之屬

秀道人詠梅詞一卷 況周頤撰 民國惜陰堂鉛印本 一册

330000－1710－0006765 812.4/28 集部/詞類/別集之屬

頤和園詞一卷　王國維撰　民國元年(1912)石印本　一冊

330000－1710－0006768　812.2/29　集部/別集類

徵聲集一卷　羅振常撰　**初日樓稿一卷**　羅莊撰　民國十年(1921)上虞羅氏蟫隱廬鉛印本　一冊

330000－1710－0006774　812.4/30　集部/別集類

亢盦詩稿一卷詞稿一卷　徐壽茲撰　民國十一年(1922)鉛印本　一冊

330000－1710－0006776　812.4/31　集部/詞類/別集之屬

半塘定稿二卷附錄一卷　(清)王鵬運撰　民國三十七年(1948)京華印書館鉛印本　一冊

330000－1710－0006779　812.4/35　集部/詞類/別集之屬

蘇菴詩餘五卷　(清)唐壎撰　民國五年(1916)大同書局石印本　二冊

330000－1710－0006783　普0000380　史部/地理類/雜志之屬

盛湖竹枝詞二卷雜錄一卷　沈雲撰　民國七年(1918)鉛印本　一冊

330000－1710－0006787　812.4/44　集部/詞類/別集之屬

霜紅詞一卷　胡士瑩撰　民國二十年(1931)揚州刻本　一冊

330000－1710－0006789　812.4/47　集部/詞類/別集之屬

瞻園詞續一卷　(清)張仲炘撰　民國二十五年(1936)刻本　麗石題記　一冊

330000－1710－0006794　812.4/48　集部/詞類/別集之屬

珠玉詞一卷補遺一卷　(宋)晏殊撰　林大椿編校　**珠玉詞校記一卷**　林大椿撰　民國十九年(1930)上海商務印書館鉛印本　一冊

330000－1710－0006795　812.4/36　類叢部/叢書類/郡邑之屬

檇李叢書九種　金兆蕃編　民國二十年至二十五年(1931－1936)嘉興金氏刻本　一冊　存二種

330000－1710－0006796　812.4/46　集部/詞類/別集之屬

舊月簃詞一卷　陳曾壽撰　民國十年(1921)鉛印本　一冊

330000－1710－0006801　812.4/52　集部/詞類/別集之屬

聽潮音館詞集三卷　蔡寶善撰　民國十九年(1930)鉛印本　一冊

330000－1710－0006802　812.4/53　集部/詞類/別集之屬

昔夢詞一卷　(清)王慶昌撰　民國十六年(1927)鉛印本　大至題記　一冊

330000－1710－0006804　812.4/54　集部/詞類/別集之屬

春雨齋詞乙稿一卷　董巽觀撰　民國石印本　董巽觀題記　一冊

330000－1710－0006806　812.4/40　集部/詞類/別集之屬

曼陀羅寱詞一卷　沈曾植撰　民國刻本　一冊

330000－1710－0006807　812.4/41　集部/詞類/別集之屬

曼陀羅寱詞一卷　沈曾植撰　民國十四年(1925)上海商務印書館鉛印本　一冊

330000－1710－0006813　812.4/57　集部/詞類/別集之屬

趣園詩餘六卷　汪曾武撰　**漱紅館詞賸一卷**　吳慶雲撰　民國三十年(1941)鉛印本　伯通題記　一冊

330000－1710－0006817　812.4/61　史部/史評類/詠史之屬

清宮詞一卷　吳士鑑撰　民國二十六年(1937)吳秉澂鉛印本　一冊

330000－1710－0006818　812.4/63　集部/詞類/别集之屬

滄浪漁笛譜一卷　蔡寶善撰　民國二十五年(1936)鉛印本　一册

330000－1710－0006821　812.5/8　集部/别集類/清别集

叢桂山房遺稿二卷　(清)任錫庸撰　民國九年(1920)上海聚珍倣宋印書局鉛印本　一册

330000－1710－0006826　普0000389　集部/别集類/明别集

詳註王陽明全集三十八卷　(明)王守仁撰　民國二十四年(1935)上海掃葉山房石印本　三册　存三卷(一至三)

330000－1710－0006827　普0000390　集部/别集類/清别集

亭林詩集五卷文集六卷餘集一卷　(清)顧炎武撰　民國十七年(1928)上海掃葉山房石印本　四册

330000－1710－0006829　普0000391　類叢部/叢書類/家集之屬

天蘇閣叢刊十五種　徐新六輯　民國三年(1914)、十二年(1923)杭縣徐氏鉛印本　五册　存十種

330000－1710－0006832　812.5/11　集部/總集類/氏族之屬

徵遠堂遺稿四種六卷　民國九年(1920)華亭朱氏鉛印本　一册　存二種

330000－1710－0006834　普0000393　集部/别集類

樊山集外八卷　樊增祥撰　民國三年(1914)上海廣益書局石印本　六册

330000－1710－0006835　普0000394　集部/别集類/清别集

道古堂文集四十六卷詩集二十六卷　(清)杭世駿撰　民國上海掃葉山房石印　十二册

330000－1710－0006838　普0000396　集部/别集類/清别集

亭林詩集五卷文集六卷餘集一卷　(清)顧炎武撰　民國二年(1913)掃葉山房石印本　四册

330000－1710－0006839　普0000397　子部/道家類

莊子十卷　(晉)郭象注　(唐)陸德明音義　民國十七年(1928)上海掃葉山房石印本　四册

330000－1710－0006841　812.5/19　類叢部/叢書類/自著之屬

寓園叢書七種　張其淦撰　民國十九年(1930)鉛印本　一册　存一種

330000－1710－0006854　普0000400　子部/小説家類/雜事之屬

漁磯漫鈔十卷　(清)雷琳　(清)汪琇瑩　(清)莫劍光輯　民國二年(1913)埽葉山房石印本　四册

330000－1710－0006857　812.5/27　集部/别集類

學制齋駢文二卷　李詳撰　民國四年(1915)江寧蔣國榜鉛印本　二册

330000－1710－0006862　普0000404　集部/小説類/長篇之屬

繪圖增像第五才子書水滸全傳七十回引首一回　(明)施耐庵撰　(清)金人瑞評釋　民國鉛印本　十册

330000－1710－0006864　普0000401　史部/傳記類/總傳之屬/技藝

國朝畫識十七卷　(清)馮金伯纂輯　民國十二年(1923)上海中華書局鉛印本　四册

330000－1710－0006865　813/9　集部/詩文評類/詩評之屬

詩品注三卷　(南朝梁)鍾嶸撰　陳延傑注　**詩選一卷**　陳延傑選　民國十八年(1929)上海開明書店鉛印本　一册

330000－1710－0006872　813/13　集部/詩文評類/詩評之屬

五代詩話八卷　(清)王士禛撰　民國上海朝記書莊石印本　四册

330000－1710－0006873　813/14　集部/詩文評類/類編之屬
清詩話四十三種　丁福保訂　民國十六年(1927)上海醫學書局鉛印本　十冊

330000－1710－0006875　813/16　集部/詩文評類/詩評之屬
雙溪詩話一卷　朱辛彝撰　民國二十四年(1935)鉛印本　一冊

330000－1710－0006881　813/20　集部/詩文評類/詩評之屬
未晚樓詩話十六卷　李澄宇撰　民國油印本　李洞庭題簽並記　一冊　存八卷(九至十六)

330000－1710－0006883　普0000408　集部/詩文評類/詩評之屬
詩人玉屑二十卷　(宋)魏慶之撰　民國六年(1917)上海掃葉山房石印本　六冊

330000－1710－0006895　813/35　集部/詩文評類/類編之屬
淮海先生詩詞叢話一卷補遺一卷　秦國璋輯　民國三年(1914)無錫秦氏嘉會堂刻本　一冊

330000－1710－0006897　普0000413　史部/傳記類/總傳之屬/技藝
清朝書畫家筆錄四卷　竇鎮輯　民國十二年(1923)朝記書莊鉛印本　四冊

330000－1710－0006899　普0000414　集部/總集類/選集之屬/通代
六朝文絜箋注十二卷　(清)許槤輯並評　(清)黎經誥箋注　民國十九年(1930)上海掃葉山房石印本　四冊

330000－1710－0006903　普0000416　子部/法家類
管子二十四卷　(唐)房玄齡注　民國九年(1920)上海掃葉山房石印本　六冊

330000－1710－0006905　普0000418　子部/法家類
管子二十四卷　(唐)房玄齡注　民國六年(1917)育文書局石印本　一冊

330000－1710－0006910　普0000419　集部/總集類/尺牘之屬
古今尺牘大觀下編不分卷　鍾毓龍　朱用賓纂輯　民國二十九年(1940)上海中華書局鉛印本　十六冊

330000－1710－0006914　813/41　集部/詩文評類
中國文學略一卷　劉毓盤撰　民國八年(1919)鉛印本　一冊

330000－1710－0006915　813/42　集部/詩文評類
中國文學指南二卷　邵伯棠撰　民國六年(1917)上海文會堂書局石印本　二冊

330000－1710－0006920　普0000423　子部/雜著類/雜纂之屬
兩般秋雨盦隨筆八卷　(清)梁紹壬撰　民國十八年(1929)上海掃葉山房石印本　四冊

330000－1710－0006936　813/58　集部/詩文評類/詩評之屬
越縵堂詩話三卷　(清)李慈銘撰　蔣瑞藻編　民國十五年(1926)上海商務印書館鉛印本　慧度道人題記　二冊

330000－1710－0006937　普0000430　集部/別集類
蒿盦類稿三十二卷續稿三卷　馮煦撰　民國二年(1913)刻本　一冊　存三卷(續稿一至三)

330000－1710－0006939　813/60　集部/詩文評類/類編之屬
南亭四話九卷　(清)李伯元(李寶嘉)編輯　民國十四年(1925)上海大東書局石印本　八冊

330000－1710－0006944　813/62　集部/詩文評類/詩評之屬
石遺室詩話三十二卷　陳衍撰　民國二十四年(1935)上海商務印書館鉛印本　四冊

330000－1710－0006946　813/63　集部/詩文評類/詩評之屬

湘綺樓說詩八卷　王闓運撰　王簡編輯　民國二十三年（1934）成都書局鉛印本　四冊

330000－1710－0006953　普0000434　集部/總集類/選集之屬/通代

增批古文觀止十二卷　（清）吳乘權　（清）吳大職評註　民國元年（1912）紹興墨潤堂石印本　二冊　存四卷（一至二、七至八）

330000－1710－0006955　普0000435　子部/藝術類/篆刻之屬/印譜

趙次閑印譜不分卷　（清）趙之琛篆刻　民國有正書局鈐印本　四冊

330000－1710－0006957　814.1/9　集部/小說類/短篇之屬

聊齋志異新評十六卷　（清）蒲松齡撰　（清）王士禛評　（清）呂湛恩注　（清）但明倫新評　民國上海商務書局鉛印本　四冊　存八卷（五至六、九至十二、十五至十六）

330000－1710－0006958　814.1/14　子部/小說家類/異聞之屬

里乘八卷　（清）許奉恩撰　民國四年（1915）石印本　四冊

330000－1710－0006962　普0000438　集部/別集類

梅墅集三卷附錄一卷　王鏡寰撰　民國三十五年（1946）中華書局鉛印本　一冊

330000－1710－0006964　普0000439　集部/別集類/唐五代別集

元次山集十二卷　（唐）元結撰　（清）黃又訂　民國二年（1913）石竹山房石印本　四冊

330000－1710－0006965　普000440　集部/別集類/宋別集

後山詩十二卷　（宋）陳師道撰　（宋）任淵注　民國七年（1918）上海文明書局石印本　六冊

330000－1710－0006971　814.1/16　子部/小說家類/瑣語之屬

遯窟讕言十二卷　（清）王韜撰　民國十二年（1923）會文堂石印本　六冊

330000－1710－0007020　普0000444　子部/藝術類/書畫之屬/畫譜

費曉樓百美畫譜二卷　（清）費丹旭繪　民國十五年（1926）上海世界書局石印本　二冊

330000－1710－0007025　814.1/63　集部/小說類/長篇之屬

繪圖增像第五才子書水滸全傳七十回引首一回　（明）施耐庵撰　（清）金人瑞評釋　民國鉛印本　十冊

330000－1710－0007029　普0000452　集部/別集類

冬花遺集五卷　王家桂　陳銳輯　民國九年（1920）鉛印本　一冊

330000－1710－0007030　814.1/71　集部/小說類/長篇之屬

紅樓夢一百二十回　（清）曹霑　（清）高鶚撰　（清）王希廉　（清）姚燮加評　民國鉛印本　三十二冊

330000－1710－0007039　普0000457　集部/總集類/彙編之屬

名家選定詩文讀本□□種　文明書局編　民國十六年（1927）上海文明書局鉛印本　一冊　存一種

330000－1710－0007040　普0000458　集部/總集類/彙編之屬

名家選定詩文讀本□□種　文明書局編　民國二十年（1931）上海文明書局鉛印本　一冊　存一種

330000－1710－0007041　普0000459　集部/總集類/尺牘之屬

分類詳註文學尺牘大全集二十卷　（明）鍾惺纂輯　（明）馮夢龍訂釋　民國十年（1921）上海求古齋鉛印本　十六冊

330000－1710－0007069　普0062　集部/詞類/別集之屬

曼陀羅寱詞一卷　沈曾植撰　民國十三年

(1924)上海商務印書館鉛印本　一冊

330000－1710－0007071　善 0063　集部/詞類/別集之屬
霜紅詞一卷　胡士瑩撰　民國二十年(1931)揚州刻藍印本　一冊

330000－1710－0007073　善 0064　集部/詞類/別集之屬
霜紅詞一卷　胡士瑩撰　民國二十年(1931)揚州刻本　一冊

330000－1710－0007076　普 0000470　集部/別集類
成都顧先生詩集十卷補遺一卷　顧印愚撰　程康輯　民國二十一年(1932)寧鄉程康顧廬上海鉛印本　一冊　缺五卷(一至五)

330000－1710－0007080　普 0000472　史部/雜史類/斷代之屬
戰國策補註三十三卷　吳曾祺撰　民國二十二年(1933)上海商務印書館石印本　一冊　存十六卷(十八至三十三)

330000－1710－0007084　普 000474　集部/總集類
青溪十九家春柳詞不分卷　徐公輔輯　民國四年(1915)鉛印本　一冊

330000－1710－0007091　普 0000476　子部/醫家類/綜合之屬/通論
醫醇賸義四卷　(清)費伯雄撰　民國六年(1917)上海萃英書局石印本　一冊

330000－1710－0007093　普 0000478　子部/醫家類/綜合之屬/通論
中西醫判二卷　(清)唐宗海著　民國三年(1914)百草廬石印本　二冊

330000－1710－0007110　善 0068　集部/別集類/清別集
琴鶴山房遺稿八卷　(清)趙銘撰　金兆蕃輯　民國十一年(1922)金兆蕃刻本　二冊

330000－1710－0007111　普 0000480　集部/別集類
張季子詩錄十卷　張謇撰　民國五年(1916)文藝雜志社石印本　一冊

330000－1710－0007112　善 0069　集部/別集類/清別集
琴鶴山房遺稿八卷　(清)趙銘撰　金兆蕃輯　民國十一年(1922)金兆蕃刻本　二冊

330000－1710－0007115　814.1/118　集部/小說類/長篇之屬
校正繪圖天雨花三十回　(清)陶貞懷撰　民國上海古香閣石印本　六冊　缺十四回(一至十四)

330000－1710－0007128　814.1/133　集部/小說類/長篇之屬
熙朝快史十二回　民國香港起新山莊石印本　四冊

330000－1710－0007131　普 0000484　子部/醫家類/傷寒金匱之屬/傷寒論
醫效秘傳三卷　(清)葉桂撰　民國石印本　一冊

330000－1710－0007132　普 000485　子部/醫家類/傷寒金匱之屬/傷寒論
醫效秘傳三卷　(清)葉桂撰　民國石印本　一冊

330000－1710－0007138　善 0074　集部/總集類/郡邑之屬
七家詩綜　柯志頤輯　民國十三年(1924)鉛印本　一冊

330000－1710－0007141　善 0073　集部/總集類/郡邑之屬
七家詩綜　柯志頤輯　民國十三年(1924)鉛印本　一冊

330000－1710－0007144　814.1/132　集部/小說類/長篇之屬
清宮歷史演義十四卷一百二十回　許慕羲撰　民國十三年(1924)上海廣益書局石印本　五冊

330000－1710－0007146　善 0515　集部/總

集類/郡邑之屬

武原先哲遺著初編十種 談文灴輯 民國十年(1921)海鹽談氏鉛印本 二册

330000－1710－0007150 善0076 集部/總集類/郡邑之屬

新溪文述八卷首一卷 鄭之章輯 民國十九年(1930)新塍通俗圖書館鉛印本 二册

330000－1710－0007151 善0077 集部/總集類/郡邑之屬

新溪文述八卷首一卷 鄭之章輯 民國十九年(1930)新塍通俗圖書館鉛印本 二册

330000－1710－0007154 善0078 集部/總集類/郡邑之屬

新溪文述八卷首一卷 鄭之章輯 民國十九年(1930)新塍通俗圖書館鉛印本 二册

330000－1710－0007165 善0079 集部/總集類/氏族之屬

問松里鄭氏詩存一卷 鄭之章輯 民國十二年(1923)鉛印本 一册

330000－1710－0007167 善0080 集部/總集類/氏族之屬

問松里鄭氏詩存一卷 鄭之章輯 民國十二年(1923)鉛印本 一册

330000－1710－0007169 善0081 集部/總集類/氏族之屬

問松里鄭氏詩存一卷 鄭之章輯 民國十二年(1923)鉛印本 一册

330000－1710－0007170 善0082 集部/總集類/氏族之屬

問松里鄭氏詩存一卷 鄭之章輯 民國十二年(1923)鉛印本 一册

330000－1710－0007172 善0083 集部/總集類/氏族之屬

問松里鄭氏詩存一卷 鄭之章輯 民國十二年(1923)鉛印本 一册

330000－1710－0007181 普0000488 子部/醫家類/醫經之屬/内經

素問靈樞類纂約註三卷 (清)汪昂輯註 民國上海文瑞樓書局石印本 一册

330000－1710－0007182 普0000489 子部/醫家類/溫病之屬

溫病條辨六卷首一卷 (清)吳瑭撰 民國六年(1917)上海鍊石書局石印本 一册

330000－1710－0007197 814.1/180 集部/小說類/長篇之屬

繡像封神演義一百回 (明)許仲琳撰 (明)鍾惺評釋 民國十年(1921)上海中新書局鉛印本 八册 缺二十回(六十一至七十、八十一至九十)

330000－1710－0007198 814.1/181 集部/小說類/長篇之屬

圖像鏡花緣二十卷一百回首一卷 (清)李汝珍撰 民國石印本 四册 存四卷(二至五)

330000－1710－0007201 善0087 集部/總集類/郡邑之屬

新溪詩初鈔六卷 (清)李元繡 (清)沈莘士輯 **新溪詩續鈔十卷** (清)許楨輯 **新溪詩三鈔六卷** (清)朱士楷輯 鄭綸章補輯 民國十五年(1926)鉛印本 六册

330000－1710－0007205 814.1/176 集部/小說類/長篇之屬

繪圖青紅幫史演義六卷三十回 (清)吳虞公撰 民國十一年(1922)上海世界書局石印本 六册

330000－1710－0007210 814.1/177 集部/小說類/長篇之屬

上下古今談四卷二十回 吳敬恒撰 民國十四年(1925)上海文明書局鉛印本 三册 存三卷(二至四)

330000－1710－0007211 善0089 史部/政書類/公牘檔册之屬

旅滬嘉郡會館第八屆徵信錄一卷 嘉郡會館編 民國十五年(1926)鉛印本 一册

330000－1710－0007212 普0000493 子部/藝術類/書畫之屬/法帖

六朝墓誌菁華四集不分卷　上海有正書局輯　民國九年(1920)上海有正書局影印本　十六册

330000－1710－0007213　普 0000494　集部/曲類/曲選之屬

繪圖綴白裘十二集四十八卷　(清)玩花主人輯　(清)錢德蒼增輯　民國十三年(1924)上海啟新書局石印本　十二册

330000－1710－0007214　善 0090　史部/政書類/公牘檔册之屬

旅滬嘉郡會館第九屆徵信錄一卷　嘉郡會館編　民國五年至六年(1916－1917)鉛印本　一册

330000－1710－0007215　814.1/193　集部/小説類/長篇之屬

新編繪圖五龍十八俠十二集四十八卷　(清)史長嘯編　民國上海鍊石書局石印本　十二册

330000－1710－0007219　善 0091　集部/別集類

貞孝先生遺墨五卷附小種字體柱銘偶存一卷　吴受福撰　民國二十二年(1933)檇李郭氏刻本　三册

330000－1710－0007220　善 0092　史部/政書類/公牘檔册之屬

嘉興新豐鎮妙峯橋工程徵信錄不分卷　民國二十二年(1933)嘉興振新社印刷鉛印本　一册

330000－1710－0007221　814.1/196　集部/小説類/長篇之屬

繡像神州光復志演義十五卷一百二十回　王雪菴編　民國元年(1912)上海神州圖書局石印本　十六册

330000－1710－0007222　814.1/197　集部/小説類/長篇之屬

增補齊省堂全圖儒林外史六卷六十回　(清)吴敬梓撰　民國十一年(1922)上海二思堂石印本　六册

330000－1710－0007223　普 0000495　集部/總集類/選集之屬/通代

名家圈點箋註批評古文辭類纂七十四卷　(清)姚鼐纂　徐斯異等編輯　民國二十一年(1932)上海廣益書局石印本　十六册

330000－1710－0007226　814.1/188　集部/小説類/長篇之屬

繡像宋史奇書十二卷六十六回　民國三年(1914)上海錦章圖書局石印本　六册

330000－1710－0007228　善 0093　子部/藝術類/書畫之屬/畫録

郭寄菴先生手輯名畫錄一卷　郭寄菴輯　稿本　一册

330000－1710－0007230　普 0000499　子部/藝術類/書畫之屬/法帖

御刻三希堂石渠寶笈法帖不分卷　(清)梁詩正等輯　民國影印本　一册　存一册(四)

330000－1710－0007235　814.1/200　集部/小説類/長篇之屬

繪圖中華民國史演義八卷四十二回　陸律西編　民國十一年(1922)上海中央圖書公司石印本　八册

330000－1710－0007236　814.1/201　集部/小説類/長篇之屬

繪圖粵東繁華夢三卷四十回　黄小配(黄世仲)撰　民國石印本　一册

330000－1710－0007238　814.1/202　集部/小説類/長篇之屬

繪圖清宫秘史八回　孫靜安編　民國三年(1914)上海文匯圖書局鉛印本　四册

330000－1710－0007239　814.1/203　集部/小説類/長篇之屬

繪圖歷朝通俗演義十一種　蔡東帆輯　民國上海會文堂新記書局石印本　十册　存一種

330000－1710－0007243　普 0000500　子部/藝術類/書畫之屬/法帖

唐拓柳書金剛經一卷　(唐)柳公權書　民國十二年(1923)上海有正書局石印本　三册

330000－1710－0007255　普 0000505　集部/總集類/郡邑之屬

新溪詩初鈔六卷　（清）李元繡　（清）沈莘士輯　**新溪詩續鈔十卷**　（清）許楨輯　**新溪詩三鈔六卷**　（清）朱士楷輯　鄭綸章補輯　民國十五年（1926）鉛印本　一冊　存三卷（三鈔四至六）

330000－1710－0007256　普 0000506　集部/總集類/選集之屬/通代

銅琵金縷甲集二卷乙集二卷丙集二卷丁集二卷　上海進步書局編　民國二十五年（1936）上海文明書局石印本　四冊

330000－1710－0007261　善 0099　史部/地理類/專志之屬/園林

竹垞小志五卷　（清）阮元訂　（清）楊蟠等輯　民國十三年（1924）鉛印本　一冊

330000－1710－0007262　善 0100　集部/別集類

復益草堂詩存一卷　褚成鈺撰　民國二十四年（1935）鉛印本　一冊

330000－1710－0007267　善 0101　集部/別集類

安樂鄉人詩四卷安樂鄉人詩續一卷安樂鄉人七十後詩一卷藥夢詞二卷藥夢詞續一卷藥夢七十後詞一卷　金兆蕃撰　民國二十年至二十八年（1931－1939）刻本　一冊

330000－1710－0007274　普 0000507　集部/總集類/選集之屬/通代

古文辭類纂評註七十四卷　（清）姚鼐纂輯　沈伯經等評注　民國四年（1915）上海文明書局鉛印本　十六冊

330000－1710－0007276　普 0000508　集部/總集類/選集之屬/斷代

八家四六文註八卷　（清）孫星衍等撰　（清）許貞幹註　**八家四六文補註一卷**　（清）陳衍撰　民國上海掃葉山房石印本　八冊

330000－1710－0007287　814.2/32　集部/小說類/長篇之屬

新刻繪圖玉夔龍全傳八卷五十七回　民國嘉興大同書局石印本　七冊　缺一卷（八）

330000－1710－0007289　814.2/34　集部/曲類/彈詞之屬

新刻繪圖玉堂春四卷　民國石印本　四冊

330000－1710－0007293　善 0105　集部/別集類

陶簃辛壬吟草一卷　陶元鏞撰　民國鉛印本　一冊

330000－1710－0007297　善 0107　集部/別集類/明別集

重訂祝子遺書六卷首一卷末一卷　（明）祝淵撰　祝廷錫編　民國六年（1917）知非樓刻本　二冊

330000－1710－0007299　善 0106　集部/別集類/明別集

陶元暉中丞遺集二卷首一卷附錄一卷跋一卷　（明）陶朗先撰　民國九年（1920）上海聚珍倣宋印書局鉛印本　二冊

330000－1710－0007301　善 0108　集部/別集類/明別集

重訂祝子遺書六卷首一卷末一卷　（明）祝淵撰　祝廷錫編　民國六年（1917）知非樓刻本　二冊

330000－1710－0007302　善 0109　集部/別集類/明別集

重訂祝子遺書六卷首一卷末一卷　（明）祝淵撰　祝廷錫編　民國六年（1917）知非樓刻本　二冊

330000－1710－0007306　普 0000515　史部/傳記類/總傳之屬/技藝

歷代畫史彙傳七十二卷首一卷附錄二卷　（清）彭蘊璨編　民國十一年（1922）上海錦章圖書局石印本　十二冊

330000－1710－0007307　普 0000516　史部/目録類/書志之屬/提要

讀書敏求記四卷　（清）錢曾撰　民國十四年（1925）上海掃葉山房石印本　四冊

330000－1710－0007314　普 0000518　集部/詞類/別集之屬

稼軒長短句十二卷補遺一卷　(宋)辛棄疾撰　**校記一卷**　林大椿校　民國二十四年(1935)上海商務印書館鉛印本　二冊　存七卷(一至七)

330000－1710－0007315　814.2/41　集部/曲類/曲藝之屬

東郭簫鼓兒詞一卷　(清)蒲松齡撰　民國十九年(1930)上海中華書局鉛印本　一冊

330000－1710－0007318　普 0000519　集部/總集類/選集之屬/通代

評註昭明文選十五卷首一卷葉星衛附註一卷　(清)于光華輯　民國八年(1919)掃葉山房石印本　十六冊

330000－1710－0007319　普 000520　子部/藝術類/書畫之屬/總論

胡氏書畫考三種八卷　(清)胡敬輯　民國十三年(1924)上海中國書畫保存會據清嘉慶胡氏刻本影印本　八冊

330000－1710－0007320　普 0113　史部/傳記類/總傳之屬/技藝

清朝畫徵錄三卷明人附錄一卷續錄二卷浦山論畫一卷　(清)張庚撰　**清朝畫徵三錄一卷**　(清)張寅撰　民國上海朝記書莊鉛印本　二冊

330000－1710－0007321　814.3/15　子部/小說家類/異聞之屬

太平廣記五百卷　(宋)李昉等撰　民國十九年(1930)上海埽葉山房石印本　三十五冊　缺五十八卷(一百九十七至二百六、二百三十三至二百四十三、三百四十四至三百五十六、四百四十至四百五十、四百七十四至四百八十六)

330000－1710－0007353　普 0000531　集部/別集類

康南海文鈔不分卷　康有為撰　民國三年(1914)石印本　五冊

330000－1710－0007354　普 0000532　集部/總集類/選集之屬/通代

文選六十卷　(南朝梁)蕭統輯　(唐)李善注　**文選考異十卷**　(清)胡克家撰　民國上海鴻文書局石印本　六冊

330000－1710－0007367　814.3/70　類叢部/叢書類/彙編之屬

又滿樓叢書十六種　趙詒琛編　民國九年至十四年(1920－1925)崑山趙氏又滿樓刻本　趙詒琛題記　一冊　存一種

330000－1710－0007370　普 0114　集部/別集類/清別集

蘭藁館遺稿四卷　(清)陶玉珂撰　民國七年(1918)上海聚珍倣宋書局鉛印本　二冊

330000－1710－0007374　普 0000539　子部/醫家類/醫案之屬

臨證彙集一卷　倪明主編　民國二十五年(1936)鎮海倪奎照鉛印本　一冊

330000－1710－0007380　814.3/74　子部/雜著類/雜說之屬

捫燭脞存十二卷首一卷　(清)陳僅撰　民國三年(1914)鄞縣陳氏繼雅堂木活字印本　六冊

330000－1710－0007385　普 0117　集部/別集類/清別集

紅藤館詩三卷附舊德錄一卷　(清)朱善祥撰　民國九年(1920)刻本　一冊

330000－1710－0007388　普 0000541　子部/法家類

韓非子集解二十卷首一卷　(清)王先慎撰　王先謙注　民國成都昌福公司鉛印本　六冊

330000－1710－0007389　普 0118　集部/別集類

安樂鄉人詩四卷藥夢詞二卷　金兆蕃撰　民國二十年(1931)刻本　一冊

330000－1710－0007392　814.3/87　史部/傳記類/總傳之屬/斷代

曲園瑣記二十卷　(清)俞樾撰　民國二年

(1913)上海中華圖書館石印本　六册

330000－1710－0007404　善 0121　集部/别集類/清别集

瓦鳴集一卷　(清)朱笏廷撰　民國十一年(1922)鉛印本　一册

330000－1710－0007406　善 0122　史部/雜史類/斷代之屬

國語韋解補正二十一卷　吴曾祺撰　朱元善校訂　民國二年(1913)上海商務印書館鉛印本　一册

330000－1710－0007415　814.3/103　史部/雜史類/斷代之屬

庚子西狩叢談四卷　吴永口述　劉治襄筆記　民國十七年(1928)北京廣華印刷局鉛印本　二册

330000－1710－0007423　814.3/113　類叢部/叢書類/彙編之屬

嘉業堂叢書五十七種　劉承幹輯　民國吴興劉氏嘉業堂刻本　一册　存一種

330000－1710－0007429　善 0129　史部/目録類/總録之屬/氏族

海寧渤海陳氏著録二卷續編一卷補遺一卷　(清)陳敬璋編　陳其謙　陳大綸重輯　民國二十三年(1934)鉛印本　一册

330000－1710－0007437　普 0000552　集部/總集類/尺牘之屬

古今尺牘大觀中編不分卷　姚漢章　何實睿纂輯　民國三十年(1941)上海中華書局鉛印本　十二册

330000－1710－0007438　普 0000553　集部/别集類/清别集

箋注提要有正味齋駢體文二十四卷　(清)吴錫麒撰　(清)王廣業箋　(清)葉聯芬注　民國十五年(1926)上海會文堂書局石印本　八册

330000－1710－0007439　814.3/121　類叢部/叢書類/自著之屬

康居筆記彙函十三種十四卷　徐珂撰　民國二十二年(1933)徐新六鉛印本　一册　存六種

330000－1710－0007442　814.3/132　集部/别集類

寄心瑣語一卷　余其鏘撰　民國七年(1918)鉛印本　一册

330000－1710－0007443　814.3/131　集部/小說類/長篇之屬

兒女英雄逸史一卷　冰叟撰　民國鉛印本　一册

330000－1710－0007444　814.3/130　史部/傳記類/總傳之屬/斷代

清代名人軼事十六卷　葛虚存撰　民國九年(1920)上海會文堂書局石印本　六册

330000－1710－0007447　普 0000555　類叢部/叢書類/自著之屬

章氏遺書十一種二十四卷　(清)章學誠撰　民國浙江圖書館鉛印本　十一册　存九種

330000－1710－0007450　814.3/141、814.3/142、814.3/143、814.3/144、814.3/145、814.3/146、814.3/147、814.3/148、814.3/149、814.3/150　子部/小說家類

筆記小說大觀二百二十二種　進步書局輯　民國上海進步書局石印本　一百一册　存四十七種

330000－1710－0007451　善 0130　集部/别集類

潛廬近稿一卷　金蓉鏡撰　民國鉛印本　一册

330000－1710－0007452　善 0131　集部/别集類

潛廬近稿一卷　金蓉鏡撰　民國鉛印本　一册

330000－1710－0007453　善 0132　集部/别集類

潛廬近稿一卷　金蓉鏡撰　民國鉛印本　一册

330000－1710－0007454　善0133　集部/别集類

潛廬近稿一卷　金蓉鏡撰　民國鉛印本　一冊

330000－1710－0007455　814.3/133　子部/小說家類

說庫一百七十種　王文濡編　民國四年(1915)上海文明書局石印本(浮生六記卷五至六原缺)　三十九冊　存一百一種

330000－1710－0007456　善0134　集部/别集類

潛廬近稿一卷　金蓉鏡撰　民國鉛印本　一冊

330000－1710－0007457　善0135　集部/别集類

潛廬近稿一卷　金蓉鏡撰　民國鉛印本　一冊

330000－1710－0007458　善0136　集部/别集類

潛廬近稿一卷　金蓉鏡撰　民國鉛印本　一冊

330000－1710－0007459　善0137　集部/别集類

潛廬近稿一卷　金蓉鏡撰　民國鉛印本　一冊

330000－1710－0007460　善0138　集部/别集類

潛廬近稿一卷　金蓉鏡撰　民國鉛印本　一冊

330000－1710－0007462　善0139　集部/别集類

潛廬近稿一卷　金蓉鏡撰　民國鉛印本　一冊

330000－1710－0007463　善0140　集部/别集類

潛廬近稿一卷　金蓉鏡撰　民國鉛印本　一冊

330000－1710－0007464　善0141　集部/别集類

潛廬近稿一卷　金蓉鏡撰　民國鉛印本　一冊

330000－1710－0007465　善0142　集部/别集類

潛廬近稿一卷　金蓉鏡撰　民國鉛印本　一冊

330000－1710－0007466　善0143　集部/别集類

潛廬近稿一卷　金蓉鏡撰　民國鉛印本　一冊

330000－1710－0007467　善0144　集部/别集類

潛廬近稿一卷　金蓉鏡撰　民國鉛印本　一冊

330000－1710－0007468　善0145　集部/别集類

潛廬近稿一卷　金蓉鏡撰　民國鉛印本　一冊

330000－1710－0007470　善0146　集部/别集類

潛廬近稿一卷　金蓉鏡撰　民國鉛印本　一冊

330000－1710－0007472　814.3/134　子部/小說家類

筆記小說大觀二百二十二種　進步書局輯　民國上海進步書局石印本　一冊　存二種

330000－1710－0007473　普0000563　史部/史評類/史學之屬

評註四史菁華録十六卷　民國石印本　一冊　存一種

330000－1710－0007474　814.3/135　子部/小說家類

筆記小說大觀二百二十二種　進步書局輯　民國上海進步書局石印本　一冊　存二種

330000－1710－0007475　814.3/136　子部/

小說家類
筆記小說大觀二百二十二種　進步書局輯　民國上海進步書局石印本　四冊　存一種

330000－1710－0007476　814.3/137　子部/小說家類
筆記小說大觀二百二十二種　進步書局輯　民國上海進步書局石印本　二冊　存一種

330000－1710－0007478　814.3/138　子部/小說家類
筆記小說大觀二百二十二種　進步書局輯　民國上海進步書局石印本　二冊　存一種

330000－1710－0007479　814.3/139　子部/小說家類
筆記小說大觀二百二十二種　進步書局輯　民國上海進步書局石印本　五冊　存一種

330000－1710－0007481　814.3/140　子部/小說家類
筆記小說大觀二百二十二種　進步書局輯　民國上海進步書局石印本　七冊　存一種

330000－1710－0007482　普0000564　類叢部/類書類/通類之屬
編珠四卷續編珠二卷　（清）高士奇編　民國刻本　二冊　缺二卷（編珠三至四）

330000－1710－0007483　普0000565　類叢部/叢書類/自著之屬
徐氏雜著四種　（清）徐大椿撰　民國二年（1913）上海中華圖書館鉛印本　一冊

330000－1710－0007485　普0000567　集部/總集類/選集之屬/斷代
近人詩錄二卷　雷瑨輯　民國二年（1913）上海掃葉山房石印本　一冊　存一卷（上）

330000－1710－0007488　普0000569　子部/道家類
南華真經評註十卷　（明）歸有光輯　（明）文震孟訂　民國六年（1917）中華圖書館石印本　三冊　存八卷（一至八）

330000－1710－0007492　814.3/185　子部/小說家類
筆記小說大觀二百二十二種　進步書局輯　民國上海進步書局石印本　二冊　存一種

330000－1710－0007495　814.3/187　類叢部/叢書類/彙編之屬
玄覽堂叢書續集二十一種　鄭振鐸輯　民國三十六年（1947）國立中央圖書館影印本　二冊　存二種

330000－1710－0007507　814.3/203　集部/總集類/選集之屬/通代
銅琵金縷甲集二卷乙集二卷丙集二卷丁集二卷　上海進步書局編　民國四年（1915）上海文明書局石印本　四冊

330000－1710－0007517　普0156　類叢部/叢書類/自著之屬
最樂亭三種　朱福清撰　民國六年至十二年（1917－1923）嘉興朱氏刻本　五冊

330000－1710－0007519　普0000575　子部/醫家類/本草之屬/歷代綜合本草
本草綱目五十二卷首二卷圖三卷　（明）李時珍撰　**本草萬方鍼線八卷**　（清）蔡烈先輯　**本草綱目拾遺十卷**　（清）趙學敏輯　民國上海錦章圖書局石印本　二十四冊

330000－1710－0007521　普0158　集部/別集類/清別集
瑤潭詩賸三卷詩餘一卷　（清）胡正基撰　民國十四年（1925）鉛印本　一冊

330000－1710－0007522　普0000577　集部/別集類
東廬詩鈔六卷詩餘一卷　金震撰　民國二十五年（1936）鉛印本　一冊

330000－1710－0007523　普0000578　子部/藝術類/遊藝之屬/聯語
娉花媚竹館宋詞集聯八卷　俞鎮輯　民國二十五年（1936）海印樓鉛印本　二冊

330000－1710－0007524　普0000579　集部/詩文評類
昭昧詹言十卷續八卷續錄二卷附錄一卷附考

一卷　(清)方東樹撰　民國七年(1918)上海亞東圖書館鉛印本　四冊

330000－1710－0007527　普0000580　子部/小說家類

宋人小說二十八種　涵芬樓輯　民國上海商務印書館鉛印本　一冊　存一種

330000－1710－0007529　814.3/202　子部/小說家類

中國寓言四卷　沈德鴻編纂　民國六年(1917)上海商務印書館鉛印本　一冊

330000－1710－0007531　普0159　集部/別集類/清別集

芙蓉庵燹餘草一卷　(清)蒲華撰　民國十五年(1926)上海聚珍仿宋印書局鉛印本　一冊

330000－1710－0007533　814.3/218　子部/小說家類

說庫一百七十種　王文濡編　民國四年(1915)上海文明書局石印本(浮生六記卷五至六原缺)　六十冊

330000－1710－0007535　814.3/211　類叢部/叢書類/彙編之屬

嘉業堂叢書五十七種　劉承幹輯　民國吳興劉氏嘉業堂刻本　二冊　存一種

330000－1710－0007536　814.3/221　子部/小說家類

筆記小說大觀二百二十二種　進步書局輯　民國上海進步書局石印本　一冊　存一種

330000－1710－0007538　814.3/220　子部/雜著類/雜考之屬

純常子枝語四十卷　(清)文廷式撰　民國三十二年(1943)刻本　二十四冊

330000－1710－0007540　814.3/212　子部/小說家類

宋人小說二十八種　涵芬樓輯　民國上海商務印書館鉛印本　一冊　存一種

330000－1710－0007548　814.3/215　子部/小說家類/雜事之屬

蕁鄉贅筆四卷　(清)董含撰　民國三年(1914)上海光華編輯社石印本　四冊

330000－1710－0007550　814.3/216　子部/小說家類/雜事之屬

讀書堂西征隨筆一卷　(清)汪景祺撰　民國十七年(1928)故宮博物院圖書館掌故部鉛印本　一冊

330000－1710－0007551　814.3/217　子部/小說家類/雜事之屬

瀟湘館筆記四卷　鄒弢撰　民國上海中華圖書館石印本　一冊　存二卷(一至二)

330000－1710－0007556　814.3/225　類叢部/叢書類/彙編之屬

求恕齋叢書三十一種　劉承幹編　民國吳興劉氏嘉業堂刻本　一冊　存一種

330000－1710－0007557　814.3/226　類叢部/叢書類/自著之屬

崇雅堂叢書十四種　楊晨撰　民國二十五年(1936)黃巖楊紹翰鉛印本　一冊　存二種

330000－1710－0007558　814.3/227　子部/小說家類

古今筆記精華錄二十四卷　古今圖書局編譯部編纂　民國四年(1915)上海廣益書局石印本　二十四冊

330000－1710－0007559　814.3/228　子部/小說家類/異聞之屬

冶城客論一卷　(明)陸采撰　民國三十六年(1947)金陵秘笈徵獻樓刻本　一冊

330000－1710－0007560　814.3/229　子部/雜著類/雜說之屬

三餘札記二卷　劉文典撰　民國二十四年(1935)上海商務印書館鉛印本　二冊

330000－1710－0007563　814.3/233　子部/雜著類/雜說之屬

桐陰清話八卷　(清)倪鴻撰　民國三年(1914)上海掃葉山房石印本　四冊

330000－1710－0007564　普0000587　史部/

史評類/史學之屬
新加評註史記菁華錄六卷 民國十三年(1924)上海鴻寶齋書局石印本 六冊

330000－1710－0007565 814.3/234 類叢部/叢書類/郡邑之屬
遼海叢書八十種附一種 金毓黻編 民國二十年至二十三年(1931－1934)遼海書社鉛印本 一冊 存一種

330000－1710－0007569 普0000592 集部/小說類/長篇之屬
紅樓夢一百二十回 (清)曹霑 (清)高鶚撰 (清)王希廉 (清)姚燮加評 民國鉛印本 十一冊 缺二回(三十三至三十四)

330000－1710－0007575 814.3/239 史部/地理類/雜志之屬
雲間雜識二卷 (明)李紹文撰 民國二十五年(1936)上海縣修志局鉛印本 一冊

330000－1710－0007576 814.3/240 子部/雜著類/雜說之屬
客座偶談四卷 何剛德撰 民國二十三年(1934)刻本 一冊

330000－1710－0007577 普0000594 子部/小說家類/異聞之屬
右台仙館筆記十六卷 (清)俞樾撰 民國十三年(1924)上海朝記書莊、蘇州振新書社石印本 七冊 缺二卷(九至十)

330000－1710－0007579 普0000595 集部/小說類/長篇之屬
第一才子書十六卷一百二十回 (明)羅貫中撰 (清)毛宗崗 (清)金人瑞評 民國四年(1915)上海中新書局石印本 十六冊

330000－1710－0007580 普0000596 子部/雜著類/雜說之屬
一漖研齋筆記八卷 王孝煃撰 民國二十三年(1934)鉛印本 一冊 存二卷(七至八)

330000－1710－0007581 814.3/243 子部/小說家類/雜事之屬
湖上散記一卷 陳小蝶(陳蘧)撰 民國漢文書局鉛印本 一冊

330000－1710－0007583 814.3/242 史部/雜史類/斷代之屬
庚子西狩叢談五卷附年譜一卷 吳永口述 劉治襄筆記 民國三十二年(1943)苕溪漁隱鉛印本 一冊

330000－1710－0007584 814.3/245 史部/地理類/遊記之屬/紀行
東歸隨筆一卷 曾仲鳴撰 民國二十年(1931)美成印刷公司鉛印本 一冊

330000－1710－0007586 814.3/248 史部/雜史類/斷代之屬
三十三日脫難記一卷 (清)楊兆鏊撰 楊泰頤輯 民國十二年(1923)鉛印暨石印影印本 一冊

330000－1710－0007587 814.3/251 子部/雜著類/雜說之屬
止庵筆語一卷 (清)譚宗浚撰 民國十一年(1922)南海譚祖任京師刻本 一冊

330000－1710－0007590 815/4 集部/總集類/尺牘之屬
古今尺牘大觀中編不分卷 姚漢章 何實睿纂輯 民國九年(1920)上海中華書局鉛印本 十冊

330000－1710－0007591 814.3/252 子部/小說家類
說庫一百七十種 王文濡編 民國四年(1915)上海文明書局石印本(浮生六記卷五至六原缺) 一冊 存一種

330000－1710－0007592 815/6 集部/別集類/宋別集
范文正公書牘不分卷 (宋)范仲淹撰 民國三年(1914)上海商務印書館鉛印本 二冊

330000－1710－0007593 815/5 子部/藝術類/書畫之屬/法帖
明清十大家尺牘 文明書局輯 民國十年(1921)上海文明書局石印本 十二冊

330000－1710－0007594　814.3/253　集部/別集類/清別集

夬齋雜著二卷　(清)張爾耆撰　民國七年(1918)刻本　一冊

330000－1710－0007595　815/7　集部/別集類/宋別集

陳龍川書牘一卷　(宋)陳亮撰　民國三年(1914)上海商務印書館鉛印本　二冊

330000－1710－0007597　普0000597　史部/傳記類/別傳之屬/事狀

金學士[福曾]國史循吏傳稿三卷　金兆蕃錄　朱錦　周爰諏　駱成驤輯　民國十七年(1928)思貽堂刻本　一冊

330000－1710－0007599　普0000599　集部/總集類/選集之屬/斷代

八十家絕句選一卷　民國抄本　一冊

330000－1710－0007601　普0000601　經部/小學類/文字之屬/字書/通論

中國文字之原始及其構造二編　蔣善國撰　民國二十四年(1935)上海商務印書館石印本　一冊　存一編(二)

330000－1710－0007604　815/1　集部/總集類/尺牘之屬

歷代名人書札二卷續編二卷　吳曾祺輯　民國三年(1914)上海商務印書館鉛印本　四冊

330000－1710－0007605　815/2　集部/總集類/尺牘之屬

歷代名人書札二卷　吳曾祺輯　民國六年(1917)上海商務印書館鉛印本　一冊　存一卷(二)

330000－1710－0007609　普0000604　集部/別集類

畏廬續集一卷　林紓撰　民國二十三年(1934)上海商務印書館鉛印本　一冊

330000－1710－0007610　普0000605　集部/別集類

畏廬續集一卷　林紓撰　民國二十三年(1934)上海商務印書館鉛印本　一冊

330000－1710－0007614　普0000608　集部/別集類/清別集

姚惜抱先生文稿一卷　(清)姚鼐撰　民國二十四年(1935)上海商務印書館影印本　一冊

330000－1710－0007618　815/12　集部/別集類/清別集

新輯秋水軒尺牘二卷　(清)許思湄撰　(清)婁世瑞注　(清)寄虹軒主人輯　民國元年(1912)上海會文堂石印本　二冊　存一卷(一)

330000－1710－0007619　普0000610　子部/藝術類/書畫之屬/題跋

陳迦陵填詞圖附題跋一卷　丁輔之編　民國二十六年(1937)中華書局影印本　一冊

330000－1710－0007620　815/13　集部/別集類/清別集

秋水軒尺牘二卷　(清)許思湄撰　**雪鴻軒尺牘二卷**　(清)龔萼撰　民國上海鴻寶齋書局石印本　一冊

330000－1710－0007621　815/14　類叢部/叢書類/自著之屬

曾文正公四種　(清)曾國藩撰　民國上海著易堂書局石印本　八冊

330000－1710－0007626　善0165　集部/總集類/郡邑之屬

濮川詩鈔三十四種四十四卷　(清)陳光裕　(清)沈堯咨輯　民國二十一年(1932)石印本　十二冊

330000－1710－0007628　善0166　集部/總集類/郡邑之屬

濮川詩鈔三十四種四十四卷　(清)陳光裕　(清)沈堯咨輯　民國二十一年(1932)石印本　一冊　存二種

330000－1710－0007629　815/28　集部/別集類/清別集

袁忠節公遺札不分卷　(清)袁昶撰　民國三十七年(1948)影印本　一冊

330000－1710－0007631　815/25　集部/別

集類/清別集
曾國藩兵事手函不分卷　（清）曾國藩撰　民國影印本　清端方題記　二冊

330000－1710－0007634　善0167　集部/總集類/郡邑之屬
濮川詩鈔三十四種四十四卷　（清）陳光裕（清）沈堯咨輯　民國二十一年（1932）石印本　一冊　存二種

330000－1710－0007635　815/26　集部/別集類/清別集
左文襄公家書二卷　（清）左宗棠撰　民國九年（1920）上海聚珍倣宋印書局鉛印本　二冊

330000－1710－0007637　善0168　集部/總集類/郡邑之屬
濮川詩鈔三十四種四十四卷　（清）陳光裕（清）沈堯咨輯　民國二十一年（1932）石印本　一冊　存二種

330000－1710－0007638　善0169　集部/總集類/郡邑之屬
濮川詩鈔三十四種四十四卷　（清）陳光裕（清）沈堯咨輯　民國二十一年（1932）石印本　一冊　存二種

330000－1710－0007640　815/33　子部/藝術類/書畫之屬/法帖
翁松禪相國尺牘真蹟不分卷　（清）翁同龢書　民國二十一年（1932）上海中華書局影印本　十二冊

330000－1710－0007641　善0170　集部/總集類/郡邑之屬
濮川詩鈔三十四種四十四卷　（清）陳光裕（清）沈堯咨輯　民國二十一年（1932）石印本　一冊　存二種

330000－1710－0007643　善0171　集部/總集類/郡邑之屬
濮川詩鈔三十四種四十四卷　（清）陳光裕（清）沈堯咨輯　民國二十一年（1932）石印本　一冊　存二種

330000－1710－0007645　善0172　集部/總集類/郡邑之屬
濮川詩鈔三十四種四十四卷　（清）陳光裕（清）沈堯咨輯　民國二十一年（1932）石印本　一冊　存二種

330000－1710－0007648　善0173　集部/總集類/郡邑之屬
濮川詩鈔三十四種四十四卷　（清）陳光裕（清）沈堯咨輯　民國二十一年（1932）石印本　一冊　存二種

330000－1710－0007649　善0174　集部/總集類/郡邑之屬
濮川詩鈔三十四種四十四卷　（清）陳光裕（清）沈堯咨輯　民國二十一年（1932）石印本　一冊　存二種

330000－1710－0007650　善0175　集部/總集類/郡邑之屬
濮川詩鈔三十四種四十四卷　（清）陳光裕（清）沈堯咨輯　民國二十一年（1932）石印本　一冊　存二種

330000－1710－0007651　善0176　集部/總集類/郡邑之屬
濮川詩鈔三十四種四十四卷　（清）陳光裕（清）沈堯咨輯　民國二十一年（1932）石印本　一冊　存二種

330000－1710－0007652　善0177　集部/總集類/郡邑之屬
濮川詩鈔三十四種四十四卷　（清）陳光裕（清）沈堯咨輯　民國二十一年（1932）石印本　一冊　存二種

330000－1710－0007653　善0178　集部/總集類/郡邑之屬
濮川詩鈔三十四種四十四卷　（清）陳光裕（清）沈堯咨輯　民國二十一年（1932）石印本　一冊　存二種

330000－1710－0007654　善0179　集部/總集類/郡邑之屬
濮川詩鈔三十四種四十四卷　（清）陳光裕（清）沈堯咨輯　民國二十一年（1932）石印本

一冊　存二種

330000－1710－0007655　善0180　集部/總集類/郡邑之屬

濮川詩鈔三十四種四十四卷　(清)陳光裕(清)沈堯咨輯　民國二十一年(1932)石印本　一冊　存二種

330000－1710－0007656　善0181　集部/總集類/郡邑之屬

濮川詩鈔三十四種四十四卷　(清)陳光裕(清)沈堯咨輯　民國二十一年(1932)石印本　一冊　存二種

330000－1710－0007657　善0182　集部/總集類/郡邑之屬

濮川詩鈔三十四種四十四卷　(清)陳光裕(清)沈堯咨輯　民國二十一年(1932)石印本　一冊　存二種

330000－1710－0007658　善0183　集部/總集類/郡邑之屬

濮川詩鈔三十四種四十四卷　(清)陳光裕(清)沈堯咨輯　民國二十一年(1932)石印本　一冊　存二種

330000－1710－0007659　善0184　集部/總集類/郡邑之屬

濮川詩鈔三十四種四十四卷　(清)陳光裕(清)沈堯咨輯　民國二十一年(1932)石印本　一冊　存二種

330000－1710－0007660　善0185　集部/總集類/郡邑之屬

濮川詩鈔三十四種四十四卷　(清)陳光裕(清)沈堯咨輯　民國二十一年(1932)石印本　一冊　存二種

330000－1710－0007661　善0186　集部/總集類/郡邑之屬

濮川詩鈔三十四種四十四卷　(清)陳光裕(清)沈堯咨輯　民國二十一年(1932)石印本　一冊　存二種

330000－1710－0007662　善0187　集部/總集類/郡邑之屬

濮川詩鈔三十四種四十四卷(清)陳光裕(清)沈堯咨輯　民國二十一年(1932)石印本　一冊　存二種

330000－1710－0007663　善0188　集部/總集類/郡邑之屬

濮川詩鈔三十四種四十四卷　(清)陳光裕(清)沈堯咨輯　民國二十一年(1932)石印本　一冊　存二種

330000－1710－0007664　善0189　集部/總集類/郡邑之屬

濮川詩鈔三十四種四十四卷　(清)陳光裕(清)沈堯咨輯　民國二十一年(1932)石印本　一冊　存二種

330000－1710－0007665　善0190　集部/總集類/郡邑之屬

濮川詩鈔三十四種四十四卷　(清)陳光裕(清)沈堯咨輯　民國二十一年(1932)石印本　一冊　存二種

330000－1710－0007666　善0191　集部/總集類/郡邑之屬

濮川詩鈔三十四種四十四卷　(清)陳光裕(清)沈堯咨輯　民國二十一年(1932)石印本　一冊　存二種

330000－1710－0007672　普0000616　子部/工藝類/日用器物之屬/雕刻

竹人續錄一卷　褚德彝撰　民國十九年(1930)鉛印本　一冊

330000－1710－0007673　815/38　子部/藝術類/書畫之屬/法帖

明清名人尺牘墨寶第一集六卷第二集六卷第三集六卷　文明書局輯　民國十年(1921)上海文明書局影印本　十五冊

330000－1710－0007675　815/39　集部/總集類/尺牘之屬

歷代名人小簡二卷續編二卷　吳曾祺輯　民國六年(1917)上海商務印書館鉛印本　四冊

330000－1710－0007677　普0000617　子部/小說家類/異聞之屬

超然堂筆記一卷　朱揆一撰　民國十一年(1922)鉛印本　一冊

330000－1710－0007678　普0000618　集部/別集類

隱吾草堂集句一卷　民國抄本　一冊

330000－1710－0007682　普0000622　集部/總集類/彙編之屬

隨意錄一卷　民國抄本　一冊

330000－1710－0007683　816/2　類叢部/叢書類/彙編之屬

嘉業堂叢書五十七種　劉承幹輯　民國吳興劉氏嘉業堂刻本　八冊　存一種

330000－1710－0007685　普0000624　集部/別集類

友寬遺稿一卷　金友寬撰　薛無競輯　**友寬哀逝錄一卷**　楊鳳皋等撰　薛無競輯　民國二十一年(1932)上海中國仿古印書局鉛印本　一冊

330000－1710－0007687　普0000626　史部/史抄類

史記菁華錄六卷　(清)姚祖恩輯評　民國二十四年(1935)上海掃葉山房石印本　六冊

330000－1710－0007688　816/5　類叢部/叢書類/彙編之屬

留餘草堂叢書十二種　劉承幹編　民國吳興劉氏嘉業堂刻本　一冊　存一種

330000－1710－0007694　815/43　集部/總集類/尺牘之屬

燕遊尺牘不分卷　稿本　一冊

330000－1710－0007695　815/44　類叢部/叢書類/彙編之屬

適園叢書七十四種　張鈞衡編　民國二年至六年(1913－1917)烏程張氏刻本　一冊　存一種

330000－1710－0007696　815/45　集部/總集類/尺牘之屬

錢儀吉等信稿雜記不分卷　錢振聲纂　民國抄本　一冊

330000－1710－0007699　815/46　史部/傳記類/別傳之屬

帆影樓紀事一卷小萬柳堂王惲畫目一卷　吳芝瑛編　民國石印本　一冊

330000－1710－0007704　善0193　史部/傳記類/總傳之屬/郡邑

鴛湖求舊錄四卷　朱福清輯　民國八年(1919)刻本　二冊

330000－1710－0007706　善0194　史部/傳記類/總傳之屬/郡邑

鴛湖求舊錄四卷　朱福清輯　民國八年(1919)刻本　二冊

330000－1710－0007708　善0195　史部/傳記類/總傳之屬/隱逸

檇李高逸傳一卷　金蓉鏡等撰　民國鉛印本　一冊

330000－1710－0007710　善0196　史部/傳記類/總傳之屬/隱逸

檇李高逸傳一卷　金蓉鏡等撰　民國鉛印本　一冊

330000－1710－0007711　816/23　史部/傳記類/日記之屬

越縵堂詹詹錄二卷　(清)李慈銘撰　李文糺輯　民國二十二年(1933)李文糺鉛印本　二冊

330000－1710－0007715　816/24　史部/傳記類/日記之屬

越縵堂日記補不分卷(清咸豐四年三月十四日至同治二年三月三十日)　(清)李慈銘撰　民國二十五年(1936)上海商務印書館影印本　王希逸題記　十三冊

330000－1710－0007716　816/25　史部/傳記類/日記之屬

湘綺樓日記不分卷(清同治八年正月至民國五年七月)　王闓運撰　民國十六年(1927)上海商務印書館鉛印本　丁生題記　三十二冊

330000－1710－0007717　普 0000629　集部/别集類

栩園叢稿初編五卷二編四卷　陳栩撰　周之盛輯　民國五年(1916)、十九年(1930)上海著易堂印書局鉛印本　一册　存一卷(栩園曲稿)

330000－1710－0007718　普 0000630　子部/雜著類/雜纂之屬

兩般秋雨盦隨筆八卷　(清)梁紹壬撰　民國九年(1920)上海掃葉山房石印本　四册

330000－1710－0007720　善 0199　類叢部/叢書類/自著之屬

許文肅公集四種　(清)許景澄撰　盛沅編輯　民國七年至九年(1918－1920)外交部圖書處鉛印本　陸徵祥識　六册　存一種

330000－1710－0007724　善 0202　集部/別集類

貞孝先生遺墨五卷附小種字體柱銘偶存一卷　吴受福撰　民國二十二年(1933)檇李郭氏刻本　三册

330000－1710－0007728　816/31　史部/傳記類/日記之屬

翁文恭公軍機處日記不分卷　(清)翁同龢撰　民國二十八年(1939)燕京大學圖書館影印本　二册

330000－1710－0007731　821/4　子部/藝術類/書畫之屬/總論

壯陶閣書畫録二十二卷附録一卷　裴景福撰　民國二十六年(1937)上海中華書局鉛印本　二十二册

330000－1710－0007733　821/5　類叢部/叢書類/彙編之屬

金陵大學中國文化研究所叢刊□□種　金陵大學中國文化研究所編　民國二十三年(1934)南京金陵大學中國文化研究所鉛印本　五册　存一種

330000－1710－0007736　普 0000632　類叢部/叢書類/彙編之屬

國立中央研究院歷史語言研究所單刊乙種□□種　國立中央研究院歷史語言研究所編　民國上海商務印書館鉛印本暨影印本　一册　存一種

330000－1710－0007737　821/9　史部/目録類/總録之屬/私撰

萬木草堂藏畫目一卷　康有為撰　民國七年(1918)上海長興書局石印本　一册

330000－1710－0007738　普 0000633　史部/傳記類/總傳之屬/技藝

海上墨林四卷續印增録一卷第二次續印增録一卷　楊逸輯　民國八年(1919)上海豫園書畫善會刻十年(1921)、十八年(1929)增刻本　二册

330000－1710－0007739　821/10　史部/目録類/專録之屬

參加倫敦中國藝術國際展覽會出品目録四卷　倫敦中國藝術國際展覽會籌備委員會編　民國二十四年(1935)鉛印本　一册

330000－1710－0007745　普 0000636　子部/藝術類/篆刻之屬/印譜

鄧石如印存不分卷　(清)鄧石如篆　民國上海有正書局石印本　二册

330000－1710－0007746　善 0208　集部/别集類/清别集

丁中翰遺集二卷補遺一卷　(清)丁泰撰　柯志頤輯　民國九年(1920)鉛印本　一册

330000－1710－0007748　善 0209　集部/别集類/清别集

丁中翰遺集二卷補遺一卷　(清)丁泰撰　柯志頤輯　民國九年(1920)鉛印本　一册

330000－1710－0007754　普 000643　史部/地理類

武昌省城街道内外分圖不分卷　民國刻本　一册

330000－1710－0007755　822/5　子部/藝術類/書畫之屬/書法書品

漢溪書法通解八卷　(清)戈守智撰　民國八

年(1919)上海朝記書莊石印本　四冊

330000－1710－0007759　823.1/1　史部/傳記類/總傳之屬/技藝
歷代畫史彙傳二十四卷首一卷附錄一卷　(清)彭蘊璨編　民國十一年(1922)上海掃葉山房石印本　十二冊

330000－1710－0007762　822/9　子部/藝術類/書畫之屬/法帖
海日樓遺墨一卷　沈曾植書　民國石印本　祝廷錫識　一冊

330000－1710－0007763　823.1/4　類叢部/叢書類/彙編之屬
江氏聚珍版叢書四集二十八種　江杏溪輯　民國十三年(1924)蘇州文學山房木活字印本　六冊

330000－1710－0007764　822/10　子部/藝術類/書畫之屬/書法書品
觀堂遺墨二卷　王國維撰　陳乃乾輯　民國十九年(1930)海寧陳氏影印本　二冊

330000－1710－0007765　822/11　子部/藝術類/書畫之屬/法帖
徐文定公墨蹟一卷　(明)徐光啟書　民國二十二年(1933)上海土山灣印書館影印本　一冊

330000－1710－0007767　822/12　子部/藝術類/書畫之屬/法帖
陳曼生手札墨跡一卷　(清)陳鴻壽書　民國有正書局石印本　一冊

330000－1710－0007770　善0213　集部/別集類
貞孝先生遺墨五卷附小種字體柱銘偶存一卷　吳受福撰　民國二十二年(1933)槜李郭氏刻本　二冊　存五卷(一至五)

330000－1710－0007771　善0214　集部/別集類
貞孝先生遺墨五卷附小種字體柱銘偶存一卷　吳受福撰　民國二十二年(1933)槜李郭氏刻本　三冊

330000－1710－0007772　善0215　集部/別集類
貞孝先生遺墨五卷附小種字體柱銘偶存一卷　吳受福撰　民國二十二年(1933)槜李郭氏刻本　三冊

330000－1710－0007773　善0216　集部/別集類
貞孝先生遺墨五卷附小種字體柱銘偶存一卷　吳受福撰　民國二十二年(1933)槜李郭氏刻本　一冊　存一卷(小種字體柱銘偶存)

330000－1710－0007774　普000645　史部/傳記類/別傳之屬/事狀
孫亦安先生七旬冥壽徵言不分卷　民國十五年(1926)鉛印本　一冊

330000－1710－0007777　普0000647　集部/總集類/氏族之屬
問松里鄭氏詩存一卷　鄭之章輯　民國十二年(1923)鉛印本　一冊

330000－1710－0007779　普0000649　集部/別集類
小瀛壺詩鈔一卷　蔡卓勳撰　民國鉛印本　一冊

330000－1710－0007780　普0000650　集部/總集類/尺牘之屬
晴梅館存牋一卷　孫伯亮編　民國影印本　一冊

330000－1710－0007783　823.1/15　史部/傳記類/總傳之屬/技藝
海上墨林四卷　楊逸輯　民國八年(1919)上海豫園書畫善會刻本　二冊

330000－1710－0007786　823.1/5　子部/藝術類/書畫之屬/總論
式古堂書畫彙考六十卷目錄四卷首二卷　(清)卞永譽纂輯　民國十年(1921)鑑古書社影印本　八十冊

330000－1710－0007790　善0220　類叢部/叢書類/自著之屬
桐鄉勞先生遺稿四種　勞乃宣撰　民國十六

年(1927)桐鄉盧氏刻朱印本　四冊　存二種

330000－1710－0007791　823.1/37　子部/藝術類/書畫之屬/法帖
包安吳論書詩真蹟一卷　(清)包世臣書　民國二十九年(1940)上海中華書局石印本　一冊

330000－1710－0007792　823.1/19　子部/藝術類/書畫之屬/總論
寒松閣談藝瑣錄六卷　(清)張鳴珂撰　民國十七年(1928)上海文明書局鉛印本　一冊

330000－1710－0007795　823.1/20　子部/藝術類/書畫之屬/畫法畫品
畫法要錄十七卷首一卷　余紹宋撰　民國十九年(1930)上海中華書局鉛印本　四冊

330000－1710－0007801　823.1/22　子部/藝術類/書畫之屬/畫法畫品
名家秘傳山水畫訣三卷　潘衍輯　李湛　潘濤校閱　民國十五年(1926)上海中華新教育社石印本　二冊

330000－1710－0007808　823.1/35　子部/藝術類/書畫之屬/總論
大觀録二十卷　(清)吳升輯　民國九年(1920)武進李氏聖譯樓鉛印本　一冊　存一卷(一)

330000－1710－0007810　善0223　子部/宗教類/佛教之屬/諸宗
淨土輯要三卷附錄一卷　潘慧純　邵慧圓輯述　民國十九年(1930)上海佛教淨業社鉛印本　一冊

330000－1710－0007811　823.1/36　子部/藝術類/書畫之屬/總論
墨緣彙觀四卷　(清)安岐撰　民國九年(1920)上海廣雅書局石印本　四冊　缺一卷(名畫上)

330000－1710－0007813　善0224　子部/宗教類/佛教之屬/經咒
日誦經呪選錄一卷附錄一卷　釋印光輯　民國二十年(1931)蘇州弘化社鉛印本　一冊

330000－1710－0007815　普000652　史部/目録類
江圩冊不分卷　民國抄本　二冊

330000－1710－0007816　善0225　子部/宗教類/佛教之屬
報恩論二卷首一卷附一卷　(清)沈善登撰　民國二十年(1931)上海國光印書局鉛印本　一冊

330000－1710－0007818　善0226　集部/別集類
陶盦鴻雪圖詩草一卷　陶昌善撰　民國十九年(1930)鉛印本　一冊

330000－1710－0007819　普0000655　集部/別集類
陳烈士勒生遺集五卷　陳子範撰　民國六年(1917)南社鉛印本　一冊

330000－1710－0007821　普0000657　集部/別集類
劍青室詩存二卷　王藩撰　**劍青室隨筆一卷**　(清)柳門記　民國二十四年(1935)鉛印本　一冊

330000－1710－0007822　普0000658　集部/總集類/酬唱之屬
笙磬同音集初集一卷二集一卷　程宗伊等撰　民國八年(1919)鉛印本　一冊

330000－1710－0007823　普0000659　集部/總集類/郡邑之屬
新溪詩初鈔六卷　(清)李元纁　(清)沈莘士輯　**新溪詩續鈔十卷**　(清)許楨輯　**新溪詩三鈔六卷**　(清)朱士楷輯　鄭綸章補輯　民國十五年(1926)鉛印本　二冊　存六卷(三鈔一至六)

330000－1710－0007825　善0227　子部/藝術類/書畫之屬/畫録
繪事發微一卷　(清)唐岱撰　民國郭蘭祥抄本　一冊

330000－1710－0007827　善0228　集部/總集類/酬唱之屬

許行彬六十初度酬唱集不分卷　許祖謙輯　民國二十一年(1932)鉛印本　一冊

330000－1710－0007828　823.1/39　史部/傳記類/別傳之屬

畫史彙稿文徵明二卷　(明)文徵明撰　神州國光社編　民國十八年(1929)神州國光社鉛印本　二冊

330000－1710－0007829　823.1/41　子部/藝術類/書畫之屬/題跋

墨緣小錄一卷　(清)潘曾瑩撰　民國西泠印社吳氏木活字印本　二冊

330000－1710－0007834　823.1/44　史部/傳記類/總傳之屬/技藝

麓雲樓書畫記略一卷　(清)汪士元撰　民國十一年(1922)石印本　一冊

330000－1710－0007835　823.2/6　子部/藝術類/書畫之屬/畫譜

分類畫範自習畫譜大全三集二十四卷　馬駘繪　民國十七年(1928)世界書局石印本　二十冊　缺四卷(人物畫範二、古今人物畫譜一、鳥獸畫法一、中外百獸畫譜二)

330000－1710－0007836　823.1/45　子部/藝術類/書畫之屬/總論

平津館鑒藏書畫記一卷　(清)孫星衍撰　民國鉛印本　一冊

330000－1710－0007837　823.1/47　史部/傳記類/總傳之屬/技藝

當湖歷代畫人傳九卷補遺一卷　孫振麟纂　民國二十四年(1935)當湖孫氏雪映廬武林刻朱印本　孫振麟題記　四冊

330000－1710－0007838　823.1/46　史部/傳記類/總傳之屬/技藝

書林紀事四卷　馬宗霍撰　民國二十五年(1936)上海商務印書館鉛印本　一冊

330000－1710－0007844　823.2/8　子部/藝術類/書畫之屬/畫譜

任渭長人物初集一卷二集一卷　(清)任熊繪　民國影印本　二冊

330000－1710－0007846　823.2/1　子部/藝術類/書畫之屬/畫譜

芥子園畫傳初集六卷二集九卷三集六卷　(清)王槩　(清)王蓍　(清)王臬輯　民國上海千頃堂書局石印本　八冊　存十六卷(初集一至三、二集一至九、三集一至四)

330000－1710－0007848　普0000663　史部/傳記類/總傳之屬/技藝

墨林今話十八卷　(清)蔣寶齡撰　**續編一卷**　(清)蔣茝生撰　民國十四年(1925)上海中華書局鉛印本　六冊

330000－1710－0007850　善0520　子部/宗教類/佛教之屬/經

藥師瑠璃光如來本願功德經一卷　(唐)釋玄奘譯　李叔同書　民國三十一年(1942)傳耕莘影印本　一冊

330000－1710－0007854　823.2/18　子部/藝術類/書畫之屬

中國名人畫史不分卷　錢化佛繪　民國十年(1921)儉德儲蓄會石印本　二冊

330000－1710－0007855　善0234　子部/藝術類/書畫之屬/總論

寒松閣談藝瑣錄六卷　(清)張鳴珂撰　民國十七年(1928)上海文明書局鉛印本　一冊

330000－1710－0007860　823.2/22　子部/藝術類/書畫之屬/畫譜

吳友如畫寶十三集　(清)吳友如繪　民國上海璧園會社石印本　一冊　存一集(十二)

330000－1710－0007863　普0000666　史部/傳記類/總傳之屬/技藝

歷代畫史彙傳七十二卷首一卷附錄二卷　(清)彭蘊璨編　民國十一年(1922)上海啟新書局石印本　十二冊

330000－1710－0007865　普0000668　史部/傳記類/總傳之屬/技藝

歷代畫史彙傳七十二卷首一卷附錄二卷　(清)彭蘊璨編　民國三年(1914)上海漢粹社石印本　十二冊

330000－1710－0007866　善0237　集部/別集類
復益草堂詩存一卷　褚成鈺撰　民國二十四年(1935)鉛印本　一冊

330000－1710－0007872　普0000672　史部/傳記類/總傳之屬/技藝
清代畫史增編三十七卷補編一卷　盛鏞輯　民國十六年(1927)上海有正書局鉛印本　六冊

330000－1710－0007877　823.2/14　子部/藝術類/書畫之屬/畫譜
新新百美圖不分卷　沈伯塵繪　民國二年(1913)上海國學書室石印本　董巽觀題記　一冊

330000－1710－0007878　823.2/15　子部/藝術類/書畫之屬/畫譜
南陵無雙譜一卷　(清)金古良撰並繪　民國石印本　一冊

330000－1710－0007881　823.2/19　子部/藝術類/書畫之屬/畫譜
詩婢家詩牋譜第一集二卷　鄭伯英編　民國三十四年(1945)刻五色珂羅版套印本　二冊

330000－1710－0007884　823.2/26　類叢部/叢書類/彙編之屬
金石書畫叢刻不分卷　易大厂　黃賓虹編　民國二十三年(1934)上海金石書畫社影印本　一冊

330000－1710－0007886　823.2/31　子部/藝術類/書畫之屬/畫譜
陸廉夫十萬圖一卷附果品一卷　陸恢繪　民國十四年(1925)慎修書社影印本　一冊

330000－1710－0007888　823.2/32　子部/藝術類/書畫之屬
近代名人墨妙四集　吳頤編　民國上海慎修書社影印本　一冊　存一集(四)

330000－1710－0007889　823.2/29　子部/藝術類/書畫之屬/畫譜
林畏廬遺蹟二卷　林紓繪　民國十四年(1925)上海商務印書館影印本　一冊　存一卷(第二集)

330000－1710－0007890　823.2/30　集部/總集類/題詠之屬
勝游圖詠第一集不分卷　(清)鄧澍繪　姚洪淦等撰　民國十七年(1928)上海西泠印社影印本　一冊

330000－1710－0007891　823.2/33　子部/藝術類/書畫之屬/畫譜
沈竹賓山水冊一卷　沈竹賓繪　民國十五年(1926)蘇州振新書社影印本　一冊

330000－1710－0007892　824/1　史部/金石類/璽印之屬
簠齋古印集不分卷　(清)陳介祺輯　民國神州國光社石印本　董巽觀題記　四冊

330000－1710－0007894　824/4　子部/藝術類/篆刻之屬/印譜
吳趙印存不分卷　(清)吳熙載　(清)趙之謙篆　葛昌楹輯　民國三十二年(1943)平湖葛氏傳樸堂鈐拓本　六冊

330000－1710－0007897　824/5　子部/藝術類/篆刻之屬/印譜
吳倉石印譜不分卷　吳昌碩篆　民國有正書局鈐拓本　四冊

330000－1710－0007901　普0000675　類叢部/叢書類/彙編之屬
四部備要　中華書局編　民國二十五年(1936)上海中華書局鉛印本　一冊　存一種

330000－1710－0007909　普0000679　子部/藝術類/書畫之屬/畫法畫品
蝶野論畫二種二卷　陳蘧撰　民國漢文書局鉛印本　一冊

330000－1710－0007910　824/6　子部/藝術類/篆刻之屬/印譜
趙撝叔印存不分卷　(清)趙之謙篆刻　民國有正書局鈐拓本　二冊

330000－1710－0007911　824/7　子部/藝術

類/篆刻之屬/印譜

吴昌碩印存不分卷 吴昌碩篆 民國宣和印社鈐印本 董巽觀題記 一册

330000－1710－0007912 普000680 子部/藝術類/書畫之屬/題跋

石巢畫石詩一卷 程頌萬撰 民國鉛印本 一册

330000－1710－0007914 普0000682 集部/曲類/曲韻曲譜曲律之屬

度曲一隅不分卷 俞宗海撰 民國十年(1921)石印本 一册

330000－1710－0007915 824/14 史部/金石類/璽印之屬/雜著

秦漢小私印選不分卷 張咀英輯 民國三十三年(1944)會稽王秀仁鈐印本 二册

330000－1710－0007918 824/13 史部/金石類/璽印之屬/雜著

鈐印廬集拓百家印選不分卷 徐熊飞拓 民國三十四年(1945)鈐拓本 徐熊飛題記 六册

330000－1710－0007919 824/8 子部/藝術類/篆刻之屬/印譜

二金蝶堂印存不分卷 (清)趙之謙篆 民國西泠印社鈐拓本 恒盦題記 二册

330000－1710－0007920 824/15 子部/藝術類/篆刻之屬/印譜

拊焦桐館印存不分卷 蔡真篆刻 民國十八年(1929)上海慎修書社石印本 二册

330000－1710－0007921 824/16 子部/藝術類/篆刻之屬/印譜

沈子培印譜不分卷 沈曾植藏並輯 民國鈐印本 二十一册

330000－1710－0007926 824/10 子部/藝術類/篆刻之屬/印譜

金罍印摭不分卷 (清)徐三庚篆刻 張魯盦輯 民國二十九年(1940)張氏孝水望雲草堂鈐印本 四册

330000－1710－0007927 824/11 子部/藝術類/篆刻之屬/印譜

何雪漁印存不分卷 張咀英藏並編 民國三十三年(1944)孝水張咀英望雲草堂拓鈐印本 二册

330000－1710－0007928 824/12 子部/藝術類/篆刻之屬/印譜

伏廬藏印十二卷 陳漢第藏並輯 民國二十五年(1936)上海商務印書館影印本 六册

330000－1710－0007934 824/30 子部/藝術類/篆刻之屬/印譜

百壽圖攷不分卷 (清)陳氏摹 民國古今圖書館多色套印本 二册

330000－1710－0007938 824/20 子部/藝術類/篆刻之屬/印譜

悲盦印存不分卷 (清)趙之謙篆 民國三十二年(1943)宣和印社石印本 二册

330000－1710－0007942 824/24 子部/藝術類/篆刻之屬/印譜

印譜不分卷 民國鈐印本 一册

330000－1710－0007943 824/25 子部/藝術類/篆刻之屬/印譜

胡匊鄰印存不分卷 (清)胡匊鄰(胡钁)篆刻 宣和印社輯 民國二十五年(1936)宣和印社鈐拓本 三册

330000－1710－0007945 824/27 子部/藝術類/篆刻之屬/印譜

芸花樓主人印存一卷 張知平篆 民國三十年(1941)鈐拓本 一册

330000－1710－0007947 824/28 子部/藝術類/篆刻之屬/印譜

漢銅印叢十二卷 (清)汪啟淑鑒賞 瞿良士收藏 民國二十四年(1935)上海商務印書館影印本 四册

330000－1710－0007948 824/33 子部/藝術類/篆刻之屬/印論

古今印說不分卷 許明農撰 稿本 一册

330000－1710－0007949　824/29　類叢部/叢書類/彙編之屬

國立北京大學研究院文史叢刊　國立北京大學研究院文史部輯　民國上海商務印書館鉛印本暨影印本　一册　存一種

330000－1710－0007950　824/26　子部/藝術類/篆刻之屬/印譜

學古書屋印譜一卷　(清)沈蕉圃藏　民國鈐印本　一册

330000－1710－0007955　824/35　史部/金石類/璽印之屬/通考

續集漢印分韻二卷　(清)謝景卿纂摹　民國石印本　一册　存一卷(二)

330000－1710－0007956　善 0259　子部/儒家類/儒學之屬/性理

楊園菁華錄四卷　(清)張履祥撰　(清)沈志本纂　民國二十四年(1935)楊園學社鉛印本　一册

330000－1710－0007959　普 0000687　類叢部/叢書類/家集之屬

雍睦堂叢書□□種　民國三十三年(1944)石印本　一册　存二種

330000－1710－0007961　824/39　子部/藝術類/篆刻之屬/印譜

金石長壽之室印存不分卷　(清)周九篋篆　民國鈐印本　四册

330000－1710－0007963　824/40　史部/金石類/璽印之屬

濱虹草堂藏古鉩印不分卷　黄賓虹藏　民國十八年(1929)鈐印本　七册

330000－1710－0007965　824/47　子部/藝術類/篆刻之屬/印譜

現代篆刻八集　吴幼潛編　民國二十一年(1932)上海誠信藝術部影印本　一册　存一集(七)

330000－1710－0007966　824/48　史部/金石類/璽印之屬/圖像

夢坡室金玉印痕九卷附一卷　周慶雲輯　民國十三年(1924)周氏夢坡室鈐拓本　三册　存三卷(金印三至四、附)

330000－1710－0007968　824/41　子部/藝術類/篆刻之屬/印譜

懷英館印存不分卷　民國三十年(1941)懷英館鈐印本　一册

330000－1710－0007969　824/46　史部/金石類/璽印之屬/圖像

清代玉璽譜一卷　民國十九年(1930)上海會文堂新記書局影印本　一册

330000－1710－0007971　824/54　子部/藝術類/篆刻之屬/印譜

西京職官印錄二卷　(清)徐堅輯　民國二十四年(1935)上海商務印書館影印本　二册

330000－1710－0007972　824/55　子部/藝術類/篆刻之屬/印譜

印譜不分卷　民國鈐拓本　二册

330000－1710－0007973　824/56　子部/藝術類/篆刻之屬/印譜

各家印選不分卷　民國鈐印本　一册

330000－1710－0007974　824/57　子部/藝術類/篆刻之屬/印譜

潘氏印存不分卷　民國鈐印本　一册

330000－1710－0007984　普 0000690　史部/傳記類/總傳之屬/技藝

歷代畫史彙傳七十二卷首一卷附錄二卷　(清)彭藴璨編　民國二十九年(1940)上海錦章圖書局石印本　八册

330000－1710－0007985　824/42　子部/藝術類/篆刻之屬/印譜

錢君匋印存二卷　錢君匋篆刻　陳宗秀拓　民國三十三年(1944)萬葉樓影印本　二册

330000－1710－0007987　824/43　子部/藝術類/篆刻之屬/印譜

朱其石印存不分卷　檇李學社輯印　張大千謝玉岑選　民國二十三年(1934)檇李學社影印本　一册

330000－1710－0007988　824/44　子部/藝術類/篆刻之屬/印譜

榮寶齋印選不分卷　民國榮寶齋鈐印本　石佛題記　一冊

330000－1710－0007989　824/63　子部/藝術類/篆刻之屬/印譜

黃龕印存不分卷　朱其石篆　民國十三年至二十年(1924－1931)鈐印本　二十冊

330000－1710－0007990　824/64　子部/藝術類/篆刻之屬/印譜

黃龕印存不分卷　朱其石篆　民國十五年至二十年(1926－1931)鈐印本　十冊

330000－1710－0007991　824/65　子部/藝術類/篆刻之屬/印譜

靜遠齋書畫印不分卷　民國七年(1918)鈐印本　二冊

330000－1710－0007992　824/45　子部/藝術類/書畫之屬/法帖

吳篆論語二卷　(清)吳大澂篆書　民國十三年(1924)蘇州振新書社影印本　四冊

330000－1710－0007993　824/49　子部/工藝類/日用器物之屬/雕刻

竹人續錄一卷　褚德彝撰　民國十九年(1930)鉛印本　一冊

330000－1710－0007994　824/50　子部/藝術類/書畫之屬/法帖

孝經一卷　(清)吳大澂篆書　民國八年(1919)蘇州振新書社影印本　一冊

330000－1710－0007995　普0000691　史部/地理類/山川之屬/山志

峨眉山志八卷首一卷　(清)蔣超纂　釋印光增訂　民國二十三年(1934)蘇州弘化社鉛印本　二冊

330000－1710－0007996　普0000692　史部/地理類/山川之屬/山志

清涼山志八卷首一卷　(明)釋鎮澄修　釋印光增訂　民國二十二年(1933)蘇州弘化社鉛印本　二冊

330000－1710－0007999　824/66　子部/藝術類/篆刻之屬/印譜

瘦竹印譜一卷　朱偰藏　民國鈐印本　一冊

330000－1710－0008000　普0000694　子部/藝術類/書畫之屬/法帖

明清名人尺牘墨寶第一集六卷第二集六卷第三集六卷　文明書局輯　民國十一年(1922)上海文明書局影印本　十八冊

330000－1710－0008003　普0000695　子部/藝術類/書畫之屬/法帖

明清名人尺牘墨寶第一集六卷第二集六卷第三集六卷　文明書局輯　民國十一年(1922)上海文明書局影印本　十八冊

330000－1710－0008004　普0000696　集部/別集類/清別集

鄭板橋全集　(清)鄭燮撰　民國十年(1921)上海掃葉山房石印本　三冊　存三卷(板橋詩鈔一至二、板橋家書)

330000－1710－0008009　826/4　子部/藝術類/書畫之屬/書法書品

漢蕩陰令張遷碑一卷　民國十八年(1929)上海商務印書館影印本　一冊

330000－1710－0008010　普0000700　集部/別集類/清別集

文道希先生遺詩一卷　(清)文廷式撰　葉恭綽輯　民國十八年(1929)鉛印本　一冊

330000－1710－0008011　826/5　子部/藝術類/書畫之屬/法帖

張司直玄靜先生碑一卷　(唐)張從申書　民國二十四年(1935)上海商務印書館影印本　一冊

330000－1710－0008012　普0000701　集部/別集類/清別集

亦有秋齋詩鈔二卷　(清)鈕福疇撰　民國七年(1918)烏程鈕氏鉛印本　一冊

330000－1710－0008013　826/6　子部/藝術類/書畫之屬/法帖

聯搨大觀　秦文錦編集　民國上海藝苑真賞

社影印本　一冊　存一種

330000－1710－0008014　826/11　子部/藝術類/書畫之屬/法帖
宋拓太清樓書譜不分卷　(唐)孫過庭書　民國七年(1918)上海有正書局影印本　一冊

330000－1710－0008015　826/7　子部/藝術類/書畫之屬/法帖
鄧石如篆書十五種不分卷　(清)鄧石如書　民國五年(1916)上海文明書局石印本　五冊

330000－1710－0008016　826/12　子部/藝術類/書畫之屬/法帖
北宋拓蘇書醉翁亭記一卷　(宋)蘇軾書　民國十四年(1925)上海有正書局石印本　一冊

330000－1710－0008017　826/13　子部/藝術類/書畫之屬/法帖
張黑女墓誌一卷　民國有正書局影印本　一冊

330000－1710－0008018　826/8　子部/藝術類/書畫之屬/法帖
秦漢金篆八種放大本不分卷　民國十年(1921)上海有正書局石印本　一冊

330000－1710－0008019　826/9　子部/藝術類/書畫之屬/法帖
宋拓褚河南聖教序一卷　(唐)褚遂良書　民國上海有正書局石印本　一冊

330000－1710－0008020　826/10　子部/藝術類/書畫之屬/法帖
宋拓褚河南雁塔聖教序不分卷　(唐)褚遂良書　民國有正書局石印本　一冊

330000－1710－0008021　826/14　子部/藝術類/書畫之屬/法帖
嵩高靈廟碑一卷　民國上海有正書局影印本　一冊

330000－1710－0008022　826/15　子部/藝術類/書畫之屬/法帖
明拓顔魯公元次山碑不分卷　(唐)顔真卿書　民國上海有正書局影印本　一冊

330000－1710－0008023　826/16　子部/藝術類/書畫之屬/法帖
鄧石如書司馬溫公家儀不分卷　(清)鄧石如書　民國五年(1916)上海有正書局石印本　一冊

330000－1710－0008024　826/23　子部/藝術類/書畫之屬/法帖
漢泰山都尉孔君碑一卷　民國十四年(1925)上海有正書局影印本　一冊

330000－1710－0008025　826/17　子部/藝術類/書畫之屬/法帖
何子貞臨張遷碑二卷　(清)何紹基書　民國九年(1920)上海有正書局影印本　一冊

330000－1710－0008027　普0000703　集部/别集類/清别集
容甫先生遺詩五卷補遺一卷附錄一卷　(清)汪中撰　民國三年(1914)上海有正書局石印本　一冊

330000－1710－0008028　普0000704　集部/别集類/唐五代别集
薛濤詩一卷　(唐)薛濤撰　民國十五年(1926)上海掃葉山房石印本　一冊

330000－1710－0008029　826/18　子部/藝術類/書畫之屬/法帖
何子貞書石門頌禮器碑墨迹不分卷　(清)何紹基書　民國八年(1919)上海有正書局影印本　一冊

330000－1710－0008031　普0000706　集部/别集類
海藏樓詩一卷　鄭孝胥撰　民國十三年(1924)上海掃葉山房石印本　一冊

330000－1710－0008032　826/19　子部/藝術類/書畫之屬/法帖
翁叔平隸書三種墨蹟不分卷　(清)翁同龢書　民國八年(1919)上海有正書局石印本　一冊

330000－1710－0008033　普0000707　類叢部/叢書類/彙編之屬

四部叢刊　張元濟等編　民國上海商務印書館影印本　四冊　存一種

330000－1710－0008034　826/20　子部/藝術類/書畫之屬/法帖

鄧完白隸書墨蹟不分卷　(清)鄧石如書　民國八年(1919)上海有正書局石印本　一冊

330000－1710－0008036　826/21　子部/藝術類/書畫之屬/法帖

初拓書譜一卷　(唐)孫過庭撰並書　民國七年(1918)上海有正書局石印本　一冊

330000－1710－0008037　826/25　子部/藝術類/書畫之屬/法帖

古今碑帖集成一百五十種　大眾書局編　民國上海大眾書局影印本　一冊　存一種

330000－1710－0008038　826/22　史部/金石類/石之屬/圖像

唐善才寺碑不分卷　民國石印本　蔡文治題記　一冊

330000－1710－0008039　826/26　子部/藝術類/書畫之屬/法帖

大唐王居士塼塔之銘不分卷　(唐)上官靈芝撰　(唐)敬客書　民國影印本　一冊

330000－1710－0008040　826/27　子部/藝術類/書畫之屬/法帖

歸安金竹亭封翁墓誌銘不分卷　(清)樊恭煦撰　(清)馮文蔚書　民國影印本　一冊

330000－1710－0008043　826/29　子部/藝術類/書畫之屬/法帖

楊峴臨禮器碑二卷　(清)楊峴臨　民國上海碧梧山莊石印本　二冊

330000－1710－0008044　826/30　子部/藝術類/書畫之屬/法帖

御刻三希堂石渠寶笈法帖不分卷　(清)梁詩正等輯　民國影印本　十五冊　存十五冊(一、三、五、七、九、十一、十三、十五、十七、二十一、二十三、二十五、二十七、二十九、三十一)

330000－1710－0008045　826/35　子部/藝術類/書畫之屬/書法書品

行書備要一卷　童式規書　民國二十年(1931)上海商務印書館石印本　一冊

330000－1710－0008046　826/31　子部/藝術類/書畫之屬/法帖

淳化閣法帖十卷　民國影印本　十冊

330000－1710－0008048　826/36　子部/藝術類/書畫之屬/法帖

歐陽詢書皇甫府君碑一卷　(唐)歐陽詢書　民國影印本　一冊

330000－1710－0008050　普0000710　集部/別集類/清別集

隨園集外詩四卷　(清)袁枚撰　(清)蔣敦復編　民國十四年(1925)上海大東書局石印本　二冊

330000－1710－0008051　普0000711　集部/別集類/清別集

新體廣註小倉山房尺牘八卷　(清)袁枚撰　(清)胡光斗箋釋　(清)徐楨增註　民國十年(1921)上海廣文書局石印本　四冊

330000－1710－0008054　826/39　子部/藝術類/書畫之屬/法帖

惲孟樂書正草千文一卷　惲孟樂書　民國六年(1917)上海震亞書局石印本　一冊

330000－1710－0008055　普0000712　集部/別集類/清別集

四憶堂詩集六卷遺稿一卷　(清)侯方域撰　(清)賈開宗等選註　民國上海掃葉山房石印本　二冊

330000－1710－0008056　普0000713　類叢部/叢書類/自著之屬

隨園全集三十八種　(清)袁枚撰　民國七年(1918)上海文明書局石印本　八冊　存一種

330000－1710－0008059　普0000716　史部/紀傳類/正史之屬

言文對照史記評註讀本三卷　秦同培選輯　民國十四年(1925)上海世界書局石印本

三册

330000－1710－0008063　826/42　子部/藝術類/書畫之屬/法帖

爭坐位帖一卷　(唐)顏真卿書　民國影印本　一册

330000－1710－0008064　826/40　子部/藝術類/書畫之屬/法帖

本紙拓瘞鶴銘不分卷　民國影印本　一册

330000－1710－0008065　826/41　子部/藝術類/書畫之屬/法帖

思古齋黄庭蘭亭舊本不分卷　民國影印本　一册

330000－1710－0008066　826/43　史部/藝術類/書畫之屬/法帖

史晨碑一卷　民國影印本　一册

330000－1710－0008070　826/50　子部/藝術類/書畫之屬/法帖

玄妙觀重修三門記不分卷　(元)趙孟頫書　民國影印本　一册

330000－1710－0008071　826/44　子部/藝術類/書畫之屬/法帖

龍口巖等詩句不分卷　(元)趙孟頫書　民國影印本　一册

330000－1710－0008073　826/52　子部/藝術類/書畫之屬/法帖

曾文正公手札不分卷　(清)曾國藩撰　**胡文忠公手札不分卷**　(清)胡林翼撰　民國二十二年(1933)影印本　十一册

330000－1710－0008075　826/45　史部/金石類/石之屬/圖像

魯峻碑不分卷　民國影印本　一册

330000－1710－0008076　826/46　子部/藝術類/書畫之屬/法帖

大報國園通寺記不分卷　(元)趙孟頫書　民國影印本　一册

330000－1710－0008077　826/57　子部/藝術類/書畫之屬/書法書品

各家字體不分卷　民國石印本　一册

330000－1710－0008081　826/59　子部/藝術類/書畫之屬/法帖

趙文敏書仇公墓碑真蹟一卷　(元)趙孟頫書　民國六年(1917)上海文明書局影印本　一册

330000－1710－0008087　826/61　子部/藝術類/書畫之屬/法帖

蕭山縣學重建大成殿記不分卷　(元)張伯淳撰　(元)趙孟頫書　民國影印本　一册

330000－1710－0008092　普0000719　集部/詩文評類/彙編之屬

詩文評註讀本□□種　王文濡評　沈秉鈞等註　民國十四年(1925)上海文明書局鉛印本　四册

330000－1710－0008093　普000720　集部/別集類/唐五代別集

柳柳州文評註讀本二卷　王楚香評註　民國十四年(1925)大東書局石印本　二册

330000－1710－0008094　普0000721　集部/別集類/明別集

石田先生集十三卷　(明)沈周撰　(明)陳仁錫編　民國三年(1914)掃葉山房石印本　六册

330000－1710－0008102　普0000725　子部/藝術類/書畫之屬/畫法畫品

中國文人畫之研究不分卷　(日本)大邨西崖述　陳衡恪譯　民國二十一年(1932)上海中華書局鉛印本　一册

330000－1710－0008106　普0000728　子部/藝術類/書畫之屬/總論

江村銷夏錄三卷　(清)高士奇撰　民國上海文瑞樓石印本　三册

330000－1710－0008107　普0000729　集部/詩文評類/詩評之屬

陳石遺先生談藝錄一卷　陳衍撰　民國二十年(1931)上海中華書局鉛印本　一册

330000－1710－0008110　普 0000732　子部/工藝類/日用器物之屬/陶瓷

飲流齋説瓷十卷　許之衡撰　民國鉛印本　一冊

330000－1710－0008120　827.1/5　經部/樂類

十二琴樓叢書□□種　民國十八年(1929)永嘉嚴氏朱墨鉛印本暨石印本　四冊　存一種

330000－1710－0008122　827.1/10　子部/藝術類/音樂之屬/總論

中國音樂史五卷附編二卷　鄭覲文撰　民國十八年(1929)上海大同樂會鉛印本　四冊

330000－1710－0008124　827.2/4　史部/傳記類/總傳之屬/技藝

琴史補二卷琴史續八卷　周慶雲纂　民國八年(1919)烏程周氏夢坡室刻本　四冊

330000－1710－0008125　827.2/5　史部/傳記類/總傳之屬/技藝

琴史補二卷琴史續八卷　周慶雲纂　民國八年(1919)烏程周氏夢坡室刻藍印本　四冊

330000－1710－0008128　普 0000737　史部/金石類/石之屬/通考

校碑隨筆不分卷補遺一卷僞刻一卷　方若撰　民國天津中東石印局石印本　二冊

330000－1710－0008141　828/8　子部/藝術類/遊藝之屬/棋弈

潘景齋弈譜約選一卷　(清)楚桐隱　(清)章芝楣評　民國二年(1913)掃葉山房石印本　一冊

330000－1710－0008144　828/10　子部/藝術類/遊藝之屬/棋弈

殘局類選二卷　(清)錢長澤選　民國上海文瑞樓石印本　二冊

330000－1710－0008145　828/11　子部/藝術類/遊藝之屬/棋弈

桃花泉弈譜二卷　(清)范世勳撰　民國上海文瑞樓石印本　二冊

330000－1710－0008147　827.2/6　史部/目録類/專録之屬

琴書存目六卷别錄二卷　周慶雲編　民國三年(1914)烏程周氏夢坡室刻本　四冊

330000－1710－0008148　828/13　子部/藝術類/遊藝之屬/棋弈

桃花泉棋譜二卷　(清)范世勳撰　民國二十三年(1934)上海千頃堂石印本　二冊

330000－1710－0008150　828/16　子部/藝術類/遊藝之屬/棋弈

布局詳解不分卷　(日本)中川龜三郎撰　(清)吳定崧譯　民國十一年(1922)上海千頃堂書局石印本　一冊

330000－1710－0008152　829/2　子部/藝術類/遊藝之屬/聯語

百衲編一卷　吳受福輯　**附華山碑一卷**　(清)項鳳書撰　民國三年(1914)刻本　一冊

330000－1710－0008154　829/4　類叢部/叢書類/家集之屬

武林丁氏家集十三種　丁立誠　丁立中撰　民國錢塘丁氏嘉惠堂鉛印本　一冊　存一種

330000－1710－0008155　829/5　類叢部/叢書類/自著之屬

花近樓雜撰□□種　金濤撰　民國浙江圖書館印行所鉛印本　一冊　存一種

330000－1710－0008159　829/17　子部/藝術類/遊藝之屬/聯語

娉花媚竹館宋詞集聯八卷　俞鎮輯　民國二十五年(1936)海印樓鉛印本　二冊

330000－1710－0008160　普 0000734　類叢部/叢書類/彙編之屬

四部備要　中華書局編　民國二十五年(1936)上海中華書局鉛印本　一冊　存一種

330000－1710－0008163　829/7　子部/藝術類/遊藝之屬/聯語

易林吉繇一卷　朱辛彝輯　民國鉛印本　一冊

330000－1710－0008166　829/10　子部/藝術類/遊藝之屬/博戲

太任文房牙牌說一卷　鄭太任撰　民國十九年(1930)鉛印本　一冊

330000－1710－0008167　829/19　子部/工藝類/日用器物之屬/錦繡

絲繡叢刊□□種　朱啓鈐輯　民國無冰閣鉛印本　一冊　存一種

330000－1710－0008172　普0000744　史部/傳記類/總傳之屬/技藝

增廣歷代畫史彙傳補編四卷　吳心穀編　民國三十二年(1943)北京琉璃廠豹文齋鉛印本　一冊

330000－1710－0008178　善0297　子部/工藝類/日用器物之屬/陶瓷

說瓷五種　民國石印本　一冊　存一種

330000－1710－0008185　830/5　類叢部/叢書類/彙編之屬

曲石叢書二十種　李根源編　民國鉛印本　一冊　存一種

330000－1710－0008186　829/15　子部/雜著類/雜說之屬

文苑滑稽談十四卷　雷瑨輯　民國三年(1914)上海掃葉山房鉛印本　一冊　存一卷(二)

330000－1710－0008192　830/9　子部/藝術類/書畫之屬/書法書品

寐叟題跋一集二卷二集二卷　沈曾植撰並書　民國上海商務印書館石印本　二冊　存二卷(一集一至二)

330000－1710－0008200　普0000754　史部/編年類/通代之屬

御批歷代通鑑輯覽一百二十卷　(清)傅恒等撰　民國上海商務印書館鉛印本　四十幅

330000－1710－0008202　830/12　子部/藝術類/書畫之屬/題跋

訴鷗軒畫跋二卷　陳方鏞撰　民國二十一年(1932)鉛印本　一冊

330000－1710－0008206　民叢7　類叢部/叢書類/彙編之屬

四部備要　中華書局編　民國二十五年(1936)上海中華書局鉛印本　一百七十四冊　存二十五種

330000－1710－0008209　普0000758　子部/儒家類/儒學之屬/禮教

明司寇呂叔簡公呻吟語不分卷　民國十五年(1926)影印本　四冊

330000－1710－0008210　普0000759　集部/別集類

長公吟草四卷詞鈔一卷　沈昌眉撰　民國二十年(1931)鉛印本　一冊　缺二卷(一至二)

330000－1710－0008211　普0000760　集部/詩文評類/詩評之屬

宋詩研究一卷　莊蔚心編　民國十四年(1925)上海大東書局石印本　一冊

330000－1710－0008212　普000761　集部/別集類/明別集

楊忠愍公獄中寄鄭端簡公書題跋一卷　(明)楊繼盛撰　民國杭州興業印書局鉛印本　一冊

330000－1710－0008215　普000762　史部/紀傳類/正史之屬

百衲本二十四史影印描潤始末記不分卷　張元濟撰　民國二十二年(1933)商務印書館鉛印本　一冊

330000－1710－0008219　普0003953　史部/雜史類/斷代之屬

戰國策精華三卷　中華書局編　民國四年(1915)中華書局鉛印本　三冊

330000－1710－0008222　普0000768　經部/小學類/文字之屬/字書/字典

中華大字典十二卷　徐誥等編輯　民國四年(1915)中華書局鉛印本　十二冊

330000－1710－0008223　普0000769　史部/傳記類/總傳之屬/技藝

清代畫史增編三十七卷補編一卷　盛鏞輯

民國十六年(1927)上海有正書局鉛印本　六冊

330000－1710－0008224　普0000770　史部/目録類/專録之屬
中國地方志綜錄不分卷　朱士嘉撰　民國二十四年(1935)上海商務印書館石印本　三冊

330000－1710－0008225　普0000771　史部/紀傳類/正史之屬
史記一百三十卷　(漢)司馬遷撰　(南朝宋)裴駰集解　(唐)司馬貞索隱　(唐)張守節正義　**補史記一卷**　(唐)司馬貞撰并注　民國中華圖書館影印本　二十冊

330000－1710－0008228　普0000774　類叢部/叢書類/彙編之屬
張氏適園叢書初集七種　張鈞衡編　民國四年(1915)上海國學扶輪社鉛印本　一冊　存一種

330000－1710－0008229　普0000775　集部/總集類/選集之屬/斷代
汪羅彭薛四家合鈔　(清)國學扶輪社輯　民國四年(1915)中國圖書公司鉛印本　一冊　存三卷(彭尺木文鈔一至三)

330000－1710－0008231　普0000776　史部/政書類/邦計之屬/地政
嘉興求減浮糧書不分卷　金蓉鏡編　民國三年(1914)鉛印本　一冊

330000－1710－0008235　普0000778　新學/報章
新聞報館三十年紀念冊不分卷　上海新聞報館編　民國十二年(1923)上海新聞報館鉛印本　二冊

330000－1710－0008243　普0000793　子部/醫家類/醫案之屬
王氏醫案繹注十卷附錄一卷　(清)王士雄撰　石念祖繹注　民國八年(1919)上海商務印書館鉛印本　一冊

330000－1710－0008248　普0000795　經部/小學類/文字之屬/說文/專著
新定說文古籀考三卷　周名煇撰　民國三十七年(1948)上海開明書店石印本　一冊

330000－1710－0008249　普0000796　經部/小學類/文字之屬/字書/訓蒙
文字蒙求四卷　(清)王筠撰　民國十六年(1927)上海大一統書局石印本　二冊

330000－1710－0008251　普0000798　經部/小學類/文字之屬/字書/字典
新字典十二卷拾遺一卷檢字一卷附錄一卷勘誤一卷補編一卷　陸爾奎等編纂　民國元年(1912)上海商務印書館鉛印本　六冊

330000－1710－0008266　普0000803　子部/醫家類/綜合之屬/通論
古吳童氏重校醫宗必讀十卷　(明)李中梓撰　民國十年(1921)上海大成書局石印本　一冊

330000－1710－0008267　普0000788　子部/宗教類/佛教之屬
觀所緣緣論淺說一卷八識規矩頌淺說一卷　民國鉛印本　一冊　存一卷(八識規矩頌淺說)

330000－1710－0008268　普0000804　子部/醫家類/綜合之屬/通論
醫學實在易八卷　(清)陳念祖撰　民國石印本　一冊

330000－1710－0008273　普0000808　子部/醫家類/溫病之屬
溫病條辨六卷首一卷　(清)吳瑭撰　民國八年(1919)上海鑄記書局石印本　四冊

330000－1710－0008276　善0313　集部/總集類/郡邑之屬
郭似壎鈔邑人詩七種　(清)郭似壎輯　民國抄本　郭似壎題記　一冊

330000－1710－0008277　普0000820　類叢部/類書類/通類之屬
永樂大典二萬二千八百七十七卷　(明)解縉等輯　民國影印本　一冊　存一卷(七千五百四十三)

330000－1710－0008284　普0000813　新學/地學/地理學
最新地理教科書四卷　謝洪賚編纂　民國上海商務印書館鉛印本　一冊　存一卷(三)

330000－1710－0008290　普0000826　類叢部/叢書類/自著之屬
隨園全集三十八種　(清)袁枚撰　民國七年(1918)上海文明書局石印本　六十四冊

330000－1710－0008292　普0000827　史部/傳記類/總傳之屬/技藝
歷代畫史彙傳二十四卷首一卷附錄一卷　(清)彭蘊璨編　民國九年(1920)上海掃葉山房石印本　十二冊

330000－1710－0008293　普0000815　新學/議論/論政
不忍雜誌彙編初集六卷二集六卷　康有為撰　民國三年(1914)上海書局石印本　六冊　存六卷(初集一至六)

330000－1710－0008294　普0000828　子部/工藝類/日用器物之屬/陶瓷
飲流齋說瓷十卷　許之衡撰　民國上海朝記書莊鉛印本　四冊

330000－1710－0008295　普0000829　經部/詩類/傳說之屬
詩經集傳八卷　(宋)朱熹撰　民國二十六年(1937)掃葉山房石印本　四冊

330000－1710－0008296　普0000830　子部/藝術類/遊藝之屬/聯語
影印名人楹聯真蹟大全不分卷附屏條堂幅不分卷　劉再蘇搜集　民國十四年(1925)上海世界書局影印本　四冊

330000－1710－0008297　善0314　子部/雜著類/雜纂之屬
錄冷齋夜話一卷　(宋)釋惠洪撰　民國郭和庭鐵如意室鈔本　一冊

330000－1710－0008300　普0000832　史部/傳記類/總傳之屬/技藝
歷代畫史彙傳二十四卷首一卷附錄一卷　(清)彭蘊璨編　民國六年(1917)上海掃葉山房石印本　三冊

330000－1710－0008306　普0000838　類叢部/叢書類/彙編之屬
涵芬樓祕笈五十一種　孫毓修等輯　民國五年至十五年(1916－1926)上海商務印書館影印暨鉛印本　一冊　存一種

330000－1710－0008307　普0000848　史部/傳記類/別傳之屬/事狀
來昭陳氏清家傳一卷　繆荃孫撰　民國鉛印本　一冊

330000－1710－0008310　普0000850　集部/曲類/曲評曲話曲目之屬
崑曲史一卷　民國二十七年(1938)稿本　一冊

330000－1710－0008311　普0000851　集部/別集類
潛廬近稿一卷　金蓉鏡撰　民國鉛印本　一冊

330000－1710－0008316　普000856　集部/總集類/題詠之屬
陳氏先生圖卷題辭不分卷　民國二十五年(1936)鉛印本　一冊

330000－1710－0008321　普000843　類叢部/類書類/通類之屬
欽定古今圖書集成一萬卷目錄四十卷　(清)蔣廷錫　(清)陳夢雷等輯　**古今圖書集成考證二十四卷**　民國二十三年(1934)中華書局影印本　五十三冊　存四百四十八卷(方輿彙編四十八至五十九、一百十六至一百二十八,明倫彙編三十六至一百六,官常典一至十二、六十至八十二、三百二十一至三百三十四、三百七十五至四百二十四、四百九十二至五百三、五百二十八至五百五十三、五百六十七至七百八十,氏族典二十三)

330000－1710－0008323　普0000845　史部/傳記類/別傳之屬/年譜
慎獨齋[關蔚煌]七十年谱一卷　關蔚煌撰

民國鉛印本　一冊

330000－1710－0008326　普 0000867　史部/傳記類/總傳之屬/技藝
清朝書畫家筆錄四卷　竇鎮輯　民國十二年(1923)朝記書莊鉛印本　四冊

330000－1710－0008333　普 0000880　子部/宗教類/佛教之屬
雲棲法彙二十九種　(明)釋袾宏撰　(明)王宇春等輯　民國三年(1914)上海有正書局鉛印本　三冊　存一種

330000－1710－0008340　普 0000878　子部/宗教類/佛教之屬
歷史感應統紀四卷　許止淨編纂　民國二十一年(1932)刻本　三冊　存一卷(一)

330000－1710－0008342　普 0000859　集部/別集類/清別集
許景澄信札不分卷　(清)許景澄書　民國影印本　一冊

330000－1710－0008349　普 0000862　子部/工藝類/日用器物之屬/服飾
上海時裝百美圖詠不分卷　丁慕琴繪　民國五年(1916)上海天南書局石印本　二冊

330000－1710－0008350　普 0000863　史部/金石類/金之屬/文字
積古齋鐘鼎彝器款識十卷　(清)阮元撰　民國十六年(1927)上海大一統書局影印本　六冊

330000－1710－0008352　普 0000865　史部/傳記類/別傳之屬/年譜
榆廬[夏辛銘]年譜一卷　夏辛銘撰　**續一卷**　夏祖年　夏廷正編　民國二十年(1931)鉛印本　一冊

330000－1710－0008353　善 0315　子部/藝術類/書畫之屬/畫法畫品
松壺畫贅二卷　(清)錢杜撰　民國五年(1916)郭似壎鈔本　郭似壎題記　一冊

330000－1710－0008356　普 0000866　史部/傳記類/別傳之屬/事狀
楊仁山居士事畧一卷　徐文霨撰　民國六年(1917)鉛印本　一冊

330000－1710－0008366　普 0000900　史部/編年類/斷代之屬
藻思堂清鑑易知錄前編四卷正編二十八卷　許國英編輯　民國七年(1918)藻思堂鉛印本　十一冊

330000－1710－0008368　普 0000901　子部/藝術類/書畫之屬/畫譜
吳昌碩先生畫冊不分卷　吳昌碩繪　民國石印本　二冊

330000－1710－0008369　普 0000902　子部/藝術類/書畫之屬/法帖
吳昌碩先生篆草屏對不分卷　吳昌碩書　民國石印本　一冊

330000－1710－0008376　普 0000908　新學/醫學
國醫生理新論六總論二卷　朱國均撰　民國二十四年(1935)鉛印本　三冊

330000－1710－0008377　普 0000909　子部/醫家類/綜合之屬/通論
醫學津梁六卷　(明)王肯堂撰　(清)岳昌源刪補　(清)陳洙重訂　民國八年(1919)上海學海圖書館石印本　四冊

330000－1710－0008378　普 0000910　子部/醫家類/方書之屬/單方驗方
雜選良方一卷　子安氏訂　民國抄本　一冊

330000－1710－0008386　善 0323　史部/傳記類/別傳之屬/墓誌
學部尚書沈公[曾植]墓志銘一卷　謝鳳孫撰並書　民國石印本　朱其石題記　一冊

330000－1710－0008387　普 0000894　集部/小說類/長篇之屬
吳三桂演義四卷四十回　民國上海鴻文書局石印本　一冊

330000－1710－0008389　普 0000895　集部/

小說類/長篇之屬

繡像西漢演義四卷一百回 （明）甄偉撰 民國十八年(1929)上海中原書局石印本 八冊

330000－1710－0008391 善0322 子部/藝術類/書畫之屬/法帖

海日樓遺墨一卷 沈曾植書 民國石印本 朱其石題簽 一冊

330000－1710－0008409 普0000931 子部/醫家類/醫經之屬/内經

重廣補註黃帝内經素問二十四卷靈樞二十四卷 （唐）王冰注 （宋）林億等校正 （宋）孫兆改誤 （清）錢熙祚校 民國十七年(1928)中國學會據錢氏守山閣刻本影印本 五冊 存十八卷(素問一至十八)

330000－1710－0008412 普0000936 子部/藝術類/書畫之屬/書法書品

清人書評一卷附錄二卷 王潛剛撰 民國石印本 一冊

330000－1710－0008420 普0000953、普0000954 子部/醫家類/類編之屬

張氏醫書七種 （清）張璐 （清）張登 （清）張倬撰 民國石印本 二冊 存三種

330000－1710－0008422 普0000938 子部/雜著類/雜說之屬

論衡三十卷 （漢）王充撰 民國十二年(1923)上海掃葉山房石印本 六冊

330000－1710－0008424 普0000940 子部/雜著類/雜說之屬

淮南子二十一卷 （漢）劉安撰 （漢）高誘注 民國上海中華圖書館石印本 四冊

330000－1710－0008425 普0000941 集部/戲劇類/傳奇之屬

桃花扇二卷四十齣 （清）孔尚任撰 民國十年(1921)上海掃葉山房石印本 四冊

330000－1710－0008426 普0000942 史部/史抄類

歐陽文忠公五代史抄二十卷 （宋）歐陽修撰 （明）茅坤輯 民國八年(1919)上海會文堂書局石印本 四冊

330000－1710－0008427 普0000943 子部/小說家類/雜事之屬

庸盦筆記六卷 （清）薛福成撰 民國二年(1913)上海掃葉山房石印本 三冊

330000－1710－0008428 普0000955 子部/醫家類/綜合之屬/通論

古吳童氏重校醫宗必讀十卷 （明）李中梓撰 民國十年(1921)上海大成書局石印本 一冊

330000－1710－0008431 普0000958、普0000957 子部/醫家類/綜合之屬/合刻、合抄

六經方証通解 （清）唐宗海撰 民國六年(1917)上海千頃堂書局石印本 二冊 存三種

330000－1710－0008435 普0000964 類叢部/叢書類/自著之屬

嵩園叢刻□□種 民國鉛印本 一冊 存一種

330000－1710－0008438 普0000965 經部/易類/傳說之屬

周易四卷 民國商務印書館鉛印本 二冊 存二卷(一至二)

330000－1710－0008439 普0000962 集部/總集類/酬唱之屬

鳴社二十年話舊集一卷附錄一卷 郁葆青輯 民國鉛印本 一冊

330000－1710－0008446 普0000972 史部/傳記類/總傳之屬/家乘

[浙江富陽]富陽長春章氏重修宗譜不分卷 （清）章廷鑑纂修 民國五年(1916)、民國二十六年(1937)木活字印本 五冊

330000－1710－0008448 善0326 史部/目録類/專録之屬

佛經目錄一卷 民國沈衡山抄本 一冊

330000－1710－0008454 普0000982 子部/醫家類/醫案之屬

丁氏醫案六卷 丁澤周撰 民國抄本 二冊 存四卷(三至六)

330000－1710－0008456 普0328 子部/宗教類/佛教之屬/經疏

金剛錍顯性錄四卷 (唐)釋智圓集 民國抄本 一冊 存一卷(二)

330000－1710－0008463 普0000984 子部/醫家類/醫案之屬

臨診改選不分卷 蔣肇章錄 民國十九年(1930)稿本 一冊

330000－1710－0008474 普0000994 集部/總集類/彙編之屬

囊書類編不分卷 朱邦熀纂 民國抄本 三冊

330000－1710－0008475 普0000995 集部/總集類/選集之屬/通代

歷代詩文評註讀本□□種 王文濡編 民國上海文明書局鉛印本 二冊 存一種

330000－1710－0008476 811.4/35 集部/戲劇類/傳奇之屬

十年記一卷 莊一拂撰 朱堯文正譜 民國影印本 莊一拂題記 一冊

330000－1710－0008478 普0000997 集部/總集類/選集之屬/通代

古文觀止十二卷 (清)吳乘權 (清)吳大職輯 民國七年(1918)掃葉山房刻本 六冊

330000－1710－0008479 普0000998 集部/別集類

劍青室詩存二卷 王藩撰 **劍青室隨筆一卷** (清)柳門記 民國二十四年(1935)鉛印本 一冊

330000－1710－0008481 普0001000 集部/別集類

綴珍集一卷附詞一卷 孫肇圻撰 民國鉛印本 一冊

330000－1710－0008482 普0001823 經部/小學類/文字之屬/字書/訓蒙

文字蒙求四卷 (清)王筠撰 民國上海文瑞樓石印本 二冊

330000－1710－0008487 普0332 子部/宗教類/佛教之屬/論疏

成唯識論義韻五卷 (唐)釋道邑撰 民國鈔本 四冊

330000－1710－0008491 普0001018 子部/醫家類/醫經之屬/難經

圖註八十一難經辨真四卷 (戰國)秦越人撰 (明)張世賢註 **圖註脉訣辨真四卷** (晉)王叔和撰 (明)張世賢註 **瀕湖脈學一卷脈學攷證一卷** (明)李時珍撰 民國上海中醫書局刻本 二冊 存四卷(圖註八十一難經辨真一至四)

330000－1710－0008496 普0001013 集部/別集類/明別集

疑雲集四卷 (明)王彥泓撰 民國十五年(1926)上海大東書局石印本 二冊

330000－1710－0008517 普0001029 集部/別集類/清別集

古芬山館遺詩一卷 (清)周芝沅撰 民國十二年(1923)周岐鉛印本 一冊

330000－1710－0008518 普0001030 集部/別集類

宣南集一卷嶺南集一卷補遺一卷甬東集一卷 易順鼎撰 民國鉛印本 一冊

330000－1710－0008521 普0001022 子部/醫家類/類編之屬

吳興凌氏二種 (清)凌奐撰 民國六年(1917)上海鉛印本 一冊 存一種

330000－1710－0008527 普0001039 集部/別集類/清別集

盍簪書屋遺詩一卷 (清)吳鳴鈞撰 **附錄一卷** 民國六年(1917)柳棄疾鉛印本 一冊

330000－1710－0008530 普0001042 史部/傳記類/別傳之屬/事狀

王沈夫人追悼錄三卷 顧祥麐撰 民國六年(1917)鉛印本 一冊

330000－1710－0008535　普 0001056　子部/工藝類/觀賞之屬/雜賞

勇盧閒詰一卷　（清）趙之謙撰　民國六年（1917）無錫文苑閣刻本　一冊

330000－1710－0008541　普 0001062　集部/別集類/清別集

風月廬詩稿一卷　（清）徐焕謨撰　民國五年（1916）桐鄉徐氏愛日館刻本　一冊

330000－1710－0008543　普 0001064　子部/藝術類/總論之屬

華南新業特刊第一集五卷　黄賓虹編輯　易大厂審定　民國十四年（1925）上海華南印書社影印本　一冊

330000－1710－0008545　普 0001044　集部/總集類/酬唱之屬

百日酬唱錄二卷　林襟宇編　民國三年（1914）永嘉林氏刻本　一冊

330000－1710－0008546　普 0001045　類叢部/叢書類/自著之屬

晨風廬叢刊十八種　周慶雲撰　民國吳興周氏夢坡室刻本　一冊　存二種

330000－1710－0008548　普 0001047　史部/政書類/儀制之屬/專志/科舉校規

無錫國學專修分館學規不分卷附無錫國學專修分館章程不分卷　民國鉛印本　一冊

330000－1710－0008551　普 0001049　集部/別集類/清別集

妙香居小草一卷　（清）孫顯撰　民國十年（1921）鉛印本　國璋題記　一冊

330000－1710－0008555　普 0001053　子部/雜著類/雜考之屬

讀書小記二卷讀書續記五卷　馬敘倫撰　民國二十二年（1933）上海商務印書館鉛印本　二冊　存五卷（讀書續記一至五）

330000－1710－0008556　普 0001054　子部/儒家類/儒學之屬/經濟

歷代尊孔記一卷孔教外論一卷　程淯輯　民國二十二年（1933）上海中國道德會鉛印本　一冊

330000－1710－0008560　普 0001067　集部/小說類/長篇之屬

四雪草堂重訂通俗隋唐演義八卷一百回　（清）褚人獲撰　民國六年（1917）上海天寶書局石印本　八冊

330000－1710－0008566　普 0001071　集部/總集類/酬唱之屬

甌江驪唱集三卷　汪瑩編　民國十年（1921）鉛印本　一冊

330000－1710－0008572　普 0001077　子部/小說家類/雜事之屬

壺天錄三卷　（清）百一居士撰　民國十二年（1923）上海文明書局石印本　一冊　存二卷（一至二）

330000－1710－0008574　普 0001078　集部/小說類/短篇之屬

蜨階外史四卷蝶階外史續編二卷　（清）高繼珩編輯　民國九年（1920）廣益書局石印本　一冊

330000－1710－0008578　普 0001092　經部/小學類/音韻之屬/韻書

同音集摘要一卷　民國抄本　一冊

330000－1710－0008585　普 0001095、普 0001096　類叢部/叢書類/自著之屬

晨風廬叢刊十八種　周慶雲撰　民國吳興周氏夢坡室刻本　七冊　存一種

330000－1710－0008590　普 0001099　集部/總集類/題詠之屬

三洗髓室題畫詩選第一集不分卷　沈叔羊編　民國二十年（1931）鉛印本　一冊

330000－1710－0008591　普 0001086　集部/別集類/清別集

天真閣外集六卷　（清）孫原湘撰　民國五年（1916）上海掃葉山房石印本　一冊　存三卷（一至三）

330000－1710－0008593　普 0001101　子部/

醫家類/傷寒金匱之屬/傷寒論

傷寒集註六卷本義一卷　(清)張志聰註　(清)高世栻輯　民國三年(1914)國粹書局石印本　六冊

330000－1710－0008595　普 0001111　子部/醫家類/傷寒金匱之屬/傷寒論

傷寒集註六卷本義一卷　(清)張志聰註　(清)高世栻輯　民國三年(1914)國粹書局石印本　二冊

330000－1710－0008601　普 0001102　子部/醫家類/推拿按摩外治之屬

推拿廣意三卷　(清)熊應雄輯　民國石印本　二冊

330000－1710－0008604　普 0001105　集部/總集類/酬唱之屬

笙磬同音集三集一卷四集一卷六集一卷七集一卷　孫文琅等撰　民國十四年(1925)硤石達新印刷公司鉛印本　一冊

330000－1710－0008607　普 0001104　史部/雜史類/斷代之屬

匪窟悲思記一卷　樂振葆撰　民國二十五年(1936)鉛印本　一冊

330000－1710－0008609　普 0003952　史部/雜史類/斷代之屬

國語精華二卷　中華書局輯　民國四年(1915)中華書局鉛印本　二冊

330000－1710－0008611　普 0001120　集部/小說類/長篇之屬

繡像征東全傳四卷四十二回　民國六年(1917)沈鶴記書局石印本　四冊

330000－1710－0008613　普 0001106　史部/傳記類/別傳之屬/事狀

楊仁山居士事畧一卷　徐文蔚撰　民國六年(1917)鉛印本　一冊

330000－1710－0008615　普 0001107　史部/傳記類/總傳之屬/郡邑

於越有明一代三不朽圖贊一卷　(明)張岱撰　民國七年(1918)紹興印刷局鉛印本　一冊

330000－1710－0008617　普 0001123　集部/詩文評類/文評之屬

汪文摘謬一卷　(清)葉燮撰　民國十四年(1925)無錫丁氏鉛印本　一冊

330000－1710－0008618　普 0001084　集部/楚辭類

評點王注楚辭十七卷　(清)俞樾輯評　民國六年(1917)上海中華圖書舘石印本　四冊　存十二卷(一至十、十六至十七)

330000－1710－0008620　普 0001085　集部/總集類/選集之屬/通代

漢魏六朝女子文選二卷　張維撰　民國十三年(1924)上海掃葉山房石印本　二冊

330000－1710－0008621　普 0001100　類叢部/叢書類/彙編之屬

四部備要　中華書局編　民國二十五年(1936)上海中華書局鉛印本　八冊　存一種

330000－1710－0008629　普 0001126　集部/總集類/郡邑之屬

新溪詩初鈔六卷　(清)李元繡　(清)沈莘士輯　**新溪詩續鈔十卷**　(清)許楨輯　**新溪詩三鈔六卷**　(清)朱士楷輯　鄭綸章補輯　民國十五年(1926)鉛印本　四冊　存十四卷(初鈔一至三、續鈔一至五、三鈔一至六)

330000－1710－0008630　普 0001137　子部/醫家類/兒科之屬

幼科三種十卷　民國上海文元書莊石印本　二冊　存一種

330000－1710－0008631　普 0001127　集部/總集類/郡邑之屬

新溪詩初鈔六卷　(清)李元繡　(清)沈莘士輯　**新溪詩續鈔十卷**　(清)許楨輯　**新溪詩三鈔六卷**　(清)朱士楷輯　鄭綸章補輯　民國十五年(1926)鉛印本　二冊　存六卷(三鈔一至六)

330000－1710－0008632　普 0001128　集部/總集類/郡邑之屬

新溪詩初鈔六卷　(清)李元繡　(清)沈莘士

輯　**新溪詩續鈔十卷**　（清）許楨輯　**新溪詩三鈔六卷**　（清）朱士楷輯　鄭綸章補輯　民國十五年（1926）鉛印本　二冊　存六卷（三鈔一至六）

330000－1710－0008634　普 0001139　子部/醫家類/溫病之屬
增批溫熱經緯四卷　（清）王士雄纂　（清）葉霖增批　民國十三年（1924）上海世界書局石印本　二冊

330000－1710－0008640　普 0001141　子部/醫家類/婦科之屬/通論
女科秘訣大全五卷　陳秉鈞輯　民國二十四年（1935）上海廣益書局石印本　二冊　存四卷（二至五）

330000－1710－0008643　普 0001134　類叢部/叢書類/彙編之屬
履齋叢刻□□種　民國二十五年（1936）上海鉛印本　一冊　存一種

330000－1710－0008644　普 0001135　集部/別集類
微尚齋詩二卷　汪兆鏞撰　民國元年（1912）鉛印本　一冊

330000－1710－0008649　普 0001145　子部/醫家類/溫病之屬
溫熱經緯五卷　（清）王士雄纂　（清）楊照藜（清）汪曰楨評　民國上海文瑞樓石印本　四冊

330000－1710－0008657　普 0001176　子部/藝術類/書畫之屬/總論
寒松閣談藝瑣錄六卷　（清）張鳴珂撰　民國二十五年（1936）上海文明書局鉛印本　一冊

330000－1710－0008661　普 0001157　集部/別集類/唐五代別集
韓昌黎先生文集三十卷外集文編十卷遺文一卷　（唐）韓愈撰　（唐）李漢編　民國石印本　五冊　存二十八卷（一至二十八）

330000－1710－0008662　普 0001168　集部/小說類/長篇之屬
繡像繪圖繪芳園全錄八卷八十回　（清）西泠野樵撰　民國上海進步書局石印本　七冊　存七卷（二至八）

330000－1710－0008663　普 0001169　子部/醫家類/本草之屬/本草藥性
珍珠囊指掌補遺藥性賦四卷　（金）李杲輯
雷公炮製藥性解六卷　（明）李中梓輯　民國上海廣益書局石印本　四冊

330000－1710－0008665　普 0001170　子部/醫家類/本草之屬/本草藥性
珍珠囊指掌補遺藥性賦四卷　（金）李杲輯　民國上海廣益書局石印本　二冊

330000－1710－0008666　普 0001153　子部/醫家類/綜合之屬/通論
辨證奇聞十卷　（清）錢松撰　民國二年（1913）上海校經山房石印本　六冊

330000－1710－0008669　普 0001172　集部/別集類/清別集
晦香詩鈔八卷　（清）諸聯撰　民國埽葉山房石印本　四冊

330000－1710－0008671　普 0001155　子部/醫家類/兒科之屬/通論
幼科醫學指南四卷　（清）周震撰　民國二十五年（1936）上海千頃堂書局石印本　二冊

330000－1710－0008673　普 0001158　集部/別集類/清別集
翁同龢手札不分卷　（清）翁同龢撰　民國石印本　七冊

330000－1710－0008674　普 0001156　子部/醫家類/類編之屬
潛齋醫學叢書十四種　曹炳章編　民國七年（1918）石印本　八冊　存七種

330000－1710－0008677　普 0001163　子部/雜著類/雜纂之屬
兩般秋雨盦隨筆八卷　（清）梁紹壬撰　民國鉛印本　四冊

330000－1710－0008681　普 0001174　史部/

目録類/總録之屬/私撰

蟫隱廬書目第八期三卷　蟫隱廬書莊編　民國石印本　一冊

330000－1710－0008683　普0001177　子部/叢編

清代筆記叢刊四十一種　文明書局編　民國上海文明書局石印本　五冊　存一種

330000－1710－0008685　普0001178　史部/傳記類/總傳之屬/技藝

歷代畫史彙傳七十二卷首一卷附錄二卷　(清)彭蘊璨編　民國十一年(1922)上海錦章圖書局石印本　十二冊

330000－1710－0008686　普0001179　史部/目録類/總録之屬/彙刻

博古齋書目第五期一卷　上海博古齋編　民國上海博古齋石印本　一冊

330000－1710－0008687　普0001160　子部/藝術類/書畫之屬/法帖

舊拓鄧太尉祠碑一卷　民國十九年(1930)上海中華書局影印本　一冊

330000－1710－0008690　普0001161　子部/藝術類/書畫之屬/法帖

舊拓好大王碑一卷　民國五年(1916)上海有正書局影印本　一冊

330000－1710－0008693　普0001162　子部/藝術類/書畫之屬

吳昌碩書畫集不分卷　吳昌碩書並繪　民國四年(1915)杭州西泠印社石印本　二冊

330000－1710－0008698　普0001190　子部/雜著類/雜考之屬

菰中隨筆一卷　(清)顧炎武撰　民國上海文瑞樓石印本　二冊

330000－1710－0008699　普0001191　集部/總集類/選集之屬/斷代

隨園女弟子詩選六卷　(清)袁枚輯　民國十六年(1927)上海大一統書局石印本　二冊

330000－1710－0008701　普0001193　集部/別集類

張季子詩錄十卷　張謇撰　民國五年(1916)文藝雜志社石印本　二冊

330000－1710－0008702　普0001194　集部/總集類/選集之屬/斷代

近人詩錄續編二卷　雷瑨輯　民國十年(1921)上海掃葉山房石印本　二冊

330000－1710－0008704　普0001196　類叢部/叢書類/彙編之屬

四部叢刊　張元濟等編　民國上海商務印書館影印本　一冊　存一種

330000－1710－0008705　普0001197　類叢部/叢書類/彙編之屬

文獻叢書　國立北平故宮博物院輯　民國國立北平故宮博物院鉛印本　一冊　存一種

330000－1710－0008709　普0001180　子部/藝術類/書畫之屬/畫法畫品

畫法要錄二編十卷首一卷末一卷初編補遺一卷　余紹宋撰　民國二十五年(1936)上海中華書局鉛印本　四冊

330000－1710－0008710　普0001181　子部/藝術類/書畫之屬/畫法畫品

松壺畫憶二卷　(清)錢杜撰　民國上海有正書局石印本　一冊

330000－1710－0008712　普0001201　集部/總集類/酬唱之屬

西泠酬唱集二卷附錄東甌唱酬集一卷南湖唱酬集一卷北平唱酬集一卷　阮中立撰　民國十一年(1922)石印本　一冊

330000－1710－0008715　普0001202　集部/總集類/選集之屬/斷代

名家選定注音詩讀本□□種　上海文明書局編　民國上海文明書局鉛印本　一冊　存一種

330000－1710－0008717　普0001203　集部/別集類/清別集

璇璣碎錦春吟回文合刻　(清)李暘撰　民國七年(1918)上海掃葉山房石印本　一冊　存

一種

330000－1710－0008718　普0001204　類叢部/類書類/專類之屬
詩學含英十四卷　(清)劉文蔚輯　民國上海廣益書局石印本　四册　存四卷(一至四)

330000－1710－0008721　普0001206　集部/總集類/郡邑之屬
濮川詩鈔三十四種四十四卷　(清)陳光裕(清)沈堯咨輯　民國二十一年(1932)石印本　八册

330000－1710－0008722　普0001207　子部/藝術類/書畫之屬/法帖
星彔書詞一卷　童式規書　民國二十二年(1933)影印本　一册

330000－1710－0008724　普0001209　子部/宗教類/佛教之屬/經
金剛般若波羅密經一卷　(後秦)釋鳩摩羅什譯　民國上海道德書局影印本　一册

330000－1710－0008735　普0001220　集部/別集類/清別集
鳴原堂論文二卷　(清)曾國荃審定　民國四年(1915)鉛印本　一册

330000－1710－0008740　普0001225　集部/總集類/酬唱之屬
栩園倡和集不分卷　陳栩編　民國七年(1918)交通圖書館石印本　四册

330000－1710－0008748　普0001232　類叢部/叢書類/彙編之屬
四部備要　中華書局編　民國二十五年(1936)上海中華書局鉛印本　八册　存一種

330000－1710－0008753　普0001243　集部/別集類
寥天廬詩續鈔二卷首一卷　宋慈褎撰　民國鉛印本　一册

330000－1710－0008756　普0001244　集部/總集類/酬唱之屬
徵蘭吟一卷　王濟等撰　民國十五年(1926)聚珍倣宋印書局鉛印本　一册

330000－1710－0008763　普0001251　集部/總集類/氏族之屬
問松里鄭氏詩存一卷　鄭之章輯　民國十二年(1923)鉛印本　一册

330000－1710－0008764　普0001252　集部/總集類/氏族之屬
問松里鄭氏詩存一卷　鄭之章輯　民國十二年(1923)鉛印本　一册

330000－1710－0008765　普0001253　集部/總集類/氏族之屬
問松里鄭氏詩存一卷　鄭之章輯　民國十二年(1923)鉛印本　一册

330000－1710－0008766　普0001254　集部/總集類/氏族之屬
問松里鄭氏詩存一卷　鄭之章輯　民國十二年(1923)鉛印本　一册

330000－1710－0008767　普0001255　集部/總集類/氏族之屬
問松里鄭氏詩存一卷　鄭之章輯　民國十二年(1923)鉛印本　一册

330000－1710－0008768　普0001256　集部/總集類/氏族之屬
問松里鄭氏詩存一卷　鄭之章輯　民國十二年(1923)鉛印本　一册

330000－1710－0008769　普0001257　集部/總集類/氏族之屬
問松里鄭氏詩存一卷　鄭之章輯　民國十二年(1923)鉛印本　一册

330000－1710－0008770　普0001258　集部/總集類/氏族之屬
問松里鄭氏詩存一卷　鄭之章輯　民國十二年(1923)鉛印本　一册

330000－1710－0008780　普0001261　集部/別集類/清別集
培遠堂偶存稿不分卷　(清)陳宏謀撰　民國二十年(1931)嵊縣魏頌唐鉛印本　一册

330000－1710－0008784　普0001266　史部/史評類/史學之屬

評註四史菁華録十六卷　民國十三年(1924)上海鴻寶齋石印本　四册　存一種

330000－1710－0008785　普0001267　史部/史評類/史學之屬

評註四史菁華録十六卷　民國十三年(1924)上海鴻寶齋書局石印本　二册　存一種

330000－1710－0008788　普0001270　類叢部/類書類/通類之屬

增補事類統編九十三卷首一卷　(清)黄葆真增輯　民國十年(1921)上海錦章圖書局石印本　十二册

330000－1710－0008796　普0001272　集部/曲類/彈詞之屬

新刻臥虎山四卷　民國二年(1913)上海章福記書局石印本　四册

330000－1710－0008801　普0001277　史部/金石類/金之屬/文字

積古齋鐘鼎彝器款識十卷　(清)阮元撰　民國上海鴻文書局石印本　五册

330000－1710－0008803　普0001279　集部/别集類/宋别集

音註蘇東坡文四卷　(宋)蘇軾撰　姚祝萱音注　民國十七年(1928)上海文明書局石印本　二册

330000－1710－0008805　普0001280　集部/總集類/選集之屬/通代

古文觀止十二卷　(清)吴乘權　(清)吴大職輯　民國五年(1916)上海中華書局石印本　六册

330000－1710－0008806　普0001282　集部/别集類

湘綺樓豔體詩二卷　王闓運撰　王簡編　民國十二年(1923)石印本　一册

330000－1710－0008807　普0001283　集部/總集類/選集之屬/斷代

新文選四卷　雷瑨輯　民國十年(1921)上海掃葉山房石印本　四册

330000－1710－0008808　普0001284　集部/總集類/選集之屬/通代

宋元明詩三百首二卷　(清)朱梓　(清)冷昌言輯　民國十八年(1929)上海掃葉山房石印本　二册

330000－1710－0008810　普0001286　子部/醫家類/醫案之屬

兒方醫案一卷　民國二十二年(1933)稿本　一册

330000－1710－0008813　普0001281　經部/小學類/文字之屬/字書/字典

康熙字典十二集三十六卷總目一卷檢字一卷辨似一卷等韻一卷補遺一卷備考一卷　(清)張玉書等纂修　民國六年(1917)上海鴻文恆記書局石印本　六册

330000－1710－0008815　普0001289　子部/醫家類/類編之屬

藥盦醫學叢書□□種　惲鐵樵撰　民國十七年(1928)上海惲鐵樵醫寓鉛印本　一册　存一種

330000－1710－0008818　普0001299　集部/總集類/尺牘之屬

歷代名人小簡續編二卷　吴曾祺輯　民國十三年(1924)上海商務印書館鉛印本　二册

330000－1710－0008820　普0001301　子部/儒家類/儒家之屬

孔氏家語十卷　(三國魏)王肅注　民國上海同文書局石印本　三册　缺四卷(三至六)

330000－1710－0008822　普0001303　子部/醫家類/方書之屬/單方驗方

醫方録一卷　汪士瑛録　民國十八年(1929)抄本　一册

330000－1710－0008823　普0001304　子部/醫家類/婦科之屬/產科

吴樹人方案不分卷莫尚左方案不分卷　汪士珍録　民國十七年(1928)抄本　二册

330000－1710－0008825　普0001305　集部/別集類

晴園第三次手定詩稿十七種三十二卷　陳遹聲撰　民國十一年(1922)影印本　一冊　存二種

330000－1710－0008832　善0383　經部/小學類/文字之屬/字書/字體

六書通十卷首一卷　(清)閔齊伋撰　(清)畢弘述篆訂　民國七年(1918)上海鴻文書局石印本　六冊

330000－1710－0008842　普0001298　子部/藝術類/書畫之屬/法帖

屠赤水先生手寫園詠五十首一卷　(明)屠隆書　民國影印本　一冊

330000－1710－0008848　普0001310　子部/醫家類/溫病之屬

溫病條辨六卷首一卷　(清)吳瑭撰　民國上海文瑞樓石印本　四冊

330000－1710－0008849　普0001311　集部/總集類/選集之屬/通代

評選四六法海八卷　(清)蔣士銓評選　民國上海文瑞樓石印本　八冊

330000－1710－0008857　普0001318　子部/儒家類/儒家之屬

孔氏家語十卷　(三國魏)王肅注　民國二年(1913)上海文瑞樓石印本　五冊

330000－1710－0008859　普0001320　集部/詩文評類/詩評之屬

批本隨園詩話十六卷補遺十卷附錄一卷　冒廣生撰　民國六年(1917)中國圖書公司和記鉛印本　二冊

330000－1710－0008866　普0001322　子部/醫家類/綜合之屬/通論

醫宗說約五卷首一卷　(清)蔣示吉撰　民國鑄記書局石印本　四冊

330000－1710－0008867　普0001323　子部/醫家類/醫經之屬/内經

補註黃帝内經素問二十四卷　(唐)啟玄子(王冰)注　(宋)林億等校正　(宋)孫兆改誤　民國八年(1919)上海育文書局石印本　三冊

330000－1710－0008869　普0001324　子部/醫家類/醫經之屬/内經

補註黃帝内經素問二十四卷　(唐)王冰注　(宋)林億等校正　(宋)孫兆改誤　**黃帝内經素問遺篇一卷**　(宋)劉溫舒撰　民國上海育文書局石印本　一冊

330000－1710－0008874　普0001339　子部/醫家類/本草之屬/歷代綜合本草

本草述鉤元三十二卷　(清)劉若金撰　(清)楊時泰輯　民國十年(1921)上海進化書局石印本　十六冊

330000－1710－0008875　普0001340　子部/醫家類/診法之屬/脈經脈訣

校正圖註脈訣四卷　(晉)王叔和撰　(明)張世賢註　民國石印本　二冊

330000－1710－0008878　普0001330　子部/醫家類/綜合之屬/通論

御纂醫宗金鑑九十卷首一卷　(清)吳謙等撰　民國商務印書館鉛印本　二十四冊

330000－1710－0008879　普0001342　子部/醫家類/傷寒金匱之屬/傷寒論

傷寒論類方一卷　(清)徐大椿編　民國石印本　一冊

330000－1710－0008880　普0001343　子部/醫家類/類編之屬

士材三書　(明)李中梓撰　(清)尤乘編　民國七年(1918)上海校經山房石印本　四冊

330000－1710－0008881　普0001344　子部/醫家類/綜合之屬/通論

醫學心悟六卷　(清)程國彭撰　民國石印本　四冊

330000－1710－0008882　普0001345　子部/醫家類/婦科之屬/產科

萬氏婦人科三卷首一卷附達生編二卷　(明)萬全等撰　民國石印本　二冊

330000－1710－0008893　善 0396　子部/宗教類/佛教之屬/經疏
普賢行願品別行疏鈔擷一卷　民國抄本　一冊

330000－1710－0008896　善 0398　集部/總集類/題詠之屬
望雲歸櫂圖題辭一卷　(清)莊鳳藻輯　民國十二年(1923)石印本　一冊

330000－1710－0008898　普 0001332　子部/醫家類/喉科口齒之屬/通論
重樓玉鑰四卷　(清)鄭宏綱撰　民國六年(1917)上海大成書局石印本　四冊

330000－1710－0008900　普 0001333　子部/醫家類/醫案之屬
分類王孟英醫案二卷　陸士諤編校　民國二十一年(1932)上海世界書局石印本　二冊

330000－1710－0008901　善 0402　集部/總集類/題詠之屬
滄嵒公是是圖題辭一卷珊浦公落帆歸隱圖題辭一卷　陳振麟　陳振鰲　陳振煌編　民國二十五年(1936)鉛印本　一冊

330000－1710－0008902　普 0001334　子部/醫家類/綜合之屬/通論
中西醫判二卷　(清)唐宗海著　民國三年(1914)百草廬石印本　二冊

330000－1710－0008904　普 0001335　子部/醫家類/方書之屬/單方驗方
增評童氏醫方集解二十三卷　(清)汪昂著輯　(清)李保常批點　(清)費伯雄加評　民國石印本　四冊

330000－1710－0008906　善 0404　集部/別集類
郭季人雜錄不分卷　郭季人撰　稿本　一冊

330000－1710－0008908　普 0001346、普 0001347　子部/醫家類/本草之屬/歷代綜合本草
本草綱目五十二卷圖三卷　(明)李時珍撰　**本草萬方鍼線八卷**　(清)蔡烈先輯　**本草綱目拾遺十卷**　(清)趙學敏輯　民國上海錦章圖書局石印本　二十三冊

330000－1710－0008909　善 0405　集部/總集類/題詠之屬
平湖葛毓珊先生小影題詠一卷　葛詞蔚輯　民國影印本　一冊

330000－1710－0008910　善 0406　史部/傳記類/總傳之屬/隱逸
嘉興高士祠諸賢傳略一卷　金蓉鏡等編　民國十五年(1926)鉛印本　一冊

330000－1710－0008912　善 0407　史部/傳記類/總傳之屬/隱逸
檇李高士祠碑記傳略一卷　金蓉鏡等撰　民國五年(1916)鉛印本　一冊

330000－1710－0008913　善 0408　史部/傳記類/總傳之屬/隱逸
檇李高逸傳一卷　金蓉鏡等撰　民國鉛印本　一冊

330000－1710－0008917　善 0409　史部/傳記類/總傳之屬/家乘
檇李莊氏歷代傳略一卷附黃氏傳略一卷潘氏傳略一卷　莊鍾驥編　民國三十六年(1947)鉛印本　莊鍾驥題記　一冊

330000－1710－0008919　普 0001367　子部/小說家類/雜事之屬
秦淮畫舫錄二卷畫舫餘譚一卷三十六春小譜四卷　(清)捧花生撰　民國二十三年(1934)鉛印本　二冊　存二卷(秦淮畫舫錄一至二)

330000－1710－0008921　善 0410　史部/傳記類/別傳之屬/事狀
吳璡軒輓聯一卷　民國抄本　一冊

330000－1710－0008922　普 0001369　子部/儒家類/儒家之屬
曾子家語六卷　(清)曾國荃輯　民國碧梧山莊影印本　一冊　存一卷(六)

330000－1710－0008927　普 0001370　子部/宗教類/佛教之屬

觀世音菩薩本行經簡集二卷　(宋)釋普明編　民國石印本　一册　存一卷(下)

330000－1710－0008928　普0001376　史部/目録類/總録之屬/地方

無錫先哲遺書目一卷　孫祖基編　民國三十年(1941)無錫孫氏玉鑑堂鉛印本　一册

330000－1710－0008929　普0001377　子部/儒家類/儒學之屬

古今格言四卷　江畬經編纂　民國上海商務印書館鉛印本　一册　存一卷(一)

330000－1710－0008930　普0001371　集部/總集類/選集之屬/斷代

近人詩録二卷　雷瑨輯　民國二年(1913)上海掃葉山房石印本　一册　存一卷(下)

330000－1710－0008932　普0001374　集部/別集類/唐五代別集

韓昌黎先生文集三十卷外集文編十卷遺文一卷　(唐)韓愈撰　(唐)李漢編　民國石印本　一册　缺二十八卷(一至二十八)

330000－1710－0008949　普0001412　集部/別集類/唐五代別集

少陵詩鈔一卷　(唐)杜甫撰　(清)顧鄭鄉鈔　民國十六年(1927)科學儀器館據顧氏手抄本影印本　一册

330000－1710－0008951　普0001414　史部/地理類/方志之屬/郡縣志

[民國]鄞縣通志預約樣本不分卷　民國二十五年(1936)鄞縣通志館鉛印本　一册

330000－1710－0008955　普0001396　史部/史評類/史學之屬

評註四史菁華録十六卷　民國石印本　二册　存一種

330000－1710－0008956　普0001397　集部/別集類

三借廬駢文三刊不分卷　鄒弢撰　民國十六年(1927)石印本　一册

330000－1710－0008961　普0001402　集部/別集類

栩園叢稿初編五卷　陳栩撰　周之盛輯　民國上海著易堂印書局鉛印本　一册

330000－1710－0008963　普0001403　集部/別集類/唐五代別集

山曉閣選唐大家柳柳州全集四卷　(唐)柳宗元撰　(清)孫琮評　民國上海廣益書局石印本　四册

330000－1710－0008965　普0001404　史部/目録類/通論之屬/考訂

校讐通義三卷　(清)章學誠撰　民國石印本　一册

330000－1710－0008967　普0001405　史部/傳記類/總傳之屬/技藝

近代六十名家畫傳一卷桐陰復志一卷　陳小蝶撰　**海上書畫名家年鑑一卷**　錢厓輯　民國鉛印本　一册

330000－1710－0008969　普0001419　史部/目録類/專録之屬

西泠印社金石印譜法帖藏書目一卷　西泠印社編　民國二年(1913)上海西泠印社石印本　一册

330000－1710－0008976　普0001426　經部/小學類/文字之屬/字書/訓蒙

繪圖修正千字文一卷　民國上海沈鶴記書局石印本　一册

330000－1710－0008979　普0001428　子部/宗教類/佛教之屬

初機淨業指南一卷　黄慶瀾撰　民國十一年(1922)上海佛經流通處鉛印本　一册

330000－1710－0008988　普0001386、普0001387、普0001388、普0001389、普0001390、普0001391、普0001392、普0001393　子部/小説家類

筆記小說大觀二百二十二種　進步書局輯　民國上海進步書局石印本　十二册　存八種

330000－1710－0008991　普0001406　子部/醫家類/類編之屬

南雅堂醫書全集(陳修園醫書)五十二種　(清)陳念祖等撰　民國上海錦章書局石印本　二十冊　存三十六種

330000－1710－0008993　普0001431　子部/雜著類/雜説之屬

無錫國學專修館講演集初編不分卷　無錫國學專修館編　民國十二年(1923)無錫國學專修館鉛印本　一冊

330000－1710－0008995　普0001433　集部/別集類/清別集

檢齋詩集三卷　(清)陳經禮撰　民國十九年(1930)鉛印本　一冊

330000－1710－0009003　普0001436　史部/傳記類/別傳之屬/事狀

古吴玉逸生七旬壽言不分卷　張省三編　民國十八年(1929)石印本　二冊

330000－1710－0009006　普0001437　集部/別集類

客中吟草一卷　薩鎮冰撰　民國鉛印本　一冊

330000－1710－0009007　普0001454　子部/雜著類/雜説之屬

學術文不分卷　北京女子高等師範學校編　民國鉛印本　一冊

330000－1710－0009012　善0399　子部/宗教類/佛教之屬/諸宗

真言名目一卷　(日本)釋賴寶述　(日本)廣安恭壽注　民國十四年(1925)抄本　一冊

330000－1710－0009031　普0001471　集部/總集類

文論集要一卷　鄭奠編　民國鉛印本　一冊

330000－1710－0009054　普0001484　新學/理學/文學

國文讀本初編不分卷　安徽高等學堂編　民國鉛印本　一冊

330000－1710－0009058　普0001486　集部/總集類/酬唱之屬

珠廛倡咊集一卷　柯培鼎編　民國七年(1918)鉛印本　一冊

330000－1710－0009076　普0001500　集部/詩文評類/詩評之屬

梅村詩話一卷　(清)吴偉業撰　民國上海中華圖書館石印本　一冊

330000－1710－0009078　普0001502　集部/小説類/長篇之屬

繪圖老殘新遊記六卷十六章　楊塵因撰　民國十三年(1924)上海世界書局石印本　四冊

330000－1710－0009082　普0001504　子部/宗教類/佛教之屬/諸宗

異方便淨土傳燈歸元鏡三祖實錄二卷　(清)釋智達拈頌　(清)釋德日閲錄　民國九年(1920)上海有正書局影印本　一冊

330000－1710－0009086　普0001508　子部/宗教類/佛教之屬/經疏

佛説阿彌陀經要解一卷　(後秦)釋鳩摩羅什譯　(明)釋智旭解　民國十四年(1925)抄本　祝廷錫題跋　一冊

330000－1710－0009091　普0001510　經部/小學類/文字之屬/説文/專著

六書正義一卷附説文詁林補遺敘一卷疇隱居士六十自述一卷　丁福保編纂　民國二十二年(1933)上海梁谿丁氏石印本暨鉛印本　一冊

330000－1710－0009092　普0001511　集部/別集類

悔復堂詩一卷外錄一卷　應啟墀撰　**寥陽館詩草一卷附錄一卷**　姚壽祁撰　民國三十一年(1942)鉛印本　一冊

330000－1710－0009093　普0001512　史部/目錄類/專錄之屬

説文目錄一卷存目一卷附説文解字詁林序及纂例一卷　丁福保編　民國十三年(1924)無錫丁氏鉛印本　一冊

330000－1710－0009095　普0001513　經部/小學類/文字之屬/説文/傳説

說文解字詁林提要一卷 丁福保編 民國十七年(1928)上海醫學書局石印本 一冊

330000-1710-0009096 普0001514 集部/別集類

悔盦詩鈔一卷詞鈔一卷 汪曾保撰 民國二十三年(1934)太倉汪象九養泉齋鉛印本 一冊

330000-1710-0009120 普0001551 子部/小說家類

筆記小說大觀二百二十二種 進步書局輯 民國上海進步書局石印本 二冊 存一種

330000-1710-0009125 普0001555 子部/藝術類/遊藝之屬/棋弈

弈萃一卷 (清)卞文恒撰 民國二年(1913)上海千頃堂石印本 一冊

330000-1710-0009134 善0439 子部/藝術類/書畫之屬/法帖

大唐王居士磚塔銘一卷 (唐)上官靈芝製文 (唐)敬客書 民國影印本 一冊

330000-1710-0009137 普0001548 子部/藝術類/書畫之屬/畫法畫品

篛盦畫塵二卷補遺一卷 (清)程庭鷺撰 民國十六年(1927)紫英香館鉛印本 一冊

330000-1710-0009144 普0001571 集部/別集類/清別集

方望溪文鈔六卷首一卷 (清)方苞撰 民國八年(1919)蘇州振新書社石印本 一冊 存二卷(三至四)

330000-1710-0009150 普0001574 集部/小說類/長篇之屬

增像全圖加批西遊記十二卷一百回 (明)吳承恩撰 (清)陳士斌詮解 民國石印本 一冊 存一卷(二)

330000-1710-0009152 普0001575 子部/儒家類/儒學之屬/性理

呂語集粹四卷首一卷 (明)呂坤撰 (清)陳宏謀評 民國上海文瑞樓石印本 一冊 存二卷(一至二)

330000-1710-0009155 普0001576 子部/醫家類/綜合之屬/通論

醫學津梁六卷 (明)王肯堂撰 (清)岳昌源刪補 (清)陳洙重訂 民國石印本 二冊 存三卷(二至四)

330000-1710-0009156 普0001577 子部/醫家類/外科之屬

王洪緒先生外科證治全生集二卷 (清)王維德撰 民國三年(1914)上海會文堂石印本 一冊 存一卷(一)

330000-1710-0009159 普0001580 子部/雜著類/雜纂之屬

冷齋夜話十卷 (宋)釋惠洪撰 民國十三年(1924)上海掃葉山房石印本 一冊 存四卷(一至四)

330000-1710-0009161 普0001581 集部/總集類/選集之屬/斷代

唐人萬首絕句選七卷 (宋)洪邁選 (清)王士禛輯 民國七年(1918)上海掃葉山房石印本 一冊 存四卷(一至四)

330000-1710-0009162 普0001582 子部/藝術類/書畫之屬/畫譜

醉墨軒畫稿四卷 胡郯卿繪 民國石印本 二冊 存二卷(二至三)

330000-1710-0009163 普0001583 子部/藝術類/書畫之屬/畫譜

芥子園畫傳三集六卷 (清)王槩 (清)王蓍 (清)王臬輯 民國石印本 一冊 存二卷(三至四)

330000-1710-0009164 善0445 子部/藝術類/篆刻之屬/印譜

郭氏印譜一卷 郭蘭祥集 民國鈐印本 一冊

330000-1710-0009166 普0001584 集部/別集類

栩園叢稿初編五卷 陳栩撰 周之盛輯 民國上海著易堂印書局鉛印本 一冊 存一卷(一)

330000－1710－0009171　240/27　史部/地理類/水利之屬

寶山海塘圖説二卷首一卷　朱日宣撰　民國九年(1920)鉛印本　一册

330000－1710－0009180　普0001594　集部/別集類/清別集

躬恥齋文鈔十四卷別集一卷後編六卷附崇祀鄉賢録一卷躬恥齋詩鈔十四卷首一卷後編七卷校勘記二卷　(清)宗稷辰撰　民國二年(1913)吳門鉛印本　三册　存十五卷(文鈔六至九、詩鈔四至十四)

330000－1710－0009184　普0001599　集部/別集類/清別集

靈芬館詩初集四卷二集十卷三集四卷　(清)郭麐撰　民國二年(1913)上海掃葉山房石印本　八册

330000－1710－0009190　普0001604　集部/總集類/選集之屬/斷代

三子游草不分卷　高燮等撰　民國四年(1915)鉛印本　一册

330000－1710－0009195　普0001615　類叢部/叢書類/彙編之屬

遯盦叢編甲集四種乙集七種　吳隱編　民國二年至五年(1913－1916)西泠印社木活字印本　三册　存一種

330000－1710－0009203　普0001608　集部/別集類

龐檗子遺集二卷　龐樹柏撰　民國六年(1917)王蘊章等鉛印本　一册

330000－1710－0009209　普0001611　子部/藝術類/書畫之屬/畫録

曝書紀餘十二卷　秦潛輯　民國十九年(1930)梁溪秦氏鉛印本　三册　存八卷(一至八)

330000－1710－0009211　普0001612　子部/藝術類/書畫之屬/法帖

舊拓石門銘一卷　(北魏)王遠書　民國八年(1919)上海有正書局石印本　一册

330000－1710－0009213　普0001613　子部/藝術類/書畫之屬/題跋

菰里瞿氏四世畫卷題詞四卷　孫雄編　**補遺一卷**　徐兆瑋撰　民國十二年(1923)鉛印本　一册

330000－1710－0009216　普0001621　子部/藝術類/書畫之屬/法帖

明清名人尺牘墨寶第一集六卷第二集六卷第三集六卷　文明書局輯　民國十年(1921)上海文明書局影印本　十八册

330000－1710－0009218　普0001624　類叢部/叢書類/自著之屬

最樂亭三種　朱福清撰　民國六年至十二年(1917－1923)嘉興朱氏刻本　一册　存一種

330000－1710－0009219　普0001625　史部/金石類/石之屬

唐小本釋氏碑二十種　鐵琴銅劍樓輯　民國二十六年(1937)上海商務印書館影印本　一册　存五種

330000－1710－0009220　普0001626　子部/儒家類/儒學之屬/經濟

歷代尊孔記一卷孔教外論一卷　程淯輯　民國二十二年(1933)上海中國道德會鉛印本　一册

330000－1710－0009240　普0001649　子部/儒家類/儒學之屬/蒙學

新式標點言文對照幼學故事瓊林四卷首一卷　(清)程登吉撰　(清)鄒聖脈增補　民國二十二年(1933)上海廣益書局石印本　一册

330000－1710－0009242　普0461　新學/學校

檢定小學教員章程彙刊不分卷　浙江小學教員檢定委員會編　民國六年(1917)鉛印本　一册

330000－1710－0009244　普0001640　集部/總集類/選集之屬/通代

文選六十卷　(南朝梁)蕭統輯　(唐)李善注　**文選考異十卷**　(清)胡克家撰　民國上海

文瑞樓石印本　十六冊　缺十卷(考異一至十)

330000－1710－0009245　普0001655　子部/小說家類/雜事之屬

壺天錄三卷　(清)百一居士撰　民國十二年(1923)上海文明書局石印本　一冊　存一卷(三)

330000－1710－0009246　普0001656　史部/目録類/總録之屬/私撰

書目答問五卷別錄一卷國朝箸述諸家姓名略一卷　(清)張之洞撰　民國二十四年(1935)上海掃葉山房石印本　一冊

330000－1710－0009248　普0001657　史部/傳記類/總傳之屬/技藝

清朝畫徵錄三卷明人附錄一卷續錄二卷　(清)張庚撰　民國十五年(1926)上海掃葉山房石印本　二冊

330000－1710－0009261　普0001681　集部/小說類/長篇之屬

忠孝節義二度梅全傳四卷四十回　(清)惜陰堂主人撰　民國石印本　一冊　存一卷(四)

330000－1710－0009264　普0001684　集部/曲類/彈詞之屬

繪圖天雨花二十卷六十回　民國石印本　一冊　存二卷(四至五)

330000－1710－0009265　普0001636　子部/儒家類/儒學之屬/蒙學

新增繪圖幼學故事瓊林四卷首一卷　(清)程登吉撰　(清)鄒聖脈增補　民國上海劉德記書局石印本　四冊

330000－1710－0009266　普0001641　子部/儒家類/儒學之屬/蒙學

新增繪圖幼學故事瓊林四卷首一卷　(清)程登吉撰　(清)鄒聖脈增補　民國上海劉德記書局石印本　一冊

330000－1710－0009269　普0001665　類叢部/叢書類/自著之屬

許文肅公集四種　(清)許景澄撰　盛沅編輯　民國七年至九年(1918－1920)外交部圖書處鉛印本　一冊　存一種

330000－1710－0009270　普0001666　類叢部/叢書類/自著之屬

許文肅公集四種　(清)許景澄撰　盛沅編輯　民國七年至九年(1918－1920)外交部圖書處鉛印本　一冊　存一種

330000－1710－0009271　普0001667　類叢部/叢書類/自著之屬

許文肅公集四種　(清)許景澄撰　盛沅編輯　民國七年至九年(1918－1920)外交部圖書處鉛印本　一冊　存一種

330000－1710－0009273　普0001668　類叢部/叢書類/自著之屬

許文肅公集四種　(清)許景澄撰　盛沅編輯　民國七年至九年(1918－1920)外交部圖書處鉛印本　一冊　存一種

330000－1710－0009274　普0001669　類叢部/叢書類/自著之屬

許文肅公集四種　(清)許景澄撰　盛沅編輯　民國七年至九年(1918－1920)外交部圖書處鉛印本　一冊　存一種

330000－1710－0009275　普0001670　類叢部/叢書類/自著之屬

許文肅公集四種　(清)許景澄撰　盛沅編輯　民國七年至九年(1918－1920)外交部圖書處鉛印本　一冊　存一種

330000－1710－0009276　普0001643　史部/政書類/邦計之屬/賦稅

均賦餘議坿雜稿一卷　金蓉鏡輯　民國六年(1917)鉛印本　一冊

330000－1710－0009277　普0001671　類叢部/叢書類/自著之屬

許文肅公集四種　(清)許景澄撰　盛沅編輯　民國七年至九年(1918－1920)外交部圖書處鉛印本　二冊　存一種

330000－1710－0009279　普0001672　類叢部/叢書類/自著之屬

許文肅公集四種　(清)許景澄撰　盛沅編輯　民國七年至九年(1918－1920)外交部圖書處鉛印本　二册　存一種

330000－1710－0009280　普0001673　類叢部/叢書類/自著之屬

許文肅公集四種　(清)許景澄撰　盛沅編輯　民國七年至九年(1918－1920)外交部圖書處鉛印本　二册　存一種

330000－1710－0009281　普0001674　類叢部/叢書類/自著之屬

許文肅公集四種　(清)許景澄撰　盛沅編輯　民國七年至九年(1918－1920)外交部圖書處鉛印本　一册　存一種

330000－1710－0009288　普0001723　類叢部/叢書類/彙編之屬

五朝小說大觀五百二十三種　民國十五年(1926)上海掃葉山房石印本　五册　存一種

330000－1710－0009289　普0001724　集部/總集類/選集之屬/通代

滑稽詩詞賦三卷附錄一卷　民國石印本　一册

330000－1710－0009290　普0001644　經部/易類/專著之屬

卦氣集解一卷　黃元炳撰　民國二十二年(1933)黃氏觀蝶樓鉛印本　一册

330000－1710－0009291　普0001704　集部/別集類/清別集

團桂樓剩稿一卷　(清)陳金鑑撰　**醉月軒吟草二卷**　(清)陸慧撰　民國十五年(1926)陳其謙鉛印本　二册

330000－1710－0009293　普0003678　集部/別集類/清別集

團桂樓剩稿一卷　(清)陳金鑑撰　**醉月軒吟草二卷**　(清)陸慧撰　民國十五年(1926)陳其謙鉛印本　一册

330000－1710－0009294　普0001645　集部/別集類/清別集

浮碧山館駢文二卷　(清)馮可鏞撰　民國六年(1917)寧波鈞和公司鉛印本　一册

330000－1710－0009296　普0001646　子部/醫家類/醫案之屬

程正通醫案釋義二卷　(清)程正通撰　徐英蚩註　稿本　一册

330000－1710－0009297　普0001706　集部/別集類

陶簃詩存初輯一卷　陶元鏞撰　民國二十年(1931)鉛印本　一册

330000－1710－0009300　普0001708　集部/詞類/別集之屬

曼陀羅寱詞一卷　沈曾植撰　民國十四年(1925)上海商務印書館鉛印本　一册

330000－1710－0009301　善0472　史部/政書類/公牘檔册之屬

隆昌縣公立圖書館概况不分卷　羅崇鈞撰　民國二十一年(1932)石印本　一册

330000－1710－0009303　善0474　新學/政治法律/政治

不黨會規程說一卷　李偉撰　民國元年(1912)著易堂鉛印本　一册

330000－1710－0009306　普0001647　子部/藝術類/書畫之屬/法帖

蘇文忠天際烏雲帖真蹟一卷　(宋)蘇軾書　民國二十一年(1932)上海商務印書館影印本　蜩隱題記　一册

330000－1710－0009308　善0477　類叢部/叢書類/自著之屬

琴志樓叢書□□種　易順鼎撰　民國鉛印本　一册　存一種

330000－1710－0009309　普0001725　類叢部/叢書類/彙編之屬

香艷叢書三百二十六種　(清)蟲天子輯　民國上海中國圖書公司和記鉛印本　一册　存一種

330000－1710－0009311　普0001726　子部/小說家類/諧謔之屬

改良繪圖解人頤廣集二卷　(清)胡濬庵撰　(清)錢德蒼增訂　民國三年(1914)上洋海左書局石印本　一册

330000－1710－0009312　普0001727　子部/小說家類/異聞之屬

閱微草堂筆記二十四卷　(清)紀昀撰　民國石印本　一册　存一卷(四)

330000－1710－0009313　普0001728　類叢部/叢書類/彙編之屬

唐代叢書(唐人說薈)一百六十五種　(清)陳世熙(一題王文誥)輯　民國上海錦章圖書局石印本　八册　存一種

330000－1710－0009317　普0001688　集部/總集類/尺牘之屬

國民適用普通新尺牘六卷　吳癡僧撰　民國五年(1916)上海掃葉山房石印本　一册　存一卷(六)

330000－1710－0009318　普0001689　集部/小說類/長篇之屬

增訂繪圖精忠說岳全傳八卷八十回　(清)錢彩編　(清)金豐增訂　民國上海共和書局石印本　一册　存一卷(一)

330000－1710－0009319　普0001690　集部/小說類/長篇之屬

繪圖增像第五才子書水滸全傳十卷七十回　(明)施耐庵撰　(清)金人瑞評釋　民國石印本　一册　存八卷(一至八)

330000－1710－0009320　普0001691　集部/小說類/長篇之屬

新輯繪圖全續彭公案四集四卷八十一回　(清)貪夢道人撰　民國普新端記書局石印本　一册　存三卷(一至三)

330000－1710－0009325　普0001731　子部/醫家類/喉科口齒之屬/通論

重樓玉鑰四卷　(清)鄭宏綱撰　民國上海大成書局石印本　一册　存一卷(三)

330000－1710－0009326　普0001694　經部/四書類/總義之屬/傳說

四書集註十九卷　(宋)朱熹撰　民國上海育文書局石印本　二册　存三種

330000－1710－0009331　普0001695　集部/總集類/選集之屬/通代

古文觀止十二卷　(清)吳乘權　(清)吳大職輯　民國上海錦章圖書局石印本　二册　存四卷(九至十二)

330000－1710－0009332　普0001736　子部/醫家類/本草之屬/本草藥性

本草從新十八卷　(清)吳儀洛輯　民國石印本　二册　存九卷(一至九)

330000－1710－0009334　普0001740　子部/醫家類/綜合之屬/通論

類證治裁八卷首一卷　(清)林珮琴撰　民國石印本　三册　存三卷(三、七至八)

330000－1710－0009336　普0001742　子部/醫家類/類編之屬

南雅堂醫書外集二十七種　民國石印本　一册　存一種

330000－1710－0009337　普0001696　集部/總集類/選集之屬/斷代

唐詩三百首註疏六卷　(清)孫洙編　(清)章燮註　民國上海錦章圖書局石印本　一册　存一卷(四)

330000－1710－0009339　普0001739　子部/醫家類/婦科之屬/產科

葉氏女科證治四卷　(清)葉桂撰　民國石印本　一册　存一卷(三)

330000－1710－0009340　普0001697　集部/詩文評類/文法之屬/雜著

詩聯辭源一卷　民國中西書局石印本　一册

330000－1710－0009341　普0001698　子部/藝術類/遊藝之屬/聯語

民國適用新對聯匯海四卷　民國五年(1916)上海廣益書局石印本　二册　存二卷(一至二)

330000－1710－0009342　普0001699　類叢

部/叢書類/自著之屬

最樂亭三種 朱福清撰 民國六年至十二年(1917－1923)嘉興朱氏刻本 一册 存一種

330000－1710－0009344 普0001701 集部/總集類/選集之屬/通代

古文觀止十二卷 (清)吳乘權 (清)吳大職輯 民國三年(1914)上海普新書局石印本 二册 存四卷(一至四)

330000－1710－0009345 普0001702 子部/儒家類/儒學之屬/蒙學

新增繪圖幼學故事瓊林四卷首一卷 (清)程登吉撰 (清)鄒聖脈增補 民國上海劉德記書局石印本 一册 存二卷(首、一)

330000－1710－0009346 普0001796 子部/儒家類/儒學之屬/蒙學

繪圖增注歷史三字經不分卷 民國上海天寶書局石印本 一册

330000－1710－0009348 普0001750 集部/曲類/曲選之屬

繪圖綴白裘十二集四十八卷 (清)玩花主人輯 (清)錢德蒼增輯 民國石印本 一册

330000－1710－0009352 善0480 新學/報章

江蘇省公報不分卷 江蘇省公報社編 民國四年(1915)鉛印本 一册

330000－1710－0009354 普0001752 類叢部/類書類/專類之屬

幼學故事瓊林四卷 (清)程允升原本 金石聲抄錄 民國二十五年(1936)金石聲抄本 一册

330000－1710－0009365 普0001754 經部/四書類/總義之屬/傳說

新式標點四書白話解説三十六卷 董堅志編輯 民國十三年(1924)上海錦章圖書局石印本 十四册

330000－1710－0009381 普0001769 子部/儒家類/儒學之屬/蒙學

繪圖訂正萬字文一卷 民國鴻章書局石印本 一册

330000－1710－0009384 普0001770 子部/儒家類/儒學之屬/蒙學

浙紹奎照樓書莊精校新增繪圖幼學故事瓊林四卷首一卷 (清)程允升原本 (清)鄒聖脈增補 (清)謝梅林 (清)鄒可庭參訂 (清)石韞玉重校 民國浙紹奎照樓石印本 三册 存三卷(一、三至四)

330000－1710－0009385 普0001771 子部/醫家類/醫經之屬/内經

内經知要二卷 (清)李中梓輯注 (清)薛雪補注 民國石印本 一册 存一卷(二)

330000－1710－0009390 普0001811 集部/別集類/清別集

鄭板橋全集五種六卷 (清)鄭燮撰 民國十三年(1924)上海掃葉山房影印本 丁受三題記 一册 存一卷(板橋詩鈔一)

330000－1710－0009391 普0001812 集部/總集類/選集之屬/斷代

唐人萬首絶句選七卷 (宋)洪邁選 (清)王士禛輯 民國十年(1921)上海掃葉山房石印本 一册 存三卷(一至三)

330000－1710－0009394 普0001813 集部/詩文評類/文法之屬/文法

六大辭源六種 董堅志編 民國中西書局石印本 二册 存二種

330000－1710－0009395 普0001775 集部/總集類/選集之屬/通代

千家詩二卷 民國六年(1917)黎里裕豐順刻本 一册 存一卷(一)

330000－1710－0009397 普0001814 史部/史抄類

史記菁華錄六卷 (清)姚祖恩輯評 民國上海商務印書館鉛印本 一册 存二卷(一至二)

330000－1710－0009398 普0001815 子部/叢編

評註諸子菁華錄十八種十八卷 張之純編纂

民國上海商務印書館鉛印本　一冊　存一卷（十一）

330000－1710－0009400　普0001816　史部/史抄類

歐陽文忠公五代史抄二十卷　（宋）歐陽修撰　（明）茅坤輯　民國八年（1919）上海會文堂書局石印本　三冊　缺五卷（十一至十五）

330000－1710－0009401　普0001795　子部/儒家類/儒學之屬/蒙學

繪圖歷史三字經一卷　民國上海劉德記書局石印本　一冊

330000－1710－0009405　普0001817　經部/春秋左傳類/傳説之屬

春秋左傳五十卷　（晉）杜預　（宋）林堯叟註釋　（唐）陸德明音義　民國上海商務印書館鉛印本　四冊　存十八卷（四至八、二十六至三十三、四十二至四十六）

330000－1710－0009406　普0001818　經部/小學類/文字之屬/字書/字典

康熙字典十二集三十六卷總目一卷檢字一卷辨似一卷等韻一卷備考一卷補遺一卷　（清）張玉書等纂修　民國十四年（1925）上海章福記書局石印本　五冊　存二十一卷（子集上中下、辰集上中下、午集上中下、酉集上中下、亥集上中下，總目，檢字，辨似，等韻，備考，補遺）

330000－1710－0009414　普0001783　集部/總集類/選集之屬/通代

古文觀止十二卷　（清）吳乘權　（清）吳大職輯　民國天機書局石印本　一冊　存六卷（七至十二）

330000－1710－0009415　普0001797　經部/小學類/文字之屬/字書/訓蒙

最新繪圖幼學雜字一卷　民國石印本　一冊

330000－1710－0009416　普0001798　子部/儒家類/儒學之屬/蒙學

新增幼學瓊林白話句解四卷　（清）程登吉撰　（清）鄒聖脈增補　民國十六年（1927）上海中原書局石印本　四冊

330000－1710－0009418　普0001784　集部/總集類/選集之屬/通代

增批古文觀止十二卷　（清）吳乘權　（清）吳大職輯　民國元年（1912）紹興墨潤堂石印本　一冊　存二卷（十一至十二）

330000－1710－0009419　普0001800　新學/理學/文學

國語學草創不分卷　胡以魯撰　民國二年（1913）浙江教育司鉛印本　一冊

330000－1710－0009420　普0001801　新學/學校

國學概論不分卷　民國油印本　一冊

330000－1710－0009422　普0001803　子部/醫家類/喉科口齒之屬/喉痧

孟河丁甘仁喉痧概要一卷　丁澤周撰　民國抄本　一冊

330000－1710－0009424　普0001804　子部/醫家類/方書之屬/單方驗方

湯頭歌訣一卷　（清）汪昂輯　民國沈維卿抄本　一冊

330000－1710－0009426　普0001805　子部/醫家類/内科之屬

内科集腋一卷　（清）惜陰主人輯　民國抄本　一冊

330000－1710－0009427　普0001826　集部/别集類

海日樓詩二卷　沈曾植撰　民國刻本　一冊

330000－1710－0009436　普0001806　子部/醫家類/醫理之屬/綜合

醫學經義彙編一卷　禹航孫撰　民國五年（1916）稿本　一冊

330000－1710－0009439　普0001809　子部/醫家類/醫案之屬

門診方稿一卷　朱半樵撰　楊笑山抄　民國二十二年（1933）抄本　一冊

330000－1710－0009444　普0001710　集部/

別集類

蝶兒詩夢二卷春好團焦倚聲一卷　莊一拂撰　民國二十二年(1933)鉛印本　一册

330000－1710－0009447　普0003679　集部/總集類/氏族之屬

問松里鄭氏詩存一卷　鄭之章輯　民國十二年(1923)鉛印本　一册

330000－1710－0009449　普0001713　史部/傳記類/别傳之屬/事狀

金學士[福曾]國史循吏傳稿三卷　金兆蕃録　朱錦　周爰諏　駱成驤輯　民國十七年(1928)思貽堂刻本　一册

330000－1710－0009457　普0001717　集部/別集類

潛廬近稿一卷　金蓉鏡撰　民國鉛印本　一册

330000－1710－0009458　普0001718　集部/總集類/郡邑之屬

新溪詩初鈔六卷　(清)李元纁　(清)沈莘士輯　**新溪詩續鈔十卷**　(清)許楨輯　**新溪詩三鈔六卷**　(清)朱士楷輯　鄭綸章補輯　民國十五年(1926)鉛印本　六册

330000－1710－0009461　普0003681　集部/總集類/郡邑之屬

新溪文述八卷首一卷　鄭之章輯　民國十九年(1930)新塍通俗圖書館鉛印本　一册　存五卷(首、一至四)

330000－1710－0009463　普0001720　集部/別集類/唐五代別集

唐樊紹述遺文一卷附録一卷　(唐)樊宗師撰　(清)張庚輯注　民國十四年(1925)山陰樊氏龢綠書屋刻本　一册

330000－1710－0009464　普0001721　集部/別集類/清別集

榆蔭山房吟草四卷　(清)朱丙壽撰　民國十一年(1922)鉛印本　一册　存一卷(一)

330000－1710－0009473　普0001858　集部/別集類/宋別集

箋注劍南詩鈔六卷　(宋)陸游撰　(清)楊大鶴選　(清)許貞幹校　(清)雷瑨註釋　民國十四年(1925)上海掃葉山房石印本　十二册

330000－1710－0009478　普0001863　集部/別集類/宋別集

擬寒山詩一卷　(宋)釋懷深述　民國十九年(1930)竹里祝廷錫刻本　一册

330000－1710－0009484　普0001839　集部/別集類/清別集

雀夢軒詩文存一卷吏隱廬雜著一卷　(清)張紹文撰　趙北扇輯　民國趙北扇抄本　一册

330000－1710－0009489　普0001841　子部/藝術類/書畫之屬/法帖

衛生芻言不分卷　劉文玠撰　吳昌碩等書　民國石印本　一册

330000－1710－0009491　普0001877　集部/別集類

借澆集一卷　吳懷清撰　民國三年(1914)上海國光書局鉛印本　一册

330000－1710－0009492　普0001842　史部/傳記類/别傳之屬/事狀

韋作民先生訃文一卷　韋倬等輯　民國三十五年(1946)鉛印本　一册

330000－1710－0009493　普0001878　集部/別集類

借澆集一卷題辭一卷　吳懷清撰　民國三年(1914)上海國光書局鉛印本　一册

330000－1710－0009497　普0001845　類叢部/叢書類/彙編之屬

袖珍古書讀本三十種　中華書局編　民國十九年(1930)上海中華書局鉛印本　三册　存一種

330000－1710－0009500　普0001881　集部/別集類/清別集

覆瓿草二卷　(清)劉其清撰　民國五年(1916)葛嗣浵申江刻本　一册

330000－1710－0009502　普0001866　類叢

部/叢書類/彙編之屬

四部叢刊　張元濟等編　民國上海商務印書館影印本　六冊　存一種

330000－1710－0009504　普0001868　類叢部/叢書類/郡邑之屬

台州叢書後集十七種　楊晨輯　民國四年(1915)黃巖楊氏刻本　一冊　存一種

330000－1710－0009511　普0001887　史部/傳記類/總傳之屬/郡邑

鴛湖求舊錄四卷　朱福清輯　民國八年(1919)刻本　二冊

330000－1710－0009512　普0001888　史部/傳記類/總傳之屬/郡邑

鴛湖求舊錄四卷　朱福清輯　民國八年(1919)刻本　二冊

330000－1710－0009513　普0001889　史部/傳記類/總傳之屬/郡邑

鴛湖求舊錄四卷　朱福清輯　民國八年(1919)刻本　二冊

330000－1710－0009514　普0001890　史部/傳記類/總傳之屬/郡邑

鴛湖求舊錄四卷　朱福清輯　民國八年(1919)刻本　二冊

330000－1710－0009515　普0001892　史部/傳記類/總傳之屬/隱逸

檇李高逸傳一卷　金蓉鏡等撰　民國五年(1916)鉛印本　一冊

330000－1710－0009517　普0001902　集部/別集類/清別集

寄廡樓詩一卷　(清)查濟忠撰　高燮　富壽鴻編　民國十六年(1927)海鹽張元濟鉛印本　一冊

330000－1710－0009519　普0001904　集部/別集類/明別集

重訂祝子遺書六卷首一卷末一卷　(明)祝淵撰　祝廷錫編　民國六年(1917)知非樓刻本　二冊

330000－1710－0009521　普0001894　集部/別集類/清別集

蘭薰館遺稿四卷　(清)陶玉珂撰　民國七年(1918)上海聚珍倣宋書局鉛印本　二冊

330000－1710－0009524　普0001898　類叢部/叢書類/彙編之屬

求恕齋叢書三十一種　劉承幹編　民國吳興劉氏嘉業堂刻本　二冊　存一種

330000－1710－0009526　普0001897　集部/別集類/清別集

風月廬詩稿一卷　(清)徐煥謨撰　民國五年(1916)桐鄉徐氏愛日館刻本　一冊

330000－1710－0009527　普0001907　史部/傳記類/別傳之屬/年譜

清誥授朝議大夫知府銜在任候補直隸州知州廣西富川縣知縣加三級紀錄十次兼署富川縣學教諭鐘山理苗通判顯考部昀府君[王甲榮]年譜一卷　王邁常　王蘧常撰　民國十九年(1930)鉛印本　一冊

330000－1710－0009529　普0001909　集部/總集類/郡邑之屬

新溪文述八卷首一卷　鄭之章輯　民國十九年(1930)新塍通俗圖書館鉛印本　一冊　缺四卷(五至八)

330000－1710－0009541　普0001943　史部/傳記類/總傳之屬/技藝

清朝畫徵錄三卷明人附錄一卷續錄二卷浦山論畫一卷　(清)張庚撰　**清朝畫徵三錄一卷**　(清)張寅撰　民國上海朝記書莊鉛印本　一冊　存三卷(清朝畫徵錄一至三)

330000－1710－0009543　普0001945　史部/地理類/專志之屬/園林

竹垞小志五卷　(清)阮元訂　(清)楊蟠等輯　民國十三年(1924)鉛印本　一冊

330000－1710－0009545　普0001947　集部/總集類/郡邑之屬

濮川詩鈔三十四種四十四卷　(清)陳光裕　(清)沈堯咨輯　民國二十一年(1932)石印本

一冊　存一種

330000－1710－0009546　普 0001921　集部/總集類/選集之屬/斷代
唐詩三百首註疏二卷　(清)孫洙編　(清)章燮註　民國古香書屋鉛印本　二冊

330000－1710－0009547　普 0001922　集部/別集類
澹廬吟藁一卷　王恆德撰　民國十九年(1930)鉛印本　一冊

330000－1710－0009548　普 0001948　類叢部/叢書類/自著之屬
曾文正公全集十六種　(清)曾國藩撰　民國九年(1920)上海中華書局鉛印本　四冊　存一種

330000－1710－0009555　普 0001953　類叢部/叢書類/彙編之屬
求恕齋叢書三十一種　劉承幹編　民國吴興劉氏嘉業堂刻本　三冊　存一種

330000－1710－0009556　普 0001926　集部/別集類/清別集
澹塵廬詩鈔一卷　(清)錢鴻基撰　民國二十九年(1940)鉛印本　一冊

330000－1710－0009561　普 0001928　史部/傳記類/總傳之屬/技藝
畫徵錄三卷續錄二卷明人附錄一卷　(清)張庚撰　民國八年(1919)上海有正書局鉛印本　二冊

330000－1710－0009562　普 0001929　集部/別集類/清別集
荷香水亭吟草一卷己壬叢稿一卷　(清)徐森撰　民國九年(1920)刻本　一冊

330000－1710－0009565　普 0001933　集部/別集類/清別集
鐵硯室詩稿一卷　(清)陸榁撰　民國十六年(1927)鉛印本　一冊

330000－1710－0009569　普 0001932　史部/詔令奏議類/奏議之屬
復盦疏函稿一卷　(清)朱福銑撰　民國農工商印刷科鉛印本　一冊

330000－1710－0009570　普 0001934　集部/別集類/清別集
煙霞萬古樓詩殘藁一卷　(清)王曇撰　民國上海有正書局鉛印本　一冊

330000－1710－0009571　普 0001936　集部/總集類/課藝之屬
鳴社課選季刊一卷　鳴社編　民國鉛印本　一冊

330000－1710－0009573　普 0001937　史部/傳記類/別傳之屬/事狀
悼亡錄不分卷　馬昭懿撰　民國二十四年(1935)鉛印本　一冊

330000－1710－0009574　普 0001916　集部/總集類/選集之屬/斷代
戈亭風雨集二卷　朱希編　朱粲選　民國三十三年(1944)鉛印本　一冊

330000－1710－0009575　普 0001935　集部/詞類/別集之屬
蘇菴詩餘五卷　(清)唐壎撰　民國五年(1916)大同書局石印本　一冊　存二卷(一至二)

330000－1710－0009578　普 0001939　史部/傳記類/別傳之屬/事狀
諦閑法師榮哀錄不分卷　釋寶靜等輯　民國鉛活字藍印本　一冊

330000－1710－0009583　普 0001919　集部/別集類/清別集
檢齋詩集三卷　(清)陳經禮撰　民國十九年(1930)鉛印本　一冊

330000－1710－0009609　普 0001985　類叢部/叢書類/彙編之屬
士禮居黄氏叢書二十種附四種　(清)黄丕烈輯　民國四年(1915)上海石竹山房據清黄氏刻本影印本(附四種原缺)　二十四冊　存十五種

330000－1710－0009614　普 0003686　類叢部/叢書類/彙編之屬

崇文書局彙刻三十三種　（清）崇文書局輯　民國元年（1912）鄂官書處刻本　四冊　存三種

330000－1710－0009620　普 0001990　類叢部/叢書類/家集之屬

諸暨馮氏叢刻五種四十四卷　馮振音編　民國六年（1917）鉛印本　十冊

330000－1710－0009621　普 0001991　類叢部/叢書類/家集之屬

諸暨馮氏叢刻五種四十四卷　馮振音編　民國六年（1917）鉛印本　九冊

330000－1710－0009623　普 0001999　類叢部/叢書類/彙編之屬

適園叢書七十四種　張鈞衡編　民國二年至六年（1913－1917）烏程張氏刻本（唐大詔令集卷十四至二十四、八十七至九十八原缺）　十九冊　存八種

330000－1710－0009624　普 0001993、普 0001994、普 0001995　類叢部/叢書類/彙編之屬

景印元明善本叢書十種　商務印書館編　民國二十六年至二十九年（1937－1940）上海商務印書館影印本　二十八冊　存三種

330000－1710－0009627　普 0002010　類叢部/叢書類/自著之屬

章氏遺書七種外編十種　（清）章學誠撰　民國十一年（1922）吳興劉氏嘉業堂刻本　三十二冊

330000－1710－0009628　普 0002026　史部/地理類

浙江圖書館叢書三十種七十九卷　（清）丁謙撰　民國四年（1915）浙江圖書館刻本　七冊　存七種

330000－1710－0009632　普 0002022　類叢部/叢書類/自著之屬

章氏叢書初集十二種　章炳麟撰　民國上海右文社鉛印本　十六冊　存九種

330000－1710－0009633　普 0002023　史部/叢編

鄂故叢書二種　湖北通志館輯　民國三十六年（1947）湖北通志館鉛印本　三冊

330000－1710－0009634　普 0002003　類叢部/叢書類/彙編之屬

心園叢刻一集五種　徐珂輯　民國十四年（1925）杭縣徐氏鉛印本　二冊

330000－1710－0009635　普 0002004　類叢部/叢書類/彙編之屬

心園叢刻一集五種　徐珂輯　民國十四年（1925）杭縣徐氏鉛印本　一冊　缺三卷（大受堂札記三至五）

330000－1710－0009638　普 0002005　類叢部/叢書類/家集之屬

天蘇閣叢刊十五種　徐新六輯　民國三年（1914）、十二年（1923）杭縣徐氏鉛印本　一冊　存一種

330000－1710－0009639　普 0002006　類叢部/叢書類/彙編之屬

茗香館叢鈔□□種　李正墀輯　民國鉛印本暨石印本　三冊　存三種

330000－1710－0009645　普 0002009　集部/總集類/氏族之屬

海鹽張氏涉園叢刻續編六種　張元濟輯　民國十七年（1928）海鹽張氏鉛印本　七冊　存五種

330000－1710－0009650　普 0002011　類叢部/叢書類/家集之屬

嘉興譚氏遺書九種　譚新嘉編　民國元年至二十五年（1912－1936）嘉興譚氏承啟堂刻藍印本　十二冊

330000－1710－0009651　普 0002012　類叢部/叢書類/家集之屬

嘉興譚氏遺書九種　譚新嘉編　民國元年至二十五年（1912－1936）嘉興譚氏承啟堂刻藍印本　十二冊

330000－1710－0009652　普 0002013　類叢部/叢書類/家集之屬

嘉興譚氏遺書九種　譚新嘉編　民國元年至二十五年(1912－1936)嘉興譚氏承啟堂刻藍印本　十二冊

330000－1710－0009654　普 0002014　類叢部/叢書類/家集之屬

嘉興譚氏遺書九種　譚新嘉編　民國元年至二十五年(1912－1936)嘉興譚氏承啟堂刻朱印本　一冊　存二種

330000－1710－0009655　普 0002015　類叢部/叢書類/家集之屬

嘉興譚氏遺書九種　譚新嘉編　民國元年至二十五年(1912－1936)嘉興譚氏承啟堂刻藍印本　三冊　存二種

330000－1710－0009656　普 0002016　類叢部/叢書類/家集之屬

嘉興譚氏遺書九種　譚新嘉編　民國元年至二十五年(1912－1936)嘉興譚氏承啟堂刻藍印本　十二冊

330000－1710－0009703　413/37、413/38　史部/地理類

浙江圖書館叢書三十種七十九卷　(清)丁謙撰　民國四年(1915)浙江圖書館刻本　三冊　存二種

330000－1710－0009712　普 0002083　集部/曲類/曲評曲話曲目之屬

學曲例言一卷　陳栩撰　民國八年(1919)鉛印本　一冊

330000－1710－0009740　普 0002123　集部/總集類/選集之屬/斷代

國學叢選十八集　高燮等編　民國國學商兑會鉛印本　二冊　存二集(五至六)

330000－1710－0009748　普 0002128　類叢部/叢書類/自著之屬

蘇齋叢書十八種　(清)翁方綱撰　民國十三年(1924)上海博古齋影印本　二冊　存一種

330000－1710－0009751　普 0002131　集部/總集類/選集之屬/斷代

國學叢選十八集　高燮等編　民國國學商兑會鉛印本　二冊　存四集(一至二、十五至十六)

330000－1710－0009760　普 0002142　類叢部/類書類/專類之屬

詩韻合璧五卷　(清)湯祥瑟輯　(清)許時庚重編　民國二十二年(1933)上海錦章圖書局石印本　五冊

330000－1710－0009795　普 0002175　經部/小學類/文字之屬/字書/訓蒙

文字蒙求四卷　(清)王筠撰　民國上海文瑞樓石印本　一冊

330000－1710－0009797　普 0002176　經部/小學類/文字之屬/字書/訓蒙

文字蒙求四卷　(清)王筠撰　民國上海文瑞樓石印本　一冊　存二卷(三至四)

330000－1710－0009798　普 0002184　經部/小學類/文字之屬/說文

說文提要一卷　(清)陳建侯撰　民國四年(1915)掃葉山房石印本　一冊

330000－1710－0009802　普 0002185　經部/小學類/文字之屬/說文/專著

新定說文古籀考三卷　周名煇撰　民國三十七年(1948)上海開明書店石印本　一冊

330000－1710－0009820　普 0002206　史部/史抄類

史記菁華錄六卷　(清)姚祖恩輯評　民國上海商務印書館鉛印本　三冊

330000－1710－0009866　普 0002256　史部/編年類/通代之屬

胡刻通鑑正文校宋記三十卷述略一卷　章鈺撰　**附錄三卷**　(宋)胡三省注　章鈺輯　民國二十年(1931)長洲章氏四當齋刻本　五冊　缺九卷(七至十二、附錄一至三)

330000－1710－0009886　普 0002288　史部/傳記類/別傳之屬

楊仁山居士[文會]別傳一卷　張爾田撰　民

國刻本　一冊

330000－1710－0009922　普0002308　史部/傳記類/總傳之屬/家乘

廬江錢氏年譜六卷續編六卷　(清)錢儀吉撰　錢駿祥補輯　民國七年(1918)廬江錢氏鉛印本　七冊　存七卷(二至四,續編一至三、五)

330000－1710－0009923　普0002309　史部/傳記類/總傳之屬/家乘

廬江錢氏年譜六卷續編六卷　(清)錢儀吉撰　錢駿祥補輯　民國七年(1918)廬江錢氏鉛印本　六冊　存六卷(一、續編二至六)

330000－1710－0009926　普0002310　史部/傳記類/總傳之屬/郡邑

鴛湖求舊錄四卷　朱福清輯　民國八年(1919)刻本　二冊

330000－1710－0009934　普0002312　史部/雜史類/斷代之屬

十六國春秋一百卷　(北魏)崔鴻撰　民國元年(1912)鄂官書處刻本　二冊　存十一卷(一至四、三十二至三十八)

330000－1710－0009936　普0002313　史部/傳記類/總傳之屬/仕宦

清代徵獻類編五種　嚴懋功撰　民國二十年(1931)無錫民生公司鉛印本　一冊　存一種

330000－1710－0009944　普0002330　史部/雜史類/斷代之屬

國語二十一卷　(三國吳)韋昭解　**校刊明道本韋氏解國語札記一卷**　(清)黃丕烈撰　**戰國策三十三卷**　(漢)高誘注　**重刻剡川姚氏本戰國策札記三卷**　(清)黃丕烈撰　民國十三年(1924)上海鴻寶齋書局石印本　六冊　缺十四卷(國語一至六、戰國策一至八)

330000－1710－0009946　普0002332　史部/雜史類/斷代之屬

國語二十一卷　(三國吳)韋昭解　**校刊明道本韋氏解國語札記一卷**　(清)黃丕烈撰　**戰國策三十三卷**　(漢)高誘注　**重刻剡川姚氏本戰國策札記三卷**　(清)黃丕烈撰　民國三年(1914)上海鴻寶齋書局石印本　八冊

330000－1710－0009957　普0002353　史部/金石類

非儒非俠齋金石叢著十種　顧燮光撰　民國會稽顧氏金佳石好樓石印暨鉛印本　二冊　存一種

330000－1710－0009958　普0002324　史部/紀傳類/正史之屬

漢書評注一百卷　(明)凌稚隆輯　民國十一年(1922)上海掃葉山房石印本　八冊　存二十卷(一至二十)

330000－1710－0009959　普0002354　史部/金石類

非儒非俠齋金石叢著十種　顧燮光撰　民國會稽顧氏金佳石好樓石印暨鉛印本　一冊　存一種

330000－1710－0009962　普0002357　類叢部/叢書類/自著之屬

沈乙庵先生海日樓遺書乙部叢書□□種　沈曾植撰　民國二十一年(1932)嘉興沈氏刻本　二冊　存一種

330000－1710－0009967　普0002325　史部/史評類/考訂之屬

校史偶得不分卷　陳寶熯撰　民國八年(1919)鉛印本　一冊

330000－1710－0009973　普0002389　新學/理學/理學

哲學叢書□□種　民國上海商務印書館鉛印本　一冊　存一種

330000－1710－0009974　普0002368　子部/藝術類/書畫之屬/書法書品

論書絕句六十首一卷　胡元常撰　民國中國書店鉛印本　一冊

330000－1710－0009977　普0002370　子部/藝術類/書畫之屬/總論

墨緣彙觀四卷　(清)安岐撰　民國有正書局鉛印本　二冊

330000－1710－0009996　普0002345　新學/報章

小説畫報不分卷　包天笑編輯　錢病鶴繪圖　民國六年(1917)中華書局石印本　一册

330000－1710－0009998　普0002376　集部/別集類/明別集

華亭莫葭士先生遺稿二種六卷　(明)莫秉清撰　民國二十年(1931)鉛印本　一册　存一種

330000－1710－0010052　普0002440　新學/報章

癸卯叢報上編二卷　民國石印本　一册

330000－1710－0010060　普0002454　史部/政書類/公牘檔册之屬

中華民國新文牘彙編二十卷　民國二年(1913)上海中華圖書館石印本　十册　存十八卷(一至十一、十三至十九)

330000－1710－0010088　普0002472　史部/政書類/律令之屬

中華民國浙江省憲法一卷附施行法一卷　浙江省憲法會議編　民國十年(1921)鉛印本　一册

330000－1710－0010098　普0002475　史部/政書類/邦計之屬/賦稅

均賦餘議坿雜稿一卷　金蓉鏡輯　民國六年(1917)鉛印本　一册

330000－1710－0010099　普0002476　史部/政書類/邦計之屬/賦稅

均賦餘議坿雜稿一卷　金蓉鏡輯　民國六年(1917)鉛印本　一册

330000－1710－0010117　普0002519　子部/儒家類/儒學之屬/性理

王陽明先生傳習録集評四卷　(清)孫奇逢等參評　(清)陶潯霍　梁啓超續評　孫鏘輯校　**王陽明先生[守節]年譜一卷**　孫鏘輯　民國四年(1915)上海新學會社鉛印本　一册　存二卷(上、中)

330000－1710－0010124　普0002492　史部/傳記類/科舉録之屬/總録

海鹽士林錄六卷　(清)朱俎莘編　朱廔元等續編　民國二十一年(1932)海鹽朱氏十三古印齋鉛印本　三册

330000－1710－0010127　普0002497　集部/總集類/課藝之屬

檇李文社課藝一卷　陸祖穀輯　民國十四年(1925)檇李文社鉛印本　一册

330000－1710－0010129　普0002498　集部/總集類/課藝之屬

檇李文社課藝一卷　陸祖穀輯　民國十四年(1925)檇李文社鉛印本　一册

330000－1710－0010131　普0002499　集部/總集類/課藝之屬

檇李文社課藝一卷　陸祖穀輯　民國十四年(1925)檇李文社鉛印本　一册

330000－1710－0010132　普0002500　集部/總集類/課藝之屬

檇李文社課藝一卷　陸祖穀輯　民國十四年(1925)檇李文社鉛印本　一册

330000－1710－0010138　普0002501　史部/地理類/方志之屬/郡縣志

南潯擷秀錄一卷　周慶雲編　民國八年(1919)刻藍印本　一册

330000－1710－0010140　普0002502　史部/傳記類/科舉録之屬/總録

海鹽士林錄六卷　(清)朱俎莘編　朱廔元等續編　民國二十一年(1932)海鹽朱氏十三古印齋鉛印本　三册

330000－1710－0010141　普0002503　史部/傳記類/科舉録之屬/總録

海鹽士林錄六卷　(清)朱俎莘編　朱廔元等續編　民國二十一年(1932)海鹽朱氏十三古印齋鉛印本　三册

330000－1710－0010142　普0002532　子部/儒家類/儒學之屬/性理

楊園菁華錄四卷　(清)張履祥撰　(清)沈志本纂　民國二十四年(1935)楊園學社鉛印本

一册

330000－1710－0010143　普0002533　子部/儒家類/儒學之屬/性理

楊園菁華錄四卷　(清)張履祥撰　(清)沈志本纂　民國二十四年(1935)楊園學社鉛印本　一册

330000－1710－0010144　普0002534　子部/儒家類/儒學之屬/性理

楊園菁華錄四卷　(清)張履祥撰　(清)沈志本纂　民國二十四年(1935)楊園學社鉛印本　一册

330000－1710－0010146　普0002535　子部/儒家類/儒學之屬/性理

楊園菁華錄四卷　(清)張履祥撰　(清)沈志本纂　民國二十四年(1935)楊園學社鉛印本　一册

330000－1710－0010148　普0002536　子部/儒家類/儒學之屬/性理

楊園菁華錄四卷　(清)張履祥撰　(清)沈志本纂　民國二十四年(1935)楊園學社鉛印本　一册

330000－1710－0010152　普0002563　子部/儒家類/儒學之屬/禮教/家訓

雙節堂庸訓四卷　(清)汪輝祖撰　民國十一年(1922)杭州彩華五彩石印局鉛印本　一册

330000－1710－0010158　普0002557　類叢部/叢書類/自著之屬

多伽羅香館叢書□□種　張采田撰　民國元年(1912)孱守齋刻本　四册　存一種

330000－1710－0010159　普0002494　史部/政書類/公牘檔册之屬

嘉禾縣公欵公產調查清册一卷　民國十七年(1928)嘉興振新社鉛印本　一册

330000－1710－0010166　普0002562　子部/儒家類/儒學之屬/性理

近思錄集注十四卷考訂朱子世家一卷　(清)江永撰　**校勘記一卷**　(清)王炳撰　民國十一年(1922)上海掃葉山房石印本　一册　存六卷(九至十四)

330000－1710－0010167　普0002564　子部/儒家類/儒學之屬/性理

近思錄集注十四卷考訂朱子世家一卷　(清)江永撰　**校勘記一卷**　(清)王炳撰　民國十一年(1922)上海掃葉山房石印本　三册　存八卷(一至八)

330000－1710－0010176　普0002544　子部/儒家類/儒學之屬/性理

王學闡微朱學鉤玄合刊一卷　姚廷杰撰　民國鉛印本　一册

330000－1710－0010180　普0002547　子部/儒家類/儒學之屬/禮教/家訓

明袁了凡四訓一卷附錄俞淨意公遇竈神記一卷　(明)袁黄撰　民國十一年(1922)刻本　一册

330000－1710－0010197　普0002577　子部/道家類

莊子集解八卷　王先謙撰　民國上海校經山房成記書局石印本　四册

330000－1710－0010199　普0002613　經部/叢編

十三經讀本　唐文治輯　民國十三年(1924)吳江施肇曾醒園刻本　一册　存一種

330000－1710－0010200　普0002614　經部/叢編

十三經讀本　唐文治輯　民國十三年(1924)吳江施肇曾醒園刻本　一册　存一種

330000－1710－0010201　普0002578　子部/道家類

莊子集解八卷　王先謙撰　民國上海校經山房成記書局石印本　四册

330000－1710－0010205　普0002615　經部/叢編

十三經讀本　唐文治輯　民國十三年(1924)吳江施肇曾醒園刻本　一册　存一種

330000－1710－0010206　普0002617　經部/

叢編

十三經讀本 唐文治輯 民國十三年(1924)吴江施肇曾醒園刻本 一册 存一種

330000－1710－0010207 普0002616 經部/叢編

十三經讀本 唐文治輯 民國十三年(1924)吴江施肇曾醒園刻本 六册 存一種

330000－1710－0010208 普0002618 經部/叢編

十三經讀本 唐文治輯 民國十三年(1924)吴江施肇曾醒園刻本 一册 存一種

330000－1710－0010209 普0002619 經部/叢編

十三經讀本 唐文治輯 民國十三年(1924)吴江施肇曾醒園刻本 八册 存一種

330000－1710－0010235 普0002596 史部/傳記類/總傳之屬/儒林

聖學宗傳十八卷 (明)周汝登撰 民國二十年(1931)吴興劉承幹影印本 七册 存十五卷(四至十八)

330000－1710－0010295 普0002679 經部/儀禮類/傳説之屬

禮經大義一卷 曹元弼撰 民國鉛印本 一册

330000－1710－0010302 普0002694 子部/醫家類/溫病之屬

溫病條辨六卷首一卷 (清)吴瑭撰 民國上海錦章圖書局石印本 二册 缺四卷(三至六)

330000－1710－0010317 普0002689 子部/醫家類/類編之屬

徐靈胎醫書三十二種 (清)徐大椿撰 民國上海錦文堂書局石印本 四册 存二十五種

330000－1710－0010342 子/佛家/1147 子部/宗教類/佛教之屬/經疏

圓覺親聞記二卷 釋諦閑講演 釋妙煦等手録 民國七年(1918)北京法輪星記印刷局鉛印本 釋知修題記 二册

330000－1710－0010343 普0002697 子部/醫家類/醫經之屬/難經

校正圖註八十一難經四卷 (明)張世賢註 **校正圖註脈訣四卷** (晉)王叔和撰 (明)張世賢註 **校正瀕湖脈學一卷奇經八脈考一卷** (明)李時珍撰輯 民國石印本 五册

330000－1710－0010362 普0002706 史部/地理類/水利之屬

宗孟廬行水三議一卷 盛沅撰 民國九年(1920)鉛印本 一册

330000－1710－0010368 普0002707 史部/地理類/水利之屬

宗孟廬行水三議一卷 盛沅撰 民國九年(1920)鉛印本 一册

330000－1710－0010379 普0002766 史部/詔令奏議類/奏議之屬

二二五五疏二卷 錢恂撰 民國八年(1919)上海聚珍倣宋印書局鉛印本 二册

330000－1710－0010388 普0003950 史部/史抄類

漢書精華八卷 中華書局輯 民國中華書局鉛印本 八册

330000－1710－0010408 普0002793 史部/政書類/律令之屬

最新區街村自治法不分卷 胡行之撰 民國十七年(1928)上海新學會社鉛印本 一册

330000－1710－0010413 普0002816 史部/地理類/方志之屬/郡縣志

[光緒]杭州府志一百七十八卷首八卷 (清)陳璚等修 (清)王棻等纂 屈映光續修 陸懋勳續纂 齊耀珊重修 吴慶坻重纂 **杭州府志校勘記十六卷** 吴憲奎等編 民國十一年至十五年(1922－1926)鉛印本 一册 存三卷(杭州府志九十至九十二)

330000－1710－0010416 普0002813 史部/地理類/方志之屬/郡縣志

[嘉慶]德清縣續志十卷 (清)周紹濂續修 (清)張凱 (清)孔繼洙續纂 民國元年

(1912)石印本　二冊

330000－1710－0010422　普0002838　史部/目録類/總録之屬/史志

清閨秀藝文略五卷　單士釐輯　民國十六年(1927)浙江公立圖書館鉛印本　一冊　缺一卷(一)

330000－1710－0010427　普0002822　類叢部/類書類/通類之屬

增補事類統編九十三卷首一卷　(清)黄葆真增輯　民國三年(1914)上海文盛書局石印本　十二冊

330000－1710－0010461　普0002878　史部/目録類/總録之屬/官修

壬子文瀾閣所存書目五卷　錢恂編　**文瀾閣目補一卷**　章箴編　民國元年(1912)浙江圖書館刻十二年(1923)補刻本　四冊

330000－1710－0010463　普0002879　史部/目録類/總録之屬/官修

壬子文瀾閣所存書目五卷　錢恂編　**文瀾閣目補一卷**　章箴編　民國元年(1912)浙江圖書館刻十二年(1923)補刻本　四冊

330000－1710－0010464　普0002880　史部/目録類/總録之屬/官修

壬子文瀾閣所存書目五卷　錢恂編　**文瀾閣目補一卷**　章箴編　民國元年(1912)浙江圖書館刻十二年(1923)補刻本　四冊

330000－1710－0010465　普0002859　史部/編年類/通代之屬

增修補註歷代通鑑輯覽一百四十卷　王文濡等撰　民國上海文明書局鉛印本　六冊　存十三卷(九十七至九十八、一百一至一百二、一百五至一百七、一百十一至一百十二、一百十五至一百十八)

330000－1710－0010466　普0002881　類叢部/叢書類/彙編之屬

景印國藏善本叢刊樣本不分卷　景印國藏善本叢刊委員會編　民國二十六年(1937)商務印書館鉛印本暨影印本　一冊

330000－1710－0010471　普0002869　史部/目録類/總録之屬/官修

浙江公立圖書館保存類目錄四卷　浙江公立圖書館編　民國十年(1921)浙江公立圖書館石印本　二冊

330000－1710－0010478　普0003951　史部/史抄類

史記精華八卷　中華書局編　民國上海中華書局鉛印本　八冊

330000－1710－0010481　普0002888　史部/傳記類/總傳之屬/通代

校正尚友錄統編二十四卷　(清)錢湖釣徒編　(清)張元聲輯　民國七年(1918)上海國學圖書局石印本　五冊　存十卷(七至十、十三至十四、十九至二十二)

330000－1710－0010483　普0002890　子部/農家農學類/園藝之屬/總志

佩文齋廣羣芳譜一百卷目錄二卷　(清)汪灝等撰　民國上海錦章圖書局石印本　六冊　存二十八卷(五十四至八十一)

330000－1710－0010502　子/佛家/1146　子部/宗教類/佛教之屬/經疏

佛說阿彌陀經疏三卷　(唐)釋窺基撰　民國四年(1915)金陵刻經處刻本　一冊

330000－1710－0010504　普0002894　子部/宗教類/佛教之屬/經疏

摩訶般若波羅密多心經注解一卷　(清)朱珪撰　民國十一年(1922)海昌姚氏刻本　一冊

330000－1710－0010505　普0002895　子部/宗教類/佛教之屬

佛學叢書□□種　丁福保輯　民國上海醫學書局鉛印本暨影印本　一冊　存一種

330000－1710－0010506　普0002921　集部/别集類

默盦集十卷　王舟瑤撰　民國二年(1913)上海國光書局鉛印本　三冊

330000－1710－0010511　普0002923　集部/别集類

冬花遺集五卷　王家桂　陳鋭輯　民國九年(1920)鉛印本　一册

330000－1710－0010512　普0002924　子部/宗教類/佛教之屬
世界佛學苑漢藏教理院叢書□□種　民國重慶漢藏教理院鉛印本　一册　存一種

330000－1710－0010513　普0002925　子部/宗教類/佛教之屬
禪門日誦一卷附佛祖心燈一卷　民國二十七年(1938)上海佛學書局刻本　一册

330000－1710－0010514　普0002926　史部/傳記類/别傳之屬/事狀
諦閑法師榮哀錄不分卷　釋寶静等輯　民國鉛活字藍印本　一册

330000－1710－0010515　普0002899　子部/醫家類/本草之屬/歷代綜合本草
本草綱目五十二卷圖三卷　(明)李時珍撰　民國元年(1912)上海鴻寶齋石印本　一册　存三卷(十六至十八)

330000－1710－0010522　普0002941　集部/總集類/彙編之屬
寒隱社叢書□□種　寒隱社編　民國元年(1912)上海寒隱社鉛印本　一册　存一種

330000－1710－0010530　普0002903　史部/傳記類/别傳之屬/事狀
諦閑法師榮哀錄不分卷　釋寶静等輯　民國鉛活字藍印本　一册

330000－1710－0010534　普0002934　史部/地理類/山川之屬/山志
西天目祖山志八卷首一卷末一卷補遺一卷　(明)釋廣賓撰　(清)釋際界增訂　民國十五年(1926)鉛印本　二册

330000－1710－0010542　普0002927　子部/宗教類/佛教之屬/諸宗
印光法師文鈔二卷附錄一卷　釋聖量撰　民國九年(1920)上海商務印書館鉛印本　二册

330000－1710－0010546　普0002948　類叢部/叢書類/自著之屬
玩芳艸堂叢書　(清)王棻撰　民國上海國光書局鉛印本　八册　存一種

330000－1710－0010547　普0002930　史部/目録類/總録之屬/官修
國民政府文官處圖書館圖書目錄不分卷　國民政府文官處圖書館編　民國二十三年(1934)國民政府文官處印鑄局鉛印本　二册

330000－1710－0010548　普0002949　類叢部/叢書類/自著之屬
玩芳艸堂叢書　(清)王棻撰　民國上海國光書局鉛印本　六册　存一種

330000－1710－0010558　普0002966　史部/地理類/方志之屬/郡縣志
[同治]盛湖志十四卷首一卷末一卷　(清)仲廷機纂　**盛湖志補四卷**　(清)仲虎騰續纂　民國十四年(1925)周慶雲覆刻吳江仲氏本　四册　存十三卷(首,一至八、十二至十四,末)

330000－1710－0010577　普0002979　子部/宗教類/道教之屬/戒律
文昌帝君陰騭文註證不分卷　(清)潘成雲輯　民國十二年(1923)佛學推行社鉛印本　一册

330000－1710－0010578　普0002980　集部/别集類
百八鐘聲一卷　潘守廉撰　民國二十二年(1933)鉛印本　一册

330000－1710－0010579　普0002977　子部/宗教類/道教之屬/戒律
太上寶筏圖說八卷　(清)黄正元撰　民國石印本　四册　存四卷(弟、忠、信、禮)

330000－1710－0010581　普0002981　子部/宗教類/佛教之屬
依時輪上師相應法一卷　釋法日撰　釋寶金剛譯　**北沙嘛拔哈拉發願文一卷**　民國鉛印本　一册

330000－1710－0010582　普0002978　史部/

目録類/總録之屬/私撰

書目答問五卷別錄一卷國朝箸述諸家姓名略一卷 （清）張之洞撰 民國上海掃葉山房石印本 一册 存一卷（三）

330000－1710－0010584 普0002988 史部/金石類/錢幣之屬/雜著

談泉雜錄五卷 高煥文輯 民國十五年（1926）高氏泉壽山房石印本 一册

330000－1710－0010585 普0002989 史部/傳記類/別傳之屬/事狀

皇清誥授光祿大夫贈太子少保予謚勤肅頭品頂戴兵部尚書都察院右都御史兩廣總督顯考方之府君［陶模］行述一卷 陶葆廉 陶保霖述 **賜進士出身誥授光祿大夫贈太子少保頭品頂戴兵部尚書都察院右都御史兩廣總督顯考陶勤肅公墓志銘一卷** （清）陳豪撰 民國鉛印本 一册

330000－1710－0010589 普0002991、普0002993 類叢部/叢書類/郡邑之屬

槜李叢書九種 金兆蕃編 民國二十年至二十五年（1931－1936）嘉興金氏刻本 七册 存一種

330000－1710－0010593 普0002995 史部/傳記類/總傳之屬/儒林

景陸稡編八卷首一卷末一卷 （清）許仁沐輯 民國十四年（1925）鉛印本 六册

330000－1710－0010594 普0002982－2986 經部/叢編

十三經讀本 唐文治輯 民國十三年（1924）吳江施肇曾醒園刻本 二十一册 存五種

330000－1710－0010595 普0002996 史部/傳記類/總傳之屬/儒林

景陸稡編八卷首一卷末一卷 （清）許仁沐輯 民國十四年（1925）鉛印本 六册

330000－1710－0010601 普0003001 史部/編年類/通代之屬

增修補註歷代通鑑輯覽一百四十卷 王文濡等撰 民國七年（1918）文明書局鉛印本 四十七册 缺三十六卷（七十九至八十二、八十五至一百二、一百五至一百十八）

330000－1710－0010609 普0003031 子部/宗教類/佛教之屬

觀世音菩薩三寶救生經不分卷 （清）裘象坤編 民國十三年（1924）鉛印本 范古農題記 一册

330000－1710－0010614 普0003032 子部/宗教類/佛教之屬/大藏

影印宋磧砂藏經六千三百六十二卷附首册二卷 影印宋版藏經會輯 民國二十五年（1936）上海影印宋版藏經會鉛印本 三册 存三卷（首册一至二）

330000－1710－0010615 普0003011 集部/別集類/清別集

琴鶴山房殘稿二卷 （清）趙銘撰 金兆蕃輯 民國元年（1912）金兆蕃鉛印本 一册

330000－1710－0010616 普0003012 經部/小學類/音韻之屬/等韻

等韻一得補篇一卷 勞乃宣撰 民國二年（1913）刻本 一册

330000－1710－0010617 普0003013 經部/小學類/音韻之屬/注音

讀音簡字通譜一卷 勞乃宣編 民國八年（1919）勞乃宣京師刻本 一册

330000－1710－0010629 普0003040 類叢部/叢書類/彙編之屬

心園叢刻一集五種 徐珂輯 民國十四年（1925）杭縣徐氏鉛印本 一册 存一種

330000－1710－0010631 普0003042 史部/傳記類/總傳之屬/技藝

歷代畫史彙傳七十二卷首一卷附錄二卷 （清）彭蘊璨編 民國上海錦章圖書局石印本 十二册

330000－1710－0010634 普0003039 新學/農政

農學會所譯書分類總目不分卷 稿本 一册

330000－1710－0010645　普0003022　類叢部/叢書類/彙編之屬

又滿樓叢書十六種　趙詒琛編　民國九年至十四年(1920－1925)崑山趙氏又滿樓刻本　一册　存一種

330000－1710－0010646　普0003050　類叢部/叢書類/彙編之屬

漢魏叢書三十八種　(明)程榮輯　民國十四年(1925)上海商務印書館據明萬曆程氏刻本影印本　三十一册　存三十一種

330000－1710－0010647　普0003125　集部/別集類/清別集

煙霞萬古樓詩集二卷　(清)王曇撰　**仲瞿詩錄一卷**　(清)徐渭仁輯　民國六年(1917)上海掃葉山房石印本　一册

330000－1710－0010652　普0003127　史部/地理類/方志之屬/郡縣志

[民國]竹林八圩志十二卷首一卷　祝廷錫纂　民國二十一年(1932)石印本　一册　存三卷(四至六)

330000－1710－0010654　普0003128　史部/地理類/方志之屬/郡縣志

[民國]新塍鎮志二十六卷首一卷　朱士楷纂輯　民國十二年(1923)平湖綺春閣鉛印本　二册　存十四卷(十三至二十六)

330000－1710－0010655　普0003129　史部/地理類/專志之屬/古跡

海昌勝蹟志八卷補綴一卷　管元耀輯　民國二十一年(1932)海寧管氏靜得樓刻本　一册　存二卷(一至二)

330000－1710－0010659　普0003133　史部/地理類/方志之屬/郡縣志

[民國]新塍鎮志二十六卷首一卷　朱士楷纂輯　民國十二年(1923)平湖綺春閣鉛印本　一册　存六卷(首、一至五)

330000－1710－0010660　普0003134　史部/地理類/方志之屬/郡縣志

[民國]新塍鎮志二十六卷首一卷　朱士楷纂輯　民國十二年(1923)平湖綺春閣鉛印本　一册　存五卷(一至五)

330000－1710－0010661　普0003135　集部/總集類/郡邑之屬

武原先哲遺著初編十種　談文灯輯　民國十年(1921)海鹽談氏鉛印本　二册

330000－1710－0010663　普0003137　史部/地理類/方志之屬/郡縣志

[民國]烏青鎮志四十四卷首一卷　盧學溥修　朱辛彝　張惟驤纂　民國二十五年(1936)刻本　一册　存七卷(一至七)

330000－1710－0010666　普0003057　類叢部/類書類/通類之屬

清初殿版銅活字印古今圖書集成樣本不分卷　中華書局編　民國二十三年(1934)中華書局鉛印本暨影印本　一册

330000－1710－0010669　普0003139　集部/總集類/選集之屬/斷代

唐詩三百首註疏六卷　(清)孫洙編　(清)章燮註　民國上海鴻寶齋書局石印本　一册

330000－1710－0010675　普0003062　子部/儒家類/儒學之屬/蒙學

寧陵呂氏小兒語一卷女小兒語一卷續小兒語三卷演小兒語一卷　(清)徐榮注　民國二十四年(1935)石印本　一册

330000－1710－0010676　普0003142　史部/地理類/方志之屬/郡縣志

新塍新志二十七卷首一卷　嚴一萍撰　民國三十七年(1948)鉛印本(卷三至二十七原缺)　一册

330000－1710－0010679　普0003143　史部/地理類/方志之屬/郡縣志

[民國]新塍鎮志二十六卷首一卷　朱士楷纂輯　民國十二年(1923)平湖綺春閣鉛印本　三册　存二十一卷(六至二十六)

330000－1710－0010680　普0003144　史部/地理類/方志之屬/郡縣志

新塍鎮志二十六卷首一卷　朱士楷纂輯　民

國十二年(1923)平湖綺春閣鉛印本　四冊

330000－1710－0010681　普0003145　集部/別集類

復益草堂詩存一卷　褚成鈺撰　民國二十四年(1935)鉛印本　一冊

330000－1710－0010682　普0003146、普0003147　集部/別集類/明別集

陶元暉中丞遺集二卷首一卷附錄一卷跋一卷　(明)陶朗先撰　民國九年(1920)上海聚珍倣宋印書局鉛印本　二冊

330000－1710－0010684　普0003148　集部/別集類

蝶兒詩夢三卷　莊一拂撰　民國鉛印本　一冊

330000－1710－0010685　普0003149　集部/別集類

陶簃詩存初輯一卷　陶元鏞撰　民國二十年(1931)鉛印本　一冊

330000－1710－0010686　普0003150　史部/政書類/公牘檔冊之屬

旅滬嘉郡會館第七屆徵信錄一卷　嘉郡會館編　民國十四年(1925)鉛印本　一冊

330000－1710－0010687　普0003151　史部/政書類/公牘檔冊之屬

旅滬嘉郡會館第六屆徵信錄一卷　嘉郡會館編　民國十三年(1924)鉛印本　一冊

330000－1710－0010688　普0003152　史部/政書類/公牘檔冊之屬

旅滬嘉郡會館徵信錄一卷　嘉郡會館編　民國八年(1919)鉛印本　一冊

330000－1710－0010689　普0003153　史部/政書類/公牘檔冊之屬

旅滬嘉郡會館第四屆徵信錄一卷　嘉郡會館編　民國十一年(1922)鉛印本　一冊

330000－1710－0010695　普0003074　集部/別集類/清別集

小種字林柱銘偶存不分卷　吳受福撰　民國二十二年(1933)檇李郭氏刻本　一冊

330000－1710－0010696　普0003075　史部/地理類/方志之屬/郡縣志

[民國]濮院志三十卷　夏辛銘纂　民國十六年(1927)刻本　一冊　存四卷(二十七至三十)

330000－1710－0010705　普0003078　史部/地理類/方志之屬/郡縣志

[民國]新塍鎮志二十六卷首一卷　朱士楷纂輯　民國十二年(1923)平湖綺春閣鉛印本　一冊　存六卷(十三至十八)

330000－1710－0010707　普0003079　史部/傳記類/總傳之屬/家乘

[浙江嘉興]金氏如心堂譜不分卷　金兆藩纂修　民國二十三年(1934)刻本　一冊

330000－1710－0010711　普0003175　集部/別集類

適廬詩存一卷附三國宮詞一卷　陳翰撰　民國十九年(1930)鉛印本　一冊

330000－1710－0010712　普0003081　史部/傳記類/別傳之屬/墓誌

學部尚書沈公[曾植]墓志銘一卷　謝鳳孫撰並書　民國石印本　一冊

330000－1710－0010713　普0003176　集部/別集類

悔餘生詩五卷　吳慶坻撰　民國十五年(1926)鉛印本　二冊

330000－1710－0010724　普0003085　集部/別集類/漢魏六朝別集

陶淵明文集十卷　(晉)陶潛撰　民國石印本　二冊　存五卷(六至十)

330000－1710－0010726　普0003099　集部/別集類/清別集

真意齋遺著一卷詩外一卷　(清)許楣撰　民國十一年(1922)鉛印本　一冊

330000－1710－0010728　普0003088　集部/總集類/選集之屬/斷代

京錫游草不分卷 胡韞玉 傅熊湘 高燮撰 民國八年(1919)鉛印本 一冊

330000－1710－0010731 普0003090 集部/別集類

貞孝先生遺墨五卷附小種字體柱銘偶存一卷 吳受福撰 民國二十二年(1933)槜李郭氏刻本 二冊 缺三卷(三至五)

330000－1710－0010733 普0003091 類叢部/叢書類/彙編之屬

茗香館叢鈔□□種 李正墀輯 民國鉛印本暨石印本 二冊 存一種

330000－1710－0010740 普0003154 集部/總集類/郡邑之屬

武原先哲遺著初編十種 談文灴輯 民國十年(1921)海鹽談氏鉛印本 二冊

330000－1710－0010741 普0003107 集部/別集類

海日樓詩二卷 沈曾植撰 民國刻本 一冊

330000－1710－0010746 普0003158 類叢部/叢書類/彙編之屬

四部叢刊 張元濟等編 民國八年(1919)上海商務印書館影印本 一冊 存一種

330000－1710－0010747 普0003159 類叢部/叢書類/彙編之屬

四部叢刊 張元濟等編 民國八年(1919)上海商務印書館影印本 三冊 存一種

330000－1710－0010751 普0003162 集部/別集類/明別集

王文成公全書三十八卷 (明)王守仁撰 民國二年(1913)上海中華圖書館影印本 十二冊

330000－1710－0010756 普0003118 集部/別集類

望雲廬遺稿二卷 孫元琅撰 民國二十一年(1932)鉛印本 一冊

330000－1710－0010758 普0003119 集部/別集類

望雲廬遺稿二卷 孫元琅撰 民國二十一年(1932)鉛印本 一冊

330000－1710－0010762 普0003167 集部/總集類/郡邑之屬

新溪文述八卷首一卷 鄭之章輯 民國十九年(1930)新塍通俗圖書館鉛印本 二冊

330000－1710－0010763 普0003109 集部/總集類/氏族之屬

問松里鄭氏詩存一卷 鄭之章輯 民國十二年(1923)鉛印本 一冊

330000－1710－0010764 普0003707 集部/總集類/氏族之屬

問松里鄭氏詩存一卷 鄭之章輯 民國十二年(1923)鉛印本 一冊

330000－1710－0010765 普0003708 集部/總集類/氏族之屬

問松里鄭氏詩存一卷 鄭之章輯 民國十二年(1923)鉛印本 一冊

330000－1710－0010768 普0002725 類叢部/叢書類/彙編之屬

四部叢刊 張元濟等編 民國八年(1919)上海商務印書館影印本 一冊 存一種

330000－1710－0010772 普0003112 集部/別集類/清別集

琴鶴山房遺稿八卷 (清)趙銘撰 金兆蕃輯 民國十一年(1922)金兆蕃刻本 一冊 存四卷(一至四)

330000－1710－0010774 普0003122 經部/易類

易藏叢書六種 杭辛齋撰 民國十一年(1922)上海研幾學社鉛印本 一冊 存二種

330000－1710－0010777 普0002729 類叢部/叢書類/彙編之屬

四部叢刊 張元濟等編 民國十八年(1929)上海商務印書館影印本 一冊 存一種

330000－1710－0010778 普0002726 類叢部/叢書類/彙編之屬

四部叢刊　張元濟等編　民國上海商務印書館影印本　一册　存一種

330000－1710－0010781　普0002732　類叢部/叢書類/彙編之屬

四部叢刊　張元濟等編　民國八年(1919)上海商務印書館影印本　三册　存一種

330000－1710－0010783　普0003190　集部/別集類

劍青室詩存二卷　王藩撰　**劍青室隨筆一卷**　(清)柳門記　民國二十四年(1935)鉛印本　一册

330000－1710－0010789　普0002735　類叢部/叢書類/彙編之屬

四部叢刊　張元濟等編　民國八年(1919)上海商務印書館影印本　一册　存一種

330000－1710－0010802　普0002745　史部/傳記類/別傳之屬/事狀

黃膺白先生故舊感憶錄不分卷　黃膺白先生紀念刊編輯委員會編　民國二十六年(1937)鉛印本　一册

330000－1710－0010804　普0003181　史部/地理類/方志之屬/郡縣志

[萬曆]秀水縣志十卷　(明)李培修　(明)黃洪憲等纂　金蓉鏡校補　民國十四年(1925)金蓉鏡校補鉛印本　一册　存三卷(三至五)

330000－1710－0010805　普0003197　子部/醫家類/兒科之屬/痘疹

治疹全書三卷首一卷　(清)夏禹鑄原本　(清)吳復旦鑒定　(清)甯新甫參閱　(清)甯耀垣　(清)甯耀璣輯　民國十年(1921)古大化里重印本　一册

330000－1710－0010809　普0003183　集部/別集類/明別集

陶元暉中丞遺集二卷首一卷附錄一卷跋一卷　(明)陶朗先撰　民國九年(1920)上海聚珍倣宋印書局鉛印本　一册　存三卷(下、附錄、跋)

330000－1710－0010819　普0003205　史部/雜史類/斷代之屬

評註國策編年讀本四卷　李聯珪撰　鄒登泰校　民國七年(1918)上海蘇新書社鉛印本　一册　存一卷(四)

330000－1710－0010820　普0003206　史部/紀傳類/正史之屬

百衲本二十四史預約樣本不分卷　上海商務印書館編　民國十九年(1930)上海商務印書館鉛印暨影印本　一册

330000－1710－0010825　普0003188　集部/別集類/清別集

西漚待商稿二卷　(清)丁彭年撰　民國五年(1916)滬江刻本　一册

330000－1710－0010828　普0003209　集部/總集類/酬唱之屬

虎林銷夏集一卷　沈鈞輯　民國三年(1914)杭城興業印書局鉛印本　一册

330000－1710－0010832　普0003226　史部/政書類/公牘檔册之屬

嘉郡會館第三屆徵信錄一卷　嘉郡會館編　民國十年(1921)鉛印本　一册

330000－1710－0010833　普0003227　史部/政書類/公牘檔册之屬

旅滬嘉郡會館第十一屆徵信錄一卷　嘉郡會館編　民國五年至六年(1916－1917)鉛印本　一册

330000－1710－0010841　普0003215　集部/別集類

北溟詩槀二卷補遺一卷　江起鯤撰　民國二十二年(1933)寧波鈞和公司鉛印本　一册

330000－1710－0010843　普0003217　集部/總集類/酬唱之屬

辛未歲暮感懷唱和集一卷　黃端履等撰　民國二十一年(1932)鉛印本　一册

330000－1710－0010844　普0003218　類叢部/叢書類/彙編之屬

進德叢書八種　丁福保編　民國上海醫學書

局鉛印本　一册　存一種

330000－1710－0010847　普0003220　集部/別集類

逋居士集一卷平原村人詞一卷　沈維賢撰　民國二十八年(1939)杭州刻本　一册

330000－1710－0010858　普0003243　史部/地理類/方志之屬/郡縣志

[民國]梅里備志八卷首一卷　余霖纂　民國十一年(1922)閱滄樓刻本　一册　存三卷(六至八)

330000－1710－0010864　普0003255　史部/傳記類/總傳之屬/家乘

[浙江嘉善]西塘李氏支譜六卷　李正墀纂修　民國十二年(1923)石印本　二册

330000－1710－0010869　普0003260　史部/傳記類/别傳之屬/事狀

先本生妣錢太夫人[卿文]事略一卷　金兆蕃撰　民國九年(1920)鉛印本　一册

330000－1710－0010871　普0003262　子部/藝術類/篆刻之屬

兩面文偶語一卷　(清)沈國淇撰　民國五年(1916)石印本　一册

330000－1710－0010873　普0003264　子部/宗教類/佛教之屬/論

法相諸論敘合刊一卷　歐陽漸輯　民國十年(1921)金陵刻經處刻本　一册

330000－1710－0010885　普0003276　集部/別集類/清别集

覆瓿草二卷　(清)劉其清撰　民國五年(1916)葛嗣浵申江刻本　一册

330000－1710－0010898　普0003288　史部/目録類/總録之屬/官修

浙江公立圖書館通常類圖書目錄五卷附保存類圖書目録補遺一卷　浙江公立圖書館編　民國十四年(1925)浙江公立圖書館鉛印本　八册

330000－1710－0010911　普0003297　集部/總集類/選集之屬/通代

東萊先生古文關鍵四卷　(宋)呂祖謙評　(宋)蔡文子註　(清)徐樹屏考異　民國七年(1918)上海會文堂書局、碧梧山莊書局影印本　四册

330000－1710－0010912　普0003298　集部/別集類/宋別集

四明文獻集五卷　(宋)王應麟撰　(明)鄭眞輯　**深寧先生文鈔摭餘編三卷**　(宋)王應麟撰　(清)葉熊輯　**深寧先生[王應麟]年譜一卷**　(清)錢大昕編　**王深寧先生[應麟]年譜一卷**　(清)陳僅撰　(清)張恕編　**王深寧先生[應麟]年譜一卷**　(清)張大昌輯　民國五年(1916)仁和王存善鉛印本　四册

330000－1710－0010915　普0003300　集部/總集類/選集之屬/斷代

三子游草不分卷　高燮等撰　民國四年(1915)鉛印本　一册

330000－1710－0010917　普0003317　集部/總集類/選集之屬/通代

古詩源十四卷　(清)沈德潛輯　民國十二年(1923)上海掃葉山房石印本　四册

330000－1710－0010920　普0003318　集部/總集類/彙編之屬

百三名家集　(明)張溥編　民國掃葉山房石印本　二册　存七種

330000－1710－0010922　普0003320　集部/總集類/選集之屬/通代

評註昭明文選十五卷首一卷葉星衛附註一卷　(清)于光華輯　民國上海掃葉山房石印本　一册　存一卷(八)

330000－1710－0010925　普0003323　集部/別集類

白石山房詩鈔三卷補遺一卷　張宗江撰　民國八年(1919)鉛印本　一册

330000－1710－0010928　普0003326　集部/總集類/彙編之屬

百三名家集　(明)張溥編　民國掃葉山房石

印本　一册　存一種

330000－1710－0010931　普0003331　集部/總集類/選集之屬/斷代
清閨秀正始再續集初編四卷　單士釐輯　民國歸安錢氏鉛印本　四册

330000－1710－0010932　普0003332　集部/總集類/選集之屬/斷代
清閨秀正始再續集初編四卷　單士釐輯　民國歸安錢氏鉛印本　三册

330000－1710－0010934　普0003305　集部/別集類/唐五代別集
唐樊紹述遺文一卷附録一卷　(唐)樊宗師撰　(清)張庚輯注　民國十四年(1925)山陰樊氏縣絳書屋刻本　一册

330000－1710－0010935　普0003306　集部/別集類/唐五代別集
樊紹述集注二卷　(唐)樊宗師撰　(清)孫之騄輯　民國五年(1916)樊氏刻本　二册

330000－1710－0010936　普0003333　集部/總集類/郡邑之屬
當湖詩文逸二十二卷　(清)張憲和編　民國十八年(1929)平湖縣署刻本　七册　缺三卷(十至十二)

330000－1710－0010937　普0003307　集部/別集類/唐五代別集
樊紹述集注二卷　(唐)樊宗師撰　(清)孫之騄輯　民國五年(1916)樊氏刻本　二册

330000－1710－0010938　普0003308　集部/別集類/唐五代別集
樊紹述集注二卷　(唐)樊宗師撰　(清)孫之騄輯　民國五年(1916)樊氏刻本　一册　存一卷(二)

330000－1710－0010940　普0003309　類叢部/叢書類/自著之屬
樊諫議文五家注三種　(唐)樊宗師撰　民國紹興樊氏縣絳書屋刻本　一册　存一種

330000－1710－0010941　普0003310　類叢部/叢書類/自著之屬
樊諫議文五家注三種　(唐)樊宗師撰　民國紹興樊氏縣絳書屋刻本　一册　存一種

330000－1710－0010949　普0003315　集部/總集類/選集之屬/通代
古文辭類纂評註七十四卷　(清)姚鼐纂輯　沈伯經等評注　民國上海文明書局鉛印本　八册

330000－1710－0010951　普0003334　集部/總集類/選集之屬/通代
增批古文觀止十二卷　(清)吴乘權　(清)吴大職輯　民國八年(1919)章福記書局石印本　四册　存八卷(一至二、七至十二)

330000－1710－0010953　普0003335　集部/詩文評類/文評之屬
言文對照古文評註讀本十二卷　(清)過珙　(清)黄越選評　(清)曾潰　(清)龐雲燦訂　民國十九年(1930)上海世界書局石印本　五册　存五卷(二、四至五、十、十二)

330000－1710－0010954　普0003316　集部/總集類/選集之屬/通代
教科適用古文辭類纂精華不分卷續古文辭類纂精華不分卷　中華書局編　民國五年(1916)上海中華書局鉛印本　六册

330000－1710－0010959　普0003342　史部/叢編
滿清野史□□種　□□輯　民國成都昌福公司鉛印本　一册　存一種

330000－1710－0010960　普0003343　集部/總集類/選集之屬/通代
樊諫議集附録甲集一卷補遺一卷　(唐)樊宗師撰　(清)樊鎮輯　民國十年(1921)紹興樊氏縣絳書屋鉛印本　一册

330000－1710－0010962　普0003344　集部/總集類/選集之屬/通代
樊諫議集附録甲集一卷補遺一卷　(唐)樊宗師撰　(清)樊鎮輯　民國十年(1921)紹興樊氏縣絳書屋鉛印本　一册

330000－1710－0010963　普0003336　集部/總集類/選集之屬/通代

重訂古文釋義新編八卷　(清)余誠評註　民國元年(1912)上海江東茂記書局石印本　八冊

330000－1710－0010966　普0003345　集部/總集類/氏族之屬

三蘇文集四十四卷　(清)邵希雍輯　民國元年(1912)上海會文學社石印本　二冊　存五卷(東坡文集四至八)

330000－1710－0010968　普0003347　類叢部/叢書類/自著之屬

曾文正公全集十六種　(清)曾國藩撰　民國九年(1920)上海中華書局鉛印本　一冊　存一種

330000－1710－0010969　普0003348　史部/地理類/專志之屬/園林

絳守居園池記注一卷　(唐)樊宗師撰　(明)趙師尹注　(清)樊鎮輯　民國八年(1919)紹興樊氏緐絳書屋刻本　一冊

330000－1710－0010970　普0003349　史部/地理類/專志之屬/園林

絳守居園池記句讀一卷　(唐)樊宗師撰　(元)趙仁舉定　(清)管庭芬述　民國十一年(1922)紹興樊氏緐絳書屋刻本　一冊

330000－1710－0010974　普0003384　集部/總集類/選集之屬/斷代

京錫游草不分卷　胡韞玉　傅熊湘　高燮撰　民國八年(1919)鉛印本　一冊

330000－1710－0010983　普0003385　類叢部/叢書類/自著之屬

晨風廬叢刊十八種　周慶雲撰　民國吳興周氏夢坡室刻本　三冊　存一種

330000－1710－0010986　普0003388　集部/總集類/酬唱之屬

兩京同游草一卷　高燮等撰　民國上海聚珍倣宋印書局鉛印本　一冊

330000－1710－0010988　普0003390　集部/總集類/氏族之屬

袁氏閨鈔一卷　袁之球輯　民國七年(1918)鉛印本　一冊

330000－1710－0011003　普0003376　類叢部/叢書類/自著之屬

梨洲遺著彙刊(梨洲遺箸彙刊)二十七種續補三種　(清)黃宗羲撰　薛鳳昌編次　民國四年(1915)上海時中書局鉛印本(南雷文定三集卷三原缺)　八冊　存七種

330000－1710－0011007　普0003379　集部/別集類/清別集

北萊遺詩三卷　(清)釋廣信撰　**天寥遺稿三卷**　(清)釋空明撰　民國二十四年(1935)釋德均煨芋草堂鉛印本　一冊

330000－1710－0011008　普0003380　集部/總集類/酬唱之屬

稀齡贈言三卷　錢綏槼輯　民國三年(1914)海上寄廬刻本　一冊

330000－1710－0011011　普0003399　集部/總集類/郡邑之屬

新溪詩初鈔六卷　(清)李元綸　(清)沈莘士輯　**新溪詩續鈔十卷**　(清)許楨輯　**新溪詩三鈔六卷**　(清)朱士楷輯　鄭綸章補輯　民國十五年(1926)鉛印本　三冊　存九卷(初鈔四至六、三鈔一至六)

330000－1710－0011012　普0003400　集部/別集類/清別集

榆蔭山房吟草四卷　(清)朱丙壽撰　民國十一年(1922)鉛印本　一冊　存二卷(二至三)

330000－1710－0011014　普0003402　集部/總集類/氏族之屬

愼行堂三世詩存　徐寶炘　徐寶華輯　民國刻本　二冊　存二種

330000－1710－0011020　普0003408　集部/總集類/郡邑之屬

濮川詩鈔三十四種四十四卷　(清)陳光裕　(清)沈堯咨輯　民國二十一年(1932)石印本　十一冊　存三十三種

330000－1710－0011022　普0003409　集部/總集類/氏族之屬

慎行堂三世詩存　徐寶炘　徐寶華輯　民國刻本　二册　存二種

330000－1710－0011023　普0003410　史部/傳記類/總傳之屬/郡邑

鴛湖求舊録四卷　朱福清輯　民國八年(1919)刻本　一册

330000－1710－0011024　普0003411　集部/總集類/氏族之屬

慎行堂三世詩存　徐寶炘　徐寶華輯　民國刻本　二册　存二種

330000－1710－0011043　普0003420　集部/別集類

濯絳宧文鈔一卷　劉毓盤撰　民國七年(1918)鉛印本　一册

330000－1710－0011052　普0003429　子部/宗教類/佛教之屬/經

法華三經十七卷　民國鉛印本　四册

330000－1710－0011053　普0003430　子部/宗教類/佛教之屬/論

大佛頂如來密因修證了義諸菩薩萬行首楞嚴經合論十卷　(唐)釋般剌密帝譯　(唐)釋彌伽釋迦譯語　(唐)房融筆受　(宋)釋德洪造論　(宋)釋正受釐論入經并删補　民國六年(1917)金陵刻經處刻本　五册

330000－1710－0011054　普0003431　子部/宗教類/佛教之屬/經疏

說無垢稱經疏二十二卷　(唐)釋窺基撰　民國七年(1918)金陵刻經處刻本　五册　存十五卷(一至十五)

330000－1710－0011055　普0003432　類叢部/叢書類/彙編之屬

四部備要　中華書局編　民國二十五年(1936)上海中華書局鉛印本　一册　存一種

330000－1710－0011056　普0003433　類叢部/叢書類/彙編之屬

四部備要　中華書局編　民國二十五年(1936)上海中華書局鉛印本　四册　存一種

330000－1710－0011057　普0003434　類叢部/叢書類/彙編之屬

四部備要　中華書局編　民國二十五年(1936)上海中華書局鉛印本　十五册　存一種

330000－1710－0011058　普0003435　類叢部/叢書類/彙編之屬

四部備要　中華書局編　民國二十五年(1936)上海中華書局鉛印本　五册　存一種

330000－1710－0011059　普0003436　類叢部/叢書類/彙編之屬

四部備要　中華書局編　民國二十五年(1936)上海中華書局鉛印本　六册　存一種

330000－1710－0011060　普0003414　集部/別集類/清別集

古紅梅閣集八卷　(清)劉履芬撰　民國十五年(1926)鉛印本　一册

330000－1710－0011061　普0003438　類叢部/叢書類/彙編之屬

四部備要　中華書局編　民國二十五年(1936)上海中華書局鉛印本　一册　存一種

330000－1710－0011062　普0003439　類叢部/叢書類/彙編之屬

四部備要　中華書局編　民國二十五年(1936)上海中華書局鉛印本　一册　存一種

330000－1710－0011063　普0003440　類叢部/叢書類/彙編之屬

四部備要　中華書局編　民國二十五年(1936)上海中華書局鉛印本　一册　存一種

330000－1710－0011064　普0003441　類叢部/叢書類/彙編之屬

四部備要　中華書局編　民國二十五年(1936)上海中華書局鉛印本　三册　存一種

330000－1710－0011065　普0003442　經部/小學類/音韻之屬

說音一卷　江謙撰　民國二十五年(1936)上

海中華書局鉛印本　一册

330000－1710－0011066　普0003415　集部/別集類/清別集

古紅梅閣集八卷　（清）劉履芬撰　民國十五年（1926）鉛印本　一册

330000－1710－0011067　普0003443　類叢部/叢書類/彙編之屬

四庫全書珍本初集二百三十種　中央圖書館籌備處輯　民國二十三年至二十四年（1934－1935）上海商務印書館據文淵閣本影印本　六册　存一種

330000－1710－0011068　普0003444　類叢部/叢書類/彙編之屬

四部備要　中華書局編　民國二十五年（1936）上海中華書局鉛印本　十四册　存一種

330000－1710－0011069　普0003445　類叢部/叢書類/彙編之屬

四部備要　中華書局編　民國二十五年（1936）上海中華書局鉛印本　八册　存六種

330000－1710－0011070　普0003416　集部/別集類

厚莊文鈔三卷詩鈔二卷　劉紹寬撰　民國八年（1919）刻本　二册

330000－1710－0011071　普0003446　類叢部/叢書類/彙編之屬

四部備要　中華書局編　民國二十五年（1936）上海中華書局鉛印本　八册　存一種

330000－1710－0011072　普0003437　類叢部/叢書類/彙編之屬

四部備要　中華書局編　民國二十五年（1936）上海中華書局鉛印本　十册　存一種

330000－1710－0011073　普0003454　類叢部/叢書類/彙編之屬

四部叢刊　張元濟等編　民國上海商務印書館影印本　二册　存一種

330000－1710－0011074　普0003455　類叢部/叢書類/彙編之屬

四部叢刊　張元濟等編　民國上海商務印書館影印本　七册　存一種

330000－1710－0011075　普0003456　類叢部/叢書類/彙編之屬

四部叢刊　張元濟等編　民國上海商務印書館影印本　三册　存一種

330000－1710－0011076　普0003457　類叢部/叢書類/彙編之屬

四部叢刊　張元濟等編　民國上海商務印書館影印本　一册　存一種

330000－1710－0011077　普0003458　類叢部/叢書類/彙編之屬

四部叢刊　張元濟等編　民國八年（1919）上海商務印書館影印本　一册　存一種

330000－1710－0011079　普0003459　史部/地理類/總志之屬/斷代

嘉慶重修一統志索引不分卷　上海商務印書館編　民國上海商務印書館鉛印本　一册

330000－1710－0011080　普0003460　集部/總集類/選集之屬/通代

歷代五言詩評選十六卷　楊鍾羲輯　民國二十七年（1938）長沙商務印書館鉛印本　三册

330000－1710－0011081　普0003461　類叢部/叢書類/彙編之屬

四部叢刊　張元濟等編　民國上海商務印書館影印本　一册　存一種

330000－1710－0011082　普0003462　類叢部/叢書類/彙編之屬

四部叢刊三編七十一種　張元濟等編　民國二十四年至二十五年（1935－1936）上海商務印書館影印本　一册　存一種

330000－1710－0011083　普0003463　類叢部/叢書類/彙編之屬

四部叢刊　張元濟等編　民國上海商務印書館影印本　三册　存一種

330000－1710－0011084　普0003465　類叢

部/叢書類/彙編之屬

四部叢刊續編七十七種　張元濟等編　民國二十三年(1934)上海商務印書館影印本　二冊　存一種

330000－1710－0011085　普 0003464　類叢部/叢書類/彙編之屬

四部叢刊　張元濟等編　民國上海商務印書館影印本　二冊　存一種

330000－1710－0011086　普 0003466　史部/目録類/書志之屬/提要

重印四部叢刊書録一卷　商務印書館編　民國十八年(1929)商務印書館鉛印本　一冊

330000－1710－0011088　普 0003447　類叢部/叢書類/彙編之屬

四部備要　中華書局編　民國二十五年(1936)上海中華書局鉛印本　二冊　存一種

330000－1710－0011089　普 0003448　類叢部/叢書類/彙編之屬

四部備要　中華書局編　民國二十五年(1936)上海中華書局鉛印本　一冊　存一種

330000－1710－0011090　普 0003449　類叢部/叢書類/彙編之屬

四部備要　中華書局編　民國二十五年(1936)上海中華書局鉛印本　八冊　存一種

330000－1710－0011091　普 0003450　類叢部/叢書類/彙編之屬

四部備要　中華書局編　民國二十五年(1936)上海中華書局鉛印本　一冊　存一種

330000－1710－0011092　普 0003451　類叢部/叢書類/彙編之屬

四部備要　中華書局編　民國二十五年(1936)上海中華書局鉛印本　一冊　存一種

330000－1710－0011093　普 0003452　類叢部/叢書類/彙編之屬

四部備要　中華書局編　民國二十五年(1936)上海中華書局鉛印本　四冊　存一種

330000－1710－0011094　普 0003453　類叢部/叢書類/彙編之屬

四部備要　中華書局編　民國二十五年(1936)上海中華書局鉛印本　八冊　存一種

330000－1710－0011095　普 0003485　類叢部/叢書類/彙編之屬

四部叢刊　張元濟等編　民國上海商務印書館影印本　五冊　存一種

330000－1710－0011096　普 0003486　類叢部/叢書類/彙編之屬

四部叢刊續編七十七種　張元濟等編　民國二十三年(1934)上海商務印書館影印本　二冊　存一種

330000－1710－0011097　普 0003487　類叢部/叢書類/彙編之屬

四部叢刊　張元濟等編　民國上海商務印書館影印本　二冊　存一種

330000－1710－0011098　普 0003488　類叢部/叢書類/彙編之屬

四部叢刊　張元濟等編　民國上海商務印書館影印本　三冊　存一種

330000－1710－0011099　普 0003489　類叢部/叢書類/彙編之屬

四部叢刊　張元濟等編　民國上海商務印書館影印本　六冊　存一種

330000－1710－0011100　普 0003490　類叢部/叢書類/彙編之屬

四部叢刊　張元濟等編　民國上海商務印書館影印本　一冊　存一種

330000－1710－0011101　普 0003491　類叢部/叢書類/彙編之屬

四部叢刊　張元濟等編　民國上海商務印書館影印本　一冊　存一種

330000－1710－0011102　普 0003492　類叢部/叢書類/彙編之屬

四部叢刊　張元濟等編　民國上海商務印書館影印本　一冊　存一種

330000－1710－0011103　普 0003493　類叢

部/叢書類/彙編之屬
四部叢刊 張元濟等編 民國上海商務印書館影印本 一冊 存一種

330000－1710－0011104 普0003494 類叢部/叢書類/彙編之屬
四部叢刊 張元濟等編 民國上海商務印書館影印本 一冊 存一種

330000－1710－0011105 普0003495 類叢部/叢書類/彙編之屬
四部叢刊 張元濟等編 民國上海商務印書館影印本 二冊 存一種

330000－1710－0011106 普0003467 類叢部/叢書類/彙編之屬
四部叢刊 中華書局編 民國二十五年(1936)上海中華書局鉛印本 一冊 存一種

330000－1710－0011107 普0003468 類叢部/叢書類/彙編之屬
四部叢刊三編七十一種 張元濟等編 民國二十四年至二十五年(1935－1936)上海商務印書館影印本 二冊 存一種

330000－1710－0011108 普0003469 類叢部/叢書類/彙編之屬
選印宛委别藏四十種 故宫博物院編 民國二十四年(1935)上海商務印書館影印本 二冊 存一種

330000－1710－0011109 普0003470 類叢部/叢書類/彙編之屬
四部叢刊三編七十一種 張元濟等編 民國二十四年至二十五年(1935－1936)上海商務印書館影印本 四冊 存一種

330000－1710－0011110 普0003471 類叢部/叢書類/彙編之屬
四部叢刊續編七十七種 張元濟等編 民國二十三年(1934)上海商務印書館影印本 二冊 存一種

330000－1710－0011111 普0003472 類叢部/叢書類/彙編之屬
四部叢刊續編七十七種 張元濟等編 民國二十三年(1934)上海商務印書館影印本 一冊 存一種

330000－1710－0011112 普0003473 類叢部/叢書類/自著之屬
清都散客二種 (明)趙南星撰 盧前校訂 民國二十五年(1936)上海中華書局鉛印本 一冊

330000－1710－0011113 普0003474 類叢部/叢書類/彙編之屬
選印宛委别藏四十種 故宫博物院編 民國二十四年(1935)上海商務印書館影印本 一冊 存一種

330000－1710－0011114 普0003475 類叢部/叢書類/彙編之屬
選印宛委别藏四十種 故宫博物院編 民國二十四年(1935)上海商務印書館影印本 二冊 存一種

330000－1710－0011115 普0003476 類叢部/叢書類/彙編之屬
四部叢刊 張元濟等編 民國八年(1919)上海商務印書館影印本 一冊 存一種

330000－1710－0011116 普0003477 類叢部/叢書類/彙編之屬
四部叢刊 張元濟等編 民國八年(1919)上海商務印書館影印本 一冊 存一種

330000－1710－0011117 普0003478 類叢部/叢書類/彙編之屬
四部叢刊 張元濟等編 民國上海商務印書館影印本 一冊 存一種

330000－1710－0011118 普0003479 類叢部/叢書類/彙編之屬
四部叢刊 張元濟等編 民國八年(1919)上海商務印書館影印本 一冊 存一種

330000－1710－0011119 普0003480 集部/總集類/選集之屬/斷代
太平天國文鈔一卷詩鈔一卷聯語鈔一卷附錄一卷 羅邕 沈祖基輯 民國二十年(1931)上海商務印書館鉛印本 一冊 存二卷(詩

鈔、聯語鈔）

330000－1710－0011120　普 0003481　類叢部/叢書類/彙編之屬
四部叢刊續編七十七種　張元濟等編　民國二十三年(1934)上海商務印書館影印本　一冊　存一種

330000－1710－0011121　普 0003482　類叢部/叢書類/彙編之屬
四部叢刊　張元濟等編　民國八年(1919)上海商務印書館影印本　一冊　存一種

330000－1710－0011123　普 0003483　類叢部/叢書類/彙編之屬
四部叢刊續編七十七種　張元濟等編　民國二十三年(1934)上海商務印書館影印本　一冊　存一種

330000－1710－0011124　普 0003484　類叢部/叢書類/彙編之屬
四部叢刊續編七十七種　張元濟等編　民國二十三年(1934)上海商務印書館影印本　一冊　存一種

330000－1710－0011125　普 0003496　類叢部/叢書類/彙編之屬
四部叢刊　張元濟等編　民國上海商務印書館影印本　三冊　存一種

330000－1710－0011126　普 0003505　類叢部/叢書類/彙編之屬
四部叢刊　張元濟等編　民國上海商務印書館影印本　二冊　存一種

330000－1710－0011127　普 0003506　類叢部/叢書類/彙編之屬
四部叢刊　張元濟等編　民國上海商務印書館影印本　一冊　存一種

330000－1710－0011128　普 0003507　類叢部/叢書類/彙編之屬
四部叢刊　張元濟等編　民國上海商務印書館影印本　一冊　存一種

330000－1710－0011129　普 0003508　類叢部/叢書類/彙編之屬
四部叢刊　張元濟等編　民國上海商務印書館影印本　一冊　存一種

330000－1710－0011130　普 0003509　類叢部/叢書類/彙編之屬
四部叢刊　張元濟等編　民國上海商務印書館影印本　三冊　存一種

330000－1710－0011131　普 0003510　類叢部/叢書類/彙編之屬
四部叢刊　張元濟等編　民國上海商務印書館影印本　二冊　存一種

330000－1710－0011132　普 0003511　類叢部/叢書類/彙編之屬
四部叢刊　張元濟等編　民國八年(1919)上海商務印書館影印本　一冊　存一種

330000－1710－0011133　普 0003512　類叢部/叢書類/彙編之屬
四部叢刊　張元濟等編　民國八年(1919)上海商務印書館影印本　二冊　存一種

330000－1710－0011134　普 0003513　類叢部/叢書類/彙編之屬
四部叢刊三編七十一種　張元濟等編　民國二十四年至二十五年(1935－1936)上海商務印書館影印本　二冊　存一種

330000－1710－0011135　普 0003514　類叢部/叢書類/彙編之屬
四部叢刊　張元濟等編　民國上海商務印書館影印本　三冊　存一種

330000－1710－0011136　普 0003515　類叢部/叢書類/彙編之屬
四部叢刊　張元濟等編　民國上海商務印書館影印本　三冊　存一種

330000－1710－0011149　普 0003497、普 0003498　類叢部/叢書類/彙編之屬
四庫全書珍本初集二百三十種　中央圖書館籌備處輯　民國二十三年至二十四年(1934－1935)上海商務印書館據文淵閣本影印本　三冊　存二種

330000－1710－0011151　普0003531　集部/總集類/尺牘之屬
歷代名人小簡續編二卷　吳曾祺輯　民國十四年(1925)上海商務印書館鉛印本　一册　存一卷(下)

330000－1710－0011152　普0003532　新學/理學
天演論二卷　(英國)赫胥黎撰　嚴復譯　民國三年(1914)商務印書館鉛印本　一册

330000－1710－0011153　普0003533　史部/雜史類/斷代之屬
明季稗史初編十六種二十七卷　(清)留雲居士輯　民國元年(1912)上海商務印書館鉛印本　二册　存二種

330000－1710－0011154　普0003534　集部/別集類/宋別集
歐陽文忠公尺牘四卷　(宋)歐陽修撰　(清)彭期編訂　民國二十四年(1935)上海商務印書館鉛印本　二册

330000－1710－0011155　普0003535　經部/春秋左傳類/傳說之屬
春秋左傳句解六卷　(清)韓菼重訂　民國三年(1914)上海商務印書館鉛印本　一册　存一卷(六)

330000－1710－0011156　普0003536　經部/春秋左傳類/傳說之屬
春秋左傳句解六卷　(清)韓菼重訂　民國三年(1914)上海商務印書館鉛印本　六册

330000－1710－0011157　普0003537　集部/別集類/宋別集
曾南豐尺牘一卷　(宋)曾鞏撰　民國二十四年(1935)上海商務印書館鉛印本　一册

330000－1710－0011159　普0003538　史部/史評類/史論之屬
讀通鑑論十六卷附宋論十五卷　(清)王夫之撰　民國上海商務印書館鉛印本　八册　存二十七卷(三至六、九至十六,宋論一至十五)

330000－1710－0011161　普0003539　集部/總集類/選集之屬/通代
高僧山居詩續編一卷　懺庵居士編輯　民國二十五年(1936)上海商務印書館鉛印本　一册

330000－1710－0011164　普0003540　類叢部/叢書類/彙編之屬
百川學海一百一種　(宋)左圭輯　民國十年(1921)上海博古齋據明弘治華氏刻本影印本　一册　存二種

330000－1710－0011165　普0003548　集部/別集類/明別集
歸震川書牘一卷　(明)歸有光撰　民國二十四年(1935)上海商務印書館鉛印本　二册

330000－1710－0011166　普0003541　類叢部/叢書類/彙編之屬
百川學海一百一種　(宋)左圭輯　民國十年(1921)上海博古齋據明弘治華氏刻本影印本　一册　存六種

330000－1710－0011167　普0003549　集部/別集類/宋別集
陸象山尺牘四卷　(宋)陸九淵撰　民國二十四年(1935)上海商務印書館鉛印本　四册

330000－1710－0011168　普0003542　類叢部/叢書類/彙編之屬
百川學海一百一種　(宋)左圭輯　民國十年(1921)上海博古齋據明弘治華氏刻本影印本　一册　存五種

330000－1710－0011169　普0003543　類叢部/叢書類/彙編之屬
百川學海一百一種　(宋)左圭輯　民國十年(1921)上海博古齋據明弘治華氏刻本影印本　一册　存三種

330000－1710－0011170　普0003550　史部/雜史類/斷代之屬
戰國策補註三十三卷　吳曾祺撰　民國三年(1914)上海商務印書館鉛印本　四册

330000－1710－0011172　普0003544　史部/史抄類

史記菁華錄六卷　(清)姚祖恩輯評　民國上海商務印書館鉛印本　三冊

330000－1710－0011173　普0003545　史部/史抄類

史記菁華錄六卷　(清)姚祖恩輯評　民國二十四年(1935)上海商務印書館鉛印本　三冊

330000－1710－0011174　普0003499　類叢部/叢書類/彙編之屬

四部叢刊　張元濟等編　民國上海商務印書館影印本　四冊　存一種

330000－1710－0011175　普0003554　子部/宗教類/佛教之屬/總録

竹窗隨筆一卷二筆一卷三筆一卷　(明)釋袾宏撰　民國二十三年(1934)上海商務印書館影印本　三冊

330000－1710－0011176　普0003552　史部/雜史類/斷代之屬

戰國策補註三十三卷　吳曾祺撰　民國上海商務印書館鉛印本　一冊　存十七卷(一至十七)

330000－1710－0011177　普0003553　集部/別集類/清別集

越縵堂詩續集十卷　(清)李慈銘撰　由雲龍編　民國二十二年(1933)上海商務印書館鉛印本　一冊

330000－1710－0011179　普0003556　集部/詞類/別集之屬

越縵堂詞錄二卷　(清)李慈銘撰　由雲龍校訂　民國二十四年(1935)上海商務印書館鉛印本　一冊

330000－1710－0011180　普0003557　集部/總集類/尺牘之屬

緇林尺牘一卷　(清)釋道古編集　民國二十三年(1934)上海商務印書館鉛印本　一冊

330000－1710－0011181　普0003558　集部/詞類/別集之屬

珠玉詞一卷補遺一卷　(宋)晏殊撰　林大椿編校　**珠玉詞校記一卷**　林大椿撰　民國十九年(1930)上海商務印書館鉛印本　一冊

330000－1710－0011182　普0003559　集部/詞類/別集之屬

東山樂府一卷　(宋)賀鑄撰　民國十七年(1928)上海商務印書館鉛印本　一冊

330000－1710－0011183　普0003560　集部/總集類/郡邑之屬

滬瀆同聲集不分卷　郁葆青輯　陳詩選　民國二十二年(1933)鉛印本　一冊

330000－1710－0011184　普0003561　集部/總集類/郡邑之屬

滬瀆同聲續集不分卷　郁葆青輯　陳詩選　民國二十四年(1935)鉛印本　一冊

330000－1710－0011185　普0003562　集部/詞類/總集之屬

唐五代詞選三卷　(清)成肇麐輯　民國上海涵芬樓鉛印本　一冊

330000－1710－0011186　普0003563　集部/別集類/宋別集

黃太史精華録六卷　(宋)黃庭堅撰　(宋)任淵　(宋)史容　(宋)史季溫注　民國十九年(1930)上海商務印書館鉛印本　一冊

330000－1710－0011187　普0003564　集部/總集類/選集之屬/通代

高僧山居詩一卷續編一卷　懺庵居士編輯　民國二十三年(1934)、二十五年(1936)上海商務印書館鉛印本　二冊

330000－1710－0011188　普0003565　子部/宗教類/佛教之屬/總録

竹窗隨筆一卷二筆一卷三筆一卷　(明)釋袾宏撰　民國二十三年(1934)上海商務印書館影印本　一冊

330000－1710－0011189　普0003566　集部/詞類/別集之屬

晁氏琴趣外篇六卷補遺一卷　(宋)晁補之撰　**晁氏琴趣外篇校記一卷**　林大椿撰　民國十九年(1930)上海商務印書館鉛印本　一冊

330000－1710－0011190　普 0003500　類叢部/叢書類/彙編之屬
四部叢刊　張元濟等編　民國上海商務印書館影印本　二冊　存一種

330000－1710－0011196　普 0003502　集部/詞類/總集之屬
唐五代詞選三卷　(清)成肇麐輯　民國上海涵芬樓鉛印本　一冊

330000－1710－0011197　普 0003503　類叢部/叢書類/彙編之屬
四部叢刊　張元濟等編　民國上海商務印書館影印本　一冊　存一種

330000－1710－0011198　普 0003504　子部/小說家類
顧氏文房小說四十種五十八卷　(明)顧元慶輯　民國十四年(1925)上海商務印書館據明刻本影印本　朱斌題記　十冊

330000－1710－0011199　普 0003580　經部/小學類/文字之屬/字書/字體
集篆四種　吳受福編次　民國十三年(1924)上海千頃堂石印本　一冊　存二種

330000－1710－0011208　普 0003586　類叢部/叢書類/郡邑之屬
南林叢刊正集五種次集七種　周延年編　民國二十五年(1936)、二十八年(1939)南林周氏鉛印本　一冊　存一種

330000－1710－0011212　普 0003587、普 0003588、普 0003592　類叢部/叢書類/彙編之屬
四部備要　中華書局編　民國二十五年(1936)上海中華書局鉛印本　三冊　存三種

330000－1710－0011213　普 0003589　史部/傳記類/總傳之屬/技藝
墨林今話十八卷　(清)蔣寶齡撰　**續編一卷**　(清)蔣茝生撰　民國十四年(1925)上海中華書局鉛印本　六冊

330000－1710－0011219　普 0003501　類叢部/叢書類/彙編之屬
四部叢刊　張元濟等編　民國上海商務印書館影印本　二冊　存一種

330000－1710－0011223　普 0003605　類叢部/叢書類/彙編之屬
四部叢刊　張元濟等編　民國上海商務印書館影印本　一冊　存一種

330000－1710－0011224　普 0003606　類叢部/叢書類/彙編之屬
靜園叢書十種　沈光瑩編　民國七年(1918)聚珍倣宋印書局鉛印本(籕史卷下原缺)　一冊　存一種

330000－1710－0011227　普 0003590　類叢部/叢書類/彙編之屬
四部備要　中華書局編　民國二十五年(1936)上海中華書局鉛印本　一冊　存一種

330000－1710－0011228　普 0003591　類叢部/叢書類/彙編之屬
四部備要　中華書局編　民國二十五年(1936)上海中華書局鉛印本　一冊　存一種

330000－1710－0011229　普 0003593　類叢部/叢書類/彙編之屬
四部備要　中華書局編　民國二十五年(1936)上海中華書局鉛印本　一冊　存一種

330000－1710－0011231　普 0003594　類叢部/叢書類/彙編之屬
四部備要　中華書局編　民國二十五年(1936)上海中華書局鉛印本　一冊　存一種

330000－1710－0011232　普 0003595　子部/墨家類
墨辯新注二卷　魯大東撰　民國二十五年(1936)上海中華書局鉛印本　一冊

330000－1710－0011236　普 0003613　集部/詩文評類/文法之屬/函牘格式
尺素用語擇錄不分卷　熊篤昌抄　民國熊篤昌抄本　一冊

330000－1710－0011239　普 0003616　類叢部/叢書類/彙編之屬

嘉業堂叢書五十七種　劉承幹輯　民國吳興劉氏嘉業堂刻本　一冊　存一種

330000－1710－0011247　普0003600　類叢部/叢書類/郡邑之屬

檇李叢書九種　金兆蕃編　民國二十年至二十五年(1931－1936)嘉興金氏刻本　七冊　存一種

330000－1710－0011250　普0003645　類叢部/叢書類/自著之屬

潤德堂叢書□□種　袁樹珊撰　民國江都袁氏潤德堂刻本　一冊　存一種

330000－1710－0011252　普0003647　集部/别集類/宋别集

沈忠敏公龜谿集十二卷附錄一卷　(宋)沈與求撰　民國二年(1913)吳興劉氏嘉業堂刻本　四冊

330000－1710－0011254　普0003648　類叢部/叢書類/彙編之屬

適園叢書七十四種　張鈞衡編　民國二年至六年(1913－1917)烏程張氏刻本(唐大詔令集卷十四至二十四、八十七至九十八原缺)　五冊　存一種

330000－1710－0011255　普0003649　類叢部/叢書類/郡邑之屬

南林叢刊正集五種次集七種　周延年編　民國二十五年(1936)、二十八年(1939)南林周氏鉛印本　一冊　存一種

330000－1710－0011260　普0003653　子部/醫家類/類編之屬

醫藥叢書十一種　裘慶元輯　民國五年至十年(1916－1921)紹興醫藥學報社刻本　一冊　存一種

330000－1710－0011265　普0003654　集部/總集類/彙編之屬

書畫名人小集□□種　民國上海聚珍倣宋印書局鉛印本　一冊　存一種

330000－1710－0011271　普0003659　類叢部/叢書類/彙編之屬

遊經樓叢書二種　民國丹徒陶氏遊經樓鉛印本　一冊　存一種

330000－1710－0011283　普0003634、普0003635　集部/戲劇類/傳奇之屬

六十種曲一百二十卷　(明)毛晉編　民國二十四年(1935)上海開明書店鉛印本　二冊　存二種

330000－1710－0011292　411/4　史部/紀傳類/正史之屬

百衲本二十四史　張元濟輯　民國上海商務印書館影印本　六百十四冊　存二十一種

330000－1710－0011293　411/3　史部/紀傳類/正史之屬

百衲本二十四史　張元濟輯　民國上海商務印書館影印本　六百九十四冊　存二十種

330000－1710－0011299　411/9、411/2　史部/紀傳類/正史之屬

二十四史附考證　民國五年(1916)上海涵芬樓據乾隆武英殿本影印本　四十三冊　存二種

330000－1710－0011305　善0488　子部/宗教類/佛教之屬/經咒

大悲懺儀合節一卷　民國九年(1920)浙杭西湖慧空經房刻本　一冊

330000－1710－0011306　善0489　子部/宗教類/佛教之屬/經咒

大悲懺儀合節一卷　民國九年(1920)浙杭西湖慧空經房刻本　一冊

330000－1710－0011307　善0490　子部/宗教類/佛教之屬/經咒

大悲懺儀合節一卷　民國九年(1920)浙杭西湖慧空經房刻本　一冊

330000－1710－0011308　善0491　子部/宗教類/佛教之屬/經咒

大悲懺儀合節一卷　民國九年(1920)浙杭西湖慧空經房刻本　一冊

330000－1710－0011309　善0492　集部/曲

類/曲韻曲譜曲律之屬

昆曲脚本不分卷　民國抄本　十八册

330000－1710－0011311　普 0003727　子部/藝術類/書畫之屬/法帖

唐拓九成宮醴泉銘一卷　(唐)歐陽詢書　民國十五年(1926)上海有正書局影印本　一册

330000－1710－0011312　普 0003728　子部/藝術類/書畫之屬/法帖

古今碑帖集成一百五十種　大眾書局編　民國上海大眾書局影印本　一册　存一種

330000－1710－0011314　普 0003729　子部/藝術類/書畫之屬/法帖

趙之謙書攝生論不分卷　(清)趙之謙書　民國上海求古齋書局影印本　一册

330000－1710－0011315　普 0003730　子部/藝術類/書畫之屬/法帖

鄧石如隸書評詩不分卷　(清)鄧石如書　民國三十年(1941)上海碧梧山莊影印本　一册

330000－1710－0011316　普 0003731　子部/藝術類/書畫之屬/法帖

大唐三藏聖教序一卷　(唐)釋懷仁集　(晉)王羲之書　民國上海有正書局石印本　一册

330000－1710－0011317　普 0003732　史部/金石類/石之屬/圖像

漢少室石闕一卷　秦絅孫藏　民國十一年(1922)上海藝苑真賞社影印本　一册

330000－1710－0011318　普 0003733　史部/金石類/石之屬/圖像

漢少室石闕一卷　秦絅孫藏　民國十五年(1926)上海藝苑真賞社影印本　一册

330000－1710－0011319　普 0003734　子部/藝術類/書畫之屬/法帖

漢祀三公山碑集聯搨本一卷　秦絅孫藏　民國上海藝苑真賞社影印本　一册

330000－1710－0011320　普 0003735　子部/藝術類/書畫之屬/法帖

元趙松雪章草千文集聯拓本一卷　(元)趙孟頫書　民國上海藝苑真賞社影印本　一册

330000－1710－0011321　普 0003736　史部/金石類/金之屬/圖像

古器物拓片不分卷　民國影印本　一册

330000－1710－0011322　普 0003737　史部/金石類/陶之屬/文字

廣倉專録第二集一卷補一卷第三集三卷　鄒安輯　民國上海廣倉學宭影印本　一册

330000－1710－0011323　普 0003738　史部/金石類/金之屬/文字

鐘鼎款識原器拓片第一一卷　民國有正書局石印本　一册

330000－1710－0011324　普 0003739　子部/藝術類/書畫之屬/法帖

蝯叟手鈎重刻法華寺碑一卷　(唐)李邕撰并書　(清)何紹基手鈎　民國影印本　一册

330000－1710－0011327　普 0003742　子部/藝術類/書畫之屬/法帖

智永真草千字文不分卷　(隋)釋智永書　民國影印本　一册

330000－1710－0011328　普 0003756　子部/藝術類/書畫之屬/法帖

翁方綱漢隸四種不分卷　(清)翁方綱書　民國有文書局影印本　一册

330000－1710－0011329　普 0003757　子部/藝術類/書畫之屬/法帖

缶廬石鼓文不分卷　吴昌碩書　民國三十一年(1942)西泠印社石印本　一册

330000－1710－0011330　子/佛家/1016　子部/宗教類/佛教之屬/經咒

御製滿漢蒙古西番合璧大藏全咒八十卷附目録八卷欽定同文韻統六卷阿禮嘎禮一卷讀咒法一卷　(清)章嘉呼圖克圖等輯并撰　民國上海涵芬樓據清乾隆内府刻本影印本　八十七册

330000－1710－0011331　普 0003759　子部/藝術類/書畫之屬/法帖

初拓鄭文公碑一卷　（北魏）鄭道昭書　民國上海有正書局影印本　一册

330000－1710－0011332　普0003743　子部/藝術類/書畫之屬/法帖

宋拓顔平原東方畫贊不分卷　（唐）顔真卿書　民國上海有正書局影印本　一册

330000－1710－0011334　普0003762　子部/藝術類/書畫之屬/法帖

張旭書東明二詩一卷　（唐）張旭書　民國影印本　一葉

330000－1710－0011335　普0003745　子部/藝術類/書畫之屬/法帖

趙松雪蕭山大成殿碑記不分卷　（元）張伯淳撰　（元）趙孟頫書　民國上海有正書局影印本　一册

330000－1710－0011341　普0003760　子部/藝術類/書畫之屬/法帖

大唐故汝南公主墓誌銘一卷　（唐）虞永興書　民國影印本　一葉

330000－1710－0011342　普0003746　子部/藝術類/書畫之屬/法帖

趙松雪楷書妙法蓮華經不分卷　（元）趙孟頫書　民國十五年(1926)影印本　一册

330000－1710－0011343　普0003747　子部/藝術類/書畫之屬/法帖

九成宫醴泉銘一卷　（清）姚孟起書　民國十一年(1922)影印本　一册

330000－1710－0011344　普0003748　集部/別集類/清別集

翁相國手札八卷　（清）翁同龢撰　民國上海有正書局影印本　一册　存一卷(四)

330000－1710－0011345　普0003749　集部/別集類/清別集

翁松禪手札十集　（清）翁同龢撰　民國五年(1916)上海有正書局石印本　一册　存一集(九)

330000－1710－0011346　普0003750　子部/藝術類/書畫之屬/法帖

舊拓鄭文公碑一卷　（北魏）鄭道昭書　民國二十五年(1936)文明書局影印本　二册

330000－1710－0011347　普0003751　史部/金石類/石之屬/文字

魏弔比干文不分卷　民國求古齋石印本　一册

330000－1710－0011348　普0003753　子部/藝術類/書畫之屬/法帖

鄭石如篆正合璧不分卷　（清）鄧石如書　民國影印本　一册

330000－1710－0011349　普0003754　子部/藝術類/書畫之屬/法帖

顔魯公叢帖續集不分卷　（唐）顔真卿書　民國上海求古齋書局影印本　十册

330000－1710－0011350　普0003772　子部/藝術類/書畫之屬/書法書品

王良常楷書論書賸語一卷　（清）王澍書　民國七年(1918)上海文明書局石印本　一册

330000－1710－0011351　普0003773　子部/藝術類/書畫之屬/法帖

李陽冰謙卦銘不分卷　（清）王澍書　民國碧梧山莊影印本　一册

330000－1710－0011352　普0003774　子部/藝術類/書畫之屬/法帖

陳曼生手札墨跡一卷　（清）陳鴻壽書　民國有正書局石印本　一册

330000－1710－0011353　普0003787　子部/藝術類/書畫之屬/書法書品

書譜二卷　（唐）孫過庭撰　民國影印本　一册　存一卷(上)

330000－1710－0011354　普0003775　子部/藝術類/書畫之屬/法帖

錢南園楷書墨蹟一卷　（清）錢灃書　民國十五年(1926)上海有正書局石印本　一册

330000－1710－0011355　普0003776　子部/藝術類/書畫之屬/法帖

錢南園墨蹟一卷　(清)錢灃撰並書　民國二十三年(1934)上海商務印書館石印本　一册

330000－1710－0011356　普 0003788　子部/藝術類/書畫之屬/法帖

九成宫醴泉銘一卷　(唐)歐陽詢書　民國十七年(1928)上海商務印書館影印本　一册

330000－1710－0011357　普 0003777　子部/藝術類/書畫之屬/法帖

宋拓聖教序一卷　(唐)太宗李世民撰　(唐)釋懷仁集字　(晉)王羲之書　民國十六年(1927)上海商務印書館影印本　一册

330000－1710－0011358　普 0003789　子部/藝術類/書畫之屬/法帖

岳武穆前出師表一卷後出師表一卷　(宋)岳飛書　民國影印本　一册

330000－1710－0011359　普 0003790　子部/藝術類/書畫之屬/法帖

吴皇象急就篇一卷　(三國吴)皇象書　民國影印本　一册

330000－1710－0011360　普 0003778　子部/藝術類/書畫之屬/法帖

蘇文忠天際烏雲帖真蹟一卷　(宋)蘇軾書　民國十四年(1925)上海商務印書館影印本　一册

330000－1710－0011361　普 0003791　子部/藝術類/書畫之屬/法帖

六朝觀藥王藥上二菩薩經一卷　民國二十五年(1936)上海中華書局影印本　一册

330000－1710－0011362　普 0003792　子部/藝術類/書畫之屬/法帖

古鑑閣藏懷仁聖教序集聯拓本一卷　秦文錦編集　民國八年(1919)上海藝苑真賞社影印本　一册

330000－1710－0011363　普 0003793　子部/藝術類/書畫之屬/法帖

顔魯公草書古柏行不分卷　(唐)顔真卿書　民國影印本　一册

330000－1710－0011364　普 0003794　子部/藝術類/書畫之屬/法帖

懷素自敘真跡一卷　(唐)釋懷素書　民國十五年(1926)上海商務印書館影印本　一册

330000－1710－0011365　普 0003795　子部/藝術類/書畫之屬/法帖

古今碑帖集成一百五十種　大衆書局編　民國上海大衆書局影印本　一册　存一種

330000－1710－0011366　普 0003779　子部/藝術類/書畫之屬/法帖

古今碑帖集成一百五十種　大衆書局編　民國上海大衆書局影印本　一册　存一種

330000－1710－0011367　普 0003780　子部/藝術類/書畫之屬/畫譜

醉墨軒畫稿二集四卷　胡郯卿繪　民國海左書局石印本　一册　存一卷(二)

330000－1710－0011368　普 0003781　子部/藝術類/書畫之屬/畫譜

醉墨軒畫稿四卷　胡郯卿繪　民國海左書局石印本　一册　存一卷(二)

330000－1710－0011369　普 0003782　史部/金石類/石之屬/圖像

明拓石鼓文不分卷　石鼓文續集一卷　趙鎬編　民國有正書局影印本　一册

330000－1710－0011370　普 0003783　子部/藝術類/書畫之屬/書法書品

書譜二卷　(唐)孫過庭撰　民國石印本　一册　存一卷(上)

330000－1710－0011371　普 0003784　子部/藝術類/書畫之屬/法帖

唐篆峿臺銘集聯不分卷　民國上海藝苑真賞社影印本　一册

330000－1710－0011372　普 0003799　子部/藝術類/書畫之屬/法帖

映雪堂法書不分卷　民國影印本　一册

330000－1710－0011373　普 0003785　子部/藝術類/書畫之屬/法帖

唐杜牧書張好好詩一卷　（唐）杜牧書　民國影印本　一冊

330000－1710－0011374　普0003786　子部/藝術類/書畫之屬/法帖

丹徒遯園臨古不分卷　樊遯園書　民國石印本　一冊

330000－1710－0011375　普0003796　子部/藝術類/書畫之屬/法帖

譚延闓大楷枯樹賦一卷　譚延闓書　民國三十年（1941）上海中華書局石印本　一冊

330000－1710－0011376　普0003797　子部/醫家類/方書之屬/單方驗方

山陰倪涵初先生治痢疾奇效三方不分卷　（清）倪涵初撰　民國鉛印本　一冊

330000－1710－0011378　普0003800　子部/藝術類/書畫之屬/法帖

拓本唐代碑帖精華十二種　世界書局編　民國二十二年（1933）上海世界書局影印本　一冊　存一種

330000－1710－0011379　普0003801　子部/藝術類/書畫之屬/法帖

吳皇象書急就章一卷　（三國吳）皇象書　民國影印本　一冊

330000－1710－0011380　普0003802　經部/小學類/文字之屬/字書/訓蒙

補訂急就章偏旁歌一卷　李濱撰　卓定謀補訂　民國十九年（1930）北平自青榭刻本　一冊

330000－1710－0011381　普0003803　子部/藝術類/書畫之屬/法帖

史閣部艸書杜詩真蹟一卷　（明）史可法書　民國十四年（1925）上海中華書局影印本　一冊

330000－1710－0011382　普0003804　子部/藝術類/書畫之屬/法帖

哲本月儀帖不分卷　陳公哲書　民國三十四年（1945）影印本　一冊

330000－1710－0011383　普0003805　子部/藝術類/書畫之屬/法帖

狄梁公碑不分卷　（宋）黄庭堅書　民國影印本　一冊

330000－1710－0011384　普0003806　子部/藝術類/書畫之屬/法帖

顏魯公三表真蹟不分卷　（唐）顏真卿書　民國上海大眾書局影印本　一冊

330000－1710－0011385　普0003807　子部/儒家類/儒學之屬/禮教/家訓

治家格言繹義二卷　（清）戴翊清撰　民國九年（1920）石印本　一冊

330000－1710－0011386　普0003808　子部/藝術類/書畫之屬/法帖

遺民為僧之遺墨不分卷　（清）釋寄凡輯　民國十年（1921）上海有正書局影印本　一冊

330000－1710－0011387　普0003809　子部/藝術類/書畫之屬/法帖

梁薌林書倡和詩真蹟一卷　（清）梁詩正書　民國三十六年（1947）上海中華書局影印本　一冊

330000－1710－0011388　普0003810　子部/藝術類/書畫之屬/法帖

米襄陽書章聖天臨殿記明道觀壁記真蹟不分卷　（宋）米芾書　民國二十九年（1940）上海文明書局影印本　一冊

330000－1710－0011389　普0003812　子部/藝術類/書畫之屬/法帖

宋拓柳公權玄秘塔不分卷　（唐）裴休撰　（唐）柳公權書　民國影印本　一冊

330000－1710－0011392　普0003815　子部/藝術類/書畫之屬/法帖

褚遂良同州聖教序一卷　（唐）褚遂良書　民國影印本　一冊

330000－1710－0011393　普0003816　子部/藝術類/書畫之屬/法帖

姚寶侃臨曹全碑一卷　（清）姚寶侃書　民國影印本　一冊

330000－1710－0011397　普0003820　子部/藝術類/書畫之屬/書法書品
唐孫過庭草書書譜一卷　(唐)孫過庭撰　民國影印本　一冊

330000－1710－0011414　普0003828　子部/藝術類/書畫之屬/法帖
戲魚堂帖十卷　(宋)劉次莊摹刻　民國北京粹古軒影印本　十冊

330000－1710－0011416　普0003829　子部/藝術類/書畫之屬/法帖
當代名人書林不分卷　樊增祥等書　王春渠輯　民國二十一年(1932)影印本　一冊

330000－1710－0011419　普0003832　子部/藝術類/書畫之屬/法帖
魏碑大觀二集　周愧齋　周鍾麟編輯　民國上海碧梧山莊影印本　一冊　存一種

330000－1710－0011420　普0003833　子部/藝術類/書畫之屬/法帖
瘞鶴銘水前拓本一卷　民國影印本　一冊

330000－1710－0011424　普0003837　史部/金石類/石之屬/文字
禪靜寺刹前銘敬史君之碑一卷　民國影印本　一冊

330000－1710－0011433　普0003825　子部/藝術類/書畫之屬/法帖
臧鶴齋先生草書千字文一卷　民國二十一年(1932)石印本　一冊

330000－1710－0011446　普0003865　子部/藝術類/書畫之屬/法帖
大字本蘭亭序不分卷　民國影印本　一冊

330000－1710－0011451　普0003870　子部/藝術類/書畫之屬/書法書品
唐孫過庭草書書譜一卷　(唐)孫過庭撰　民國拓本　一冊

330000－1710－0011464　普0003880　子部/藝術類/書畫之屬/法帖
宋拓十七帖不分卷　(晉)王羲之書　民國影印本　一冊

330000－1710－0011465　普0003881　子部/藝術類/書畫之屬/法帖
趙松雪蘐帖八卷　(元)趙孟頫書　民國上海求古齋書局影印本　二冊　存二卷(七至八)

330000－1710－0011468　普0003883　子部/藝術類/書畫之屬/法帖
南唐李後主墨蹟一卷　(五代)李煜書　民國二十五年(1936)上海文明書局影印本　一冊

330000－1710－0011469　普0003884　子部/藝術類/書畫之屬/法帖
明陳道復書詩文一卷　(明)陳道復書　民國影印本　一冊

330000－1710－0011470　普0003885　子部/藝術類/書畫之屬/法帖
明祝京兆艸書五雲裘歌一卷　(明)祝允明書　民國上海藝苑真賞社影印本　一冊

330000－1710－0011471　普0003886　子部/藝術類/書畫之屬/法帖
宋拓王右軍書不分卷　(晉)王羲之書　民國二十二年(1933)上海商務印書館影印本　一冊

330000－1710－0011472　普0003845　子部/藝術類/書畫之屬/法帖
碑聯集搨□□種　秦文錦編　民國上海藝苑真賞社影印本　一冊　存一種

330000－1710－0011473　普0003887　子部/藝術類/書畫之屬/法帖
南唐澄心堂拓右軍洛神賦全文一卷　(晉)王羲之書　民國二十四年(1935)上海商務印書館影印本　一冊

330000－1710－0011474　普0003888　子部/藝術類/書畫之屬/法帖
薛刻孫過庭書譜一卷附題跋釋文一卷　(唐)孫過庭書　民國十七年(1928)上海商務印書館影印本　一冊

330000－1710－0011475　普0003889　子部/

藝術類/書畫之屬/法帖
唐鄭虔艸書大人賦真蹟一卷　(唐)鄭虔書　民國十一年(1922)無錫理工製版所影印本　一冊

330000－1710－0011476　普0003890　子部/藝術類/書畫之屬/法帖
元趙松雪六體千文一卷　(元)趙孟頫書　民國十七年(1928)内政部北平古物陳列所影印本　一冊

330000－1710－0011477　普0003846　史部/金石類/金之屬/文字
籀範初編釋文不分卷　秦文錦輯　民國十八年(1929)上海藝苑真賞社影印本　一冊

330000－1710－0011478　普0003847　史部/金石類/金之屬/文字
籀範初編不分卷　秦文錦輯　民國十八年(1929)上海藝苑真賞社影印本　二冊

330000－1710－0011479　普0003848　史部/金石類/石之屬/圖像
周石鼓文不分卷　民國上海藝苑真賞社影印本　一冊

330000－1710－0011480　普0003849　子部/藝術類/書畫之屬/法帖
碑聯集搨□□種　秦文錦編　民國上海藝苑真賞社影印本　一冊　存一種

330000－1710－0011482　普0003851　子部/藝術類/書畫之屬/法帖
宋賢題羅氏祖先像贊不分卷　羅澤少藏　民國十五年(1926)羅純夫影印本　一冊

330000－1710－0011488　普0003899　子部/藝術類/書畫之屬/法帖
初拓張猛龍碑一卷　王孝禹藏　民國十三年(1924)上海有正書局影印本　一冊

330000－1710－0011489　普0003900　子部/藝術類/書畫之屬/法帖
宋拓智永正草千字文一卷　(隋)釋智永書　民國上海有正書局影印本　一冊

330000－1710－0011490　普0003901　子部/藝術類/書畫之屬/法帖
唐僧懷素書一卷　(唐)釋懷素書　民國上海藝苑真賞社影印本　一冊

330000－1710－0011491　普0003902　史部/傳記類/別傳之屬/墓誌
學部尚書沈公[曾植]墓志銘一卷　謝鳳孫撰並書　民國石印本　一冊

330000－1710－0011492　普0003903　子部/藝術類/書畫之屬/法帖
鍾繇道德經一卷　(三國魏)鍾繇書　民國二十五年(1936)廣倉學宭影印本　一冊

330000－1710－0011493　普0003904　子部/藝術類/書畫之屬/法帖
般若波羅密多心經一卷　陳爾錫書　民國拓本　一冊

330000－1710－0011494　普0003905　子部/藝術類/書畫之屬/法帖
半隱廬草書千字文一卷　陳爾錫書草　陳哲榮書隸　民國拓本　一冊

330000－1710－0011498　普0003893　子部/藝術類/書畫之屬/法帖
張公方碑一卷　民國拓本　一冊

330000－1710－0011500　普0003907　子部/藝術類/書畫之屬/法帖
孫爾輯草書一卷　孫爾輯書　民國影印本　一冊

330000－1710－0011501　普0003908　子部/藝術類/書畫之屬/法帖
名賢手翰真跡一卷　民國十七年(1928)西泠印社影印本　一冊

330000－1710－0011502　普0003909　子部/藝術類/書畫之屬/畫譜
王顯詔山水冊一卷　王顯詔繪　民國影印本　一冊

330000－1710－0011503　普0003911　史部/傳記類/別傳之屬/事狀

先伯母房太夫人行述不分卷　（清）王世鏜書　民國影印本　一冊

330000－1710－0011504　普 0003910　子部/藝術類/書畫之屬/法帖

懷素自敘真跡一卷　（唐）釋懷素書　民國二十三年（1934）延光堂影印本　一冊

330000－1710－0011578　捐 0401　子部/醫家類/本草之屬/歷代綜合本草

本草三家合註三卷　（清）郭汝驄集註　**神農本草經百種錄一卷**　（清）徐大椿撰　民國石印本　一冊　存一卷（神農本草經百種錄）

330000－1710－0011579　捐 0402　子部/醫家類/類編之屬

張氏醫書七種　（清）張璐　（清）張登　（清）張倬撰　民國石印本　一冊　存二種

330000－1710－0011580　捐 0403　子部/醫家類/類編之屬

徐靈胎醫書三十二種　（清）徐大椿撰　民國石印本　一冊　存一種

330000－1710－0011581　捐 0404　子部/醫家類/醫經之屬/内經

補注黃帝内經素問二十四卷　（唐）啟玄子（王冰）注　（宋）林億等校正　（宋）孫兆改誤　民國六年（1917）上海育文書局石印本　四冊

330000－1710－0011584　捐 0405　子部/醫家類/溫病之屬

重訂廣溫熱論二卷　（清）戴天章撰　（清）陸懋修刪定　何炳元重訂　民國三年（1914）宣化坊何氏醫家鉛印本　六冊

330000－1710－0011586　捐 0406　子部/醫家類/針灸之屬/經絡腧穴

經脈穴俞新考正二卷　張壽頤撰　民國十六年（1927）石印本　二冊

330000－1710－0011592　捐 0410　子部/醫家類/兒科之屬/痘疹

舟仙瘖述三卷　（清）劉舟仙錄　民國鉛印本　一冊

330000－1710－0011593　捐 0411　子部/醫家類/綜合之屬/通論

中醫改進芻論一卷　張二仲撰　民國十三年（1924）廣州開智書局鉛印本　一冊

330000－1710－0011595　捐 0412　子部/醫家類/類編之屬

勉齋醫學叢書□□種　許勉齋撰　民國二十六年（1937）鉛印本　一冊

330000－1710－0011596　捐 0413　子部/醫家類/類編之屬

上海國醫學院醫學叢書□□種　民國上海國醫學院鉛印本　四冊　存一種

330000－1710－0011605　捐 0421　子部/醫家類/傷寒金匱之屬/傷寒論

傷寒集註六卷本義一卷　（清）張志聰註　（清）高世栻輯　民國三年（1914）國粹書局石印本　六冊

330000－1710－0011606　捐 0422　子部/醫家類/類編之屬

張氏叢刊□□種　張壽頤撰　民國十五年（1926）張氏體仁堂石印本　一冊　存一種

330000－1710－0011607　捐 0806　集部/總集類/選集之屬/通代

經史百家簡編二卷　（清）曾國藩纂　民國上海商務印書館鉛印本　一冊　存一卷（上）

330000－1710－0011608　捐 0807　集部/總集類/尺牘之屬

歷代名人小簡續編二卷　吳曾祺輯　民國四年（1915）上海商務印書館鉛印本　二冊

330000－1710－0011611　捐 0810　集部/別集類/漢魏六朝別集

陶靖節先生詩四卷附錄一卷　（晉）陶潛撰　民國三年（1914）上海有正書局石印本　一冊

330000－1710－0011614　捐 0423　子部/醫家類/本草之屬/歷代綜合本草

本草三家合註三卷首一卷　（清）郭汝驄集註　**神農本草經百種錄一卷**　（清）徐大椿撰　民國三年（1914）上海陶明記書局石印本

四冊

330000－1710－0011615　捐0424　子部/醫家類/類編之屬
張氏叢刊□□種　張壽頤撰　民國十五年(1926)張氏體仁堂石印本　二冊　存一種

330000－1710－0011617　捐0426　子部/醫家類/類編之屬
張氏叢刊□□種　張壽頤撰　民國十五年(1926)張氏體仁堂石印本　一冊　存一種

330000－1710－0011618　捐0427　子部/醫家類/醫案之屬
濕溫病古今醫案平議一卷　張壽頤編　民國石印本　一冊

330000－1710－0011621　捐0429　子部/醫家類/養生之屬
青年之攝生一卷　丁福保撰　民國鉛印本　一冊

330000－1710－0011623　捐0431　子部/醫家類/本草之屬/本草藥性
雷公炮製藥性賦解十卷　民國上海商務印書館鉛印本　二冊

330000－1710－0011624　捐0432　子部/醫家類/本草之屬/歷代綜合本草
本草備要八卷圖一卷　(清)汪昂撰　民國上海商務印書館鉛印本　四冊

330000－1710－0011625　捐0433　子部/醫家類/本草之屬/本草藥性
本草經解四卷　(清)葉桂集註　民國八年(1919)上海廣益書局鉛印本　四冊

330000－1710－0011631　捐0818　子部/術數類/陰陽五行之屬
兼星秘要諏吉便覽不分卷　(清)俞榮寬編　民國抄本　一冊

330000－1710－0011634　捐0821　新學/史志
國史講義四編　吳澤墩撰　民國油印本　二冊　存二編(一、三)

330000－1710－0011636　捐0435　子部/醫家類/類編之屬
曹氏醫學叢書□□種　曹炳章編　民國紹興育新書局石印本　六冊　存一種

330000－1710－0011639　捐0437　子部/醫家類/綜合之屬/通論
中西醫判二卷　(清)唐宗海疏　民國三年(1914)百草廬石印本　二冊

330000－1710－0011645　捐0901　集部/總集類/選集之屬/斷代
宋詩鈔補八十六卷　(清)管庭芬　(清)蔣光煦編　民國四年(1915)上海商務印書館鉛印本　八冊

330000－1710－0011666　捐0301　子部/醫家類/醫經之屬/難經
難經彙注箋正三卷首一卷　張壽頤撰　民國十二年(1923)蘭谿中醫專門學校石印本　四冊

330000－1710－0011672　捐0706　集部/總集類/彙編之屬
宋詩鈔初集□□種　(清)呂留良　(清)吳之振　(清)吳爾堯輯　民國三年(1914)上海商務印書館據清康熙吳氏刻本影印本(原缺十六卷)　三十四冊　存七十五種

330000－1710－0011677　捐0302　子部/醫家類/類編之屬
嘉定張氏體仁堂醫藥叢刊五種　張壽頤撰　民國十二年至二十二年(1923－1933)浙江蘭谿中醫專門學校石印暨鉛印本　二冊　存一種

330000－1710－0011678　捐0303　子部/醫家類/類編之屬
嘉定張氏體仁堂醫藥叢刊五種　張壽頤撰　民國十二年至二十二年(1923－1933)浙江蘭谿中醫專門學校石印暨鉛印本　二冊　存一種

330000－1710－0011679　捐0304　子部/醫家類/醫理之屬/陰陽五行、五運六氣

尚論篇四卷首一卷尚論後篇四卷 （清）喻昌撰　民國上海錦章圖書局石印本　二册

330000－1710－0011680　捐0305　子部/醫家類/醫話醫論之屬

醫門法律六卷尚論篇四卷首一卷後篇四卷寓意草一卷 （清）喻昌撰　民國上海錦章圖書局石印本　三册

330000－1710－0011681　捐0306　子部/醫家類/醫經之屬/内經

廣註素問靈樞類纂三卷 （清）汪昂輯註（清）江忍庵增註　民國二十一年(1932)世界書局石印本　三册

330000－1710－0011682　捐0607　子部/醫家類/醫案之屬

臨證指南醫案八卷 （清）葉桂撰　民國八年(1919)上海文益書局石印本　八册

330000－1710－0011687　捐0312　子部/醫家類/本草之屬/本草雜著

本草求真九卷圖一卷主治二卷脈理求真一卷 （清）黄宫繡纂　民國三年(1914)上海江東書局石印本　五册

330000－1710－0011688　捐0313　子部/醫家類/醫話醫論之屬

嬾園醫語二卷 傅崇黻語錄　浙江中醫專門學校學生記錄　民國十年(1921)浙江中醫專門學校鉛印本　二册

330000－1710－0011689　捐0314　子部/醫家類/醫案之屬

名醫學案第一編一卷 邱紱編　民國醫學專門學校石印本　一册

330000－1710－0011690　捐0315　子部/醫家類/醫案之屬

名醫學案第三編一卷 邱紱編　民國醫學專門學校石印本　一册

330000－1710－0011691　捐0316　子部/醫家類/醫案之屬

名醫學案不分卷 邱紱編　民國醫學專門學校石印本　二册

330000－1710－0011692　捐0317　新學/醫學/衛生學

衛生學講義一卷 陸昭編　民國油印本　一册

330000－1710－0011693　捐0318　子部/醫家類/傷寒金匱之屬/傷寒論

傷寒論講義一卷 楊則民編　民國油印本　六册

330000－1710－0011694　捐0319　子部/醫家類/傷寒金匱之屬/傷寒論

傷寒論講義附翼一卷 楊則民編　民國油印本　二册

330000－1710－0011695　捐0320　子部/醫家類/類編之屬

陳修園醫書七十種 （清）陳念祖等撰　民國六年(1917)上海廣益書局石印本　二十八册　存三十九種

330000－1710－0011697　捐0321　子部/醫家類/溫病之屬

溫熱經緯五卷 （清）王士雄纂（清）楊照藜（清）汪曰楨評　民國四年(1915)上海普新書局石印本　三册

330000－1710－0011698　捐0322　子部/醫家類/方書之屬/單方驗方

丹溪心法附餘二十四卷首一卷 （明）方廣輯　民國上海文瑞樓石印本　十二册

330000－1710－0011699　捐0323　子部/醫家類/醫話醫論之屬

醫學門徑語正編一卷續編一卷附錄一卷 陳邦賢　萬鍾　丁福保撰　民國上海醫學書局鉛印本　一册

330000－1710－0011700　捐0324　子部/醫家類/傷寒金匱之屬/傷寒論

傷寒纘論二卷 （清）張璐撰　民國石印本　二册

330000－1710－0011702　捐0326　子部/醫家類/本草之屬/雜著

本經逢原四卷 （清）張璐纂　民國石印本

一册　存一卷(一)

330000－1710－0011711　捐 0327　子部/醫家類/溫病之屬/瘟疫
加評溫病條辨六卷首一卷　(清)吳瑭撰　陸士諤評　民國十二年(1923)上海世界書局石印本　二册

330000－1710－0011713　捐 0329　子部/醫家類/傷寒金匱之屬/傷寒論
傷寒論類方一卷　(清)徐大椿編　民國石印本　一册

330000－1710－0011714　捐 0330　子部/醫家類/綜合之屬/合刻、合抄
景岳全書六十四卷　(明)張介賓撰　民國六年(1917)石印本　十六册

330000－1710－0011736　民叢 6　類叢部/叢書類/彙編之屬
選印宛委別藏四十種　故宮博物院編　民國二十四年(1935)上海商務印書館影印本　一百三十五册　存三十二種

330000－1710－0011737　民叢 8　類叢部/叢書類/彙編之屬
袖珍古書讀本三十種　中華書局編　民國十九年(1930)上海中華書局鉛印本　八十九册　存十一種

330000－1710－0011748　民叢 9　類叢部/叢書類/彙編之屬
袖珍古書讀本三十種　中華書局編　民國十九年(1930)上海中華書局鉛印本　一百十五册　存十四種

330000－1710－0011749　民叢 10　類叢部/叢書類/彙編之屬
袖珍古書讀本三十種　中華書局編　民國十九年(1930)上海中華書局鉛印本　二十四册　存三種

330000－1710－0011752　捐 0226　子部/醫家類/類編之屬
醫藥叢書十一種　裘慶元輯　民國五年至十年(1916－1921)紹興醫藥學報社刻本　一册　存一種

330000－1710－0011762　善 0501　史部/地理類/方志之屬/郡縣志
[萬曆]秀水縣志十卷　(明)李培修　(明)黃洪憲等纂　金蓉鏡校補　民國十四年(1925)金蓉鏡校補鉛印本　四册

330000－1710－0011768　善 0507　集部/別集類/清別集
煙霞萬古樓詩佚稿一卷　(清)王曇撰　民國八年(1919)陸祖穀抄本　一册

330000－1710－0011772　善 0511　集部/別集類/清別集
會稽王笠舫稿不分卷　(清)王衍梅撰　民國九年(1920)抄本　三册

330000－1710－0011774　善 0513　集部/別集類
愫盦詩稿不分卷　張愫撰　民國抄本　一册

330000－1710－0011777　善 0508　類叢部/叢書類/自著之屬
春暉樓遺稿七種　(清)張鼎撰　民國抄本　七册

330000－1710－0011782　子/佛家/1090　子部/宗教類/佛教之屬/經疏
金光明最勝王經講錄一卷　民國范古農抄本　一册

330000－1710－0011794　413/39　史部/雜史類/斷代之屬
蒙古源流箋證八卷首一卷　沈曾植撰　張爾田校補　民國二十一年(1932)嘉興沈氏刻本　二册

330000－1710－0011796　441/156　史部/傳記類/別傳之屬/事狀
錢理甫先生[燮榮]家傳一卷　朱孝藏撰　姚榮書　民國石印本　朱其石跋　一册

330000－1710－0011797　812.2/521　集部/別集類
蔬果百詠一卷　鄭鄉撰　民國十三年(1924)

鉛印本　一册

330000－1710－0011799　普0003914　經部/小學類/文字之屬/字書/字典

鴻寶齋玫正字彙二卷　（清）陳淏子撰　鴻寶齋主人輯　民國元年（1912）上海鴻寶齋石印本　一册

330000－1710－0011807　普0003920　史部/目録類/總録之屬/私撰

郘亭知見傳本書目十六卷　（清）莫友芝撰　民國七年（1918）上海掃葉山房石印本　六册

330000－1710－0011811　039/108　類叢部/叢書類/家集之屬

董氏叢書九種　董巽觀輯　稿本　葉廷琯題記　十一册

330000－1710－0011813　普0003922　集部/別集類

五言飛鳥集一卷　（印度）泰戈爾撰　姚華譯　民國二十年（1931）上海中華書局鉛印本　一册

330000－1710－0011821　普0003928　子部/雜著類/雜纂之屬

萬松野人言善録一卷　英華撰　民國二十一年（1932）京師鉛印本　一册

330000－1710－0011823　普0003930　集部/別集類

片香集三卷　張元鈺撰　謝汝霖輯　**順德張鳳箎先生行狀一卷**　民國十年（1921）鉛印本　一册

330000－1710－0011825　子/佛家/1121　子部/宗教類/佛教之屬

徑中徑又徑徵義三卷　（清）張師誠輯　（清）徐槐廷注　民國十年（1921）海鹽徐氏刻本　一册

330000－1710－0011827　子/佛家/1123　子部/宗教類/佛教之屬/諸宗

淨土五經六卷　釋印光輯　**大方廣佛華嚴經淨行品一卷**　（唐）釋實叉難陀譯　**大佛頂首楞嚴經卷第六四種決定清淨明誨一卷**　民國二十五年（1936）蘇州弘化社鉛印本　一册

330000－1710－0011828　子/佛家/1124　子部/宗教類/佛教之屬/諸宗

淨土五經六卷　釋印光輯　**大方廣佛華嚴經淨行品一卷**　（唐）釋實叉難陀譯　**大佛頂首楞嚴經卷第六四種決定清淨明誨一卷**　民國二十五年（1936）蘇州弘化社鉛印本　一册

330000－1710－0011829　子/佛家/1125　子部/宗教類/佛教之屬

般若波羅蜜多心經隨聞記不分卷　季聖一講述　周德彌　季聖靈記録　民國二十七年（1938）古吳佛經流通處蘇州覺社鉛印本　一册

330000－1710－0011830　子/佛家/1093　子部/宗教類/佛教之屬/諸宗

刪定止觀六卷天台智者大師傳論一卷天台止觀統例一卷　（唐）梁肅撰　民國十一年（1922）北京刻經處刻本　三册

330000－1710－0011833　子/佛家/1127　子部/宗教類/佛教之屬

勸發菩提心集五卷　（唐）釋慧沼撰　民國十一年（1922）金陵刻經處刻本　二册

330000－1710－0011835　普0003932　集部/別集類/清別集

煙霞萬古樓詩殘藁一卷　（清）王曇撰　民國上海有正書局鉛印本　一册

330000－1710－0011836　普0003933　類叢部/叢書類/自著之屬

曾文正公家書六種彙刊　（清）曾國藩撰　民國十九年（1930）上海掃葉山房影印本　八册　存一種

330000－1710－0011837　普0003934　史部/傳記類/總傳之屬/列女

列女傳八卷　（漢）劉向撰　（清）梁端校注　民國上海錦章圖書局石印本　四册

330000－1710－0011838　普0003935　子部/術數類/陰陽五行之屬

欽定協紀辨方書三十六卷　（清）允禄　（清）

張照等纂修　民國十一年(1922)上海錦章圖書局石印本　八冊

330000－1710－0011839　普0003936　集部/總集類/選集之屬/通代
十八家詩鈔二十八卷首一卷　(清)曾國藩輯　民國上海中華圖書館鉛印本　十冊　存十二卷(十三至十四、十八至二十七)

330000－1710－0011841　子/佛家/1096　子部/宗教類/佛教之屬/經疏
大方廣圓覺修多羅了義經抉隱一卷　(唐)釋佛陀多羅譯　王驤陸撰　民國天津印心精舍鉛印本　一冊

330000－1710－0011842　普0003938　類叢部/叢書類/自著之屬
曾文正公家書四種　(清)曾國藩撰　民國上海著易堂書局石印本　八冊

330000－1710－0011843　子/佛家/1097　子部/宗教類/佛教之屬/論疏
中論潤文畧解四卷　(印度)龍樹菩薩造　(印度)青目菩薩釋　(後秦)釋鳩摩羅什譯　(清)管禮昌略解　民國八年(1919)上海有正書局鉛印本　二冊

330000－1710－0011844　子/佛家/1336　子部/宗教類/佛教之屬/論疏
中論潤文畧解四卷　(印度)龍樹菩薩造　(印度)青目菩薩釋　(後秦)釋鳩摩羅什譯　(清)管禮昌略解　民國八年(1919)上海有正書局鉛印本　一冊　存二卷(三至四)

330000－1710－0011845　子/佛家/1098　子部/宗教類/佛教之屬/諸宗
廬山慧遠法師文一卷　周寰輯校　民國武昌正信印務館鉛印本　范古農誌　一冊

330000－1710－0011846　子/佛家/1128　子部/宗教類/佛教之屬/經疏
金光明最勝王經疏二十六卷　(唐)釋義浄譯　(唐)釋慧沼疏　民國六年(1917)金陵刻經處刻本　一冊　存三卷(二十四至二十六)

330000－1710－0011847　子/佛家/1129　子部/宗教類/佛教之屬/經
金光明最勝王經十卷附藏文漢文日文英文陀羅尼四種四卷　(唐)釋義浄譯　民國十四年(1925)杭州金光明法會鉛印本　一冊　存四卷(七至十)

330000－1710－0011848　子/佛家/1130　子部/宗教類/佛教之屬/論疏
大乘掌珍論疏三卷　(唐)□□撰　民國金陵刻經處刻本　一冊　存一卷(下)

330000－1710－0011849　子/佛家/1131　子部/宗教類/佛教之屬/諸宗
釋淨土羣疑論六卷　(唐)釋懷感撰　民國二年(1913)金陵刻經處刻本　二冊

330000－1710－0011850　子/佛家/1132　子部/宗教類/佛教之屬
佛教初學叢書□□種　佛學研究會編　民國佛學研究會鉛印本　一冊　存一種

330000－1710－0011851　子/佛家/1133　子部/宗教類/佛教之屬
初機浄業指南一卷　黄慶瀾撰　民國十一年(1922)佛學推行社鉛印本　一冊

330000－1710－0011852　子/佛家/1134　子部/宗教類/佛教之屬/律
菩薩戒本記一卷菩薩戒羯磨記一卷　(唐)釋遁倫撰　**菩薩戒本宗要一卷**　(唐)釋太賢撰　民國八年(1919)金陵刻經處刻本　一冊

330000－1710－0011856　子/佛家/1137　子部/宗教類/佛教之屬/經
佛説孛經一卷　(三國吳)釋支謙譯　民國十四年(1925)浙江彙商印刷公司鉛印本　一冊

330000－1710－0011859　子/佛家/1138　子部/宗教類/佛教之屬/經
佛説孛經一卷　(三國吳)釋支謙譯　民國十四年(1925)浙江彙商印刷公司鉛印本　一冊

330000－1710－0011864　普0003940　類叢部/叢書類/自著之屬
曾文正公全集十六種　(清)曾國藩撰　民國四年(1915)鉛印本　二冊　存一種

330000－1710－0011868　子/佛家/1141　子部/宗教類/佛教之屬

楊仁山先生禮拜入觀法一卷　陳汝湜口述　徐文霨筆受　民國刻本　一册

330000－1710－0011870　子/佛家/1341　子部/宗教類/佛教之屬

楊仁山先生禮拜入觀法一卷　陳汝湜口述　徐文霨筆受　民國刻本　一册

330000－1710－0011871　子/佛家/1101　子部/宗教類/佛教之屬/論

佛法要論一卷　釋印光鑒定　馮寶瑛編　民國十五年(1926)紹興大雲佛學社鉛印本　一册

330000－1710－0011872　子/佛家/1102　子部/宗教類/佛教之屬/經

佛説一切如來金剛壽命陀羅尼經一卷　(唐)釋金剛智　(唐)釋智藏譯　**金剛壽命陀羅尼經一卷金剛壽命陀羅尼經法一卷**　(唐)釋不空譯　**金剛壽命陀羅尼念誦法一卷**　(唐)釋金剛智　(唐)釋不空譯　民國十二年(1923)北京刻經處刻本　一册

330000－1710－0011873　子/佛家/1142　子部/宗教類/佛教之屬

楊仁山先生禮拜入觀法一卷　陳汝湜口述　徐文霨筆受　民國鉛印本　一册

330000－1710－0011874　普0003954　經部/春秋穀梁傳類/傳説之屬

教科適用穀梁傳精華一卷　中華書局編　民國上海中華書局鉛印本　一册

330000－1710－0011875　普0003955　經部/春秋公羊傳類/傳説之屬

教科適用公羊傳精華一卷　中華書局編　民國上海中華書局鉛印本　一册

330000－1710－0011876　普0003956　子部/法家類

教科適用韓非子精華一卷　中華書局編　民國上海中華書局鉛印本　一册

330000－1710－0011877　普0003957　子部/雜著類/雜説之屬

淮南子精華二卷　中華書局編　民國上海中華書局鉛印本　二册

330000－1710－0011878　普0003958　子部/墨家類

教科適用墨子精華一卷　中華書局編　民國上海中華書局鉛印本　一册

330000－1710－0011879　普0003959　子部/法家類

科教適用管子精華一卷　中華書局編輯　民國中華書局鉛印本　一册

330000－1710－0011880　子/佛家/1143　子部/宗教類/佛教之屬/經

佛説大乘戒經一卷　(宋)釋施護譯　**佛説淨業障經一卷**　**佛説受十善戒經一卷**　民國六年(1917)金陵刻經處刻本　一册

330000－1710－0011881　普0003960　子部/道家類

教科適用莊子精華二卷　中華書局編　民國上海中華書局鉛印本　二册

330000－1710－0011882　普0003961　子部/儒家類/儒家之屬

教科適用荀子精華一卷　中華書局編　民國上海中華書局鉛印本　一册

330000－1710－0011883　普0003962　子部/道家類

教科適用老子精華一卷　中華書局編　民國上海中華書局鉛印本　一册

330000－1710－0011885　子/佛家/1144　子部/宗教類/佛教之屬/論

十地經論十二卷　(印度)天親菩薩造　(北魏)釋菩提流支等譯　民國六年(1917)金陵刻經處刻本　二册　存七卷(四至十)

330000－1710－0011887　子/佛家/1145　子部/宗教類/道教之屬

太上感應篇註講證案彙編四卷首一卷　釋印光鑒定　民國十七年(1928)上海中華書局印刷所鉛印本　二册

330000－1710－0011888　子/佛家/1103　子部/宗教類/佛教之屬/經
佛説一切如來金剛壽命陀羅尼經一卷　(唐)釋金剛智　(唐)釋智藏譯　**金剛壽命陀羅尼經一卷金剛壽命陀羅尼經法一卷**　(唐)釋三藏(不空)譯　**金剛壽命陀羅尼念誦法一卷**　(唐)釋金剛智　(唐)釋不空譯　民國十二年(1923)北京刻經處刻本　一册

330000－1710－0011890　子/佛家/1104　子部/宗教類/佛教之屬
百法義錄三卷　梅光羲輯　民國九年(1920)山東第一監獄石印本　范古農題記　一册存一卷(一)

330000－1710－0011891　子/佛家/1105　子部/宗教類/佛教之屬/論疏
十二門論義記科會一卷　釋幻修講　張元成錄　民國九年(1920)鉛印本　一册

330000－1710－0011892　子/佛家/1106　子部/宗教類/佛教之屬/論疏
十二門論義記科會一卷　釋幻修講　張元成錄　民國九年(1920)鉛印本　一册

330000－1710－0011893　子/佛家/1107　子部/宗教類/佛教之屬/諸宗
隨自意三昧一卷　(南朝陳)釋慧思撰　民國七年(1918)北京刻經處刻本　一册

330000－1710－0011897　子/佛家/1150　子部/宗教類/佛教之屬
妙法蓮華經觀世音菩薩普門品一卷高山經一卷　民國刻本　一册

330000－1710－0011898　子/佛家/1343　子部/宗教類/佛教之屬/經
妙法蓮華經觀世音菩薩普門品一卷　(後秦)釋鳩摩羅什譯　民國刻本　一册

330000－1710－0011899　子/佛家/1151　子部/宗教類/佛教之屬
妙法蓮華經觀世音菩薩普門品一卷高山經一卷　民國刻本　一册

330000－1710－0011900　子/佛家/1152　子部/宗教類/佛教之屬/經
妙法蓮華經觀世音菩薩普門品一卷　(後秦)釋鳩摩羅什譯　民國刻本　一册

330000－1710－0011909　子/佛家/1158　子部/宗教類/佛教之屬
觀世音菩薩本迹感應頌四卷首一卷　許止淨述　**金剛經功德頌一卷**　許止淨述　劉契淨注　民國十六年(1927)上海中華書局鉛印本　二册

330000－1710－0011911　子/佛家/1159　子部/雜著類/雜編之屬
安士全書四種　(清)周夢顔撰　民國十八年(1929)上海佛學推行社鉛印本　四册

330000－1710－0011913　子/佛家/1160　子部/雜著類/雜編之屬
安士全書四種　(清)周夢顔撰　民國十一年(1922)上海佛學推行社鉛印本　四册

330000－1710－0011919　子/佛家/1164　子部/宗教類/佛教之屬/論疏
大乘百法明門論直解一卷　(印度)天親菩薩造　(唐)釋玄奘譯　(明)釋智旭解　民國刻本　一册

330000－1710－0011920　子/佛家/1165　子部/宗教類/佛教之屬/論疏
大乘百法明門論直解一卷　(印度)天親菩薩造　(唐)釋玄奘譯　(明)釋智旭解　民國刻本　一册

330000－1710－0011921　子/佛家/1166　經部/易類/傳說之屬
周易禪解十卷　(明)釋智旭撰　民國四年(1915)金陵刻經處刻本　三册

330000－1710－0011922　子/佛家/1167　子部/宗教類/佛教之屬
西方公據一卷　民國十三年(1924)海鹽徐餘慶堂刻本　一册

330000－1710－0011923　子/佛家/1168　子部/宗教類/佛教之屬
西方公據一卷　民國十三年(1924)海鹽徐餘

慶堂刻本　一册

330000－1710－0011924　普 0003971　集部/總集類/選集之屬/通代
經史百家簡編二卷　（清）曾國藩纂　民國上海商務印書館鉛印本　一册　存一卷（上）

330000－1710－0011927　子/佛家/1227　子部/宗教類/佛教之屬/諸宗
隨自意三昧一卷　（南朝陳）釋慧思撰　民國七年（1918）北京刻經處刻本　一册

330000－1710－0011934　子/佛家/1108　子部/宗教類/佛教之屬
報恩論二卷首一卷附一卷經正民興說一卷（清）沈善登撰　民國鉛印本　一册

330000－1710－0011938　子/佛家/1109　子部/宗教類/佛教之屬
南無大慈地藏王菩薩摩訶薩地藏大士聖蹟一卷　民國刻本　一册

330000－1710－0011942　子/佛家/1110　子部/宗教類/佛教之屬
南無大慈地藏王菩薩摩訶薩地藏大士聖蹟一卷　民國刻本　一册

330000－1710－0011948　子/佛家/1111　子部/宗教類/佛教之屬/經
佛說無量壽經二卷　（三國魏）釋康僧鎧譯　**佛說觀無量壽佛經一卷**　（南朝宋）釋畺良耶舍譯　**佛說阿彌陀經一卷**　（後秦）釋鳩摩羅什譯　**無量壽經優波提舍一卷**　（天竺）婆藪槃豆菩薩造　（北魏）釋菩提留支譯　民國上海佛學書局鉛印本　一册

330000－1710－0011955　子/佛家/1185　子部/宗教類/佛教之屬
初機浄業指南一卷　黄慶瀾撰　民國十一年（1922）佛學推行社鉛印本　一册

330000－1710－0011956　子/佛家/1186　子部/宗教類/佛教之屬
初機浄業指南一卷　黄慶瀾撰　民國十一年（1922）佛學推行社鉛印本　一册

330000－1710－0011957　子/佛家/1187　子部/宗教類/佛教之屬
初機浄業指南一卷　黄慶瀾撰　民國十一年（1922）佛學推行社鉛印本　一册

330000－1710－0011958　子/佛家/1188　子部/宗教類/佛教之屬
初機浄業指南一卷　黄慶瀾撰　民國十一年（1922）佛學推行社鉛印本　一册

330000－1710－0011960　子/佛家/1112　子部/宗教類/佛教之屬
太虛大師佛學選讀本不分卷　釋太虛撰　賀民范編　民國十九年（1930）武昌佛學院鉛印本　一册

330000－1710－0011962　子/佛家/1189　子部/宗教類/佛教之屬
觀世音菩薩本迹感應頌四卷首一卷　許止淨述　**金剛經功德頌一卷**　許止淨述　劉契淨注　民國十九年（1930）刻本　四册

330000－1710－0011964　子/佛家/1115　子部/宗教類/佛教之屬/論疏
攝大乘論釋十卷　（印度）世親菩薩撰　（唐）釋玄奘譯　民國五年（1916）金陵刻經處刻本　三册

330000－1710－0011965　子/佛家/1190　子部/宗教類/佛教之屬
歷史感應統紀四卷首一卷　許止淨編纂　民國十八年（1929）鉛印本　四册

330000－1710－0011966　子/佛家/1191　子部/宗教類/佛教之屬
觀世音菩薩本迹感應頌四卷首一卷　許止淨述　**金剛經功德頌一卷**　許止淨述　劉契淨注　民國十五年（1926）上海中華書局鉛印本　二册

330000－1710－0011967　子/佛家/1116　子部/宗教類/佛教之屬/經疏
金剛經會解了義二卷附心經解一卷　（後秦）釋鳩摩羅什譯　（清）徐昌治纂　民國八年（1919）海鹽豐山徐氏刻本　一册

330000－1710－0011968　子/佛家/1192　子部/宗教類/佛教之屬

觀世音菩薩靈感錄二卷首一卷　釋印光鑒定　民國十二年(1923)鉛印本　二册

330000－1710－0011970　子/佛家/1118　子部/宗教類/佛教之屬/經

佛説大白傘蓋總持達喇呢經一卷　(元)釋俊辯　(元)釋真治譯　民國十四年(1925)鉛印本　一册

330000－1710－0011971　子/佛家/1119　子部/宗教類/佛教之屬/經

佛説大白傘蓋總持達喇呢經一卷　(元)釋俊辯　(元)釋真治譯　民國十四年(1925)鉛印本　一册

330000－1710－0011972　子/佛家/1193　子部/宗教類/佛教之屬

觀世音菩薩靈感錄二卷首一卷　釋印光鑒定　民國十二年(1923)鉛印本　二册

330000－1710－0011973　子/佛家/1194　子部/宗教類/佛教之屬

觀世音菩薩靈感錄二卷首一卷　釋印光鑒定　民國十二年(1923)鉛印本　二册

330000－1710－0011974　子/佛家/1220　子部/宗教類/佛教之屬

佛學叢書□□種　丁福保輯　民國上海醫學書局鉛印本暨影印本　一册　存一種

330000－1710－0011975　子/佛家/1221　子部/宗教類/佛教之屬/經疏

佛説觀無量壽佛經直指疏二卷　(清)釋續法疏　釋顯親會本　民國虞山興福禪寺、華嚴大學鉛印本　一册

330000－1710－0011976　子/佛家/1222　子部/宗教類/佛教之屬/經疏

大佛頂如來密因修證了義諸菩薩萬行首楞嚴經截流二卷　釋傳如撰　民國十二年(1923)杭州刻經處刻本　一册

330000－1710－0011977　普0003987　子部/雜著類/雜纂之屬

左孟莊騷精華錄二卷　林紓評註　民國上海商務印書館鉛印本　二册

330000－1710－0011981　普0003985　子部/叢編

百子全書　(清)崇文書局編　民國七年(1918)上海掃葉山房石印本　二册　存一種

330000－1710－0011982　子/佛家/1120　子部/宗教類/佛教之屬

徑中徑又徑徵義三卷　(清)張師誠輯　(清)徐槐廷注　民國十年(1921)海鹽徐氏刻本　一册

330000－1710－0011983　普0003986　經部/春秋左傳類/傳説之屬

春秋左傳句解六卷　(清)韓菼重訂　民國三年(1914)上海商務印書館鉛印本　三册　存三卷(一至三)

330000－1710－0011985　子/佛家/1195　子部/宗教類/佛教之屬/論

大乘掌珍論二卷　(唐)釋玄奘譯　民國九年(1920)金陵刻經處刻本　一册

330000－1710－0011986　普0003988　經部/詩類/傳説之屬

詩經集傳八卷　(宋)朱熹撰　民國四年(1915)中華書局鉛印本　四册

330000－1710－0011987　普0003989　經部/四書類/總義之屬/傳説

言文對照廣註四書讀本　世界書局編輯所編輯　民國十七年(1928)上海世界書局石印本　十册　缺八卷(論語一至八)

330000－1710－0011988　普0003990　集部/别集類

新編分類飲冰室文集全編二十卷　梁啓超撰　民國上海廣益書局石印本　十九册　缺一卷(十一)

330000－1710－0011990　子/佛家/1232　子部/宗教類/佛教之屬/諸宗

念佛鏡二卷　(唐)釋道鏡　(唐)釋善道集　民國三年(1914)金陵刻經處刻本　一册

330000－1710－0011991　普 0003991　經部/四書類/總義之屬/傳說

四書讀本十九卷　（宋）朱熹集註　民國十五年（1926）上海書局石印本　六冊

330000－1710－0011995　子/佛家/1197　子部/宗教類/佛教之屬/諸宗

南山律要□□種　（唐）釋道宣撰述　民國天津刻經處刻本　二冊　存二種

330000－1710－0012000　子/佛家/1199　子部/宗教類/佛教之屬/經

大莊嚴法門經二卷　（隋）釋那連提耶舍譯

佛說月上女經二卷　（隋）釋闍那崛多譯　民國五年至六年（1916－1917）金陵刻經處刻本　一冊

330000－1710－0012007　子/佛家/1241　子部/宗教類/佛教之屬/經咒

佛說齋經科注一卷　（三國吳）釋支謙譯　（明）釋智旭科注　民國八年（1919）北京刻經處刻本　一冊

330000－1710－0012012　子/佛家/1246　子部/宗教類/佛教之屬/經

大乘同性經二卷　（北周）釋闍那耶舍譯　民國六年（1917）金陵刻經處刻本　一冊

330000－1710－0012015　子/佛家/1248　子部/宗教類/佛教之屬/總録

性相通說一卷　（明）釋德清撰　民國上海佛學書局影印本　一冊

330000－1710－0012018　子/佛家/1252　子部/宗教類/佛教之屬/論

阿毗達磨俱舍論本頌會譯八卷　（南朝陳）釋真諦　（唐）釋玄奘譯　民國二十五年（1936）支那內學院刻本　一冊

330000－1710－0012019　子/佛家/1253　子部/宗教類/佛教之屬/經

金剛般若波羅蜜經一卷校勘記一卷　（後秦）釋鳩摩羅什譯　民國二十二年（1933）上海省心蓮社鉛印本　祝廷錫題記　一冊

330000－1710－0012020　子/佛家/1254　子部/宗教類/佛教之屬/諸宗

大乘入道次第章一卷　（唐）釋智周撰　民國九年（1920）北京刻經處刻本　一冊

330000－1710－0012021　子/佛家/1255　子部/宗教類/佛教之屬

潙山大圓禪師警策一卷潙山警策一卷　民國十二年（1923）杭州刻經處刻本　一冊

330000－1710－0012022　子/佛家/1256　子部/宗教類/佛教之屬

淨業纂要十一種　武昌佛乘修學會編　民國刻本　一冊

330000－1710－0012024　子/佛家/1258　子部/宗教類/佛教之屬/論疏

異部宗輪論述記三卷　（唐）釋玄奘譯　（唐）釋窺基記　民國元年（1912）江西刻經處刻本　一冊

330000－1710－0012026　子/佛家/1260　子部/宗教類/佛教之屬

釋迦方志四卷　（唐）釋道宣撰　民國十三年（1924）支那內學院刻本　一冊

330000－1710－0012027　子/佛家/1261　子部/宗教類/佛教之屬/經疏

般若波羅蜜多心經幽贊二卷　（唐）釋窺基撰　民國五年（1916）金陵刻經處刻本　一冊

330000－1710－0012029　子/佛家/1263　子部/宗教類/佛教之屬/經

佛說大乘莊嚴寶王經四卷　（宋）釋天息災譯　民國六年（1917）金陵刻經處刻本　一冊

330000－1710－0012030　子/佛家/1264　子部/宗教類/佛教之屬

大事須知一卷　孫傳柷纂　民國九年（1920）金陵刻經處刻本　一冊

330000－1710－0012036　子/佛家/1269　子部/宗教類/佛教之屬/經

法句經二卷法句經要釋一卷　（三國吳）釋維祇難等譯　民國三十四年（1945）支那內學院刻本　一冊

330000－1710－0012038　子/佛家/1271　子部/宗教類/佛教之屬/經疏

大方廣圓覺修多羅了義經集註二卷　(宋)釋元粹撰　民國十三年(1924)杭州刻經處刻本　二册

330000－1710－0012039　子/佛家/1272　子部/宗教類/佛教之屬

百法義錄不分卷　梅光羲輯　民國石印本　一册

330000－1710－0012049　普0004015、普0004013　類叢部/叢書類/自著之屬

許文肅公集四種　(清)許景澄撰　盛沅編輯　民國七年至九年(1918－1920)外交部圖書處鉛印本　二册　存二種

330000－1710－0012050　普0004016、普0004014　類叢部/叢書類/自著之屬

許文肅公集四種　(清)許景澄撰　盛沅編輯　民國七年至九年(1918－1920)外交部圖書處鉛印本　二册　存一種

330000－1710－0012051　普0004017　類叢部/叢書類/自著之屬

許文肅公集四種　(清)許景澄撰　盛沅編輯　民國七年至九年(1918－1920)外交部圖書處鉛印本　一册　存一種

330000－1710－0012052　普0004018　類叢部/叢書類/自著之屬

許文肅公集四種　(清)許景澄撰　盛沅編輯　民國七年至九年(1918－1920)外交部圖書處鉛印本　二册　存一種

330000－1710－0012053　普0004019　史部/目録類/總録之屬/私撰

杭州抱經堂書局第十一期舊書目錄不分卷　杭州抱經堂書局編　民國二十三年(1934)杭州抱經堂書局石印本　一册

330000－1710－0012055　子/佛家/1273　子部/宗教類/佛教之屬

雲棲法彙二十九種　(明)釋袾宏撰　(明)王宇春等輯　民國十二年(1923)紹興漱石齋鉛印本　一册　存一種

330000－1710－0012057　子/佛家/1275　子部/宗教類/道教之屬/雜著

聖哲嘉言一卷　民國鉛印本　一册

330000－1710－0012059　子/佛家/1276　子部/宗教類/佛教之屬/經疏

佛說優婆塞五戒相經箋要一卷補釋一卷　(南朝宋)釋求那跋摩譯　(明)釋智旭箋要　釋曇昉校并補釋　**新集受三歸五戒八戒法式一卷**　釋曇昉集　民國十六年(1927)鉛印本　一册

330000－1710－0012061　子/佛家/1278　子部/宗教類/佛教之屬/論疏

十二門論義記科會一卷　釋幻修講　張元成錄　民國九年(1920)鉛印本　一册

330000－1710－0012062　子/佛家/1279　子部/宗教類/佛教之屬/諸宗

蓮宗諸祖略傳四卷附蓮宗警語一卷　釋貫通編　民國四年(1915)揚州藏經院刻本　一册

330000－1710－0012063　子/佛家/1280　子部/宗教類/佛教之屬

初機淨業指南一卷　黃慶瀾撰　民國十一年(1922)上海佛經流通處鉛印本　一册

330000－1710－0012064　子/佛家/1281　子部/宗教類/佛教之屬

初機淨業指南一卷　黃慶瀾撰　民國十一年(1922)上海佛經流通處鉛印本　一册

330000－1710－0012065　子/佛家/1201　子部/宗教類/佛教之屬/經疏

法華普門品疏四卷　(隋)釋智顗譯　(隋)釋灌頂記　民國十年(1921)金陵刻經處刻本　二册

330000－1710－0012066　子/佛家/1282　子部/宗教類/佛教之屬

初機淨業指南一卷　黃慶瀾撰　民國十一年(1922)佛學推行社鉛印本　一册

330000－1710－0012067　子/佛家/1283　子

部/宗教類/佛教之屬/經疏

佛説阿彌陀經要解一卷 （後秦）釋鳩摩羅什譯 （明）釋智旭撰 民國十五年（1926）影印本 二冊

330000－1710－0012068 子/佛家/1284 子部/宗教類/佛教之屬/經咒

慈悲三昧水懺申義疏三卷 釋諦閑述 民國十五年（1926）鉛印本 二冊

330000－1710－0012070 子/佛家/1285 子部/宗教類/佛教之屬/諸宗

淨土五經六卷 釋印光輯 **大方廣佛華嚴經淨行品一卷** （唐）釋實叉難陀譯 **大佛頂首楞嚴經卷第六四種決定清淨明誨一卷** 民國二十六年（1937）蘇州弘化社鉛印本 一冊

330000－1710－0012071 子/佛家/1286 子部/宗教類/佛教之屬/諸宗

淨土五經六卷 釋印光輯 **大方廣佛華嚴經淨行品一卷** （唐）釋實叉難陀譯 **大佛頂首楞嚴經卷第六四種決定清淨明誨一卷** 民國二十六年（1937）蘇州弘化社鉛印本 一冊

330000－1710－0012072 子/佛家/1287 子部/宗教類/佛教之屬

百法義錄三卷 梅光羲輯 民國九年（1920）山東第一監獄石印本 三冊

330000－1710－0012076 子/佛家/1291 子部/宗教類/佛教之屬/經疏

普賢行願品別行疏鈔擷一卷附摘華嚴纂靈紀一卷 釋幻修編 民國九年（1920）鉛印本 一冊

330000－1710－0012077 子/佛家/1292 子部/宗教類/佛教之屬/律

釋門歸敬儀一卷釋門章服儀一卷 （唐）釋道宣撰 民國十二年（1923）天津刻經處刻本 一冊

330000－1710－0012084 子/佛家/1210 子部/宗教類/佛教之屬/經

中本起經二卷 （五代）釋曇果譯 **佛説興起行經二卷** （五代）康孟詳譯 民國六年（1917）金陵刻經處刻本 一冊

330000－1710－0012085 普 0004027 類叢部/叢書類/彙編之屬

古學彙刊第一集三十四種第二集二十七種 鄧實等編 民國元年至三年（1912－1914）上海國粹學報社鉛印本 一冊 存第一集五種

330000－1710－0012088 子/佛家/1293 子部/宗教類/佛教之屬/大藏

藏要第一輯□□種 歐陽漸輯 民國南京支那内學院鉛印本 一冊 存一種

330000－1710－0012089 子/佛家/1294 子部/宗教類/佛教之屬/論疏

因明入正理論疏四卷 （唐）釋文軌撰 民國二十三年（1934）支那内學院刻本 一冊

330000－1710－0012092 子/佛家/1296 子部/宗教類/佛教之屬/經疏

遠什大乘要義問答三卷 （晉）釋慧遠問 （後秦）釋鳩摩羅什答 民國十九年（1930）中國佛教歷史博物館刻本 一冊

330000－1710－0012095 子/佛家/1206 子部/宗教類/佛教之屬/論疏

十二門論疏四卷序疏一卷 （唐）釋吉藏撰 民國四年（1915）金陵刻經處刻七年（1918）補刻本 二冊

330000－1710－0012096 子/佛家/1207 子部/宗教類/佛教之屬/經疏

觀彌勒上生經疏四卷 （唐）釋窺基譯 民國五年（1916）金陵刻經處刻本 二冊

330000－1710－0012098 子/佛家/1209 子部/宗教類/佛教之屬/論

佛性論四卷 （天竺）天親菩薩造 （南朝陳）釋真諦譯 民國六年（1917）金陵刻經處刻本 一冊

330000－1710－0012101 子/佛家/1211 子部/宗教類/佛教之屬

觀世音持驗記二卷首一卷 （清）周克復撰 民國八年（1919）北京刻經處刻本 一冊

330000－1710－0012102　子/佛家/1297　子部/宗教類/佛教之屬/總録

覺世叢書□□種　林旭高撰述　民國鉛印本　一册　存一種

330000－1710－0012104　子/佛家/1299　子部/宗教類/佛教之屬/論

校補唯識大意二卷　（日本）釋良遍撰　（日本）釋青巒校補　梅光羲校訂　洪欣然譯文　民國二十一年（1932）鉛印本　一册

330000－1710－0012105　子/佛家/1300　子部/宗教類/佛教之屬

初機浄業指南一卷　黄慶瀾撰　民國十一年（1922）佛學推行社鉛印本　一册

330000－1710－0012106　子/佛家/1301　子部/宗教類/佛教之屬/經疏

佛説觀無量壽佛經直指疏二卷　（清）釋續法疏　釋顯親會本　民國虞山興福禪寺、華嚴大學鉛印本　一册

330000－1710－0012107　子/佛家/1302　子部/宗教類/佛教之屬/諸宗

相宗綱要續編九卷　梅光羲編　民國十五年（1926）上海商務印書館鉛印本　一册

330000－1710－0012108　子/佛家/1303　子部/宗教類/佛教之屬/經疏

金剛經釋義一卷　（後秦）釋鳩摩羅什譯　（宋）釋妙源釋　民國五年（1916）刻本　一册

330000－1710－0012110　子/佛家/1305　子部/宗教類/佛教之屬

素食主義一卷　民國上海醫學書局鉛印本　范古農題記　一册

330000－1710－0012112　子/佛家/1212　子部/宗教類/佛教之屬/論

決定藏論三卷　（南朝陳）釋真諦譯　民國六年（1917）金陵刻經處刻本　一册

330000－1710－0012113　子/佛家/1307　子部/宗教類/佛教之屬

入佛問答類編一卷　（清）問橋居士撰　太虚法師編次　民國十四年（1925）石印本　一册

330000－1710－0012115　子/佛家/1308　子部/宗教類/佛教之屬

入佛問答類編一卷　（清）問橋居士撰　太虚法師編次　民國十四年（1925）石印本　一册

330000－1710－0012116　子/佛家/1309　子部/宗教類/佛教之屬

佛學備要三卷　（宋）釋道誠集　民國鉛印本　一册

330000－1710－0012118　子/佛家/1311　子部/宗教類/佛教之屬/總録

寶王三昧念佛直指二卷　（明）釋妙叶集　民國杭州佛經流通處鉛印本　一册

330000－1710－0012119　子/佛家/1312　子部/宗教類/佛教之屬

佛學淺説□□種　佛學推行社輯　民國十年（1921）中華書局鉛印本　一册　存一種

330000－1710－0012122　子/佛家/1216　子部/宗教類/佛教之屬/經疏

佛説阿彌陀經疏三卷　（唐）釋窺基撰　民國四年（1915）金陵刻經處刻本　一册

330000－1710－0012123　子/佛家/1217　經部/易類/傳説之屬

周易禪解十卷　（明）釋智旭撰　民國四年（1915）金陵刻經處刻本　一册　存三卷（一至三）

330000－1710－0012124　子/佛家/1218　子部/宗教類/佛教之屬/經疏

金剛般若經贊述四卷　（唐）釋窺基撰　民國六年（1917）金陵刻經處刻本　二册

330000－1710－0012125　411/10　史部/紀傳類/正史之屬

百衲本二十四史　張元濟輯　民國上海商務印書館影印本　二百九册　存四種

330000－1710－0012127　子/佛家/1328　子部/宗教類/佛教之屬/論

大佛頂首楞嚴經攝論二卷　釋太虚造　民國七年（1918）鉛印本　一册

330000－1710－0012128　子/佛家/1329　子部/宗教類/佛教之屬/經疏

佛遺教經解一卷附卍齋隨筆一卷　陳文鼎撰解　民國十二年(1923)鉛印本　一册

330000－1710－0012129　子/佛家/1330　子部/宗教類/佛教之屬

佛學小叢書□□種　民國二十一年(1932)鉛印本　一册　存一種

330000－1710－0012130　子/佛家/1331　子部/宗教類/佛教之屬/經

金剛般若波羅蜜經一卷　(後秦)釋鳩摩羅什譯　**般若波羅蜜多心經一卷**　(唐)釋玄奘譯　**佛説無量壽經二卷**　(三國魏)釋康僧鎧譯　**佛説阿彌陀經一卷**　(後秦)釋鳩摩羅什譯　**佛説觀無量壽佛經一卷**　(南朝宋)釋畺良耶舍譯　**大方廣佛華嚴經入不思議解脱境界普賢行願品一卷**　(唐)釋般若譯　民國鉛印本　一册

330000－1710－0012132　子/佛家/1333　子部/宗教類/佛教之屬/論

瑜伽師地論一百卷　(唐)釋玄奘譯　民國刻本　四册　存十三卷(三十八至五十)

330000－1710－0012133　子/佛家/1335　子部/宗教類/佛教之屬/論疏

因明入正理論疏二卷　(唐)釋慧沼撰　民國二十二年(1933)支那内學院刻本　一册

330000－1710－0012134　子/佛家/1334　子部/宗教類/佛教之屬

佛學叢書□□種　民國上海商務印書館鉛印本　二册　存一種

330000－1710－0012135　子/佛家/1337　子部/宗教類/佛教之屬/經

大乘理趣六波羅蜜多經十卷　(唐)釋般若譯　民國十一年(1922)金陵刻經處刻本　一册　存三卷(一至三)

330000－1710－0012138　子/佛家/1348　子部/宗教類/道教之屬/經文

太上十三經注四卷　民國刻本　一册　存二卷(三至四)

330000－1710－0012143　子/佛家/1342　子部/宗教類/佛教之屬/諸宗

幻庵文集六卷　范古農撰　民國三十六年(1947)上海大法輪書局、上海佛學書局鉛印本　二册　存四卷(三至六)

330000－1710－0012145　子/佛家/1344　類叢部/叢書類/自著之屬

慈雲大師遺集□□種　民國九年(1920)北京刻經處刻本　一册　存一種

330000－1710－0012147　子/佛家/1345　子部/宗教類/佛教之屬/論疏

百論疏十六卷　(隋)釋吉藏疏　民國二年(1913)北京刻經處刻本　四册

330000－1710－0012148　子/佛家/1349　子部/宗教類/佛教之屬/論疏

大乘掌珍論疏三卷　(唐)□□撰　民國刻本　一册　存一卷(下)

330000－1710－0012149　子/佛家/1350　子部/宗教類/佛教之屬/論

法勝阿毗曇心論六卷　(天竺)優波扇多　(天竺)釋那连提耶舍譯　民國七年(1918)湖北陶福山刻本　一册　存三卷(一至三)

330000－1710－0012151　子/佛家/1352　子部/宗教類/佛教之屬/經疏

佛説金剛般若波羅密經義疏六卷　(後秦)釋鳩摩羅什譯　(隋)釋吉藏撰疏　民國六年(1917)金陵刻經處刻本　一册　存三卷(四至六)

330000－1710－0012152　子/佛家/1353　子部/宗教類/佛教之屬/論

唯識二十論會譯二卷　(天竺)世親菩薩造　(唐)釋玄奘　(北魏)釋瞿曇般若流支　(南朝陳)釋真諦譯　民國九年(1920)金陵刻經處刻本　一册

330000－1710－0012153　子/佛家/1354　子部/宗教類/佛教之屬/論

大乘玄論五卷　(唐)釋吉藏撰　民國十二年

(1923)北京刻經處刻本　一冊　存一卷(五)

330000－1710－0012154　子/佛家/1314　子部/宗教類/佛教之屬/諸宗

真大英雄言行錄二卷　丑先難編輯　民國二十年(1931)刻本　一冊

330000－1710－0012155　子/佛家/1315　子部/宗教類/佛教之屬

重編醒世千家詩二卷　(清)梁溪晦齋學人輯　民國十八年(1929)世界居士佛教林鉛印本　一冊

330000－1710－0012158　子/佛家/1319　子部/宗教類/其他宗教之屬/基督教

詶真辨妄不分卷　(清)黃伯錄撰　民國三年(1914)鉛印本　一冊

330000－1710－0012161　子/佛家/1321　子部/宗教類/佛教之屬/經

楞嚴正脈疏摘科會經不分卷　張圓成撰　民國十年(1921)上海商務印書館鉛印本　一冊

330000－1710－0012162　子/佛家/1322　子部/宗教類/佛教之屬/經

金剛般若波羅蜜經一卷　(後秦)釋鳩摩羅什譯　**金剛經功德頌一卷**　許止淨述　劉契淨註　民國十六年(1927)刻本　一冊

330000－1710－0012164　子/佛家/1324　子部/宗教類/佛教之屬/經疏

彌陀畧解圓中鈔二卷　(明)釋大佑解　(明)釋傳燈鈔　民國上海佛學書局影印本　二冊

330000－1710－0012166　子/佛家/1326　子部/宗教類/佛教之屬/經

金剛般若波羅蜜經一卷附錄一卷　(後秦)釋鳩摩羅什譯　(宋)釋印肅注　**般若波羅蜜多心經一卷**　(唐)釋玄奘譯　民國十年(1921)鉛印本　一冊

330000－1710－0012170　普0004039　經部/四書類/總義之屬/傳說

四書集註十九卷　(宋)朱熹撰　民國三年(1914)上海中華書局鉛印本　二冊　存一種

330000－1710－0012188　613/41　子部/雜著類/雜考之屬

籀廎述林十卷　(清)孫詒讓撰　民國五年(1916)刻本　四冊

330000－1710－0012189　812.1/473　集部/別集類

濯絳宧文鈔一卷　劉毓盤撰　民國七年(1918)鉛印本　一冊

330000－1710－0012190　812.1/474　集部/別集類

厚莊文鈔三卷詩鈔二卷　劉紹寬撰　民國八年(1919)刻本　二冊

330000－1710－0012192　普0004058　集部/總集類/氏族之屬

上海李氏易園三代清芬集　李味青輯　民國二十九年(1940)鉛印本　一冊

330000－1710－0012193　812.2/172　集部/別集類

聞錄香齋詩存八卷　朱家駒撰　民國鉛印本　一冊

330000－1710－0012196　812.2/218　集部/別集類

海日樓詩二卷　沈曾植撰　民國刻本　一冊

書名筆畫字頭索引

一畫

二畫

三畫

四畫

五畫

六畫

七畫

八畫

九畫

十畫

十一畫

十二畫

十三畫

十四畫

十五畫

十六畫

十七畫

十八畫

十九畫

二十畫

二十一畫

二十二畫

二十三畫

二十四畫

二十五畫

書名筆畫索引

一畫

二畫

三畫

四畫

五畫

六畫

七畫

八畫

九畫

十畫

十一畫

十二畫

十三畫

十四畫

十五畫

十六畫

十七畫

十八畫

十九畫

二十畫

二十一畫

二十二畫

二十三畫

二十四畫

二十五畫